第三届闪亮的日子——青春该有的模样

主编　石鹏建
副主编　方　伟
执行主编　周新杰

大学生基层就业典型人物事迹

全国高等学校学生信息咨询与就业指导中心

北京航空航天大学出版社
BEIHANG UNIVERSITY PRESS

内容简介

全国高等学校学生信息咨询与就业指导中心从全国征集了四百多位大学生基层就业、创新创业和征兵入伍的人物事迹，由此形成了《第三届闪亮的日子——青春该有的模样》系列丛书；通过讲述当代大学生基层就业、创新创业和征兵入伍的故事，解读当代学子的人生选择，理解他们的家国情怀，让默默耕耘却值得瞩目的基层青年、创业学子和军旅战士成为大学生和社会各界人士身边的榜样，因为他们是改变世界的中国力量。

图书在版编目(CIP)数据

大学生基层就业典型人物事迹 / 石鹏建主编. -- 北京 ：北京航空航天大学出版社，2020.12
（第三届闪亮的日子——青春该有的模样）
ISBN 978-7-5124-3438-7

Ⅰ. ①大… Ⅱ. ①石… Ⅲ. ①大学生－就业－先进事迹－中国 Ⅳ. ①K828.4

中国版本图书馆 CIP 数据核字(2020)第 255893 号

大学生基层就业典型人物事迹

全国高等学校学生信息咨询与就业指导中心
主　编　石鹏建
副主编　方　伟
执行主编　周新杰
策划编辑　陈守平　责任编辑　江小珍

*

北京航空航天大学出版社出版发行
北京市海淀区学院路 37 号(邮编 100191)　http://www.buaapress.com.cn
发行部电话：(010)82317024　传真：(010)82328026
读者信箱：goodtextbook@126.com　邮购电话：(010)82316936
鑫艺佳利（天津）印刷有限公司印装　各地书店经销

*

开本：787×1 092　1/16　印张：29.75　字数：616 千字
2020 年 12 月第 1 版　2020 年 12 月第 1 次印刷　印数：1 000 册
ISBN 978-7-5124-3438-7　定价：168.00 元

前言 Preface

中国青年，未来可期！

2020年是不平凡的一年。世界百年未有之大变局，带来了更多的未知，越来越多的人开始迷茫，也开始拷问未来。疫情重创下的中国，显得格外凝重。在宏大的时代背景下，中国的高校毕业生成为划破天际的一道亮光。

湖北中医药高等专科学校毕业生甘如意，放弃休假，用时四天三夜，“千里走单骑”，骑行300公里，从荆州老家辗转返岗，只为支援武汉抗击疫情。

昆明理工大学毕业生和倩如，将青春、热情、才智、抱负献给深度贫苦的乡村，以勤劳的双手托起农民致富梦。

安徽农业大学毕业生赵九梅，甘做新时代“职业农民”，带领团队返乡创业，积极推广应用农业科技成果，引领村民共同致富。

海南大学毕业生徐辉、宁夏大学毕业生王为，以满腔热血，投笔从戎，在部队抗洪、军事演习中冲锋在前，从文弱书生淬炼成为勇士，用实际行动诠释着新时代革命军人的使命与担当；退伍后，他们分别在海南和宁夏贫困乡村再一次打赢了一场扶贫攻坚的战役，带领当地群众摆脱贫困，开启生活新篇章。

吉林农业大学毕业生杨辉用10年时间坚守创业，致力于用技术服务“三农”，创造经济效益上亿元……

这样的高校毕业生还有许多许多。他们或选择了为国而战，冲向“抗疫”的前线；或行走在扶贫攻坚的阡陌之中；或选择了保家卫国的军旅之路，以实际行动书写着无愧于时代的青春华章。

国家的希望在青年，民族的未来在青年。2020年3月15日，习近平总书记回信勉励北京大学援鄂医疗队全体“90后”党员：“在新冠肺炎疫情防控斗争中，你们青年人同在一线英勇奋战的广大疫情防控人员一道，不畏艰险、冲锋在前、舍生忘死，彰显了青春的蓬勃力量，交出了合格答卷。广大青年用行动证明，新时代的中国青年是好样的，是堪当大任的！……让青春在党和人民最需要的地方绽放绚丽之花。”

2020年7月7日，习近平总书记在给中国石油大学(北京)克拉玛依校区毕业生的回信中殷切嘱托:“这场抗击新冠肺炎疫情的严峻斗争，让你们这届高校毕业生经受了磨炼、收获了成长，也使你们切身体会到了‘志不求易者成，事不避难者进’的道理。前进的道路从不会一帆风顺，实现中华民族伟大复兴的中国梦需要一代一代青年矢志奋斗。”

尺牍传情，总书记的亲切嘱托彰显了党和国家对青年一代成长成才的高度重视，也饱含着深切的关怀与深厚的期许。站在“两个一百年”的历史交汇点，在全面开启社会主义现代化强国建设的新征程中，时代呼唤乘风破浪的弄潮儿。

为了彰显新时代大学生心怀家国、勇于担当的优良品格和锐意进取的精神风貌，展现当代大学生的远大理想、青春活力和接续奋斗的蓬勃姿态，2018年、2019年，全国高等学校学生信息咨询与就业指导中心连续两年出版了当代大学毕业生就业创业事迹丛书——《闪亮的日子——青春该有的模样》，收录了众多到基层就业、自主创新创业、应征入伍的高校毕业生的事迹，受到了社会的广泛关注和好评。2020年，全国高等学校学生信息咨询与就业指导中心再次面向全国高校就业指导部门征集了426位高校毕业生的事迹，以纸笔记录下他们的奋斗故事，讲述他们的奋斗历程，述说那些平凡的岗位上不平凡的坚守。我们希望通过本丛书让那些默默耕耘却值得瞩目的基层青年、创业学子和军旅战士被更多的人认识、理解、尊重和支持，希望以榜样领航，让更多的青年学生不忘初心、砥砺前行，让生命多一分追求卓越的执着，书写奉献青春的时代篇章，更希望以本丛书的出版向承担责任与使命，将个人命运与国家前途、民族命运紧密相连的广大青年学子深表致敬！谢谢你们！因为有你们以及你们所代表的广大中国青年，人民的生活更加美好，祖国的未来更加可期！

编　者

2020年12月

目录

北京

天津

河北

山西

内蒙古

辽宁

吉林

黑龙江

江苏

浙江

安徽

福建

江西

山东

河南

湖北

湖南

广东

广西

四川

李韦是这场坚苦卓绝的战役中普通却又不平凡的一员。

黑坪镇地处盐亭北部山区，山高沟深，基本没有连片土地，贫困人口基数大，致贫原因复杂，这导致该镇是全县脱贫攻坚主战场。如何开展脱贫攻坚工作？给老百姓做点实事，是那个时候压在李韦心底的一块大石头。

2018 年初，通过走访全镇 7000 余常住人口，李韦发现养猪是贫困户的主要收入来源，但由于干旱缺水，群众饮水已难以保障，牲畜养殖用水更无从谈起。深思熟虑后，李韦提出“干部带头、群众参与、经济适用、以奖代补”的十六字方针，推广采用经济适用的打井方式，并为每口井补助 50％费用。短短数月，全镇就新打 189 口水井，解决了绝大部分散居农户的人畜饮水难题，不仅高效精准地落实了抗旱打井这一上级部署，更为每个贫困家庭节省了一万元左右的工程费用。

村民蒙兴狼是黑坪镇最贫困的农户之一，家里四口人都有智力或者肢体残疾，他想养一头牛，但是没钱。李韦及时协调，不仅提供了 8000 元扶贫周转资金为他买牛，还安排畜牧站给予他养殖技术指导。“这头牛是我们对他家的精准帮扶举措之一，关系着他家的脱贫成效。在精准扶贫问题上，马虎不得。”李韦说道。

正是像对待蒙兴狼家这样一户一户地精准施策，李韦和全镇干部群众共同努力，使黑坪镇所有贫困村顺利完成摘帽，迎接两次省级交叉检查，并被评为“绵阳市脱贫攻坚先进集体”。

“基层干部必须要对群众有感情，但干工作不能感情用事。”在审批临时救助一事上，李韦深有体会。

他很想帮助每一名群众，但是镇上临时救助资金非常有限，而且他慢慢发现申请补助的群众中难免有些人企图浑水摸鱼，如果把关不严，将极大损害政府的公信力。

针对这一问题，李韦制定了专门表格，明确了审批流程和入户调查要求，让熟悉村民情况的干部参与会商，使临时救助的申请和审批程序更规范更公正，确保人民群众的“救命钱”真正用在刀刃上。

刚到黑坪镇工作时，李韦不断收到关于低保评定的信访件。低保评定是否严格、准确关系到脱贫攻坚的成效，更关系到老百姓心中的公平正义。认识到问题严重性的李韦下决心整顿低保评定问题。2017 年，李韦联合其他干部先选了一个村作为整改试点，经过扎实精准的工作，将低保人数从 100 多降低到 30 余人。2018 年，李韦在全镇范围内推动整顿低保评定。两年下来，全镇低保人数从 1892 人降到 497 人，取消了 1400 余人的不符合规定的低保资格，每年为国家节约近 300 万元民政资金。由于操作规范，公平公正公开，黑坪镇 2018 年反而没有遇到与低保评定有关的信访问题。李韦将这一成功经验带到三元乡，同样取得了良好的成效。

习近平总书记指出，“产业兴旺，是解决农村一切问题的前提”。李韦深知脱贫致富除了精准帮扶外，关键还要靠因地制宜地发展农村经济。2019 年 2 月，李韦任三元乡党委书记，三元乡是盐亭县藤椒产业核心示范园区。为带动地方经济，李韦全力引进企业，通过流转土地发展了 4000 余亩藤椒产地，为解决劳动力流失的深远问题迈出了坚实一步。

“青年就该有这种敢于去一线锤炼摔打的决心，脚下沾满泥土，心中充满真情。”在基层锻炼磨砺的这五年，李韦用行动为老百姓办实事，用真心真情待人，坚持公平公正办事，践行着“给老百姓办点实事”的铮铮誓言。

“基层工作关键时候要挺上去”

北京

沧海横流，方显英雄本色。“基层工作就是要敢于挑担子，关键时候要挺上去，靠得住”，回忆年初抗击疫情的情景，李韦至今心有余悸。大年初一，凌晨六点，天色仍旧朦胧。李韦顾不得吃早饭便一脚踏出家门，急匆匆往镇上赶去。“睡梦中接到紧急电话，黄甸镇一名武汉返乡人员被诊断为新冠肺炎疑似病例，是全县第一例。”

出现全县第一例，李韦压力巨大，但他并没有慌乱，迅速扎进了应急行动中，一边赶路一边安排工作。“我们第一时间就开展了密接人员的排查，封锁了确诊病例所在的场镇，对附近居民实行居家隔离。同时对全镇医院、药店和超市的所有口罩实施管控，统一归政府调配。”紧接着在全镇颁布了“七条禁令”，实施禁止宴会聚餐活动、严控公开场所、关闭室内娱乐场馆等限制人员聚集和流动的硬举措。随后，在各村实行网格化管理，成立党员志愿服务队，负责全面摸排返乡人员，对居家隔离群众开展代买物资、测量体温、清理垃圾等细致入微的工作，确保群众的正常生活。因为管控得力，黄甸镇没有发生二次传染，也没有其他新增病例。

那段时间，李韦的神经时刻处于紧绷状态。为妥善安置参与雷神山和火神山医院建设的返乡工人，李韦和同事们经历了不少波折。“他们应该享有功臣待遇，但附近百姓有恐慌情绪，开始都不敢接纳。”李韦和镇村干部连夜给群众做工作，最终12名工人顺利返乡。

心有所信，行方致远。“基层工作虽然琐碎，但使命重大，尤其是在关键时刻，只有把人民群众的切身利益扛在肩上，才能干好基层工作”，经历过一线抗疫的李韦坚定地说。

从巴蜀绵阳的偏远山村，到幽燕之地的巍巍学府；从潜学苦问的白面书生，到留学海外的青年学者；从心怀家国的热血志士，到求真务实的基层干部。在四川的偏远山村，李韦深扎基层一线，与百姓同吃同住，听民生之疾苦，解群众之所需，五年时光悄然流逝在每个深夜伏案的笔头。坚守初心、求真务实、无畏前行、勇于担当，在扎根基层的成长道路上，为百姓心中的“那缕阳光”，李韦迈出的每一步都是那么踏实。

（北京高校毕业生就业指导中心供稿）

甘为基层“服务员”，勇当扶贫“领头羊”

——中国人民大学汤伟事迹

汤伟，中国人民大学历史学院2013级本科生。现任新疆阿克苏市依干其乡长兴社区党支部书记。

不忘初心，感群众忧苦

临毕业的那一年，汤伟一直在思考，求学的目的是什么。是为了改变个人命运、精致地利己，还是投身时代潮流，做利天下的大事？他认为这是一个选择问题，应该将个人的前途与国家的命运联系在一起，到需要他和他需要的地方去。

如今，三年过去了，他初心不改、信念未变。他认识到，“系好人生的第一粒扣子”，就是要扎根基层，培养对群众的感情，学会做好群众工作。而对群众的感情，不会凭空产生，更不是坐在机关办公室里可以习得的，而需要经常同群众面对面交流，设身处地感受群众之忧苦，将群众紧密团结在党的领导下，带领群众过上美好生活。

虚心学习，拜群众为师

2017年11月，经过三个月的岗前培训，汤伟被分到阿克苏市依干其乡。在乡村综合治理办公室半年的工作，让他深感自己做群众工作的能力不足，于是汤伟主动申请到村社区一线锻炼，经过三次不懈申请，乡里终于同意他的请求，将他下派到长兴社区，他先后担任了社区的支委委员、主任、书记。

在社区工作后，汤伟才发现，国家出台的各项政策，都与民生息息相关，都需要认真学习领会，都需要基层来贯彻执行，他觉得与党中央、与人民群众的联系，也变得前所未有的紧密。汤伟原本还担心到了基层会忙于事务、疏于学习，却没想到，越是忙碌，越渴望学习并主动学习；越在基层，越关注国家大事；越贴近群众，越知道自身不足。群众路线是党的生命线和根本工作路线，书本上的理论要联系实际，根本还是要靠密切联系群众，深入群众中间，保持同群众的血肉联系。从第一次入户走访时的客气拘束到现在经常见面、放松自如，他看到的转变是群众发自内心的笑脸，是他们和群众心连着心的良好局面。他说最大的收获就是，书生气淡了些，泥土味重了些；孩子气少了些，责任感多了些；小脾气少了些，大局观多了些。

敢于担当，解群众难题

“村、社区已经是最基层，没有发号施令的领导，只有为民办事的干部”，汤伟来到社区后常同大家这么说。长兴社区地处城郊，中小加工企业多，土地承包户多，流动人口占到90％以上，人口成分复杂，根据实际情况，他与同事们确定了“以走访为主”的工作导向，社区“两委”成员每日带头深入工厂车间、田间地头，关心群众生活，解决群众困难。

北京

社区现有的200余家土地承包户，十多年前便在当地开荒治沙种植经济作物，但由于基础设施差，生活出行都不便。2018年8月，部分群众曾联名写信给社区，希望接上自来水，汤伟在了解清楚这一诉求后，主动挑起重担，通过社区协调水源、统筹组织和农户自筹资金的方式，铺上了近18公里自来水主管道。由于农户居住松散，接水工作任重道远，从接水伊始，汤伟便下定决心一年接着一年干，目前已接入160余家，还剩最后一片区域的“硬骨头”，他说：“今年一定要让全体农户都能喝上自来水。”辖区农地多条主干道是坎坷狭窄的土路，群众出行“晴天一身土，雨天一脚泥”，他与同事们主动拉来项目资金，联系砂石料厂，动员土地老板合作出力，累计铺设6米宽的砂石路近8公里，改善了群众出行条件；辖区的红枣、苹果种植户们，每年苦于风灾、冰雹，汤伟一方面坚持动员农户种植防风林，一方面协调保险公司来社区，为农户集中办理农业保险，累计挽回损失近50万元，从2018年13家、2019年105家到2020年有140余家参保，从最开始的普遍质疑到后来大家感谢支持，汤伟说：“社区组织买保险，俨然成了每年为老乡们准备的‘必点曲目’，这件好事要一直做下去。”今年汤伟根据农户居住偏远、了解各项政策信息难的情况，通过田间走访、地头座谈等调研，在农地边建立了社区网格服务站，公布社区最新、群众最关心的各项政策信息，推进服务前移，获得了群众的广泛好评。

长兴社区建在特色产业园区内，属地管理范围内有80余家企业，其中一半为重点防火单位，安全生产一直是汤伟最关心的事情。根据社区力量，汤伟牵头成立了以他为组长的应急救援小分队，并指导企业建立应急预案、成立护厂队，每月对企业进行全覆盖走访和隐患排查，每季度召集企业负责人进行安全生产知识培训，每年组织一次重点防火企业“消防救援＋环境保护”联合演练与观摩培训现场会，有效解决了以往安全生产事故频发的问题。同时充分发挥社区阵地服务功能，每月一主题开展“民族团结一家亲”联谊活动，组织30余名干部群众结对认亲；每周举办汉语夜校，组织民族员工学习汉语、法律法规和党的惠民政策；坚持矛盾纠纷不上交、化解在一线，累计调解工资纠纷20余万元、工程纠纷款700余万元；协调企业员工的10名适龄儿童就近入学，及时解决外来务工人员的后顾之忧。组织开展“百企帮百户”“爱心进校园”等爱心活动，累计协调50余名贫困户稳定就业，为农村小学捐赠价值近3万元的书籍、校服和绿化树木等物资；多次带头宣传购买贫困户生产的西瓜、黑木耳、大白菜等瓜果蔬菜，累计帮助销售价值15000元的农产品，发动辖区全体社会力量扶贫帮困、助力脱贫攻坚。

“肯取势者可为人先，能谋势者必有所成。”汤伟认为，选择响应党中央和国家号召，来到新疆，来到基层，可谓把握住了历史机遇、顺应了时代需要；而扎根基层，守好一方土地、服务好一方人民，干实事、干出成绩，才是真正扎根在了祖国西部的广袤大地上，放飞了自己的青春梦想。

（北京高校毕业生就业指导中心供稿）

无悔青春，筑梦扶贫

——北京交通大学王启峰事迹

北京

王启峰是2017届北京交通大学交通运输学院物流工程专业硕士，2017年广西定向选调生，现任广西壮族自治区粮食和物资储备局四级主任科员。2018年3月，他响应广西壮族自治区组织部的号召，主动申请来到玉林市陆川县大桥镇瓜头村担任党总支第一书记，2019年12月被评为陆川县“最美扶贫干部”。近两年他通过抓基层党组织建设、夯实基础设施、发展特色产业等，不仅使瓜头村实现了脱贫摘帽，更朝着美丽乡村转变。

聚力党建助扶贫，夯实基础谋发展

王启峰坚持以增强本村基层党组织政治功能和服务功能为目标，狠抓基层组织建设，为脱贫攻坚提供坚强的组织保证；按照“一厅五室两栏”的标准建设完善瓜头村委办公场所，加建150平方米的村委办公楼顺利竣工，基层党组织阵地进一步强化，有力提升了基层党组织服务群众的能力和水平。除了抓好基层组织“硬”件建设，他还注重抓好“软”件建设。村“两委”干部深入开展“两学一做”学习教育、农村党员培训和党的十九大精神宣讲活动，完善党员干部学习机制，多次邀请县、镇领导到挂点村开展农村党员培训教育，进一步提高了党员干部的综合素质。坚持每季度集中农村党员开展教育培训活动，扎实推进农村党员远程教育活动，强化党员的组织性与责任心。

他争取后盾单位的资金扶持，使瓜头村基础设施发生翻天覆地的变化。村委至大坡片，文山队至石子印队，天久务队至石头磊队、根竹园队建起了四座桥梁，村屯的水渠连成一片，各村屯全部连通村主干道。水利交通基础设施的建成降低了农业生产成本，为农业产业化发展筑牢了基础，进一步激发了群众生产发展的内生动力，提升了广大群众的满意度和获得感。

示范引领促发展，产业扶贫添活力

为充分发挥毗邻陆川县的重点水源地——陆透水库的优势，他带领瓜头村大力发展“一村一品”特色鱼苗孵化产业。发展方式是依托本村水产养殖专业合作社的示范带动作用，让更多贫困户发展鱼苗孵化产业，为本村贫困户创造更多的劳动岗位，以此增加贫困户的收入，从根本上改变全村的落后面貌。经过近几年的发展，合作社通过土地流转扩大鱼种养殖 150 亩,达到 520 亩的养殖规模,年产鱼苗 218 亿尾,年产值 600 多万元。合作社于 2019 年被评为农业农村部水产健康养殖示范场,瓜头村被评为自治区养殖增收示范村,产业示范带动能力显著增强。每年 3 至 9 月鱼苗孵化季节,该合作社可优先为贫困户提供就业岗位 30 个以上,每人每月可增收 1500 元左右。目前,有 20 户贫困户通过土地流转给该合作社获得稳定的租金收入,有 11 户贫困户通过扶贫小额贷款入股到合作社,连续 3 年每年分红 4000 元,有 15 户贫困户劳动力在该合作社务工,13 户贫困户在合作社的带动下自己发展起了鱼苗孵化产业。通过产业扶持,增加了更多贫困户的收入,并且使村集体经济有了造血功能,目前每年有 5 万元以上的村集体收入,可安排用于本村精准扶贫等公益事业。

扶贫车间促就业,铺起农民增收路

打赢脱贫攻坚战,根本在于强产业,关键在于稳就业。通过入户走访,他发现村里有很多留守妇女,这些人要在家照顾老人和孩子,收入微薄又不能外出务工。因此他想到建立扶贫车间,安排贫困人口在本村就业,增加贫困家庭的工资性收入。村里原有个灯饰加工厂,但是租用的是年久失修的老瓦房,室内昏暗,而且是危房,工人工作环境非常恶劣。2019 年他争取后盾单位资金支持建起了灯饰加工厂扶贫车间厂房,面积 600 平方米,比原来的厂房大了二倍,使室内工作的环境变好了,群众的工作积极性也变高了。更重要的是引进了新的生产线,由此带来的是部分工人工资翻了一番。目前,该扶贫车间吸引就业人员 100 人,其中贫困户 50 人,平均每年加工约 140 万套灯饰,带动了瓜头村贫困人口尤其是妇女就业。

如今,你走在瓜头村平坦的水泥路上,会看到路旁一汪汪鱼塘、一片片水田,村民劳作其间,脸上洋溢着收获的喜悦。

(北京高校毕业生就业指导中心供稿)

扬青春理想，强责任担当，筑人生辉煌

——北京邮电大学韩陈刚事迹

韩陈刚，男，中共党员，北京邮电大学人文学院英语专业2016届毕业生。毕业时，他毅然决定响应国家号召，成为了第三批新疆招录的内地高校大学毕业生，现在阿克苏地区拜城县米吉克乡人民政府工作。

四年来，为了工作他尽心竭力，与家人聚少离多，但始终不曾后悔。援疆支边，为国为先，他的这份抉择不仅是响应时代之音的号召，也是对甘于平凡、甘于奉献的价值观的完美践行。

选择远方，让青春无怨无悔

韩陈刚小时候在农村长大，从小就对基层有着很深的感情。2016年，他在毕业之际面临着诸多待遇颇优的选择，但是他还是选择坚持心中的那份情怀，积极响应国家的号召，“到基层去、到祖国最需要的地方去”，毅然选择到南疆乡镇。“一个人的一生总要做点有意义的事，为社会为国家做自己最大贡献，无愧于青春，无愧于生命。”这是他离开北京之际在微信朋友圈里写的一段话，饱含着他对扎根基层、建设边疆的热情和激情。

自古英雄多磨难，从来纨绔少伟男；人生真谛在何处，正是男儿立业时。2016年7月，韩陈刚怀揣着理想和信念，来到了阿克苏，成为了一名基层工作者。“读大学时，看到身边的一些师兄师姐毕业后主动到西部最艰苦的地方去支教，他们的事迹深深地影响着我。现在我来到了南疆，目睹了县上许多重要领导岗位都活跃着昔日的志愿者的身影，他们在各自的岗位上努力工作，我更加坚信了自己的选择。我要留在这儿，让青春书写出别样的风采。”韩陈刚满怀激情地说道。

心怀感恩，砥砺前行有担当

从祖国首都到西北边陲，风土人情、饮食习惯、气候环境等有很大的差别，馕、拉条子、抓饭、凉皮等新疆主食，偶尔吃吃觉得是个美味，天天吃就没有胃口，刚开始天气干燥和饮食习惯差异给他带来了很多的不适应。就像他和同事开玩笑说的那样：“初到新疆，大气都不敢出，一不小心就流鼻血。”但是，各级党委春风化雨的关怀、同事们无微不至的关心、各族群众真真切切的关爱，让他很快融入了阿克苏、适应了基层、学会了工作。

他经常说:“滴水之恩,当涌泉相报,每每想到自己的工作经历,备受党的关心关怀、同事的关心和帮助,我就下定决心一定要扎根基层,在基层学习和锻炼,为群众做点力所能及的事,回报各级党组织对我的栽培。”在工作和家庭之间,他的第一选择永远是工作,他深知基层群众的苦、基层干部的苦,却无暇顾及妻儿和年迈父母的苦,更不会计较自己的苦。

广阔舞台,在基层大有作为

韩陈刚初到乡镇工作后,其综合能力强、理解能力强、求知欲望强的特点迅速显现,他始终坚持高标准严要求,注重发挥表率作用,做一名站起来能讲、坐下来能写、下基层会干的干部。

对初来乍到的外地大学生来说,语言障碍无疑是工作中的拦路虎和最大障碍。为尽快掌握维吾尔语,他主动和大学生村官结成互学双语的对子,每天晨会点名前交流学双语,同时在日常的值班备勤、吃饭同行中学双语。2018 年 10 月,他主动申请下沉到村,与其他干部一道与群众吃在一起,住在一起,劳动在一起。不管是在田间地头、值班室还是农牧民炕头,你总能看到他用维语和农牧民聊天、开玩笑的场景。每当说起韩陈刚,农牧民们总是异口同声地说着“亚克西!”他认真负责的工作态度、不计较个人名利得失的品质、全心全意为人民服务的观念、客观公道的处事原则、踏实认真的工作作风、持之以恒的奉献精神,深受干部和群众的好评。

在党建办,他不分昼夜,不分节假日深入基层走访了解,调查研究,全乡 15 个行政村、56 个村民小组都留下了他的足迹和身影。2019 年 7 月份,他接到上级布置的紧急调研任务。由于时间紧、任务重、要求高,他白天深入村组座谈走访,晚上回来汇总撰写材料,从前一天上午 10 点到第二天晚上 10 点,连续 36 个小时没有合眼,却毅然高质量地完成了工作任务。如今的党建办已成为基层党组织和基层群众的“办事处”和“服务部”，村里的群众和干部都说：“党建办就是我们的‘娘家’，只要我们去乡里办事，就要到党建办去坐一坐。”

坚定选择，用平凡演绎非凡

他说：“海阔凭鱼跃，天高任鸟飞。每个人都怀揣着一个梦想。当我们远离了都市的繁华、城市的喧嚣，沉淀了心情，在那里驻足、坚守，似乎失去了一些东西，但我们没有失去最为宝贵的青春理想。相反，我们正用汗水见证着成长，用奉献实现着价值，用奋斗书写着担当，用平凡演绎着非凡。”

他的妻子邱艳，为了实现他们共同的理想，从武汉理工大学毕业后，放弃了在深圳舒适安逸的生活，也来到了新疆。他们经常加班加点，有时甚至十几天见不上一面，这些都没能动摇他们的决心。三年来，他们相互支持帮助、相互理解体谅、相互加油鼓劲，扎根基层、建设南疆的决心越来越坚定。2018 年 12 月，他们的“疆二代”小宝宝在那里出生，他们正在用青春和奋斗践行“到新疆去，到祖国最需要的地方去”的铮铮誓言。

好儿女志在四方，有志者奋斗无悔。青年时代，选择困难也就选择了收获，选择奉献也就选择了高尚。他坚定地说：“根植沙漠瀚海的一颗绿草，开在广袤戈壁的一朵小花，却能迎风摇曳绽放美。作为一名新时代的青年党员，我们也更加需要砥砺自我，稳步前行，敢于破旧，勇于创新。南疆基层的社会稳定和长治久安工作任重而道远，但是，办法总比困难多。我们要虚心汲取前人经验，学以致用，不唯上，不唯书，只唯实，本分做人，踏实做事，在基层练就过硬本领，矢志艰苦奋斗，锤炼高尚品格。”

（北京高校毕业生就业指导中心供稿）

我在基层当老师:闪亮青春应该有的模样

——首都师范大学孙芳雪事迹

我叫孙芳雪,2016 年 7 月毕业于首都师范大学,现为北京市密云区高岭学校的一名初三数学教师。2016 年 9 月,初出茅庐的我怀着满腔的热情来到这片土地,但现实并没有我想象中那么美好。高岭学校是一所山区寄宿学校,地处偏远。山区孩子早期教育缺乏、知识面窄,加上家长对孩子的教育也不够重视,学生数学基础普遍薄弱,学习习惯差,成绩不好。尽管我很努力地工作了一个月,第一次数学测试,班里还是有一多半的孩子不及格。受到打击而又找不到头绪的我开始灰心了。坐在通勤车上,望着窗外的大山,一个想法反复在脑海中出现:我到底为什么要坚持?

一、那一刹那我感受到了作为基层教师的幸福

还记得那是我的第一个教师节。在办公室判作业时,我突然发现每一本作业里都夹着一个小小的便利贴。在这一张张形状各异的小纸条上,孩子们用稚气未脱、歪歪斜斜的字写满了对我的祝福,我霎时间热泪盈眶。那天傍晚,我刚刚踏进教室,就听到了孩子们大声地喊着“老师,您辛苦了!”心中的千层浪在翻滚,望着那一张张天真无邪的笑脸、一双双纯净透亮的眼睛,我再也忍不住了,眼泪夺眶而出,一个月来的委屈瞬间消失得无影无踪。我突然间感受到了作为一名基层教师的幸福,明白了我为什么坚持:那是爱与责任的力量。

就在那一天,孩子们重新点燃了我的数学教育梦。我开始重新梳理、反思自己的工作。通过与学生沟通,我发现:学生基础知识薄弱,跟不上我讲课的进度;作业抄袭严重,不能独立完成;受家庭环境影响,学习习惯差,意志薄弱。了解了学生的基本情

况后，我开始制定教学方案。备课时，充分了解学生水平，因材施教；在班级里分学习小组，实施小组积分管理、组间竞争、组内互促，增强学习积极性；课后与学生多交流，成为他们的良师益友，激发他们的学习兴趣；对于后进生，给予特殊的照顾，在课堂上多提问、多巡视、多辅导。经过努力，学生的积极性被充分调动起来了。

“一分耕耘，一分收获。”作为一名教师，我们要用智慧去读懂孩子，用宽容去感化孩子，用耐心去教育孩子。我愿做个有心人，去发现每个孩子的闪光点，做个智慧的引导者，引导他们的成长之路；我愿做个耐心的益友，陪伴他们快乐成长。

北京

二、绝不让一个学生掉队

高尔基说：“谁爱孩子，孩子就爱谁，只有爱孩子的教师才会教育孩子。”记得班里的肖立鹏同学课下活泼好动，课上无精打采，数学成绩差。采用小组学习法后，他总是组里最后一名。组内其他成员抱怨他，他也无动于衷。怎么办呢？我想到了激将法。我知道他喜欢打篮球，于是当天上课时，我对同学们说：今天小测试成绩前三名的组可以去观看学区篮球比赛，落后的为班级值日。不出我所料，他们组留在班级做值日，他也表现得很懊恼。于是我找到他，可还没等我张口，他就说：“老师，我没好好做题。我要好好做肯定能去看比赛了。这次您就让我去吧，下次我一定不给小组拖后腿。”我说：“下次你就能行？你能坚持吗？恐怕不行吧！”他脸通红，大声地说：“老师，我说到做到！”

之后，我找到他们小组的成员，让他们多鼓励帮助他，课下有时间我也会给他辅导。有一道数学题，我甚至反反复复给他讲了 7 遍。经过一个月的努力，他的成绩虽然有进步但是不明显，看得出他想放弃了。于是，我又征求了年级组的意见，在召开家长会时，特地给他颁发进步奖，还在全校表扬他积极学习的态度，鼓励他坚持学习。功夫不负有心人，期末考试，他的数学成绩提高了，他们小组的排名也前进了。他在积分榜前看了很久，脸上那种骄傲的神情，我至今记忆犹新。

魏书生说：“走进学生的心灵世界中去，就会发现那是一个广阔迷人的新天地，许多百思不得其解的教育难题，都会在那里找到答案，要打开学生的心灵之门，必须有爱心这把钥匙。”

三、爱与责任是对学生最好的教育

农村初中校，家庭特殊的孩子很多，如父母进城务工、父母离异、家庭重组等。当我第一次和其他老师去家访时，看到了各种困境，除了心酸，我也不知道该以一种什么样的心态去面对这些学生。

班上的李小龙同学，不属于很聪明的那类孩子。母亲生下他就走了，父亲瘫痪在床，只有年迈的爷爷在照顾他。他内心脆弱，渴望被别人关注，却又与同学们关系不睦。因为从小没有母亲，爷爷和父亲对他的照顾也不够，他卫生习惯不佳，身上总有股难闻的味道。同学们都不爱和他玩，甚至有些排挤他。有一次数学课，他突然站起来跑到厕所大哭起来，把我吓坏了。我多方询问，才了解到原来是有的同学说他脏说他笨，他心里受不了。于是，我找来了那几个孩子，一方面要求他们给他道歉，另一方面也告诫他要养成良好的卫生习惯。本以为这件事就这么解决了。结果我才刚走到教室门口，就听见李小龙大声哭着说"你们都欺负我"，还把书散落一地。此时我意识到，必须从根本上解决问题。

我利用中午的时间，把李小龙带回寝室。

我问他："你想和班上的同学好好相处吗？"

他急着说："想！但他们都不喜欢我。"

"为什么不喜欢你？"我问。

"因为我不讲卫生。"看来他其实什么都知道。

我语重心长地说："讲卫生有礼貌是对别人的尊重，而且自己也舒服。你想改变自己吗？"

"想。"他坚定地回答。

"从今天起，老师来教你如何打理自己。我们先从洗衣服、刷鞋开始，衣服至少要三天一洗。"我一边说着，一边帮他洗衣服。

他很难为情地说："老师，我自己洗，您教我。"

经过一星期的努力，他的卫生状况终于有所改善。有一天，他穿着湿衣服来上课，还笑着对我说："老师，干净的哦！"我的眼睛湿润了。我发现他不换衣服的原因，更多的是因为他没几件衣服，于是我找来家里弟弟的旧衣服送给他。其他同学也发现了他的改变，我又趁机开"相亲相爱一家人"的主题班会，同学们渐渐能和他和睦相处了。李小龙慢慢开朗起来，还会和我开玩笑了，他时常会对我说："孙老师，您对我真好，我永远感激您。"我知道他的心扉打开了，并学会了感恩与爱。

有人说："教师是太阳底下最光辉的职业。"任教三年来，我坚持上好每一堂课，尽我所能把数学演绎成孩子们眼中真真切切的美丽，用数字的诗情画意去装点孩子们青春的天空。茫茫大山深处，我用一名老师的教育良知和对教育的热情书写着苍白但却精彩的岁月。我爱我的孩子们，我要把勤劳和智慧挥洒在这三尺讲台，用心血呵护守望，使这块沃土上的花儿茁壮成长。回首三年时光，有苦有甜，有欢笑有泪水，有付出有收获。孩子们给了我太多的惊喜和感动，让我更加热爱这个地方。我想和他们共同成长！我坚信，只要辛勤耕耘，挥洒汗水，我一定能做一名优秀的人民教师，让桃李香满天下！

（北京高校毕业生就业指导中心供稿）

天津

TIANJIN

服务人民守初心，立志报国在基层

——天津中医药大学王江雨事迹

王江雨，女，中共党员，1997 年出生，原天津中医药大学 2015 级药物制剂专业学生，曾任班长、“星视野”话剧社社长、习近平新时代中国特色社会主义思想研究会副会长。2017 年入选天津市第一期“青年马克思主义者培养工程”，2019 年 6 月参加“西部计划”，现服务于西藏自治区医疗保障局。

一、勇踏新征程，奋进新时代

在 2017 年 9 月 12 日，得知“青年马克思主义者培养工程”培养对象选拔工作即将在我校开展，她便积极报名了。她相信一个有思想、有作为、有担当的新时代大学生，不仅要在专业知识上取得优异成绩，更要在思想上有坚定的信仰和崇高的觉悟。在通过校级和市级的层层选拔后，她成为了天津市“青年马克思主义者培养工程”首期培训班的一名学员。

她为能参加这项宏伟的工程，在毕业后赴基层工作，并把终生的精力付诸其中、为其奋斗，无怨无悔。她志愿做中国梦的布道者和践行者，以更宽广的视野、更长远的眼光来思考和把握自身成长，笃实好学，躬行实践，将个人的理想抱负同国家的前途、民族的命运相结合，努力成长为新时代中国特色社会主义事业的合格建设者和可靠接班人。

二、七年知青体民意，红色实践展风华

在 2017 年 11 月 30 日至 12 月 2 日，她作为“青年马克思主义者培养工程”学员前赴陕西梁家河村，开展“学习青年习近平，立志报国在基层”学思践悟活动。通过参观学习，她找寻初心，坚定信仰。她确信一个共产党的工作者，如果不真切了解基层群众的疾苦和贫困地区群众生活的艰难，就无法真正站稳群众立场。群众的事情没有一件是小事，“青马人”要做的就是练好本领，去基层做实事、做好事。她明白梁家河是幸运的，中国还有很多地方需要我们。

回到学校后，她与同学们分享了赴陕西延川梁家河村开展学思践悟活动的情况，带领同学们一起走进习总书记下乡插队的知青生活。她结合十九大精神、习近平新时代中国特色社会主义思想、李鸿忠书记讲话精神畅谈了自己的心得体会，表达了作为

“青年马克思主义者培养工程”学员立志扎根基层、服务人民群众的使命初心和坚定信念，鼓励同学们树立人生目标、追寻青春理想，加强时代认同、树立文化自信，用青春的声音讲好中国故事，用青春的声音回应时代呼唤。

三、青春走基层，筑梦新时代

2017年春节期间，在市委组织部和团市委的部署下，她被安排到宝坻区黄庄镇开展实践锻炼，不仅对基层工作有了一定了解，也更加深了对人民群众的感情。在那里，她积极完成“六个一”的工作任务，了解一线的情况，列席旁听了党政联席会议、村民代表大会等会议；她还和当地的农村致富带头人进行交流，深入了解企业转型的途径，真切体会到“新发展理念”是如何逐步落实到基层中的；临近春节，她去村民家感受年味儿，和村民们同吃同住同劳动，用真情、真心、真做来践行“群众路线”；她与基层工作者们互通交流，加强合作，一道爱我炎黄之气，守我华夏之魂。

她通过此次实践，在“人民的大学”中苦练本领，增长才干，更加坚定了服务基层、扎根基层的理想信念，把“以人民为中心”的发展理念铭记于心，努力在今后的工作学习中化于行动。

四、但行好事，莫问前程

两年时间里，她经历了理论学习的“吃小灶”，体悟了基层工作的“吃大苦”，是“青年马克思主义者培养工程”的锤炼，让她拾起马克思主义这个永不过时的具有旺盛生命力的理论航标，在更开阔的空间里积淀自己的实力、展现自己作为“青马人”的战斗力。她就像一棵稚嫩的小树苗逐渐长大，以理论扎根大地，以实践向天而生。她相信困难是对“初心”最好的考验，只有经受住历练才能实现真正的蜕变。

作为一名“西部计划”西藏专项志愿者，她现在服务于西藏自治区医疗保障局，负责基金监管工作。在这里，加班成了家常便饭，但能够在藏区为百姓们做些实实在在的事情，她也乐在其中。除了日常工作之外，她还经常参与各种各样的志愿者活动，比如去看望留守儿童，去各大路口进行交通引导，去街头小巷分发宣传材料，去老百姓家里走访慰问，等等，有血有肉、有情有义的志愿工作不仅使她得到了锻炼，更让她进一步体会到了藏区老百姓最真实的生活状态。

远在西藏的她因工作繁忙未能参加“青年马克思主义者培养工程”培训班的结业式，天津团市委王峰书记代她读了写给阴和俊书记和同学们的信，信中她这样写道：“带着‘青马人’的初心、真心和恒心，投身祖国最需要的地方，为自己的青春书写下无悔的一笔，我很骄傲，也很幸福！虽与大家远隔 3700 公里，但愿与在天津的诸位同学携手努力，并肩前行，在中国梦的宏伟蓝图上添上一抹‘青马红’！”

天行健，君子以自强不息。正如习总书记所说的那样，广大青年既是追梦者，也是圆梦者，追梦需要激情和理想，圆梦则需要奋斗和奉献。四年里，她不断努力进取，在思想、学习、工作、实践等方面都取得了丰硕的成果。虽然取得了很大的进步，但她仍能正视和克服自己的缺点，因为她深知唯有不驰于空想，不骛于虚声，知行合一，方能做一个有益于人民、有益于社会的人。

（天津市大中专毕业生就业指导中心供稿）

军学励志铸红心，基层为民战青春

——天津理工大学陈佳星事迹

天津

陈佳星，天津市宁河区北淮淀镇北淮淀村书记助理、大学生村官；天津理工大学电气电子工程学院 2019 届毕业生，天津市“青年马克思主义者培养工程”第一期培训班班长、党支部副书记；退役军人，曾服役于中国人民武装警察部队湖南总队株洲支队。

在校期间曾担任学院光电与测控本科生党支部书记、学长助理。作为青年学生代表多次向李鸿忠书记、阴和俊书记、喻云林部长等市委领导汇报工作。大学毕业后，放弃保研资格，选择到天津市最基层工作，担任天津市宁河区北淮淀镇北淮淀村书记助理、大学生村官。其先进事迹先后被新华社、《中国青年报》、学习强国、天津电视台、《天津日报》、《支部生活》杂志等媒体平台报道，彰显了新时代青年的良好形象。

所获荣誉：在武警湖南总队株洲支队荣获嘉奖，被评为优秀士兵、优秀党员；在天津理工大学获得人民一等奖学金、人民二等奖学金、天津市王克昌奖学金，被评为优秀毕业生、优秀党员、优秀团干标兵、理工之星、优秀学长助理、3E 年度精英人物。

一、在军营完成蜕变

2013 年，陈佳星考入天津理工大学，读完大 以后，他选择携笔从戎，参军入伍，到武警湖南总队株洲支队三大队炎陵县中队吃苦锻炼，担负起炎陵县监狱的看守看押任务。两年的军旅生涯，他执勤站岗、处突维稳、抢险救援，守护着驻地的安全稳定。700 多个日夜，他累计完成了 3600 小时的看守勤务、10 余次看押任务、20 余次巡逻任务。在一次次执行任务的过程中，他体会到一家不圆万家圆的奉献，感受到能带给别人安全感的幸福感，磨炼了意志，完成了蜕变，也为以后选择基层、树立奋斗方向打下了基础。

二、在校园收获成长

2016 年，满服役期，他退伍返校，重新回到天津理工大学。为了能赶上两年当兵落下的功课，他用别人休息娱乐的时间来学习，全身心投入到紧张的专业课学习当中，开启三点一线的生活，功夫不负有心人，经过一个学期的刻苦努力，取得了专业第一的好成绩，并一直保持着良好的学习状态，连续三年位列专业第一，完成了从入伍前班级倒数到入伍后专业第一的华丽转身。也因为学习成绩优异，获得思政保研的资格，但他毅然放弃保研资格，选择到天津市最艰苦的基层扎根锻炼，到人民最需要的地方去。

三、在基层蹲苗磨砺

从军的经历无形之中为他埋下了服务为民、扎根奉献的种子。成绩优异的他，本有很多选择，但最终选择了参加天津市“青年马克思主义者培养工程”，立志到基层扎根锻炼——两年间，他参与了很多访贫问苦、走街串巷的民心工作，与老百姓结下了深厚的友谊，也更加坚定了扎根基层、服务人民的志向。2019 年 7 月，大学毕业后，他来到宁河区开始基层工作，担任村书记助理、大学生村官，至今工作已有一年多时间，参与了很多民生工作，完成了很多暖心工作。刚到单位的第二天，他被分到拆迁小组。虽然刚从学校走向基层，但他能每天带着大草帽，穿着布鞋，连续两个月深入 1500 户村民家进行房屋评估，宣讲拆迁政策，做通群众思想工作，与村民打成一片，圆满完成了整个村的拆迁评估工作。再后来，他先后参与河道巡查、垃圾处理、环境整治等工作，以接地气沾土气的“青春样子”为基层老百姓谋福利。

疫情防控期间，作为基层社区、村居一线工作者，在疫情突发的第一时间，他主动请战一线，积极参与到疫情防控工作中，既当宣传员，又当值班员，既当服务员，又当战斗员；先后撰写《致全镇人民的一封信》、疫情防控明白纸等 20 多份，宣传疫情期间镇村的感人故事和硬核担当，营造群防群控的社会氛围。作为大学生村官，他多次深入村民家为村民送温暖，讲政策。同时，他还做好卡口值班工作，从寒冬到春夏，从穿着棉大衣到身着短袖，他一直坚守卡口一线，检查外来人员、车辆，查验健康码，登记出入人员，用最平凡的举动参与到疫情防控大战中，用点滴行动守护村民平安。

（天津市大中专毕业生就业指导中心供稿）

不惧风雨，勇挑重担

——天津市大学软件学院孙援朝事迹

寻找初心，奉献让他俩遇见

2019年，像每一个准毕业生一样，孙援朝也面临着毕业后就业所带来的迷茫和选择。一句“到西部去，到基层去，到祖国最需要的地方去”宣传号召激励了他，大学期间一次次的志愿服务活动，早已经成为他初心的萌芽。抱着对就业不断尝试、对奉献无比坚定的心态，他报名参加西部计划，很幸运，他顺利通过了笔试、面试和体检，成为了昌都市2019年大学生志愿服务西部计划天津队队长，前往西藏昌都开启志愿服务。2019年7月28日上午，迎着清晨的第一缕阳光，他与其余150名志愿者，在昌都团市委工作人员的热情期待下，带着圣洁的哈达，怀着对昌都无限的好奇和向往，来到了藏东明珠——昌都。在接受短暂的培训后，8月1日，他正式留在昌都团市委开始投入到工农青年部的日常工作中。

践行初心，点点滴滴助力脱贫攻坚

时间一天天地过去，他一点点地成长，不断践行着“奉献、友爱、互助、进步”的志愿者精神。因为深知自己作为刚出校园走进社会走上岗位的青年人，需要尽快熟悉业务工作，他便利用一切时间学习业务知识，他的努力领导和同事们都看在眼里。没有调查就没有发言权。2019年8月12—18日，他主动申请跟随团市委工作人员一同深入团市委驻村点新卡乡新卡村开展为期7天的“党员干部进村入户结对认亲交朋友”活动。期间，他与结对帮扶户同吃、同住、同学习，耳闻目睹贫困地区的发展变化，亲身体验新卡村群众的生产生活，在不断感慨基层现实情况的同时，他也被当地藏民的热情感动着。在各位党员干部与结对帮扶户的深入交谈中，他详细了解了他们的收入、子女入学等情况。语言不通，他便找翻译积极了解贫困户对脱贫攻坚相关政策的知晓度。他还参与到对建档立卡贫困户在国家脱贫攻坚政策和已享受到的社保兜底政策方面进行简单测试的工作，不仅检验了自己对业务知识的掌握程度，同时也提高了自我认知的水平，更重要的是他掌握了基层的第一手数据和真实情况，并作了详细记录。2019年国务院国资委党费专项资助西藏贫困学生助学金的工作给了他用实际行动助力脱贫攻坚的机会，他结合自己入户走访调查掌握的实际情况，积极协助贫困学生准备申请材料，本着公平公正、严格筛选的原则对 101 名贫困学生上报的申请材料进行逐一审核校对，每天加班至凌晨一点多。

为了更好地了解基层青年统战、农牧民转移就业、农牧民青年就业创业、农牧民技能培训等各项工作开展的实际情况，2019 年 10 月 22—26 日，他再次申请下基层。当地海拔超过 4500 米，走路都喘的他，跟随调研组先后深入丁青县、类乌齐县等两县各乡镇、学校，针对工农青年部涉及的各项工作进行详细调研，认真了解共青团助力脱贫攻坚各项工作的落实情况，听取基层团组织的意见建议，积极寻找破解瓶颈的对策，总结可以推广的有效措施。密集的调研让他进一步看到了共青团在助力脱贫攻坚方面所面临的巨大挑战，教育、产业、就业等各方面的脱贫工作还很艰巨。根据调研所发现的问题，他积极联系团区委，了解学习农牧民技能培训工作高效开展的有效措施，并提出自己的建议，积极将就业创业相关政策整理并下发至 11 县(区)团委，以便让有就业创业意向的农牧民青年能够及时掌握政策信息，尽己所能助推脱贫攻坚工作。想青年之所想，做青年之所需。针对调研中发现的青年婚恋观念存在的问题，他积极与单位同事组织筹备第二届“爱在三江　缘定昌都”民族团结青年联谊活动，昌都市各民族 144 名青年朋友参与其中，为搭建各民族青年交往交流的良好平台贡献自己的青春力量。

他不断提升政治素养，在小小岗位上服务党政大局。为深入贯彻落实习近平总书记关于关心关爱“快递小哥”重要指示批示精神，助力昌都创建全国文明城市，他积极策划“昌都市新兴青年群体交通安全知识竞赛”，组织昌都市邮政、申通、中通、圆通、宅急送(天天)、百世、韵达、顺丰等快递公司的 16 名青年快递人员参与其中。此次活动进一步巩固了昌都市新兴领域青年群体“快递小哥”交通安全教育，提高了“快递小哥”交通安全知识和文明交通素质，取得了显著的效果。

勇担使命，疫情面前主动请战

疫情就是命令，防控就是责任。新冠肺炎疫情发生以来，作为一名新时代大学生志愿服务西部计划志愿者，他不断用行动践行着志愿服务精神，听从国家号召，服从昌都团市委安排，主动请战，放弃 25 天年假休息时间，深入基层，投身防疫工作，展现了新时代青年志愿者的担当作为。为积极配合人民医院做好疫情防控工作，包括他在内的 13 名青年志愿者在昌都团市委的组织下前往昌都市人民医院开展相关志愿服务活动，他协助医院工作人员清理门诊楼旁空地的积雪，去除地面坚冰，为入院定点检查的医护人员搭建临时检查帐篷，帮助检查点的医护人员改善工作环境，为打赢疫情防控阻击战提供了良好的环境；他主动放弃周末休息时间，调研掌握社区疫情防控物资缺乏情况，整合资源，协调爱心人士捐赠医用口罩、消毒液、一次性塑胶手套，积极参与防疫爱心物资接收、发放等新冠肺炎疫情防控相关工作，投身疫情防控第一线。

“血库告急，我来。”在第 57 个全国学雷锋纪念日之际，身体不是很壮实的他主动向组织申请，前往昌都市血站献血，用实际行动响应战“疫”号召。他不言苦，不提累，他说：“我是一名入党积极分子，就要像党员一样迎难而上，冲锋在前。”献血后稍作休息他便又投身社区开展的“雷锋精神人人可学　奉献爱心处处可为”主题志愿服务活动，同其他志愿者一次次深入人流较大、隔离户较多的社区，协助社区工作人员对外来人员开展体温测量、来访登记、防疫宣传等志愿服务。有时，他白天值完白班，晚上继续值夜班，连续工作最长达 35 个小时。

在岗一分钟，尽职有始终。家中奶奶病危，从小跟着奶奶长大的他多想回去啊，但是他舍小家，为大家，坚持将自己手头的工作处理完并做好交接后，方才回家探亲，但世事弄人，只与奶奶相守了 4 天。他迅速调整状态，处理后事和业务工作两不误。返岗后，他直接投入到工作中，在五四青年节来临之际，组织带领 12 名志愿者开展以“展青春志愿风采　促文明和谐昌都”为主题的公交出行志愿服务活动，用热情和微笑引导乘客文明有序乘车，耐心细致解答乘客的疑问。他们一同向市民发放一次性口罩 2000 个，用实际行动向社会传递了五四精神，树立了青年志愿者的良好社会形象。此外，他还同小伙伴们一起积极运用新媒体平台，通过录制短视频的方式，开展疫情宣传，普及防控知识，用年轻人自己的方式为防疫工作做出努力。

一桩桩一件件的事，让他在奉献中不断成长成才，一次次的亲身调研，让他了解到昌都要想同全国一道全面建成小康社会，必须各方面的人才共同努力，昌都人民对他肯定的笑脸，让他不舍得离开这里，更爱上这里。

让青春在党和人民最需要的地方绽放绚丽之花

时光荏苒，转眼便到了服务期满离岗的时候，这时的他，已不像来时那么迷茫，眼里多的是坚定，心中有的是信念，他决定留在这里。不到一年的时间，他在做好主责主业工作的同时，共计参与大小志愿服务20余次，累计服务时长300多小时。他的事迹先后被《天津教育报》、中国青年志愿者微信公众号、全国项目办“西部志愿汇”公众号、天津团市委学少部“津彩青春”公众号、天津市大学软件学院新闻中心和“至诚青春”公众号、天津理工大学“天理青年”公众号报道宣传，昌都广播电视台和西藏卫视还对他进行了采访。他不骄不躁，勤勤恳恳，时刻用不怕苦、不怕累的老西藏精神鼓励、鞭策自己。面对工作中一个接一个的困难，他不仅得到了前辈和小伙伴们的鼓励，同时也得到了母校各位老师时刻给予的帮助，这也更加坚定了他为西部、为昌都奉献青春的决心。

从北方的北方，来到天空的天空，这里有山有水，他在这里扶智扶志。他说：“我会牢记习近平总书记对‘90后’青年人的嘱托，‘不惧风雨，勇挑重担，让青春在党和人民最需要的地方绽放绚丽之花’。”

（天津市大中专毕业生就业指导中心供稿）

扎根基层，不负青春

——天津大学宋文杰事迹

天津

宋文杰，男，中共党员，我校 2017 届环境科学专业硕士毕业生，广西壮族自治区 2017 年定向选调生，现就职于广西来宾市合山市北泗镇人民政府，任副镇长，分管扶贫。

2020 年 6 月的第一天，宋文杰在微信朋友圈发布了一条“三十而立，不负青春”的状态，并配发了 9 张记录了他工作点滴的图片。他用这种方式纪念自己的 30 岁生日，在他看来，融入基层，在扶贫、防疫第一线奔忙的身影，就是青春最闪亮也最该有的样子。

从学校毕业后宋文杰主动选择投身脱贫攻坚主战场之一的广西，在县政府办工作一年转正后他又主动申请到乡镇一线工作。用他的话说，在基层每天和群众打交道，解决群众的困难，让他感受到青春的味道非常甜，实践的海洋非常宽，榜样的力量非常大，奋斗的路上非常美。

立鸿鹄远大志，做踏实奋斗人

2013 年本科毕业后宋文杰就应招入选天津大学第十五届研究生支教团，赴新疆阿勒泰地区布尔津县布尔津镇开展为期一年的支教服务工作，这一年与少数民族干部、与少数民族百姓、与困难群众打交道的工作，对他的择业观产生了深远的影响。他说来到基层就是要挽起袖子搞建设！

他在四川成都出生长大，在他看来，到未曾经历过的村镇去工作，既是为基层增添力量，也是丰富自己的人生阅历。到乡镇上任第一天他就到挂点的贫困村去熟悉情况，村干部用蹩脚的普通话向他介绍村里正在开展的工作，诉说着多年没有解决的困难……

他挂点的村疫情期间有序防控，做到了零感染；水网提升工程刚刚竣工，自来水直通每一户，彻底解决了老百姓饮水安全问题；所在村无辍学学生，保障每一个适龄学生入学；建档立卡户参保率100%，住院报销90%，门诊报销80%，大大降低了因病致贫风险；危房改造工程全面落实，保障了群众住房安全；疫情过后积极开发公益岗位，保障最困难群众的基本收入；积极推广、宣传产业扶贫政策，鼓励农户扩大种养规模；推动扶贫合作社良性发展，带动贫困人口增加收入；对劳动力不足、因病因残导致生活十分困难的，协助申请低保，采取政府兜底保障，绝不让一个人掉队……分管扶贫工作一年多来，他繁忙并充实着，他说扶贫工作是当前最大的政治任务，也是最大的民生工程。一到乡镇就分管扶贫，挂点全县8个贫困村之一，让他深切感受到组织的信任。

在乡镇，他从壮族阿奶握着的温暖手心里读到了什么是“五十六个民族是一家”；从身边同志测量危房的背影中读到了什么是“为人民服务”的工作态度；从基层干部和公安民警每逢假期值班巡逻的脚步声中读到了“苟利国家生死以”的坚定意志。来到祖国基层这两年多看到干部群众结对脱贫，让他读到了什么是“敢教日月换新天”的时代情怀。他说，正是这些温暖的点滴，让他有了不负青春的感动。

不经严寒彻骨，怎得梅花扑鼻香

习总书记强调，干部就要有担当，有多大担当才能干多大事业，尽多大责任才会有多大成就。

“上面千条线，下面一根针”是对基层工作的形象比喻。如何“一针穿千线”，无疑考验着干部的政治素养和干事本领。一件件时间紧、任务重、要求严的工作，编织出“基层无闲时，今日人倍忙”的景象，加班加点也常常成为迫切的工作需要。进入脱贫攻坚期，扶贫工作涉及面广，资金使用、项目申报、财务审计、工程验收、系统维护、巡视整改、扶贫队伍管理、各项政策落地……

推动危房改造工作无疑是他在日常工作中面临的众多棘手问题的典型代表，中国人安土重迁，对“家”的感情很深，所以对房屋的建设、拆除、入住等各地风俗虽千变万化，但总离不开趋利避害的诉求，一方面要尊重民风民俗，另一方面要保质保量按时完成任务。有的村民苦于找不到施工队，他就联合村委联系施工队伍；有的“选日子”开工，拖慢了工程进度，他就和村委干部天天去工地“目送”式督促；有的想要建大面积的但自筹资金不足，他就自掏腰包带着吃喝、特产不厌其烦地反复动员控制合理面积；有的因为风俗自己想建房又暂时不能建房。他在深入了解当地风俗的情况下，借鉴其他县乡的做法，合理化解矛盾，实现顺利开工建设……在他的推动下，挂点村危房改造工作进展顺利，不少农户也在新房落成之日，邀请他到家一同庆祝。

在他看来，组织给了像他一样的年轻干部发挥能量的机会，工作的磨砺给了他成长的阶梯，从做事到谋事，需要思考更深入、沟通更高效、行事更果断。乡镇日常生活单调，但是安静的环境给了年轻干部"清晨之问、静夜之思"的工作状态，晒黑的皮肤是经历的镀层，裤腿的泥点是扎实的奖章。

知者行之始，行者知之成

习总书记在2019年庆祝五四运动100周年大会上提到"100年来，中国青年满怀对祖国和人民的赤子之心，积极投身党领导的革命、建设、改革伟大事业，为人民战斗、为祖国献身、为幸福生活奋斗，把最美好的青春献给祖国和人民，谱写了一曲又一曲壮丽的青春之歌。"

宋文杰认为饱含深厚感情是融入基层的最好方式。广西基层干部的优秀代表黄文秀同志的事迹感动了全国上下千千万万的人，作为同在基层工作的扶贫战友，宋文杰深刻感受到怀着赤子之心到群众中去，才会真正被群众接纳。

宋文杰曾经帮扶的一户贫困户中有一位老人已重病在床，但是每次只要宋文杰到他家里，老人就像个孩子一样，兴奋地坐起来喊着"小宋，快来，坐！"拉着宋文杰的手聊起家常。由于老人常年生病，老人的老伴主要在家做点轻体力农活，两人全靠子女救济和养老金。在了解了老人的病情后，宋文杰联合校友，为老人送来急需的救助金。老人非常感谢他，想给他写封感谢信，但因不会写字，只能自己口述，托村里其他人帮忙记录，想着等“小宋秘书”下次来的时候再把这封感谢信交给他聊表谢意。没想到由于病情恶化，老人突然去世了，这封感谢信竟成了老人的绝笔，宋文杰得到消息赶去时，老人的老伴掏出老人早已准备好的感谢信给他，这成了宋文杰心底挥之不去的遗憾。

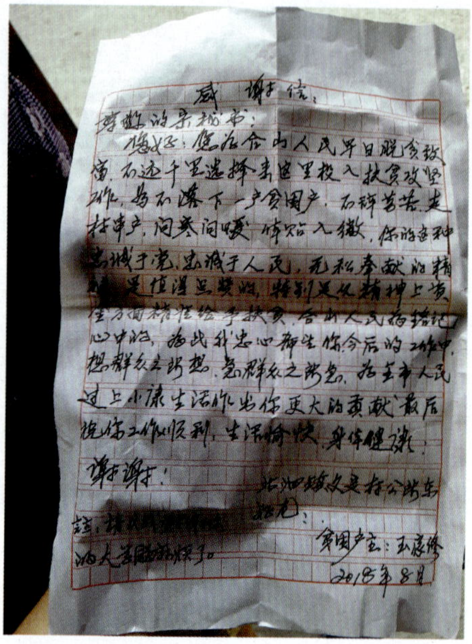
感谢信

尊敬的宋秘书：

您好！您为合山人民早日脱贫致富，不远千里选择来这里投入扶贫攻坚工作，为不落下一户贫困户，不辞劳苦，走村串户，问寒问暖，体贴入微，你的这种忠诚于党，忠诚于人民，无私奉献的精神是值得赞扬的，特别是从精神上、生活方面精准给予扶贫，合山人民将铭记心中的。为此我衷心希望你今后的工作中，想群众之所想，急群众之所急，为全市人民过上小康生活作出你更大的贡献，最后祝你工作顺利，生活愉快，身体健康！

谢谢！

北泗镇久是村公路东组屯：

贫困户主：王彦修

2018年8月

注：[redacted]

在基层工作没有捷径可走，他用最笨的办法，不懂的政策就找文件、问同事、借鉴其他乡镇的工作方法，不明白的情况就向挂点领导、向村委核实，再不确定就一户户实地调研……这些让他从开始的不知所措到如今的有条不紊：如今，宋文杰这样一个外地干部，也能与村干部和村民用简单的本地话交流几句，每次入户了解情况，从普通村民到村屯小组长再到党支书都要挽留他在家里喝几口粥，喝两杯茶。他自己说话也从说书面语变为说大白话，连气质也从文质彬彬变得有些“粗犷”。汪洋同志说：扶过贫的人，像战争年代打过仗的人那样自豪。宋文杰说他在祖国基层，就要做扶贫火线上的士兵，决战决胜脱贫攻坚，用奋斗照亮自己的青春。

（天津市大中专毕业生就业指导中心供稿）

用青春铭志，做合格公仆

——天津外国语大学汪国浩事迹

天津

汪国浩，男，汉族，1995 年 5 月出生，2014 年 5 月加入中国共产党，2018 年 9 月参加工作，现任内蒙古呼和浩特市清水河县韭菜庄乡人民政府基层党的建设办公室主任，十七沟村党支部副书记，十七沟村驻村第一书记、驻村工作队队长。

2014 年，汪国浩以优异成绩考入天津外国语大学国际传媒学院新闻学专业。在校期间学习成绩优异，积极参与学生活动，担任国际传媒学院新闻传播系学生党支部书记、国际传媒学院学生会主席、141102 班班长；多次荣获奖学金及“优秀学生干部”“三好学生”“优秀团员标兵”“优秀毕业生”等荣誉称号。在大学四年的学习、工作、生活历练中，他逐渐竖立了毕业之后壮志报国、奉献基层的人生理想。

2018 年大学毕业后，汪国浩被内蒙古自治区党委组织部考录为 2018 届选调生，分配到呼和浩特市清水河县韭菜庄乡人民政府工作。在基层工作的近两年来，他时刻不忘自己的初心和使命，脚踏实地、扎根基层、服务群众，为脱贫攻坚和乡村振兴事业贡献自己的智慧与力量。

作为一名驻村干部，汪国浩积极工作、认真钻研、努力创新，高标准、高质量、高效

率地完成了各项工作，并在工作中总结经验与不足，创新工作方法，为今后更好地开展工作打下了坚实基础。在担任十七沟村驻村第一书记、驻村工作队队长期间，他与十七沟村“两委”一起用心走进老百姓当中，用情开展扶贫工作，充分了解村民的所想所需。为了进一步给村中人畜饮水提供便利，他努力与自治区派驻清水河县脱贫攻坚总队和县水务局沟通协调，决定在十七沟自然村挖掘自来水机井1眼，在窑子上自然村建设截雨面水窖12个；为进一步发挥产业助推脱贫的作用，在包扶单位县红十字会的帮助下，他与驻村工作队员们协调到30万元项目资金，利用村委会现有闲置房屋建设村集体经济项目——十七沟小杂粮加工厂，用来为村民加工莜麦、荞麦、胡麻等作物，并与食品加工企业联系建立长期稳定的粮食销售渠道。在日常工作中，他定期邀请朝聚眼科医院、乡卫生院、志愿者团队到十七沟村开展义务诊疗、义务理发、农业生产指导等活动，为村民们解决了农产品加工销售、生活用水、就医、理发等生产生活中的困难。

作为一名基层乡镇干部，他不仅出色完成了自己的本职工作，更是在人民生命财产安全受到威胁时挺身而出。2019年清明节，正是人们回乡祭祖的时节。全乡干部都坚守在防火第一线，汪国浩也坚守在十七沟村的岗位上。上午十时许，十七沟村板申子自然村方向冒起浓烟，他和村干部迅速赶到了事发地，现场火势正猛且当地风大草茂，火借风势迅速北窜。北面是北王庄村退耕还林区且有一户村民仍在居住，在村民和林区安全受到威胁时，汪国浩和两名护林救火队员肩扛鼓风机首先冲进了火场，沿着火线一路狂奔灭火，在汪国浩和随后赶来的业余护林救火队员的共同努力下，火势得到了控制，他们成功阻止了更大的人身财产损失。作为一名普通的基层干部，他本可向上级报告火情后等待救火队员灭火，但看着年过半百的救火队员都冲进了火场，汪国浩觉得自己作为一个年轻人、一个人民公务员，在人民人身财产安全受到威胁时挺身而出，是他义不容辞的责任。浓烟熏黑了他的面庞，但也把他为人民服务的心映衬得更加鲜红。

疾风知劲草，危难显担当。面对突如其来的新型冠状病毒肺炎疫情，他临危受命，正月初二接到组织通知后，便匆匆赶回单位，承担起乡疫情防控应急指挥部的各项工作。白天发放防控物资、协调各村防疫工作，晚上汇总返乡人员数据、起草疫情防控文件。连续四十多天加班奋战至深夜，他的面庞尽显憔悴，但他仍无怨无悔地坚守在工作岗位上。他用实际行动诠释了一名共产党员勇于担当、恪尽职守、无私奉献的“初心”和“使命”。汪国浩虽未工作在与确诊患者面对面的防控一线，但他却是韭菜庄乡疫情防控工作中不可或缺的一员。在乡党委的领导下，他致力于做好疫情防控工作，保护全乡人民的生命安全和身体健康。作为乡疫情防控应急指挥部办公室副主任，他肩负着全乡16个行政村、15个防疫检查点的协调指挥、人员调度、上传下达、物资发放等工作。各村返乡人员排查登记汇总、各卡口外地过境人员是否可以通行、各卡口生活物资补给发放、重点防控人员每日监测数据报送等工作全部压在他身上，繁重的工作经常使他加班到凌晨，每天休息的时间不超过 5 个小时。

铮铮男儿，铁骨柔情。在这场防控新型冠状病毒的战“疫”中，他放弃了对家人的陪伴，而选择坚守岗位。从农历正月初二到 4 月份，他没有回过一次家。当县里要求推荐疫情防控工作中涌现出的先进典型时，全乡机关干部一致要求推荐他，他却推托说：“应该多推荐忍饥受冻在一线执勤的干部。我在指挥部工作，不挨饿不受冻，没有他们辛苦。”正是因为有千千万万像汪国浩这样“敢为人先、甘为人后”的党员干部冲锋在前、无私奉献，我们才有信心终将会打赢这场疫情防控阻击战。

思想沃土植忠诚之苗，实践和风拂理想之花，奉献润雨灌信仰之果。汪国浩同志在践行全心全意为人民服务宗旨的道路上时刻不忘初心，牢记使命，责任在心，担当在肩，永葆共产党员的优秀风范，用青春铭志做合格公仆！

（天津市大中专毕业生就业指导中心供稿）

河北

HEBEI

奔跑的青春

——沧州医学高等专科学校裴文恒事迹

河北

“厚德、笃学、博爱、精医”，八字校训如人生箴言，一直提醒和激励着我，让我时刻都记得自己是一名救死扶伤的杏林人。

学医是我从小的理想，在沧州医学高等专科学校求学是我青春时期最美好的时光。学习医学知识更是帮助我在实现理想上又进了一步。从沧州医学高等专科学校毕业以后，我参加工作了，如愿成为一名急诊科与老年病科的大夫，开始投身医疗事业。

一、急诊工作篇：让急救培训成为一种常态

众所周知，急诊科的工作是比较苦和累的，急诊大夫是和死神赛跑的人，时刻需要紧绷神经来应对急诊病人随时可能出现的紧急情况，同时，急诊科也是一个磨炼人意志和业务能力的场所。得益于在校期间老师们的教导，在校学习的很多急救知识都能派上用场，这为我做好急诊工作提供了极大的帮助。逐渐地，在日常工作中，我发现一个比较普遍的现象，由于没有医学背景，很多人面对身体突然发生的状况往往都手足无措，慌忙地拨打急救电话，等待急救人员的到来。如果能把专业的急救知识转化成通俗易懂的急救常识，这样一旦自己或者身边的人发生紧急情况，就可以在第一时间进行施救，从而为急救争取宝贵的时间。

恰逢邯郸市120指挥中心开始推动急救知识宣教工作，除了忙碌在急诊岗位上，

我还积极参与急诊科开展的急救宣教活动。近 4 年的时间里，我参与了 60 多场次的急救宣教，培训受众多达 2000 余人次，从参与急救宣教那一刻起，我严格规范自己的授课内容，小到止血包扎，中到海姆立克急救法，大到生命教育等，我设计的讲课形式生动灵活，贴近实际，从幼儿园到敬老院，从学校到各企事业单位，听众们都非常受用。我个人的“让急救培训成为一种常态”事迹曾被河北长城网健康栏目刊发并报道。在急诊工作方面的付出，也让我获得了一些荣誉，如 2018 年“第二届邯郸市急救培训讲师选拔赛”第二名；2017 年度、2018 年度邯郸市院前急救“先进工作者”称号等。

二、老年病科篇：积极推动安宁疗护事业的发展

在老年病科的工作中，我接触到了很多处于疾病终末期的老年患者，看到他们在生命最后一刻身上还被插满各种“管子”，生活质量非常低。为了提高老年患者的生活质量，满足他们对治病的需求，我院老年病科自 2018 年开始开展安宁疗护工作。安宁疗护是运用医学与人文关怀的综合诊疗措施，目的是减轻终末期疾病患者的疼痛与恐惧，让患者有尊严地度过生命的最后阶段。为了更好地开展这项工作，我多次外出进修学习相关的知识，并将所学知识和理念运用到终末期患者身上，如用疼痛控制帮助肿瘤晚期患者减轻痛苦，在日常查房中融入生命教育的内容等。2018 年 5 月，我发起组建了一支 50 余人的安宁疗护志愿者队伍，并带领他们在我院开展安宁疗护志愿活动，包括文艺汇演，病房陪伴，与老年患者们同过传统节日，进行生死教育等。在老年患者离世后，我们会对其家属进行哀伤辅导，帮助他们走出失去亲人的痛苦和不安，早日重新融入社会和工作。我们的志愿活动赢得了患者及其家属的认可和好评。通过志愿者活动的形式，越来越多的人开始认识并了解了安宁疗护的概念。为了更好地致力于安宁疗护事业的发展，我申请成为河北省老年医学会安宁疗护专委会的第一批委

员，以及邯郸市安宁疗护促进会的首批会员。为了让更多终末期患者受益，我会积极投入安宁疗护工作，以期造福大众。

三、参与医疗扶贫，发挥党员模范带头作用

作为一名中共党员，我时刻以党员的标准要求自己，以身作则，积极参加医院党组织开展的党员学习活动。在我国大力推进扶贫工作时，我们医院立即响应号召，组建医疗队伍前往贫困县区进行医疗扶贫和义诊活动。作为党员，只要有时间，我都会申请参加医院的扶贫义诊活动，我跟随义诊队伍去过邯郸市大名县，在该县的贫困村开展义诊活动，对于行动不便的患者，我会去到他们家中，上门为他们进行身体检查，指导他们用药，宣传医疗扶贫的相关政策。由于工作积极，我曾在2018年、2019年连续两年获得邯郸市人民医院“优秀党员”称号。

四、参与疫情防控工作

自新型冠状病毒肺炎疫情暴发以来，全国各地医疗机构和医务人员都参与到了这场疫情防控中来。疫情一开始，我就向医院提交了请战书，随时做好奔赴抗疫一线的准备。2020年2月初，我接到了邯郸市卫健委的调令，我被抽调到邯郸市疫情防控部门协助处理本地区疫情信息工作。邯郸市共有20个县区，疫情出现后，我每天需要对200余份各类疫情报表进行整理，整理结束后需要立即对数据进行核准，并及时向上级汇报。核准数据需要大量的时间，为了保证数据的准确性及有效性，我们经常加班到深夜一两点，甚至废寝忘食、通宵达旦。虽然每天整理报表非常辛苦，但是疫情防控容不得半点马虎和懈怠，再苦再累我也会咬牙坚持，力争做一个称职的“表哥”。

路漫漫其修远兮，选择了悬壶济世的道路就要勇往直前，校训“厚德、笃学、博爱、精医”一直是激励我前进的动力，我会继续努力并提高自己，让我的青春展现出最好的模样。

（河北省教育厅学生就业创业指导中心供稿）

韶华赴疆心许党，以拼搏的多彩青春，奉献边疆基层建设

——沧州职业技术学院赵国跃事迹

赵国跃，男，汉族，中共党员，1997 年 4 月出生，河北沧州沧县人，现任新疆维吾尔自治区巴音郭楞蒙古自治州轮台县轮南镇社区事业服务中心干部（曾任轮台县群巴克镇扶贫专干，2018 年 1 月至今于轮台县党委组织部跟班学习）。2016 年以来获各级荣誉、表彰和奖励 23 项，主要有 2016“挑战杯——彩虹人生”全国职业学校创新创效创业大赛三等奖，河北省省级“优秀学生干部”“沧州市最美大学生”“沧州市狮城好青年”荣誉称号，全国高职学生“劲牌励志奖学金”优秀奖等。

2019 年大年初四，赵国跃在沧州西高铁站赶车时，电子屏上正打着“不忘初心、牢记使命”八个大字，他对着这八个字比心拍了一张照片，又匆匆踏上了前往新疆轮台的征程……

担负时代使命的逐梦少年

20 岁的赵国跃身上萦绕着很多“光环”，河北省优秀学生干部、沧州市最美大学生、狮城好青年、沧州职业技术学院社团联合会主席。2017 年底，即将毕业实习的他受到多家名企的青睐，他却做出了一个让大家都意外的选择——到新疆去！原来学校举办人才双选会期间，老师向赵国跃提出了支援新疆的建议，那一瞬，他的心便飞到了遥远的他乡。作为家里唯一的儿子，他的决定引来了家人的一致反对。“士不可不弘毅，任重道远，仁为己任，不亦重乎，死而后已，不亦远乎。”赵国跃坚定地说：“作为一名面临毕业的共产党员大学生，到基层和人民中去建功立业，让青春之花绽放在祖国最需要的地方，这才是我的梦想！”

而启程之后他才知道，沧州与轮台之间，横跨两个时区，有 3348 公里的距离，车程至少需要 38 个小时。即便乘飞机，也要在距轮台 170 公里的库尔勒机场下机，之后还有两三个小时的车程。就这样他怀揣着梦想，带着师生的祝福、父亲的支持、母亲的不舍踏上了他的西部工作之路。

服务基层群众的暖心“亲人”

参加工作没多久，他就与两家当地少数民族群众结成了“亲戚”——“大妈，您的病

情耽误不得，我现在就带您去医院！”“大哥，听说你家的甜瓜滞销了？我把消息通过微信发给同事、朋友，让他们都帮忙转发了朋友圈，你家甜瓜那么好，不愁卖不掉！”

既可以整日在贫困群众家中扬起钢叉铁锹、抓稳砖头瓦块搞志愿服务，又能够连夜在办公室里敲击键盘、鼠标，握住笔杆、胶棒加班工作，这成了赵国跃作为一名基层干部的扎实基本功。逐渐地，群众竖起大拇指夸他是新疆“儿子娃娃”（“男子汉”的意思），他说“这句新疆儿子娃娃比我获得的任何荣誉都高”。他和村里的各族群众一起逛过巴扎，喝过奶酒，也一起放过羊，喂过牛，还垒过围墙，采过棉花，打过核桃，真正做到了进百家门、知百家情、管百家事、暖百家心。后来“亲戚”库尔班逢年过节都要打来电话，叫他出来一起吃饭。另一个“亲戚”吐尔隼更是把自家钥匙给了赵国跃，跟他说：“放假就回家来，给你做好吃的！”

河北

他在日记中写道：“看着大家一个个舒展开的眉头，那种感觉踏实极了！向他们宣传党和国家政策，帮助他们解决生活中遇到的问题，我的收获远远多于付出。”

践行初心使命的基层干部

来疆前有人对赵国跃说：“从事基层工作，很少有惊天动地的大事儿，但并不意味着这项工作可有可无，耐得住寂寞才能守得住繁华。”

两年时光飞逝而过，脱贫攻坚、民族团结、基层走访、人才援疆等相关工作，让他没有时间“寂寞”。他更深刻地明白正是因为有千千万万名基层工作者在坚守自己的“寂寞”，才能守住祖国的“繁华”。他说：“总是希望时间过得慢点再慢点，这样就能干更多的工作了。”

两年多以来，赵国跃充分发挥媒体宣传作用，摸索建立轮台人才微信公众号，加强人才引进宣传力度。他还密切联系沧州职业技术学院人才引进工作站，创建可容纳近2000人的沧州职业技术学院学生咨询QQ群，重点开展“招聘疆内外高校毕业生到村工作重点人才”项目;参与引进教育、医疗、警务及基层工作岗人员 1500 余人次,为县教育、医疗、警务等方面基层工作力量的提升以及促进乡村振兴重点工作提供了强力的人才支援;研究完善人才引进系列政策、完善人才项目资金使用相关规定,进一步提高人才专项资金使用效率。

2019 年夏,赵国跃再次做出一个令人意想不到的决定。赵国跃是轮台县人事部门 2017 年 11 月从内地引进的在职不在编应届高校毕业生,眼看合同期将至,他毅然选择考取当地事业编制,将岗位选在了轮南镇!轮南镇位居轮台县最南端,镇政府距离轮台县城 160 多里,面朝戈壁,背依胡杨,戍守沙海。最终,他以综合第一名的成绩考录为轮台县轮南镇社区事业服务中心管理岗干部,令很多人不禁惊叹。他说:“作为一名党员干部,就是要不忘初心,牢记使命,像总书记说的那样,到基层去,到党和人民最需要的地方去建功立业。”

投身防控一线的抗“疫”勇士

2020 年 1 月 24 号晚上,赵国跃正在库尔勒机场宾馆等待第二天清晨飞往河北老家的航班。“家里社区刚刚通知,新冠疫情已经扩散,严禁外出访亲串友,形势很严峻,你也不要回来了。”听到手机另外一头父母急切的声音,赵国跃突然意识到问题的严重性,他没有丝毫的犹豫,在大年初一清晨毅然返回轮台县的工作岗位,担起了疫情防控期间的系列重任。

回到工作岗位后,赵国跃不但要负责县党政综合楼的轮班值守任务,还担负起社区值班室的轮班值守任务,并每日到单位包联村帮助村干部为村民测量体温,宣传防疫知识;积极向当地红十字会和所在党组织捐款;坚持每日通过轮台人才微信公众号推送防疫宣传内容,为抗疫工作加油助威;负责统计全县 1700 余名老干部和 300 余名基层工作者的每日健康信息;2020 年 3 月起由于工作需要,被派往县党委办公室参与疫情期间各类会议的会务保障工作。

“谢谢！谢谢你巴郎子(小伙子)，你解决的不仅仅是我的困难问题，是救了我的命啊。”一位名叫吾斯曼的老人紧紧握住赵国跃的手激动地说。原来吾斯曼是轮台县一名退休老干部，今年75岁，和老伴一起居住，患有严重的冠心病，经常性呼吸困难，每天要吸最少10个小时氧气，且每15天就需要更换一次氧气罐。由于处在封闭期，眼看氧气就快用完了，更换氧气罐成了他十万火急的难题。得知情况后，赵国跃立即与老干部局的同事一起向组织上汇报了情况。经批准后，他立即与同事一起去老人家中为老人更换新的氧气罐。

4月28日，全国防疫形势有所好转，各地逐渐解除封闭状态，这时赵国跃又承担起了一项光荣而艰巨的任务——赴库尔勒机场迎接新一批河北省沧州市援疆干部人才来轮。而返回轮台后按照防疫部署要求，赵国跃与全体被接回的援疆干部人才又被集中隔离起来接受医学观察。在隔离期间，赵国跃仍然通过电话、微信的方式了解援疆干部人才的生活状况，同时协调相关单位做好援疆干部人才的服务保障工作。

驻足诗与远方的有志青年

基层工作琐碎且繁忙，每当在微信朋友圈看到朋友们晒出旅行照片，还有那句“世界那么大，来一场说走就走的旅行”时，赵国跃虽羡慕但自豪感也会油然而生：“我也有自己的诗和远方。跨越祖国大地几千公里的我，喜欢漫步在孔雀河边与天鹅相互遥望，看人与自然和谐共处；我去过轮台的原始胡杨林公园，感受了岁月在那片土地留下的沧桑；我也去过巴音布鲁克草原并在那里眺望远处的牛羊，在天山脚下嗅着沃土的芬芳，这里就是我的诗与远方。”

赵国跃说：“有人说春天里的小花虽小，但照样能够绽放，为大地添彩，为春天添香。这恰如基层干部一样，不一定都做轰轰烈烈的大事，但是一定要在平凡的岗位上不忘初心，牢记使命，做一个暖心的人，努力做好为人民服务的一件件小事。就像是做好祖国大地上的一朵朵小花，全心全意为人民添福，为祖国喝彩！”

(河北省教育厅学生就业创业指导中心供稿)

春风吹过玉门关，青春花开在天山

——河北经贸大学赵洛义事迹

赵洛义，男，汉族，中共党员，江苏沭阳人，1993 年 3 月生，河北经贸大学 2018 届毕业生。在校期间担任班长，曾获评河北省优秀学生干部、河北经贸大学优秀共产党员、优秀毕业生等。毕业之际，他积极响应团中央号召，到海拔最高最艰苦的西藏阿里地区做了西部计划志愿者，之后再次响应国家号召来到了新疆喀什地区泽普县，成为一名扎根边疆、服务群众的基层干部，现为新疆喀什地区泽普县人民政府办公室秘书。

赵洛义大学毕业后自愿放弃优渥的大城市生活，义无反顾地来到祖国边疆。转眼之间，赵洛义已在西部边疆地区工作两年了，对当初的选择他从未后悔，他总是说："作为一名共产党员、新时代的青年，这是我义不容辞的使命，我将随时准备为国家奉献自己的一生！"

逆流而上高原情，扎根西部报国志

赵洛义对西部的情愫可以追溯到小学语文课本里孔繁森的故事，从那时开始，赵洛义就在心中对西部生活有了向往之情。后来，他读过大学生村官秦玥飞的事迹，看过西部宣传片，从心底萌生了一个重要的决定：在有生之年一定要为西部建设贡献自己的一份力量。大学毕业之际，面对种种选择，在大城市和高薪资工作的诱惑面前，他始终遵从内心最真实的愿望。他响应团中央号召，来到海拔最高最艰苦的西藏阿里地区做了西部计划志愿者。

"哪里最贫困，我就去哪里；哪里最需要，我就去哪里"，这是他临行前铿锵有力的语言。选择职位时，他毅然选择了海拔最高、环境最恶劣的阿里地区。很多人想到西藏，想到阿里，脑海里浮现的都是贫穷、饥饿、疾病，甚至是暴乱，而他所看到的西藏，是辽阔的草原、美丽的雪山、淳朴的藏族民众和这片高原无穷无尽的活力与热情。

赵洛义始终相信，越是欠发达地区，越需要有人去建设。每当遇到挫折和考验时，他一想到自己在求学路上受到的国家资助和学校领导、老师的培养，就更加坚定了战胜各种困难的信心。在阿里地委办公室工作期间，他从文件起草到文电办理，从撰写会议材料到组织筹备会议，每一件事都认真完成，每天都过得忙碌而充实，他用自己的行动承担起了"贡献藏西秘境、建设美丽阿里"的历史责任。

组织关怀深似海，凝心聚力勇担当

河北

之后，赵洛义再次响应国家的号召，来到新疆喀什地区，成为一名扎根边疆、服务群众的基层干部。从高原到沙漠，从西藏到新疆，从志愿者到基层公务员，这一切抉择都在向我们展示他立志报国的赤子之心。

来到新疆，组织的关心关爱深深触动着赵洛义。在党校培训期间，他经常受到领导的慰问、关怀，也总能尝到新疆特产的香梨、苹果、葡萄、哈密瓜和美味的烤肉、大盘鸡，这些都使他心中感到无比温暖。到基层单位工作后，组织也时刻关注他的动态。县委组织部部长还亲自到单位看望他，问他生活是否方便，食堂的饭菜是否吃得惯。组织深深的关爱让他切身感受到，虽然远在他乡，但他并不是孤军奋战，组织的关怀时刻在他身边。

赵洛义被分配到了喀什地区泽普县泽普镇人民政府，全镇居住人口 7 万多人，有 14 个社区，镇党委书记看到赵洛义有着西藏工作的经历，便安排他到人口最多、社情最为复杂的社区工作，以便他能近距离了解人民群众的生产生活情况，帮助群众解决困难。经过几个月的努力，赵洛义便撸起袖子和社区群众盘腿而坐，倾听群众的心声，很快便与群众"打成了一片、抱成了一团"，成了社区群众的知心人。社区居民吐尔孙江·买买提亲切地称他为："小赵阿达西（意为：小赵好朋友）。"

面对新疆当前维护社会稳定工作和打赢"三大攻坚战"的艰巨任务，赵洛义积极做好对群众的宣传教育工作，及时帮助群众解决就业、就学、就医等问题，帮助居民打造美好的生活环境并树立对未来美好生活的信心。他坚定以不懈努力、奋勇拼搏、全心

全意为人民服务的真心，回报组织的知遇之恩。

疫情防控作先锋，铸就干群鱼水情

突如其来的新冠肺炎疫情，考验着所有的党员、干部、群众。作为一名在西部边疆奉献的热血青年，越是艰难时期越需要第一时间冲上去，赵洛义用行动践行了自己的入党誓言，用青春和热血为基层群众构筑起了坚固防线。

大年三十晚上，赵洛义只身前往各个楼栋入户走访和测量体温，用实际行动打响了社区疫情防控第一枪。在疫情防控初期，他深入社区开展宣传排查、消毒量体、守门执勤等方面的工作。他率领社区干部冲锋在前、干在一线，为社区居民构筑起疫情防控的坚固防线。为了快速摸排外来人员底数等，他组织社区党员、小组长、志愿者开展入户摸排，还开启了电话热线，建立起了联防联控机制；另外，他们还负责做好日常报表和辖区居民台账，织密织牢防控网络。在他们的努力下，社区没有一例疑似或确诊病例。

在做好群众个人防护的同时，赵洛义还积极解决群众日常生活中的困难，组织大家为孤寡老人送去生活必需品，将牛奶、蔬菜、水果等物资送到群众手中，用别样的温暖滋润着群众的心田，成为防控一线的信息员、宣传员、战斗员，用行动书写出最美"敬业福"。自疫情发生以来，他几乎都在办公室休息，每天吃盒饭和泡面。他说："党员守在前，居民才安全。"他每天都与社区干部、党员、志愿者开展地毯式的宣传与排查，督促检查小区物业喷洒消毒剂。为了支援一线抗疫，他带领辖区群众踊跃捐款近 7000 元，他自己还以普通居民的身份给泽普县红十字会捐款 1000 元。

据了解，从 2018 年 11 月入职至今，他一直每月缴纳 100 元特殊党费，虽然他的收入不多，但他用自己力所能及的资源、全力以赴的努力，践行着永不褪色的初心和使命。在疫情期间，因为工作需要，加之表现突出，他被镇党委任命为社区党总支副书记；泽普县团委在"五四"期间授予他"疫情防控优秀青年"荣誉称号。

2020 年 3 月 25 日，疫情基本得到控制，全面恢复生产生活，赵洛义接到自己被借调的通知，心中对社区干部、群众充满了不舍。作为一名新时代的支边青年、一名基层干部，在社区这一年多的时间里，他收获了许多：领导的谆谆教诲，使他获益终身；同事们的深厚友谊，成为他毕生珍藏的记忆；工作中的奋力拼搏，成就了他吃苦耐劳的可贵品质。在这里，他曾在集体活动中收获欢声笑语，曾因取得荣誉感动自豪；既有取得进步时的喜悦，也有发现问题时的黯然神伤……这每一幕，都令他记忆犹新；也令他的每一步都走得更加坚定。临走时看到社区群众来送他，他眼圈渐渐红了。现如今，他是泽普县人民政府办公室的秘书，开始了城市经济发展方面的工作。今后他将继续努力，奋勇拼搏，为新疆的和谐稳定和经济发展做出更多的贡献。

疾风知劲草，危难出英雄。在波澜壮阔的时代大潮中，赵洛义舍弃优渥的工作条件选择西部，放弃安稳的日子带头抗疫，屡屡逆行而上。他常说他的大学四年学业是在党的好政策和师长的关心下完成的。现在，作为一名边疆基层公务员，他要用自己的青春和奋斗去回报社会、回报祖国，要像胡杨一样扎根边疆，用自己的辛勤汗水，在边疆的沃土上浇灌出最美的青春之花。

（河北省教育厅学生就业创业指导中心供稿）

去基层奋斗，让青春出彩

——河北农业大学王刘建事迹

王刘建，河北省保定市曲阳县人，2019年毕业于河北农业大学园艺学院园艺（观赏园艺）专业，在校期间先后担任班级学习委员、团支书、园艺学院科协副主席，曾三次获得校级三等奖学金和社会活动优秀奖。王刘建从大学一年级开始就热衷于参加志愿服务活动，经常去养老院、福利院、幼儿园看望老人和儿童，为他们带去陪伴与欢笑；2019年3月，她积极热情投身到建设雄安新区的志愿服务活动中，不辞辛劳，不求回报，乐于奉献，并于服务期结束后被评为“优秀志愿者”和园艺学院“首届雄安志愿服务之星”；2019年7月毕业后，伴着“到基层去，到祖国最需要的地方去”的号召，她毅然报名参加了大学生西部计划，从河北保定跨越了2300公里来到广西百色，如愿成为一名光荣的西部计划志愿者。工作中，她积极服从组织安排，在百色市田阳县对口帮扶协作办公室从事志愿服务；在疫情期间，她驻扎在防疫一线，不分昼夜认真工作，用弱小的肩膀担起了乡镇防疫的重担，受到领导、同事的好评，得到人民群众的认可，被授予“百色市优秀青年志愿者”“田阳优秀共青团员”荣誉称号。

一、认真履职工作，提升综合能力

百色市田阳区对口帮扶协作办公室是东西部扶贫协作的连接点，主要负责相关材料收集、会议记录、宣传报道的撰写、工作组微信平台的信息更新、传达协调以及协助做好后勤等工作，另外还下村考察项目并走访贫困户。王刘建在这之前对东西部协作完全没有涉猎，为了更快地适应工作，她认真学习文件，研习公文写作，思考改进工作方法，及时向领导和同事请教学习，在进行办公室的各项工作时有条不紊。2019年11月3日和2020年5月22日，她陪同上级领导带领田阳贫困村的共计126位致富带头人前往深圳、广西参加田阳贫困村致富带头人培训。在工作中，她态度良好，遇到突发状况能冷静应对，在活动中表现出了优秀的统筹、组织、协调能力，得到了极大的肯定。

二、守护“心守家园”，心系留守孩子

作为“心守家园”项目的志愿者，她十分关注贫困学生就学问题，经常和志愿团里的前辈利用周末和中午休息的时间去各中小学及学生家里了解情况，并发放爱心人士捐助给他们的助学款。从2019年11月29日到2020年6月6日，他们为64个贫困

学子送去了"心守家园"的爱心助学款7.3万余元，并通过家访和开展座谈会的形式与贫困学生敞开心扉交流。她了解到这些贫困学子多为留守儿童或来自单亲家庭，照顾孩子的大部分是年迈的爷爷奶奶，所以在交谈的时候她十分注重交流的方式方法，尽可能地关照他们的感受，分享自己的人生经验，真诚与他们交流，为他们带去平和与关爱，希望他们能健康快乐自信地长大。

三、牢记志愿初心，服务百色群众

在投身基层建设田阳的志愿工作期间，王刘建积极参加团委组织的各种志愿活动。2019年8月31日，她主持并参加了学习黄文秀"不忘初心，牢记使命"——百色市团员青年向黄文秀同志学习主题演讲比赛志愿活动；2019年9月5日参加"弘扬百色精神，践行初心和恒心”的无偿献血活动，充分发挥青年志愿者关爱生命、无私奉献的精神；2019 年 11 月 6 日—10 日，参加第十二届中国—东盟（百色）现代农业展示交易会志愿活动；2019 年 11 月 15 日，主持参加了 2019 年“牢记青春使命，携手共谱华章”田阳县青年联谊会志愿活动；2019 年 12 月 17 日，主持并参加田阳县“不忘初心，牢记使命”——向黄文秀同志学习的演讲比赛志愿活动；2020 年 4 月 30 日，参加百色市田阳区揭牌仪式志愿活动。在疫情期间，她驻扎在防疫一线，不分昼夜认真工作，用弱小的肩膀担起了乡镇防疫的重担。由于王刘建在活动期间表现突出，2020 年 4 月 26 日，她被评为“百色市优秀青年志愿者”；2020 年 5 月，被评为田阳优秀共青团员。

四、投身基层事业，青春在西部绽放

作为一名大学生西部计划志愿者，王刘建把基层工作作为新的动力、新的起点，她讲到“事业是一点一滴赶出来的，道路是一步一个脚印走出来的，我相信日积月累的力量，做好每一件小事，在传承与更新中锻炼自己。”她义无反顾投身西部地区志愿服务工作，到中小学、乡村开展服务活动，扶危助困，助力脱贫攻坚，在西部广袤大地上谱写青春赞歌！

（河北省教育厅学生就业创业指导中心供稿）

用辛勤汗水筑梦，以真情奉献边疆

——唐山学院车云星事迹

河北

车云星，男，1997 年 9 月出生于河北省衡水市景县，2018 年毕业于唐山学院交通与车辆工程系。2018 年 6 月，为积极响应团中央“到西部去，到基层去，到祖国最需要的地方去”的时代号召，他放弃了在石家庄的工作，毅然报名参加了“大学生志愿服务西部计划”项目，成为一名光荣的西部计划志愿者，服务于新疆生产建设兵团第二师铁门关市三十一团机关党政办公室，负责机关公文收发、档案管理、信息收集、文件运转、接待后勤、公物管理、会议保障及协助办公等工作。2019 年被授予“2018—2019 年度全国优秀西部计划志愿者”称号；他还在 2018 师市西部计划志愿者交流会上代表志愿者发言；2019 年他带领连队电商爱好者们参加师市电商培训，以优良成绩获得结业证书，并代表团场签订了和新疆楼兰蜜语生态果业有限公司长期合作的协议书。

一、融入基层、适应环境

走进新疆，这里的胡杨、沙漠和淳朴民风让车云星深深地爱上了这片土地，他要用这不长的时间，走近它，融入它，并为之奉献青春韶华。

来到这里之后，他遇到的第一个难题就是对一切都很陌生。工作流程上的不熟悉，生活习惯上的差异，都成为他来到新疆之后首先要解决的问题。为此，他积极主动争取锻炼机会，遇到困难主动向同事领导请教学习，在较短的时间内便熟悉了工作，明确了思路，经过反复多做慢慢也变得得心应手起来，出色地完成了领导安排的各项工作。他经常跟随领导、同事下连队帮工，因着也是青年志愿服务队的一员，所以也经常走访慰问连队的贫困家庭，还去敬老院陪老人们说话、谈心。他的努力和热心，让周边的人都认识了这个来自河北的小伙子，而与乡亲们、同事们的友好相处也为他日后的工作打下了良好的基础。

二、脚踏实地，牢记使命

新疆塔里木生长着的胡杨被兵团人视为精神象征，因为它在严酷的自然环境中屹立千年不死，死后千年不倒，倒后千年不腐。这种不朽的精神，深深地感染着车云星。

作为一名入党积极分子，他始终以一名共产党员的责任感来严格要求自己，鞭策自己，以“服务西部，服务基层，服务群众”作为自己的工作宗旨，认真学习各级团委关于西部计划志愿者的有关文件精神，结合志愿服务展开工作。他始终不忘“履行志愿者义务，立足本职工作”的原则。党政办的工作节奏快、要求高、任务重，经常是“5+2”“白加黑”。举个例子：领导们几乎每天都要开会，而团里的会议保障都是他来做的，比如明天上午十点开会，今天下午就要通知参会的所有人员，第二天还要提前两小时布置会场、开机测试，会开多久，他就需要陪多久，会议结束后，他还需要做一些收尾工作。对他来说，基本上就没有双休日，机关的值班人员这样说：“晚上经常看见小车跑着来办公室工作，这小伙子工作积极性很高啊。”面对这样的工作，他也有怨，但是没有怨气，他也有压力，但是没有被压倒；面对繁重的任务，他心里也会有不平衡，但是没有失衡。因为虽然他忍受的是清苦，付出的是辛苦，但收获的是知识、是思想、是能力，而这些可以让他受用一生。

三、青春之花，灿烂绽放

美丽之花源自辛勤的浇灌，成熟人生源自不断的历练。

转眼间，他来到三十一团已经快两年了，既然不远千里来到这里，就应该多做些有意义的事。他的选择没有错，在党政办工作很充实，短短两年时间里，他以西部计划志愿者的身份参与了很多志愿服务活动。在2018年，在庆祝改革开放四十周年职工文艺汇演中，他利用挤出来的时间和其他志愿者们精心准备了一台名为“相亲相爱”的舞台剧，并在舞台剧老师的指导下，认真进行一次次排练。在排练当中，他认真听取意见，虚心学习，精益求精，力争做到最好，最后此舞台剧成功演出。演出顺利结束后，他又带领志愿者们及时清理了现场，为此次志愿服务画下了圆满的句号。

他作为西部志愿者，用实际行动诠释了“奉献、友爱、互助、进步”的志愿者服务精神，展现了当代大学生关怀社会、关心基层的高尚品格。他曾经谈到自己选择西部的原因：“有无数个理由让我来西部做志愿者，因为那是精神上的享受，条件再苦而我的精神是快乐着的。”

这就是车云星青春的模样。

（河北省教育厅学生就业创业指导中心供稿）

山西

SHANXI

扎根基层，不懈奋斗

——太原理工大学武文达事迹

武文达，男，汉族，中共党员，硕士研究生，山西文水人，1990年7月生；2016年7月毕业于太原理工大学马克思主义理论专业，同年赴西藏参加工作，现任林芝市米林县丹娘乡党委委员、组织委员、宣传委员。

一、扎根基层，坚定执着守“初心”

“选聘高校毕业生到西藏基层任职，是中央作出的一项重要决策。祖国的需要就是我的选择，放弃内地比较好的生活条件和工作环境，响应国家的号召，把个人理想与国家需要有机结合起来。”在谈到为何选择到西藏工作时，武文达这样说道。2016年5月，经过院系推荐、学校筛选、层层笔试和面试，武文达被选拔为内地赴西藏基层工作的一名公务员。基层干部的工作是与老百姓接触的“最后一公里”，作为一名基层党员干部，在目睹肆虐的洪水摧毁农牧民的家园后，为确保受灾群众得到赔偿金、不因灾害返贫，他深入每一户受灾群众家中进行受损物资摸排登记；当收到森林火灾隐患报告时，他与同事一同扛起灭火水桶，毫不犹豫冲进没有路的大山，以确保我们珍贵的林业资源不受损害；在虫草采集期，他深入海拔5000米的虫草采集点与农牧民群众同吃同住，及时协调解决困难、调解矛盾……现在的他认为：“在西藏基层工作不仅仅是一项重要的政治任务、政治责任，而且也是一次难得的学习和历练的机会，没有崇高的理想信念、过硬的政治素质，是无法经受住考验的。”

二、理想坚定，不懈奋斗铸“匠心”

他政治立场端正、基础扎实。在读研究生期间，他系统学习了马克思主义理论；参加工作后，通过政治和业务学习，他具备了在机关工作的基本素质。他独立起草各类调研报告、领导讲话60余篇，校对重要文稿140余篇，协助制作内部交流期刊8期，在自治区党委刊物《新西藏》上发表了《年轻干部要做到“四要四忌”》，2019年还被林芝市委组织部抽调担任第四批专招工作宣讲员。特别是在乡里工作期间，他协助乡领导负责基层党建、脱贫攻坚、意识形态、安全生产等方面的工作，总是扑在第一线，表现突出，受到了领导和群众的一致好评。被专招到西藏以来，他先后在米林县委组织部、县委办、林芝市委组织部、市委“不忘初心、牢记使命”主题教育办公室跟班学习，服从组织安排、纪律观念强，干一行爱一行专一行，受到领导的一致好评。四年来，他先后获得自治区公务员培训“优秀学员”，米林县“优秀共产党员”“优秀公务员”，里龙乡“优秀共产党员”等荣誉称号，还获得米林县“四讲四爱”演讲三等奖，是米林县唯一被任命实职的专招研究生干部。

三、情系群众，为民解忧得“人心”

到新的单位任职后，三岩片区跨市整体易地扶贫搬迁工作如火如荼深入开展，为确保实现搬迁群众搬得进、稳得住、能致富，他迅速适应新的工作环境，牵头探索推进党政主要领导包片，挂点领导包村，挂点党员干部、村“两委”班子成员、第一书记、驻村工作队、“双联户”户长、乡村振兴专干包户到人，形成上级带下级、领导带党员、党员带群众的“三包三带”工作机制。积极协调住建、发改、农业等部门，定期排查房屋主体、室内装修和用电用水等问题，密切沟通协调施工单位，为每户房屋修整 2～3 次，千方百计为搬迁群众创造搬迁的条件。“能住进这么漂亮的房子，以前想都不敢想！真的很感谢党和国家的好政策。”看着搬迁户卓玛次肖脸上洋溢着幸福与满足，武文达更加有干劲了。在得知距离乡政府 10 公里的仲萨村集中安置点有 5 名小学生，由于父母上山采挖虫草而无人接送上下学时，他及时安排挂点党员干部，轮流接送孩子上下学。为积极引导群众转变观念，克服“等、靠、要”思想，他深入一线数次进村入户对搬迁群众进行教育引导，了解掌握搬迁群众的诉求愿望，努力把问题解决在萌芽状态。在西藏工作的一千四百多个日夜里，无论是面临刚到西藏时气候环境、语言、饮食等方面的不适应，还是面临日常工作中遇到的许多困难和挑战，武文达都始终以组织的培养和信任为鞭策、群众的向往和期盼为追求、家人的关心和牵挂为动力，继承和发扬“老西藏精神”“两路”精神，不断锤炼自我、增长才干，牢记进藏初心、不忘肩负的使命。

（山西省高校毕业生就业指导中心供稿）

基层征程书写彩色青春画卷

——山西师范大学薛梦霞事迹

山西

消除贫困，实现中华民族伟大复兴是全国人民共同的夙愿。脱贫攻坚的征途也是青年人绽放光彩、实现"青春该有的模样"的道路。山西师范大学社会学与法学学院2018届毕业生薛梦霞在2018年成功考取山东省莱阳市选调生后，始终扎根基层，在帮助莱阳市沐浴店镇居民脱贫攻坚的过程中书写着自己的青春故事。

一、守护"沐浴蓝"，金山银山始于脚下

五龙河上游，群山峡谷之中，一座巍巍大坝横拦在两山之间，坝坡芳草萋萋，两岸各式建筑依山而立。站在坝顶，极目远眺，令人心旷神怡。只见碧玉般的水库与远处的天空交相辉映，微风轻拂，水波荡漾，渔舟往来游弋，恰似一幅动人的山水画。这就是山清水秀、景色怡人的沐浴水库，莱阳市著名的避暑胜地。作为莱阳市民的主要饮用水源地，沐浴水库的保护工作变成了重中之重。作为基层工作者，守护好这方绿水青山，就是与莱阳市民共同守护着"金山银山"。为了这份守护的责任，薛梦霞和其他选调生一道投入排查和整改之中。在持续数月的巡逻过程中，美食美景他们无心品尝、欣赏，因为污染水源的蛛丝马迹与整改成果的核查才是他们全心关注之处。他们每发现一点水源污染的蛛丝马迹就要沿途仔细追查，从不抱任何侥幸心理；在与环保部门共同面对部分违规排污、违规修建建筑物的企业和居民时更是不敢有丝毫懈怠，努力在合法合规的基础上通过沟通促使环保理念根植于沿岸居民心中。

二、绽放"走访黄",深入基层调研寻访

莱阳市许多贫困村镇坐落于交通不便、路况复杂的山区。如何能够切实贴近群众生活,了解群众所思所想,实现精准高效扶贫,成了摆在薛梦霞和所有选调干部面前的重要课题。而要了解民情民意,摸排村镇中实际存在的各类问题,掌握真实情况,实地走访与调查是最为有效的方法。自 2019 年以来,在组织的统一安排下,薛梦霞和同事完成了千余次走访,遍访了辖区内贫困户与留守家庭;按照计划梳理摸排了扶贫攻坚中存在的实际问题,并在此基础上收获了极具实用性的相关问题调研成果,也全力推动着问题的解决和整改。走访工作并非走马观花,而是要根据贫困户的实际情况全面排查,做好贫困户享受政策的落实工作。这在交通不便的贫困地区绝非易事:由于道路崎岖,许多村镇都需要步行完成走访,他们走访结束后鞋子常常因为沾满泥土而成为"走访黄"色。档案袋中的"一册一本一袋"也成了她最为重要的东西——她要逐项核对,检查勾选、填写是否规范,签字是否齐全,收入是否正确。凭借高度的责任心,她牢记各项扶贫政策,严守评级质量,让工作经得住检验。在她看来,真正的走访到位就是要确保和贫困户交流到位,核实各项政策的落实情况,检查反映的问题是否整改到位。贫困户对扶贫工作满意就是对她最大的褒奖。

三、投射"党建红",推动基层党建工作

农村工作中,村党支部居于村领导核心地位,而党建又是核心工作中的核, 任何工作的开展都要以此为根基。做好农村环保事业,打造美丽乡村,创造绿水青山的好环境,必须要抓好党建,而完成这项光荣使命,需要村党支部带领群众共同行动。为增

强村党支部的战斗力，薛梦霞在日常工作中时时刻刻将党员先进性建设放在心中，她一方面关注、组织各村党支部的建设，另一方面也在与基层干部群众交流的过程中汲取他们的优秀经验与积极力量，并将其运用到自己之后的工作与其他党支部的建设之中。管理好村办公场所，增强组织凝聚力，必须要抓好党建。在完善各类档案记载、为工作留下记录的同时，薛梦霞也时刻反省自己的工作是否既落在纸面，更落在地面；她很注重在日常工作过程中，通过整洁的办公场所、整理清晰的档案册让群众感受到党和政府的庄严，以便更好地推动各项工作"落地生根"。

在离开校园，进入基层工作岗位的两年多时间里，她不仅将自己在校期间所学的知识与理论贯穿到了农村党建、扶贫攻坚和环境治理的各方面工作之中，也将母校"团结、创造、求实、奋进"的精神化为了工作的动力。在奋斗的道路上，她将继续发挥好自己的基层力量，以饱满的热情为中国梦强基固本，不辜负肩负的责任和共产党员的使命，让自己的青春之火燃烧在为基层群众谋福祉的广阔天地之中。

（山西省高校毕业生就业指导中心供稿）

永葆初心担使命，扎根西藏献基层

——晋中学院王赟事迹

王赟，女，汉族，1992 年 6 月出生，山西寿阳人，中共党员，2016 年 7 月通过全国专招考试并被分配到西藏基层乡镇工作，现任西藏林芝市米林县扎西绕登乡四级主任科员、扎西绕登乡吞布容村党支部第一书记。工作以来，她先后获评 2017 年度、2018 年度优秀公务员，获得林芝市人才论坛三等奖，以及米林县“中国梦，我们加油”庆祝中华人民共和国成立 70 周年主题演讲比赛二等奖。

近年来，晋中学院积极引导毕业生树立正确的就业观，鼓励他们选择西部、选择基层，培养了一大批远赴国家边疆基层的优秀典型。2016 年毕业生王赟就是其中的一员，她积极响应国家号召，奔赴祖国边疆西藏林芝，深入基层一线，用实际行动践行初心使命。

一、主动深入牧区一线，践行进藏初心使命

“国家的需要就是我的选择，西藏的发展就是我的奋斗”这是王赟 2016 年进藏的初心。出生于山西寿阳一个偏远小山村的她，毕业后面临重重就业选择，在几经抉择后，她带着父母的期待、嘱托和担心，背起行囊，最终踏上西行的征程。“家人也都没去过西藏，总觉得西藏离我们很遥远、很艰苦，很多人都对我父母说，这样是把自己辛辛苦苦养大的女儿卖到西藏了，还好父母比较开明，最终尊重了我的选择。”

大学四年期间，王赟曾担任校报记者团团长。大学的经历让她在基层党群办工作起来得心应手，几个月后，她便可以独当一面，承担起宣传工作、党建工作、环保工作等多项工作。她经常加班到天亮、无双休、无休假，但是她从无怨言。她说：“上面千条线，下面一根针，我们乡里人手少、工作多，有的干部年纪大，我还很年轻，就要利用自己的优势，多干点，多为乡里分担一点。”她的各项工作都赢得了上级领导的肯定。

2019 年，驻村轮换，选拔驻村第一书记时，她主动向乡党委提出申请，入驻全乡唯一一个纯牧区村庄。刚开始，所有人都对她持怀疑态度：一个不懂藏语的小姑娘，在办公室还可以发挥优势写材料，到村里面对农牧民群众能开展好工作吗？但是，她说：“既然我是基层公务员，就要真正深入最底层，为农牧民群众实实在在做一点事，无论有多大困难都要克服。”她也曾经迷茫、担心。听不懂藏语，她就在网上学习，找民族干部学习，找村民学习，甚至找村里的小孩儿学习。功夫不负有心人，经过一年半的驻村，她不仅能听懂藏语，而且能和老百姓简单沟通。每次，当她笨拙地用藏语和老百姓

交流时，都会赢来老百姓乐呵呵的笑声："书记，你的藏语又进步了！"这更拉近了他们之间的关系。她明白，只要自己勤奋好学，真诚、用心为农牧民群众办实事，语言并不是影响工作的障碍。

二、建强基层支部堡垒，奏响党建支部最强音

吞布容村是全乡唯一的纯牧区村庄，2018 年建成非边境小康示范村。刚下去驻村，王赟就逐户了解经济生产发展以及存在的困难，了解村"两委"工作开展中遇到的困难。她了解到，村"两委"团结协作、认真负责，但是由于村里老百姓一年八个月都在牧区，夏季的牧区分散，很多工作村"两委"心有余而力不足，工作难以推进。找到问题后，她详细了解牧场转移时间，把握农牧民群众节日节点，系统规划工作推进进度，改善村干部工作方式，带头深入牧区开展政策宣讲、支部活动等，严格落实"三会一课"、"四议两公开"、主题党日等党内基本制度，不断创新载体、丰富内容，全面提升基层党建工作水平。

依据村庄纯牧区的实际情况，她在牧区三个沟分别设立三个党小组，由村务监督委员达杰，村副主任索朗顿珠及年轻骨干党员、第四双联户户长多杰次仁分别担任组长，着力打造"支部联牧区，党员联群众"的"牧区党建"。她引导支部树立"群众在哪里，党员就在哪里；困难在哪里，支部就在哪里"的服务导向，使全村全年在牧区的绝大部分牧民仍然可以以党小组的形式接受党的最新理论，沐浴党的光辉政策，进一步筑牢党的政治建设之"根"，夯实农牧民党员的信仰之"基"，补足农牧民党员的精神之"钙"，建设成为"听党话、跟党走，善团结、会发展，能致富、保稳定，遇事不糊涂、关键时刻起作用"的坚强战斗堡垒。她抓紧抓实基层党组织，筑牢基层执政根基，引导农牧民群众知党爱党、敬党爱国，做一名知党恩、感党恩、报党恩的好公民、好群众。

三、推动村级经济发展，全面脱贫致富奔小康

王赟刚到村里时发现，老百姓只靠牧场养殖牦牛和林下资源采集简单维持生计，能确保"两不愁"，但是却难以致富奔小康，全村经济发展没有活力。要想富，先修路。她积极与上级沟通，申报"十四五"项目，修建通往牧区之路。2020 年年初，她带领全村分赴罗布容沟、森慕容沟、拉普沟三个牧区，修好冬季牧场之路以解燃眉之急。

同时，她按照"立足牧区优势，发展特色牛养殖业"的总思路，大力推动经济发展、社会稳定、民生改善等工作。她了解到，村庄牦牛资源、林下资源丰富，但是村集体经济发展缓慢，村庄缺少发展路子和启动资金以及地理位置劣势等是困扰和限制村庄发展致富的瓶颈。她深刻明白，要想找到发展路子，必须加强党建引领，带好致富带头人，推动村集体经济发展。于是，她深入群众，了解农牧民群众发展致富愿望，与村"两委"一起探讨发展路子，通过召开党小组会议、双联户户长会议、党员大会、村民大会，一步一步带领老百姓探讨发展模式，最终，探讨出了老百姓以牛入股、股份分红的形式发展壮大村集体经济。"书记，你这个想法很好，我们一直都想发展村集体经济，但是不懂怎么弄，现在你帮我们理清了思路，我们也有了动力。"村党支部书记乔扎西说。随即，她主动联系上级部门，争取县内店面门铺 5 间，开了"吞布容村纯天然农畜产品直销店"，进而为建档立卡户增加就业岗位，竭尽全力带动全村致富奔小康。

出生于农村的王赟，天生长着一副和老百信亲近的脸，她主动在村里结对帮扶"认

亲戚”，村民查果老两口无儿无女，她经常去家里慰问看望他们，并尽其所能去帮助其他建档立卡户解决困难。她鼓励贫困户其米坚参的儿子拉巴次仁学习挖掘机技术，帮助贫困户娘姑的儿子森波复习并考上三农保险员工作并稳定脱贫，给贫困户达杰的女儿辅导作业，为他们送去实实在在的温暖。“远离家乡、远离亲人，在村里我找到了归属感，老百姓待我都像待自己的女儿一样，他们就是我在西藏的亲人，吞布容就是我西藏的家，不知不觉，不知何时，我感觉自己已经成为村里的一员。”王赟把吞布容村当成自己的家，她努力克服饮食、气候不适以及语言不通难题，因为这些变化，她得到了当地干部群众的接纳与赞许。“书记，你结婚的时候，就回我们村里，我们全村人给你操办。”老党员其米拉着她的手放在自己的额头亲切地说道。

四年来，她进藏的初心始终没变，从一名大学生成长为一名基层干部，从懵懂无知到行家里手，她走出办公室并深入到农牧民群众中……全身心干工作，以豁达的心态看待个人得失，以奉献的精神服务群众，以务实的态度履行工作职责。村里的阿佳为她送来热乎乎的甜茶、酥油茶，阿达握着她的手嘘寒问暖，他们是真正把王赟当成了一家人。真正融入农牧民群众的那一刻，她深刻明白什么才是血浓于水的革命鱼水情。竭尽全力融入基层实际，努力为农牧民群众办实事解难事——王赟当年进藏的初心和使命一直激励着她不断前进。

海潮汹涌，自当扬帆破浪；任重道远，更需策马扬鞭。如今，在新时代的伟大征程上，王赟已将小我融入祖国之大我、民族之大我，在担当中历练，在尽责中成长，与祖国共奋进，同时代共发展，深深扎根在祖国边陲、雪域边疆，书写无愧于时代和人民的壮丽篇章！

（山西省高校毕业生就业指导中心供稿）

知重负重，攻坚克难

——山西大学商务学院常士杰事迹

常士杰，男，中共党员，本科，2016 年毕业于山西大学商务学院法学院，2016 年 9 月考取大学生村官，担任柳林县石西乡上庄村党支部副书记，2018 年 9 月任职于中共山西省委军民融合发展委员会办公室，2019 年 4 月，担任石楼县裴沟乡永由村委第一书记，开展精准帮扶、脱贫攻坚工作。

一、转变身份，完成自我蜕变

“农村是一个广阔的天地，在那里是可以大有作为的。”带着这种坚定的信念，2019 年 4 月，我走出机关，在石楼县永由村委正式参加工作。我告诫自己，从今以后，我将在这里实现自己的人生价值。在自勉中，我开始了三个转变：一是身份的转变。参加工作后，我以村民身份去定位自我，主动去了解村情民意，在田间地头真正融入了这个村庄。二是心态的转变。出机关进农村，面对的环境与单位的氛围有很大的不同。面对纷繁复杂的情况，我时刻提醒自己“选择了就不要放弃”，要坚持以乐观向上的心态去面对自己的工作。三是处事方式的转变。我从基础做起，整理党建资料，一家一家地进户走访，力所能及地为村委和村民服务，在烦琐的事务中注重总结与积累，注重用心学习和踏实工作，以提高自己的工作能力。

二、融入农村，感知村民冷暖

我之前是大学生村官，对农村工作已经驾轻就熟，俗话说“没有调查就没有发言权”，要想做好农村工作，首先要了解农村和村民的情况。为此，我一家一家地进户走访，在农家的炕头上，与村民们拉家常，了解他们的情况与想法，知悉他们的困难，并为他们提供一些建议。永由村整体而言是一个以农业为主的纯农业贫困村。了解到村里的基本情况后，我感觉自己肩上的责任很重，深刻体会到“群众利益无小事”的内涵，也更加坚定了我要服务基层的决心。

三、多项并举，全面提升各项工作水平

精准扶贫工作进入关键期，随着国家各项政策的不断发展完善，到任以来，我不断

加强学习，立足本村实际，采用“项目化管理”模式，推进扶贫攻坚工作的全面开展。按照上级部门的统一部署，我对建档立卡贫困户进行了研判分析和动态调整，精准分析了我村致贫的原因，如年龄结构不合理、年轻劳动力外出务工、致富带头人缺失、养殖种植风险进一步加大、对政策把握不够精准等，制定了针对性的措施，确保精准施策、不落一人。我认真完善永由村的村级资料、户籍资料，高标准、严要求，健全村委各项工作台账，同时严格按照“五个一批”“六大行动”的要求，在生产发展、易地扶贫搬迁、生态补偿、教育扶助、社会保障等方面全面发力，工作重点放在完善基础设施、打造产业方向上，确保各项工作有序推进。

1. 坚持扶贫先“扶志”，狠抓产业扶贫，激发内生发展动能

(1) 发展绿色种植产业，加大生态扶贫力度。2019 年按照县里的安排，我积极引导群众在永由村沟域治理平整的 600 亩沟坝地上统一种植有机高粱(酿酒用)，充分发挥石楼县无工业污染的优势，并协同工作队一起向机关申请资金支持 412 亩苹果园的管护，做好补栽和技术培训工作。同时，我还注意用好造林合作社平台，利用生态扶贫的各项优惠政策，切实提高贫困人口的收入。

(2) 对接我省军工系统职工的需求，加大消费扶贫力度。到任以来，我积极向机关及我省军工企业宣传永由村的特产，争取机关在消费扶贫，特别是农产品进企业方面持续加大工作力度；对接系统内军工单位、学校、科研院所，帮助村民销售蜂蜜、玉米面等农副产品。

2. 坚持扶贫先“扶智”，关爱贫困学子，加强技术培训

(1) 心系贫困学子，积极开展助学活动。2019 年，我组织开展金秋扶贫助学活动，实施新录取大学生励学奖补措施，为9名学子送去奖金和鼓励，受到群众好评。

(2) 利用多种形式，加强村民农业技术培训。我积极协同工作队及村支两委，利用党课、主题党日活动等，围绕党的十九大精神、惠农政策等专题，对农户进行政策的宣讲。

3. 加强基础设施保障，积极为贫困群众排忧解难

倾听群众的心声，加强基础设施保障。一是积极推进安全饮水"户户通"工程，一揽子解决永由村百姓安全饮水问题，让群众都能喝上远离地表水污染的放心水。二是针对群众出行难问题，积极协同村支两委与县委县政府对接，依托"四好公路"项目建设，对永由村至裴沟乡政府的3公里入村道路进行道路硬化。三是针对群众夜间照明困难问题，与工作队、村支两委共同探讨，实地考察，给在村的老百姓家家户户装上太阳能节能灯，满足群众的夜间照明需要。

四、加强学习，努力提升自我

在基层工作，我虽然在学历上有优势，但在农村实践能力方面还远远不足，还需要继续学习农村工作的政策法规和工作技能，平时多请教，工作多总结，用知识武装头脑，用经验增长技能，完善自我，促进自己不断成长；在实际工作中，不仅要俯下身来向群众问情，还要躬下身来向老党员老干部问计，不断提高自己处理基层工作的能力和创新服务群众的思路；要努力参加各种实践，增强基层工作业务水平；通过多方面的学习，提升政策水平，提高理论素养，积累工作经验，以便在今后的工作中更加游刃有余。

来到农村工作，我收获了很多，既得到了领导的认同，也获得了村民真诚的赞扬，但最大的收获则是自己的成长——在基层这个火热熔炉中磨炼意志、汲取力量，在农村这片广阔天地里施展才华、提升自我。"路漫漫其修远兮，吾将上下而求索。"在永由村委第一书记这个岗位上，我将不忘初心，永远保持谦虚、谨慎、不骄、不躁的作风，永远保持恪尽职守的态度，踏实工作，砥砺前行！

（山西省高校毕业生就业指导中心供稿）

心系“三农”筑梦想，振兴乡村勇当先

——山西农业大学闫帅帅事迹

山西

闫帅帅，男，汉族，1995 年 9 月生，山西临汾人，2015 年 12 月加入中国共产党，山西农业大学农学院制药工程专业毕业，大学本科学历，获工学学士学位；在校期间，自考太原理工大学工商企业管理本科，并获得管理学学士学位，还多次获得专业一等奖学金、国家励志奖学金、晨熙助农基金奖学金、华顿助农基金奖学金、山西农业大学第十七届校长奖学金等；曾先后担任山西农业大学农学院制药工程 1401 班班长、农学院学生分会副主席、校团委新媒体中心主任、校园生活广播站常务副站长、第八届第二十二期校学生会副主席等；荣获山西农业大学“优秀共青团员”“优秀学生干部”“团员标兵”“暑期三下乡优秀通讯员”“社会实践活动优秀志愿者”“优秀毕业生”等荣誉称号，并连续三年被评选为山西农业大学“三好学生”。2018 年 10 月顺利通过山西省选调生招录，并积极响应组织号召，报名担任党组织书记，现任曲沃县曲村镇向阳村党支部书记助理，并被提名为下坞村党支部委员。

一、思想洗礼明初心，立志报国担使命

身为一名农大学子，大学的时光与学生干部生涯带给闫帅帅的不仅有学业的忙碌与思想的进步，还造就了他果敢的品格、高度的团队协作能力以及踏实的工作作风。特别是在参加学校组织的理论学习、红色教育、社会实践等活动中，一颗“甘于奉献、扎根基层、服务三农”的种子在他的内心早已悄然播下并生根发芽。

在学校“青年马克思主义者培养工程”培训班上课时，闫帅帅聆听了全国优秀教师、全国高校优秀思想政治理论课教师武星亮教授讲授的“如何做一名合格的马克思主义者”等课程，深刻领会了白亚峰老师讲授的习近平总书记系列讲话精神。理论知识的学习使他懂得了“坚定信仰，知行合一，干事要趁早”的道理，更激励和坚定了他争取早日成长为一名合格马克思主义者的决心。为积极响应校团委的号召，闫帅帅前往吕梁临县大禹乡府底村参加暑期“三下乡”社会实践。期间，他在田间地头感同身受地接受了国情教育，亲身体会了脱贫攻坚这一伟大事业的艰辛和苦楚。之后，闫帅帅还陆续参加了奔赴延安、梁家河等地的“红色之旅”系列学习实践活动，听取了学校邀请的专家学者讲授的专题报告……学习之余，闫帅帅在《山西青年报》等报刊上发表多篇文章，并先后三次参加山西省“青年马克思主义者培养工程”、新媒体工作骨干培训。2016 年 10 月，他在由共青团中央学校部、中国青年报社共同主办的“指尖正能量”活动中荣获优胜奖；2017 年在全国大中专学生“三下乡”社会实践“千校千项”成果遴选活动中被评为“真情实感志愿者”；2018 年在第二届全国高等农业院校大学生党员先锋论坛上获优秀论文三等奖。

母校对闫帅帅的理论和实践教育，如春风化雨般滋润着他的心田，“扎根基层、服务三农”犹如铮铮誓言镌刻在他心间。当闫帅帅得知母校为毕业生推荐选调生的工作岗位后，他欣然报考，义无反顾选择了投身农村基层，希望用自己的实际行动为国家乡村振兴贡献青春力量。

二、服务“三农”筑梦想，扎根农村勤耕耘

“中国梦是历史的、现实的，也是未来的；是我们这一代的，更是青年一代的。”习近平总书记的这句话一直激励着闫帅帅投身基层、磨砺成长，并立志为伟大的中国梦、乡村振兴贡献自己的绵薄之力。2018 年闫帅帅刚入职即赴武乡八路军抗战圣地接受革命教育，山西省委组织部齐海斌同志在开班仪式上对大家扎根基层、振兴乡村的殷切嘱托让他记忆犹新，那段时间的学习让他受益匪浅，也让他感到血脉偾张。培训即将结束时闫帅帅作为小组学员代表进行了学习汇报交流，他对即将从事的基层工作充满了无限期待与向往。

走上工作岗位后，闫帅帅参加了山西省大学生村官示范培训班，深入了解了“三农”工作，并在领导及同事们的关心帮助下，开始有条不紊地开展基层工作。驻村工作期间，为了解决向阳村土地灌溉难的问题，他严格按照“六个一”的工作要求，实地调研、用心走访，与村“两委”干部团结协作，经过多次申报、勘察、论证，最终克服重重困难，在村东南新打机井一眼，解决了村里 1100 余亩土地的灌溉难题，每年还节省了 7000 余元的水费，减免了当地群众的用水费用；为了改善村容村貌、加强文化建设，闫帅帅组织开展了向阳村第一届“好村民、好榜样、好家庭”评选和星级文明户评选活动，

经过美丽新乡村的持续建设，向阳村还被评为了县级文明村。为了增加村民的收入，闫帅帅通过召开股东代表大会，积极开展成员身份确认、清产核资等工作。他协助向阳村将经营性资产机动地折股量化，率先在全镇成立了股份经济合作社，提升了群众干事的积极性，改变了村里原先软弱涣散的基层党组织，增强了凝聚力，预计全村集体经济年收入即将突破 6 万元，向阳村也由此被列为提档升级村。

基层的工作复杂多变，在具体工作的推进过程中，闫帅帅也会遇到挫折，但他一直坚信“世上没有过不去的坎”。记得刚驻村时，由于是刚迈出校园的大学生，“两委”干部对他比较陌生，多数群众也不与他交流，闫帅帅下定决心要改变这种工作局面。他经常去这家走走，到那家看看，本着“说百姓话、解群众忧”的初心，他成功解决养殖户的邻里纠纷、调解村民的家庭矛盾等，慢慢地赢得了干部、群众的信任。2020 年春节那天闫帅帅仍工作到深夜，村支部书记辛群亮亲自开车将他送回老家过年，年后由于受新冠疫情的影响，交通不便，辛书记考虑到安全，又点对点将他接回工作地点。无私奉献，以心换心，干部群众看在眼里，记在心间，渐渐地闫帅帅与大家情感交融、同频共振，已然被大家当成了自己的亲人。

三、防疫春耕两不误，疫情面前显担当

疫情就是命令，防控就是责任。面对突如其来的新冠肺炎疫情，闫帅帅积极响应国家号召，在第一时间投身当地疫情防控工作。疫情防控期间，闫帅帅组织村工作队严防死守，巡查时，他看到一个未佩戴口罩的老奶奶在村口张望，急忙上前劝说：“现在是特殊时期，您外出一定要注意安全。”在得知老人行动不便且当时口罩难以买到后，他主动将自己手里现有的几个防护口罩全部送给了老人。在防控疫情的同时，闫帅帅

不忘脱贫攻坚工作，在向阳村驻村帮扶工作队队长胡卫中的带领下，他一边向贫困户孙章龙宣传防疫知识，一边帮助他修缮门窗、喷涂油漆，老旧房子在他的精心修葺下焕然一新，赢得了老乡的一致称赞。经过闫帅帅与第一书记马瑞宁、支部书记辛群亮及“两委”干部反复细致的摸排，全村外来返乡人员全部确保居家隔离和进行医学观察，全村的疫情防控严格有序地进行。

与此同时，闫帅帅坚持防疫春耕“两不误”。在春耕备耕之时，他主动亮明党员身份，亲自参与实践，奋战在第一线，将自己的农业专业知识学以致用，并进行科学帮扶。闫帅帅积极参与疫情防控和春耕备耕的先进事迹先后被《山西日报》、人民网（共产党员新闻网）、山西省委组织部、学习强国（山西平台）、《山西青年报》等报道，在当地群众中引起了热烈反响。

“到基层去，到艰苦的地方去，到人民群众中去，是我们党锻炼干部、培养人才的优良传统。”2020 年是全面建成小康社会和“十三五”规划的收官之年，作为一名新时代的大学生村官选调生，闫帅帅不负青春赋予的激情和斗志，扎根乡土、踏脚实地、尽责担当。他立志要做一名党的好干部、群众的好公仆，以实际行动践行着自己的初心和使命，以坚定的意志在乡村振兴、脱贫攻坚的道路上砥砺前行，用青春之我共圆美丽中国梦。

（山西省高校毕业生就业指导中心供稿）

内蒙古

NEIMENGGU

学海无涯，研以为路

——锡林郭勒职业学院李春冬事迹

李春冬，男，中共党员，锡林郭勒职业学院，草原生态与畜牧兽医学院，畜牧兽医专业 2018 级毕业生。在校期间，他学习成绩优异，曾多次获得校级一等奖学金和国家励志奖学金，并荣获第二届"深创杯"国际大学生创新创业大赛优秀双创项目奖(2018)、第六届内蒙古青年创新创业大赛(互联网组)铜奖(2019)、学院创新创业知识竞赛一等奖和学院专业技能比赛一等奖等荣誉，不仅具有丰富的创新创业经验，还有良好的专业知识和实验操作能力。

虽然李春冬学习的是畜牧兽医专业，每天接触的都是与动物相关的知识和技能，但由于他从小就立志成为一名生物科学家，因而他并不满足于此，而是希望能够从事更加深层次的科研工作，在浩海如烟的生物进化史中探索生命的奥秘。他在大二期间偶然听说锡林郭勒职业学院新成立的生物工程研究院正在从在校学生中招收实习生，这使一直想从事科研工作的他，终于有机会实现自己的梦想。他通过研究院的层层选拔，终于顺利进入生物工程研究院担任科研实习员。

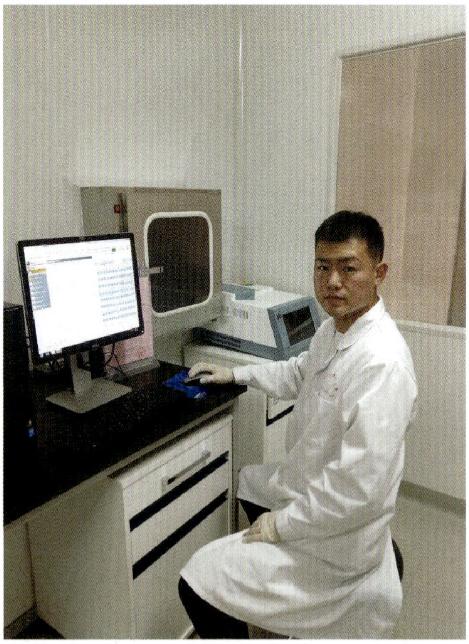

生物工程研究院是以本地区动植物及微生物资源为依托，专门从事科研工作的学院新部门，初次来到这里的他还是一个对科研什么都不懂的门外汉。面对形形色色的实验设备，他感觉眼花缭乱；面对严谨细致的实验操作，他感觉手忙脚乱；面对烦琐枯

燥的实验数据分析，他感到束手无策。这也让他终于明白了科研工作的艰辛。但面对这些新的事物和挑战，他没有畏惧和退缩，而是欣喜每天都能学习到新的知识，了解以前完全没有接触过的领域，也逐渐明白了自己所学的知识是多么有限，自己在这个博大的世界中是多么渺小。在感叹学海无涯的同时，他也不断克服困难，遇到不会操作的仪器设备时，他都会及时向老师请教，以期能够熟练掌握；实验中遇见不懂的操作步骤时，他都会积极向老师请教，以期能够理解其具体的实验原理。他总能从一次次的实验失败中总结经验，弥补自己的不足，不断提高自己的科研水平。在经过一年的实习并参加部门组织的基因扩增检验技术培训班、测序仪培训班、微生物分离鉴定培训班等之后，他已熟练掌握 PCR、qPCR、琼脂糖凝胶电泳、核酸蛋白分析仪、超净工作台、恒温摇床、恒温培养箱、高压蒸汽灭菌锅等仪器的使用。此外，在实验技能方面，李春冬不仅熟练掌握了 DNA 的提取与扩增技术，而且能够独立进行微生物菌种的分离、纯化、保存、鉴定等科研实验，具备了微生物研究的基本实验技能和科学素养。在此期间，他加入了以郭梁博士为首的科研团队。李春冬作为最早参与该团队的实验人员，参与了多项科研工作任务。在 2017—2019 年，李春冬跟随郭梁博士的科研团队调查了锡林郭勒周边、西乌旗、正蓝旗、乌拉盖管理区等地的野生蕈菌资源分布情况，并对采集到的珍稀野生蒙古口蘑和花脸香蘑等具有商业开发价值的食用菌，进行菌种扩繁及人工栽培驯化出菇实验，目前花脸香蘑人工驯化实验已取得一定进展。

由于李春冬在生物工程研究院实习期间表现优异，毕业后经学校人事处及生物工程研究院领导层层考核后，他正式进入该部门担任科研助理，进行科研工作。正式成为生物工程研究院的一员后，他更加刻苦钻研，在 2019—2020 年期间，跟随郭梁博士的团队从锡林郭勒地区采集了蒙古族传统乳制品奶皮子、奶嚼口、奶豆腐、酸马奶、酸驼奶、酸牛奶等的样品，对其中的微生物的组成进行了分离鉴定、分析，并筛选出产酸性能良好的菌株进行配合发酵，为锡林郭勒盟蒙古族传统乳制品的研发贡献了自己的一份力量。

自正式进入生物工程研究院工作以来，李春冬参与制定了 4 项内蒙古自治区地方标准：食品安全地方标准生马乳、蒙古族传统乳制品策格、锡林郭勒羊肉、“锡林郭勒羊肉”同位素丰度值检测方法；参与了内蒙古自治区地方标准制修订项目 7 项；作为主持人独立主持学院重点科研课题 1 项。李春冬现已在国内外期刊上发表论文 15 篇，其中第一作者 4 篇、第二作者 1 篇、第三作者 3 篇、参与写作 7 篇，独立申请实用新型专利 1 项，参与申请专利 6 项。具体成果如下：

1. 主持或参与科研项目(课题)

(1) 锡林郭勒职业学院科研重点课题，ZD2019-10，蒙古族传统乳制品菌群分离鉴定及商用发酵剂的研发，在研(主持)。

(2) 内蒙古自治区高等学校科学研究项目，NJZY19336，酸马奶中益生菌的分离鉴定以及乳酸菌和酵母菌相互作用的研究，在研(参加)。

(3) 内蒙古自治区高等学校科学研究项目，NJZY18371，锡林郭勒野生蕈菌资源开发与应用，在研(参加)。

(4) 内蒙古自治区高等学校科学研究项目，NJZY18369，动物源性检测试剂盒的研发，在研(参加)。

2. 发表期刊论文

(1) 李春冬，徐伟良，王润元，郭梁. 锡林郭勒地区紫花苜蓿根腐病原菌的分析[J]. 农业与技术，2020，40(05)：18-22.

(2) 李春冬，徐伟良，鲁铁，郭梁. 一种锡林郭勒野生木霉的分离鉴定及纤维素酶研究[J]. 中国酿造，2019. 38(3)：94-98.

(3) 李春冬，徐伟良，郭梁. 食用菌对重金属吸附作用的研究进展[J]. 江苏农业科学，2019，47(05)：23-27.

(4) 李春冬，郭梁，徐伟良，郭元晟，钱俊平. 浅析锡林郭勒盟查干诺尔盐湖的综合利用[J]. 盐科学与化工，2018，47(12)：1-7.

(5) Liang Guo, Mei Ya, Yuan-Sheng Guo, Wei-Liang Xu, Chun-Dong Li, Jian-Ping Sun, Jian-Jun Zhu, Jun-Ping Qian. Study of bacterial and fungal community structures in traditional koumiss from Inner Mongolia, Journal of Dairy Science. (SCI, JCR1, Accept).

(6) Liang Guo, Mei Ya, Xiao Hai, Yuan-Sheng Guo, Chun-Dong Li, Wei-Liang Xu, Cheng-Song Liao, Wei Feng, Qiang Cai. A simultaneous triplex TaqMan real-time PCR approach for authentication of caprine and bovine meat, milk and cheese, International Dairy Journal, 2019, 95:58-64 (SCI 论文，JCR3 区)

(7) 郭梁，李春冬，徐伟良，郭元晟. 基于 TaqMan PCR 鉴定猪源性成分的引物和探针研发[J]. 浙江农业学报，2019，31(01)：74-79.

(8) 徐伟良，郭梁，李春冬，郭元晟，郝苗苗，王亚慧，王东玉，朱建军，钱俊平，雅梅. 一种商用乳品发酵剂中微生物的组成分析[J]. 中国乳品工业，2019，47(01)：23-26.

(9) 郭梁，徐伟良，李春冬，鲁铁，郭元晟，钱俊平，孙建萍，雅梅. 一种野生多孔菌的分离鉴定及其高产漆酶培养基的筛选[J]. 河南农业学，2018，47(11)：99-104.

(10) 郝苗苗，徐伟良，李春冬，孙春玲. 两种检测生鲜乳中β-内酰胺酶的方法比对[J]. 农产品加工，2019(22)：55-56，60.

内蒙古

(11) 郭梁，刘国强，徐伟良，李春冬. 猴头菇药用价值和产品开发的研究进展[J]. 食用菌，2018，40(06)：1-4.

(12) 刘国强，郭梁，徐伟良，李春冬. 猴头菇活性成分的研究进展[J]. 陕西农业科学，2018，64(09)：89-92.

(13) 郭梁，徐伟良，钱俊平，郭元晟，海小，李春冬，雅梅. 牛源性成分鉴定的引物和探针[J]. 食品研究与开发，2018，39(16)：153-157.

(14) 罗建兴，海小，刘国强，郭梁，徐伟良，李春冬. 利用实时荧光定量 PCR 法检测食品中鹌鹑源性成分[J]. 食品研究与开发，2019，40(03)：177-183.

(15) 郭梁，郭元晟，钱俊平，海小，罗建兴，刘国强，李春冬，徐伟良，雅梅. 基于 TaqMan 实时荧光 PCR 检测肉制品中羊源性成分[J]. 江苏农业学报，2018，34(04)：938-942.

3. 参与申请的专利

(1) 实用新型专利，簧片式水浴加热支架(申请号：CN201721696608，第 1 发明人)。

(2) 发明专利，肉制品中绵羊和山羊源性同步检测的引物和探针及试剂盒(申请号：CN201810477663，第 3 发明人)。

(3) 发明专利，原奶或发酵乳中牛和马源性检测的引物和探针及试剂盒(申请号：CN201810072479.8，第 7 发明人)。

(4) 发明专利，鉴别锡盟绵羊和农区舍饲绵羊的引物、探针及方法(申请号：CN201711291573.4，第 9 发明人)。

(5) 实用新型专利，小型简易水浴锅(申请号：CN201721299865，第 5 发明人)。

(6) 实用新型专利，可调式水浴锅支架(申请号：CN201721296478，第 9 发明人)。

(7) 实用新型专利，一种丝状真菌液体发酵菌丝收集器(申请号：CN209652304U，第 4 发明人)。

学海无涯，研以为路，从小立志成为生物科学家的李春冬，在锡林郭勒生物工程研究院正式踏上了科研之路，但这里并不是他的终点，他正在计划考研，想通过考研不断地继续深造，不断提升自己的科研能力，不断地向着一名生物学家的梦想继续迈进。科研之路漫漫其修远兮，而他将继续上下而求索。

(内蒙古自治区高等院校毕业生就业指导中心供稿)

韶华万丈，大道通天

——赤峰学院陈琦事迹

陈琦，男，汉族，赤峰市林西县人，1997 年 10 月出生，2015 年毕业于赤峰学院师范学院，在校期间曾获得“校级优秀学生干部”“优秀毕业生”称号，毕业后于同年 9 月考取内蒙古自治区选调生，主动要求分配至内蒙古自治区赤峰市喀喇沁旗一个偏远、忙碌的小镇——美林镇，担任大营子村村主任助理、美林镇人民政府党建办公室科员。

受到赤峰学院校训“立己达人、经世致用”的影响，作为中国当代青年中最年轻的力量，陈琦长期接受党的教育，期盼国家繁荣富强，民族有更美好的未来，因而也期盼在新时代有新作为，成为新时代的建设者，投身基层，在美林镇这片广袤的土地上发光发热。脱贫攻坚的精准施策、十四冬赛事的攻坚克难、疫情防控的逆行奋进，在美林 551 平方公里的这片热土上，他用具体行动践行着初心和使命，用忠诚奉献诠释着责任与担当，用奋斗之心书写着青春无悔的逐梦之路。

一、勤奋担当的“服务员”

第十四届全国冬季运动会高山滑雪项目场地开工建设以来，陈琦所在的美林谷赛区主要承担第十四届全国冬季运动会高山滑雪项目的前期准备工作，他早早就加入了项目筹备建设小组，从针对项目推进过程中出现的林地征占、林木采伐、坟墓迁移等疑难问题到赛事场地平整、垃圾清扫、货物搬运他都参与其中。比赛期间，他还负责赛区现场管理和周边维稳安保工作，在每天凌晨6点的巡视排查中，他的耳朵经常被冻出水泡，但他却从不自知，等到天气渐暖，耳朵上早已溅满了血水。正是因为有这样的真诚与付出，项目任务圆满完成。

二、服务群众的“贴心人”

新型冠状病毒肺炎疫情防控期间，他放弃休假，早早就投入到这场保卫群众生命安全的疫情防控阻击战中，为确保掌握全镇居家人员信息，他逐户进行摸排走访，全力以赴做好疫情防控工作。“杨阿姨家里收入来源主要靠种地，这次疫情可能会延长复耕时间。”陈琦惦记地说道。今年60岁的村民杨阿姨是陈琦帮扶的贫困户，每周末他都会自行乘坐大巴车到20公里外的杨阿姨家入户谈心。自从成为杨阿姨的帮扶责任人后，他经常为杨阿姨带去一些水果、儿童刊物等，为老人减轻生活负担。每次到杨阿姨家中，他都会为老人做一些家务，有时还与杨阿姨一起给小孙子辅导作业，及时做好老人的心理辅导工作。

三、坚守疫线的“排头兵”

生命重于泰山，疫情就是命令，防控就是责任。庚子鼠年春节的钟声刚刚敲过，陈琦就接到了防控新冠肺炎疫情的命令，在100公里外过年的他毅然放弃与家人团聚的时间，赶回岗位与镇村两级干部一同投入到疫情防控阻击战中。他协助村党支部书记成立大营子村疫情防控“尖刀队”，连续19天坚守在村疫情防控劝返点，每天仔细对出入村的车辆、人员进行体温测量、信息登记。疫情防控期间，正值雪季，帐篷外面前一天下的雪还未压平，后一天就又落下新的雪花，在外值岗，口罩外头都结了一层冰。有时候大批农民工返乡，因为来往车辆太多，陈琦和同事们忙于登记和体温监测，经常连着几顿吃不上饭。有时候，好不容易泡上一碗面，想要外出的村民就已经来到村口，几经劝说，村民终于回家之后，泡面也早已凉透。

四、扎根基层的“宣传员”

在赤峰学院就业经验分享视频会上，陈琦结合自己的从业经历，给学弟学妹们逐步分析当前的就业形势，介绍自己的工作心得，并结合个人经验给出建议：就业不仅要考虑工作时间、工作氛围和报酬，更要结合自己的兴趣爱好。他坦言，基层海阔天空，大有用武之地，绝对是人才成长的沃土，国家持续出台向基层倾斜的利好政策，让基层就业创业优势凸显。庭院里跑不出千里马，花盆里栽不下万年松。深入实地，与乡亲们串门聊天，感受乡亲乡音的深切呼唤；走访贫困户，摸清乡村发展优势和脉络，把青春和热血奉献给党和国家，在人生的轨迹上写满时代的荣光，这是多么令人自豪的事啊！

告别城市，选择农村，需要“守得云开见月明”的坚持。历经过浪涌冲刷的涤荡，在基层这片广阔的红土地上，陈琦正在继续书写无愧于时代、无愧于历史、无愧于人民的华美篇章。

（内蒙古自治区高等院校毕业生就业指导中心供稿）

助力脱贫，服务群众，闪亮日子，青春无悔

——内蒙古农业大学王国良事迹

王国良，男，汉族，呼和浩特市和林格尔县人，中共党员，1994 年 11 月 1 日出生，2018 年 7 月毕业于内蒙古农业大学食品科学与工程学院食品科学与工程专业；毕业后主动参加了内蒙古“社区民生”考试，并通过了考试，在参加完培训后服务于和林格尔县人力资源和社会保障局劳动监察大队，成为一名基层服务大学生志愿者。

服务保障劳动者，精心呵护农民工

2018 年 9 月被分配到劳动监察大队从事人力资源和社会保障工作后，我认真学习有关劳动保障法律法规以及农民工工资欠薪案件处理流程等相关业务知识，努力维护广大劳动者的合法权益。时值冬季，正是农民工讨薪高峰时节，我很快完成了从一个刚出校园懵懂无知的学生到工作繁重的志愿者的转变，勇于吃苦，经常和同事一起工作到半夜，有时甚至通宵到天明。面对情绪激动的讨薪农民工，我总是耐心安抚，努力平复其情绪，引导其熟悉讨薪流程，并细心了解、登记每个农民工的诉求。我不畏严寒酷暑，积极陪同事深入建筑工地广泛宣传保障农民工利益的法律法规，以及保障农民工工资支付的条例等。

响应国家号召、助力脱贫攻坚

2019年3月，我作为驻村工作队队员下驻和林县城关镇武松行政村驻村扶贫。一到岗我就早出晚归同其他队员一起入户走访进行摸底调查，充分了解村里的基本情况和村民的家庭基本状况，然后逐一记录，认真核查。当时正是春耕时节，因为此前农电灌溉设施一直未能完善，导致近3000多亩耕地得不到灌溉。我和其他队员为了解决此问题，积极协同供电部门。为在计划停电时间内完成施工并确保施工安全，我们一起到现场亲自动手，顾不上休息，终于在天黑之前将设施全部安装完毕。此次农电灌溉设施设备的安装和完善，惠及武松村约80%的农户，有利于他们增产增收，也为今后改善生态环境、农业合作社的发展以及耕地有效流转，为整村农牧业发展、脱贫攻坚和乡村振兴战略工作奠定了基础。由于村里工作人员年龄都较大，不擅长电脑操作，所以应队长安排，我担负起了党建工作，并如期参加党建促扶贫业务培训学习，完善规范党建档案材料。为整治乡村环境，我制定村规民约，协助监督村民开展乡村环境治理专项行动，受到村镇党支部和帮扶村民的一致好评。

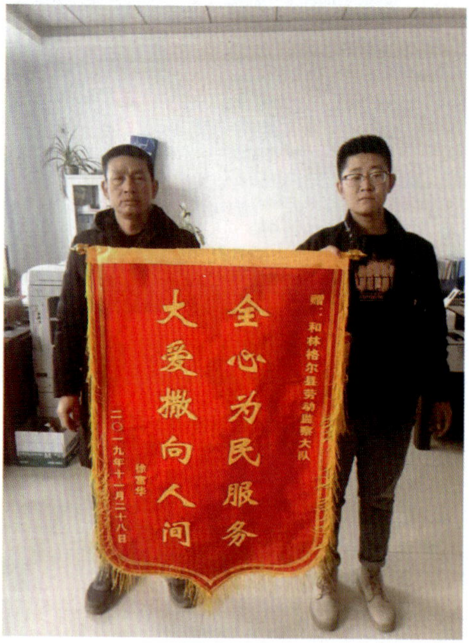

就业帮扶精准脱贫，激发贫困群众脱贫内生动力

为实现国家坚决打赢脱贫攻坚战号召，努力实现全面建成小康社会目标任务，从

2020年3月开始，人社局全面开展拉网式大排查，小组成员对全县734名劳动年龄段内享受政策的贫困人员开展“一对一”入户调查，全面了解他们的劳动能力、就业情况、就业服务需求。在摸底期间，因正是农忙时节，村里的贫困人员白天都外出农忙不在家，为了能进行“面对面”摸底调查，我基本每天工作到深夜，争取做到“底数清、情况明”。半个多月的摸底调查结束之后，我细心建立贫困人员情况台账，针对就业扶贫对象专门建档，并承担贫困劳动人口转移就业、技能培训动态统计和受理工作。在一个月时间里，我帮助有转移就业意愿的贫困劳动力27人，实现转移就业17人，帮助有接受培训意愿的贫困劳动力20人，实现技能培训13人。为促进转移就业，助力精准扶贫，2020年5月19日和林县举办就业扶贫专场招聘会，为了使招聘会顺利进行，我和同事们积极策划组织，联系企业、登记贫困劳动力信息、布置招聘会场，事事亲力亲为，不遗余力。从招聘会当天凌晨5点开始布置会场到现场宣传讲解就业扶贫政策，再到招聘会结束收拾会场，每一个工作环节我都参与其中。作为现场就业扶贫政策讲解员，我耐心向每个前来咨询的贫困劳动力讲解各项政策，大大提高了贫困群众对政策的知晓度，促使231人报名投递简历，76人达成就业意向，使就业扶贫专场招聘会取得良好效果，提升了就业在脱贫攻坚中的作用，为就业扶贫工作的深入推进营造了良好的氛围。

青春在于奋斗，成事在于人为。感谢我在学校的日子里，老师们给予的积极引导，让我明白青春该有的样子；感谢在基层服务的日子里，我的前辈们给予的耐心指导，让我蜕去了怕苦怕累的娇弱，懂得了如何去把握自己的人生。

什么是青春该有的模样？我想这就是吧——带着稚嫩，但勇往直前，从不怯懦！

什么是闪亮的日子？我想那就是铭记自己心中的理想信念，在漫漫人生路上不断探索，不断前进！

永远把青春该有的模样，闪亮的日子当作眼中的第一抹清晨！

（内蒙古自治区高等院校毕业生就业指导中心供稿）

立足岗位，竭诚奉献

——内蒙古商贸职业学院秦璐事迹

秦璐，女，出生于1995年8月，共青团员，2017年6月毕业于内蒙古商贸职业学院计算机信息管理专业，2017年7月，经团中央、财政部、人事部等部门选拔培训成为一名大学生志愿服务西部计划志愿者，现服务于中共乌海市海南区纪律检查委员会。2017年8月，我怀揣着梦想，积极响应团中央“到西部去，到基层去，到祖国最需要的地方去”的时代号召，毅然报名参加了“大学生志愿服务西部计划”项目，成为一名光荣的服务西部计划志愿者。

一、不断提高自身思想政治修养，加强业务学习

作为一名入党积极分子，我始终以一名共产党员的责任感来严格要求自己、鞭策自己、以“服务西部，服务基层，服务群众”作为自己的工作宗旨，认真学习各级团委关于西部计划志愿者的有关文件精神，结合志愿服务展开工作。不断提高自身思想政治修养，加强业务学习，做到“才能由学而得，道德由学而进，事业由学而成”。为提高自身思想政治修养，我及时了解时事，认真学习，把理论学习与工作实践相结合，不断提高自己、锻炼自己。在生活、工作中我严格要求自己，坚持认真负责、敬业专业、脚踏实地的工作作风，努力提高自己的政治素养和理论水平，始终不忘“履行志愿者义务，立足本职工作”的原则。在工作中，我除了做好日常工作外，还负责精神文明建设以及党

建的相关材料。虽然工作繁杂琐碎，但我还是积极主动争取锻炼机会，遇到困难主动向同事、领导请教学习，在较短的时间内便熟悉了工作，明确了思路，凭借大学期间担任学生干部历练的工作能力，能够出色完成领导安排的各项工作，同时也能处理好“学”与“干”的关系，把学习融入实践中。

二、在工作中提高认识，增强自己的责任感和使命感

内蒙古

通过业务学习、参与活动，我逐步了解了全区的基本情况，进一步明确了自己的岗位职责，在工作中做到统筹安排，在业务中不断提高认识，不断增强自己的责任感和使命感，并认真协助领导开展好各项工作。

（一）关于志愿活动

一是刚走上志愿服务岗位就参加了城乡特困家庭子女上大学助学资助活动，每日积极参与走访，协同领导从城市到乡镇逐户走访，依据资助标准全面了解每一位特困大学生的真实情况，做到“公平、公正，公开”，使每一个特困家庭的子女都有学上。二是在“争创全国文明城市交通志愿者”活动中，积极参与组织宣传，并参与到交通志愿者的队伍中，于每天 8 时至 18 时，在主要交通干道开展劝导行人按交通指示灯通过人行道、劝导驾驶员规范停车、为行人指路、帮助行动不便的老人或残疾人过马路等志愿服务活动，并向市民和驾驶员发放《文明交通宣传单》和《停车场及易堵路段导图》等，切实履行志愿者的义务。三是为弘扬雷锋精神，团区委开展“‘爱心妈妈　牵手行动’关爱留守儿童暨‘科学实验’进校园学雷锋志愿服务”活动，为孩子们发放《未成年人保护法》《预防青少年犯罪手册》，引导他们提高自己的防范意识、强化法制观念；联合区科协为孩子们安排了科普剧小表演、DIY 动手做、科学实验等 10 余项活动，向他们诠释了一个又一个神奇的科学实验，不仅让他们懂得了更多科学原理，更让他们感受到了科学的魅力。

（二）关于在服务单位的工作

一是很荣幸参与到换届选举的会前筹备工作。刚参加工作不过 3 个月的时间，我就被抽调到海南区人大常委会进行换届会议前期筹备工作。刚开始我比较慌张，怕出错，做事小心翼翼，慢慢在前辈们的指导下也可以很出色地完成领导交办的任务。会议前期我的工作主要是确认参会人员名单，按照名单进行排序，制作座次表，确认主席团名单，以及座签的摆放。大会进行期间，我负责了会场的引导以及维护会场秩序。

二是亲身经历和见证了海南区监察委员会的成立。2017 年 12 月 18 日上午，海南区监察委员会正式挂牌。海南区监察委员会的成立标志着国家监察体制改革试点工作迈出了第一步，有利于构建集中统一、权威高效的监察体系，对全区所有行使公权力的公职人员监察全覆盖，有利于推动全面从严治党向基层延伸。虽然我只是一名志

愿服务人员，可能没有正式的纪检人感受深刻，但从日常工作的点点滴滴还是可以感受到国家监察体制改革的重要性。之后，我又进行了为期 3 个月的部室资料整理工作，并搬到了新的办公地点。

三是参与到集中整治脱贫攻坚工作中。我所在的单位会不定期组织扶贫工作专职人员、相关党员干部深入学习中央、自治区、乌海市和海南区关于扶贫工作的会议精神，学习扶贫业务政策，严防扶贫工作中慵懒浮拖、工作不实，以增强广大基层干部的遵规守纪意识；会同区民政部门、驻村干部，进村入户开展摸底调查，了解贫困原因是否真实，驻村工作队是否公开透明地筛选贫困对象和脱贫人员，是否严格坚持公平、公正、公开的原则，按照农户申请、调查核实、民主评议、村级核实、乡镇审核、农户确认、两公示一公告流程有序推进，确保了精准扶贫建档立卡户的精准识别和稳定脱贫户精准退出工作的质量。我还参与制定了《脱贫攻坚工作集中整治专项行动督查方案》和《专项行动排查表》，定期开展专项督查，通过入户走访的形式重点查看贫困户的基本信息以及扶贫政策的落实情况；主动进村入户，助力贫困人员实现脱贫，确保按时保质完成脱贫任务。通过参加扶贫工作，作为入党积极分子的我觉得要想为社会多做点贡献就要主动去帮助那些有困难的人们，首先要用科学知识武装自己，时刻不忘学习，树立终身学习的观念；其次要牢固树立重在行动，贵在落实的理念。要灵活多变，用知识去帮助那些贫困落后的人多学技能，多跟他们交流，让他们走向共同发展、共同富裕的道路。

三、在工作、生活中严于律己，提高自身修养

我在工作中谦虚求教，在生活中艰苦朴素，积极维护集体利益，能以大局为重，只要别人有困难我就尽自己最大的努力去帮助；普通、平实、努力、真诚、奉献，认真做好工作中的每一件事情，用真诚去对待身边的每一个人；从工作中获取知识，在生活中酝酿快乐；用心耕耘，用心收获，这样的生活非常充实！作为服务西部的志愿者，我用自身言行诠释了“奉献、友爱、互助、进步”的志愿者服务精神，用自己的行动展现了当代大学生应有的风采。有无数个理由让我来西部做志愿者，因为那是一种精神上的享受，即使条件再苦我的精神也是快乐的。希望有更多的朋友加入服务西部的队伍中来！

（内蒙古自治区高等院校毕业生就业指导中心供稿）

投身抗疫勇担责，用青春与热情诠释“95后”的时代担当

——呼伦贝尔职业技术学院裴宪桐事迹

内蒙古

裴宪桐，男，出生于1996年，是呼伦贝尔职业技术学院护理系2012级3+2护理一班的毕业生。在校期间，他学习刻苦，热爱班集体，积极参加学院以及系里举办的各项活动，尤其是在课余时间一直勤工俭学。系领导及老师们对这个积极向上的优秀青年都非常关注，让他在基础护理教研室负责一些管理工作。他认真学习科学文化知识，不断加强自身修养，积极履行职责，勤工俭学的过程虽然辛苦，但是也让他养成了吃苦耐劳、踏实肯干的好作风，这对他的学业以及对他将来从事临床护理工作有较大的帮助。

毕业以后，品学兼优的他被呼伦贝尔市中蒙医院录用。工作中，他继续发扬吃苦耐劳、踏实肯干的精神，成为呼伦贝尔市中蒙医院急诊科的一名优秀的年轻男护士。虽然身为“95后”，但他却已是护理战线的一名战士。在2020年2月17日接到单位驰援武汉的通知时，裴宪桐主动请缨，放弃休假时间，放弃与亲人团聚的时刻，毅然决然地踏上了离乡之旅。就这样，他成为呼伦贝尔市第二批驰援湖北医疗队的一员，而值得我们关注的是，他是医疗队中年龄最小的成员，也是唯一的一名男护士。

到达武汉后，呼伦贝尔职业技术学院护理系的领导及老师、同学们一方面为他自豪，一方面又时时刻刻牵挂担心着他的安危，因为裴宪桐的工作地点是武汉肺科医院的ICU病区，ICU是任务最艰辛、传染性最强、暴露风险最大的地方。他面对的都是危重症患者，和其他一线的医护工作者一样，他每天穿着密不透气的防护服穿梭在病人之间，泡在汗水里工作早已是常态。为了节省时间，他一整天水米不进，即使再忙再累，他也不放过一点点学习机会，不断提高业务能力。他总觉得，关键时刻，他多辛苦一点儿，多做一点儿，病人就有多一点可能赢得新生。

尽管护理工作烦琐辛苦，但他对患者的细致照顾一点也不会因此而减少。有一次他在护理一位患者时，加药的过程中患者突发心脏骤停，前一秒心率还在80多，下一秒突然就变成十几了，他急忙呼叫医生及组长请求帮助，组长马上去呼叫医生。这时患者心脏已经骤停了，他立即为患者进行心肺复苏，随后为患者清理呼吸道。因为在抢救过程中密闭式吸痰器要比正常的吸痰管浪费时间，所以他迅速换成正常吸痰管，这样他被感染的风险会非常大，但是为了争取时间，他已顾不了那么多了，在抢救初期，时间越短患者复苏的可能就越大。随后，他又立即进行胸外按压，这时医生也赶到

了病房，立即配合抢救，肾上腺素 1 mg 立即静推……经过 10 分钟左右的抢救，患者心跳逐渐恢复……医生说这个患者之前就出现过两次类似的情况，还好裴宪桐处理及时，从死神的手中再一次抢回了这位患者的生命。而此时的裴宪桐早已筋疲力尽了，那天脱去防护服后他就直接坐到了地上，因为根本站不住了，他高度缺氧，全身湿透，连 N95 口罩也早就湿透了。他说："我用我的汗水换回了一条生命，我觉得这样很值得。"

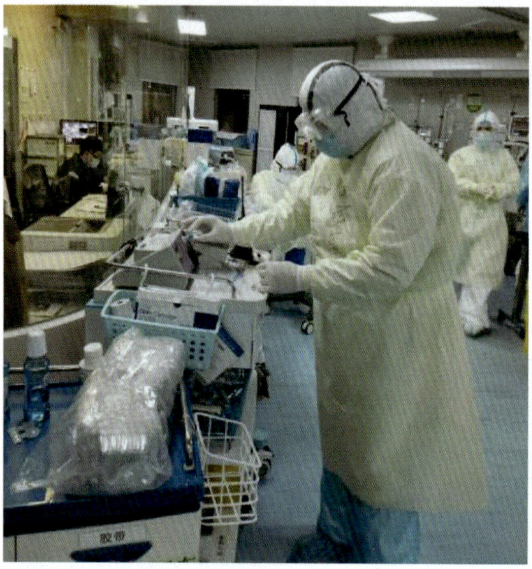

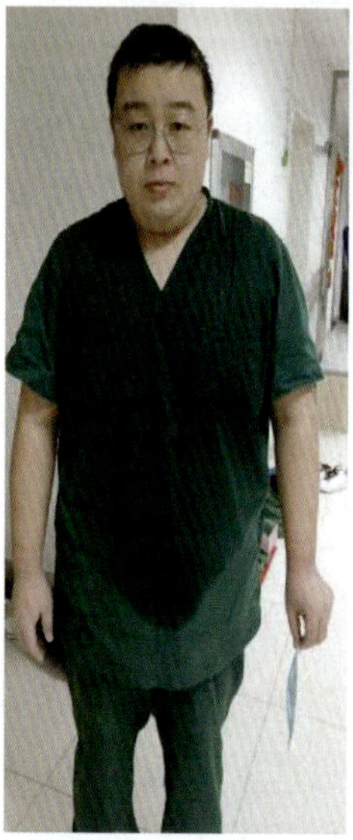

"三分治疗，七分护理。"在这个阶段的拼搏中，他越来越感觉到护理工作的重要性。经过 43 天，截止到 2020 年 3 月 29 日，他共护理危重症患者 23 人，护理 ECMO 病人 7 人，护理 CRRT 病人 9 人，参与纤维支气管镜检查及镜下吸痰、气管切开、深静脉置管、有创动脉血压监测、心肺复苏等高危技术操作 32 例次，为患者实施静脉输液 200 余次，翻身扣背 120 余次，雾化 40 余次，口腔护理 20 次，气切护理 20 次，会阴护理 20 次，中药灌肠 20 次，静脉采血 50 余次，动脉血气分析 160 余次，ACT 检测 160 余次，肠外营养 40 余次，血糖检测 160 余次，吸痰 350 余次；他还完成了相关电子病历的书写、ECMO 电子记录、CRRT 电子记录等，并且已经有 3 名患者可以拔出气管插管转出 ICU 了，这让他感觉自己的努力是值得的。如今，他和他的战友们已荣耀而归，经过短暂休整后又投入到了日常工作中。

裴宪桐作为呼伦贝尔市援鄂医疗队中唯一的一位男护士，同时也是年纪最小的一员，这次主动请缨驰援武汉，面对疫情，他把方便留给了别人，把困难留给了自己；把安全留给了别人，把危险留给了自己。他用实际行动践行着"不忘初心，牢记使命"的信念，在这场没有硝烟的战争中，他怀着无私奉献的精神，冒着生命危险，把爱献给别人，让人肃然起敬。惟其艰难方显勇毅，惟其笃行方显珍贵。他是千千万万医护人员的缩影，在这个平凡的岗位上，他默默奉献、任劳任怨、辛勤耕耘、艰苦奋斗。虽然没有豪言壮语，但是他与同事们一起，万众一心、众志成城、同舟共济、守望相助，为坚决打赢新冠肺炎疫情防控阻击战奉献出了青春热血！呼伦贝尔职业技术学院为有这样的学子而骄傲！学院将以他为榜样，并号召更多的学子向他学习不忘初心，刻苦努力，在祖国需要的时候，勇于担当，不辱使命，誓做时代先锋！

病毒无情，人有情。从个体到群体，我们看到了新时代呼伦贝尔职业技术学院青年的爱国热情和责任担当。

青年的每一次“有为”，都是一股涓涓细流，终将汇聚成推进中国稳步前进的磅礴洪流。

（内蒙古自治区高等院校毕业生就业指导中心供稿）

辽宁

LIAONING

爱祖国，爱工作，爱病人，爱奉献

——大连医科大学王雪事迹

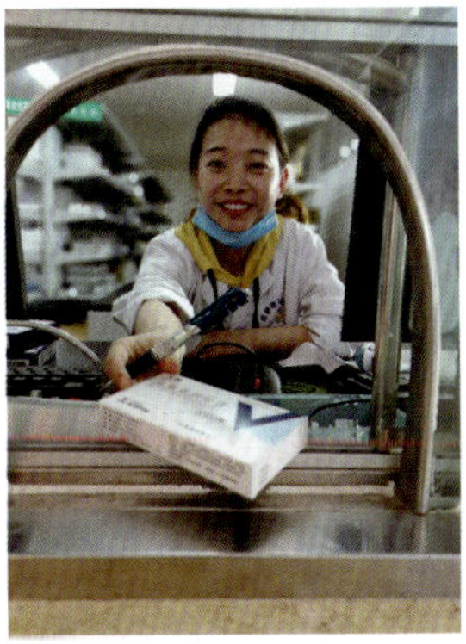

王雪，女，2018 年 6 月毕业于大连医科大学临床药学专业，获学士学位，临床药学初级药师。在校期间她曾获得“志在四方优秀大学生”称号，多次获得校级奖学金。毕业之后为响应国家号召，她自愿申请前往祖国西部边疆拉萨工作。

自毕业至今，王雪一直在拉萨市人民医院药剂科从事临床药学工作。她为人正直、诚恳，待人真诚、热心、喜欢帮助人，善于结交朋友，对待病人耐心、细心，工作勤勉、严谨务实。两年以来，她在自己平凡的岗位上兢兢业业，刻苦钻研，恪守职业道德，凭着扎实的基础知识、熟练的专业技术、高尚的道德品质受到了领导的赞誉、患者的认可和社会大众的好评。

勤奋好学、爱岗敬业

医疗行业是一个专业性极强的行业，技术靠勤奋才能精湛。她利用业余时间学习专业知识，经常参加医院和药企举办的各种学术会议，以提高专业理论水平，同时开阔自己的眼界，及时了解本学科的新进展、新知识、新技术，毕业一年她便取得了初级药师资格证。在日常工作中，她严格要求自己，工作细致全面，工作两年来没有出过一次错误。身处边疆民族地区，语言问题成为她与病人交流的第一大障碍，为了更好地和病人沟通，更好地为病人服务，她每天工作之余做得最多的就是学习藏语，现在她已经能和藏族群众进行基本的交流。每次为病人拿药她都悉心告诉病人每一味药的用法用量、用药禁忌和相关注意事项，竭尽全力用自己的专业知识指导患者规范用药，共同战胜病魔。与此同时，她不断学习临床疾病和药物作用机理，加强专业知识储备，因为她清楚地知道自己的工作不仅限于指导病人用药，更重要的是成为一名专业的、优秀的药剂师，为临床医生用药提供建设性意见。

关爱病人，无私奉献

王雪有一个很朴素的想法，就是“我不能让病人一天看不到我”。不管是否是自己值班，她都常常回访病人，查看病情是否好转，无论是患者、同事还是家属，只要是与她接触过的人都说：王医生就是一个心里时刻装着病人的医生，患者们亲切地叫她“安吉拉”（藏语中对医生的敬称）。不管正常上班还是轮休，她都把行医、治病、救人融入了自己的生活，有时同事有急事，她总是随叫随到，从无半点怨言。她从事工作以来，在医院医疗设备、医护人员、住院环境等各方面条件有限的情况下，没有抱怨，而是“勤”字当先，有条不紊地开展工作，从没有因为条件限制就降低对自己的要求。此外，她还是一个充满爱心的医生，不管是遇到生活困难的病人还是其他有困难的人，她都经常慷慨相助，在科室保洁阿姨意外身亡之后，她每个月从工资里面拿出钱来补贴保洁阿姨家的孩子，并且承诺资助他直到大学毕业；新冠疫情暴发后她积极捐款，为抗击疫情贡献一份绵薄之力。

冲锋在前，廉洁行医

新冠肺炎疫情暴发时，她在河北老家休假。在听到消息后，她不顾疫情严峻，不顾家人反对，更不顾自身安危，第一时间便买好机票从老家飞回拉萨。她说：“我是一名人民医生，在国家需要我的时候要坚守自己的岗位，为人民群众的健康保驾护航。”

她始终坚持为病人着想，坚持为病人提供价廉、质优、高效的医疗服务。她不为金钱所动、不收病人红包，为广大医务工作者树立了廉洁行医的榜样，为创建服务好、质量好、医德好、群众满意的人民医院做出了巨大贡献。

“大音希声，大爱无痕”，毕业后一直在拉萨工作的王雪克服了高原缺氧，克服了物资短缺，克服了医疗条件差的现实条件，在工作岗位上爱岗敬业、无私奉献，不断开拓进取，用她作为医者的仁心仁术对这八个字做了最好的诠释。她坚信自己所选择的路是正确的，所从事的职业是光荣的，自己所做的一切都是应该的。未来，她将继续葆有一颗医者仁心，竭尽全力除人类之病痛，助健康之完美！

（辽宁省大学生就业创业中心供稿）

扎根边疆，以无悔青春之名

——大连海洋大学宋禹事迹

宋禹，男，汉族，山东曲阜人，1996 年 3 月出生于辽宁抚顺，大连海洋大学计算机科学与技术专业毕业，大学本科学历，获工学学士学位，2017 年 12 月加入中国共产党，2019 年 7 月参加工作，现任新疆维吾尔自治区和田地区墨玉县喀拉喀什镇人民政府党政党建办一级科员，中共墨玉县喀拉喀什镇阿亚克阿特巴什村支部委员会委员、副书记。

一、投笔支疆，风华正茂志长空

"爸，妈，我是一名共产党员，我要到新疆去！"这是宋禹在毕业前夕，面对自己的未来做出的选择。此时的他并没有想到，作为家中的独生子，在远赴新疆之前，他只有一周的时间去陪伴许久未见的父母。更让他没有想到的是，选择到祖国的西北边陲砥砺奋斗，到艰苦偏远的工作岗位全心实干，将给予他怎样的幸福感、获得感和归属感。

大学四年，成绩优异、表现突出的宋禹，毫无疑问是老师眼中的"硕果桃李"，同学们口中的"斜杠青年"：机关学生助理、助理班导师、校优秀大学生党员；荣获国家级荣誉 3 项、省部级荣誉 5 项、厅局级荣誉 20 余项，获批国家计算机软件著作权 3 项。然而，在大四的择业季，宋禹却做出了这样的决定：委婉拒绝了校领导给予的读研深造的建议，毅然放弃世界五百强企业开出的优厚条件，坚定响应党的号召，到祖国最需要的地方去，到艰苦偏远的新疆去！

回忆起当时的情景，宋禹目光坚定、言语笃定地说："我当时的选择很多人都不理解，包括我的家人，但我却没有多少犹豫和迟疑。因为我知道，新时代的青年就是要始终怀有对党的忠诚热爱，对富民强国的抱负担当，对服务群众的真诚情怀。奋斗是青春最亮的底色，我愿意将自己的青春、汗水、才智、感情挥洒在新疆的土地上！”

二、天山脚下，锐意进取挽满弓

2019 年 7 月 27 日，云霞西照，映衬着盛夏的暮色，像是一面催人奋进的旗帜。带着沉甸甸的行囊和梦想，宋禹如愿踏上了新疆的土地，开始了在中共和田地委党校进行的为期三个月的公务员岗前培训。培训第一天，宋禹竞选成为第四党支部委员，之后又通过自己的努力在党校管委会选举中当选为管委会职能部门部长。岗前培训期间，宋禹和管委会的同志们一起成功策划组织了多项活动，工作业绩和群众认可度均得到了有关领导的充分肯定。三个月的岗前培训，使宋禹的思想更加成熟、立场更加坚定、能力更加突出、视野更加开阔，也让宋禹完成了从一名高校毕业生到一名基层公务员的完美转身。

2019 年 10 月，在和田地委组织部谈话征求拟分配县（市）意向时，宋禹同志当即表明到墨玉县工作的意愿。“培训的时候，我就听说墨玉县是全疆第二大县，人口超过 53 万，工作任务最重，压力也最大。墨玉的工作出了问题，会直接影响全地区、全疆乃至全国的工作。既然这样，我向组织申请到墨玉县锻炼自己，经风雨、强筋骨！”全疆一盘棋，和田是棋眼，墨玉是靶心，而宋禹就像是一支开弓之箭，义无反顾地来到了墨玉县。

三、脚踏实地，坚守岗位不放松

经历了在墨玉县喀拉喀什镇人民政府的实习锻炼，2019 年 11 月 7 日，宋禹被正式分配到喀拉喀什镇人民政府党政党建办工作。年终岁尾，镇里的工作任务很重，宋禹便主动放弃休息，与同事们一道加班加点、群策群力。期间，宋禹的扁桃体发炎，持续高烧，但是面对亟待处理的工作，宋禹坚持选择一边吃药一边坚守自己的工作岗位。在连续通宵加班、体温高达 38.8℃时，宋禹终于扛不住了，连站都站不稳了。镇领导将他“摁”到医院进行输液，然而在开药时，宋禹却特别要求医生在药里加最大剂量的“地塞米松”。即便知道这是一种激素，即便这会对身体造成一定损伤，宋禹却像一个咬紧牙关的拼命三郎，只要能尽早退烧返回工作岗位就行。在场的镇领导和同事们无不为这种拼劲、干劲和闯劲所感动，镇党委也在全镇干部大会上对宋禹进行了通报表扬。“当时也没多想，就是觉得要尽快回到工作岗位，我不能离开太久。”宋禹面带微笑地说着当时的想法，目光中闪耀着对事业的执着和对未来的坚定。

白驹过隙，一晃就到了 2020 年。和田地委组织部通知要求 2019 年新入职的干部全部到村任职锻炼，宋禹也在 4 月份被推荐参选并全票当选为向阳村党支部副书记。在向阳村的工作强度要比在镇上时小了许多，但宋禹是个出了名的“闲不住”。一有空闲时间，他就提着公文包，带着维吾尔族干部到村中农户家入户走访，测算人均收入，核实脱贫攻坚工作数据，更正了多个因维吾尔族干部语意不明导致的错误。时间久了，公文包就成了宋禹的“标签”。村里的农户们只要看到一个拎着公文包快步行走的背影，就知道是小宋书记来摸情况了。宋禹细致有序的工作取得了良好的效果，他也因此得到了上级指导组的肯定和表扬，更赢得了向阳村全村人民的信任与好评。“从小事做起，从细微处着手，真正和少数民族农牧民打成一片，了解他们的生活，为他们办实事，才能赢得群众的信任。”秉持着“把好事做细、把细节做好”的工作理念，宋禹用务实的脚步丈量出了群众的幸福线。

辽宁

四、深入群众，团结和谐树新风

阿亚克阿特巴什村，喀拉喀什镇最偏远的村，距离镇政府约有 40 分钟的车程。因历史遗留问题以及有些干部工作能力有限，该村的党建工作一直以来都是短板。上级指导组对阿亚克阿特巴什村在党建工作中存在的问题非常关注，希望尽快补齐短板、扭转局面。“工作哪有那么多容易事，得啃得下硬骨头！”宋禹在得知这一情况后，主动向喀拉喀什镇党委“请战”，志愿到最偏远的阿亚克阿特巴什村开展工作。经充分研究讨论，喀拉喀什镇党委决定推荐宋禹同志到阿亚克阿特巴什村参选党支部委员、副书记。

临行前，镇党委副书记、党政党建办主任徐升同志和宋禹谈话。“小子，你工作我是放心的，但身体也得照顾好，可别再像去年发高烧了还硬撑着。”徐书记的话温暖中带着鼓励和信任，宋禹心中暗下决心，决不辜负镇党委的期望，必须把这块硬骨头给啃下来！

5 月 6 日，宋禹顺利当选为阿亚克阿特巴什村党支部副书记。在工作开展过程中，他发现情况远比预想的更复杂、更糟糕。然而，宋禹那股子“拼命三郎”的劲儿又迸发出来了：他盯住村“两委”班子和其他村干部，通过多种渠道追根溯源，摸清了历史遗留问题的来龙去脉，全面掌握了第一手资料；他主动放弃周末休息，每天加班加点，有时甚至连续几天通宵工作，仅仅用了 20 天就将党建工作、群众工作等方面涉及的 30 余项工作建档立册，所有资料都被梳理得井井有条。功夫不负有心人，阿亚克阿特巴什村的党建工作在后续检查中得到了县、镇两级党委的肯定和表扬。5 月 26 日，喀拉喀什镇政府在全镇工作会上将阿亚克阿特巴什村树立为党建工作优秀典型，并将部分材料作为标准模板在全镇 22 个村(社区)中进行推广。宋禹凭着自己的真本事啃下了这块硬骨头，但他却没有丝毫“鸣金收兵”的意思，因为他的心中始终装着“民族团结进步”这六个字。

在阿亚克阿特巴什村，宋禹还是会拎着公文包走家串户，只是经常会多带一些水果、馕、烤肉、食用油等生活必需品到农户家进行慰问，关心农户家的经济收入和生活状况，收集、解决农户们的困难诉求。宋禹在走访过程中，得知村里有的孩子想学硬笔书法，于是“小宋书记”成了“小宋老师”：每天晚饭后，村里的维吾尔族孩子们就会到宋禹的办公室练字，宋禹会抽出半个小时为孩子们一一指导，帮助孩子们养成正确的书写习惯。在“小宋老师”的耐心教导下，目前有七个孩子的汉字书写能力得到了非常大的提高。“我们喜欢写汉字，小宋叔叔答应教我们，我每天都跟他学，现在进步可大了。”喜欢书法的维吾尔族孩子阿依夏木兴奋地说。

五、“乌亚克西喀迪尔”

提及宋禹同志，阿亚克阿特巴什村的村干部和农牧民都给予了很高的评价。村党支部书记、村委会主任吾布力·艾则孜说：“小宋同志工作很认真，能力也很强。他主动跟我学维语，并且教我说汉语，我们共同学习，共同进步，效果特别好，现在他出去跟农民简单对话都不要我们翻译了。”而在村委会副主任再努热·米吉提心中，“小宋书记认真得很，我发现跟他糊弄不过去的。他一直追着问，不搞清楚就不放过。有次我的台账没做对，我一直修改到后半夜他才放我走。”村里的民兵班长谈到他心中的小宋书记，总是非常佩服地说：“我值夜班就能看到宋书记那屋亮着灯。有时候在后半夜四五点，他还会来值班室检查我们的在岗情况，给我们拿上几瓶红牛提神。”

“乌亚克西喀迪尔”在维语中的意思是“他是个好干部”，这也是阿亚克阿特巴什村人送给宋禹的昵称。严谨务实、真抓实干的工作作风，力度不减、细节满分的工作业绩，无不诠释着宋禹在努力践行全心全意为人民服务过程中的不懈努力。回首一年前的选择，宋禹颇有感触：“五十六个民族都是一家人，一家人不说两家话。作为一名在新疆工作的年轻干部，我就是要竭尽所能为这里的老百姓办实事，怀着对党的赤诚初心、对人民的感恩热心扎实工作、砥砺前行。”

青春的后浪在奔涌，奋斗的使命在召唤。宋禹用自己的信念和作为兑现着自己的承诺，实现着自己的梦想，守护者自己的初心，创造着自己的未来。

扎根边疆，以无悔青春之名！

无悔青春，无愧青春！

（辽宁省大学生就业创业中心供稿）

扎根基层勤奋斗，放飞梦想献青春

——东北大学朴双双事迹

辽宁

朴双双，女，1989 年 6 月 26 日出生，2015 年加入中国共产党。2017 年 1 月毕业于东北大学，体育教学硕士研究生，同年 5 月报考全国大学生村官考试，成为一名大学生村官，现任辽宁省鞍山市台安县台南街道陆家村党支部副书记。

朴双双在校期间曾是校啦啦操队队长，多次代表学校参加全国啦啦操联赛，并取得优异成绩，得到老师、同学们的认可。在临近毕业的时候她本可以选择热爱的啦啦操，成为一名老师，而她怀揣着一颗感恩的心，选择了大学生村官这个职业，回到家乡、助力乡村振兴。时间如白驹过隙，驻村工作已将近两年时间，回想起刚到村工作时的激动和懵懂，现在她已经多了几分成熟和稳重。好多人都问她为什么选择做村官，有的前辈也好心提醒她“村官”很苦很累，“那又怎样呢？我是一名土生土长的农村女孩，父母从小教育我要学会吃苦耐劳，勤奋学习。无论我走到哪里，这句话我一直铭记在心，我相信我可以。”她每次都是这么回答大家的。

一、她从农村走出来，又回到农村去

她就是一名普普通通的农村娃，对农村的一草一木、一人一事都非常了解和熟悉，有一种浓浓的乡情在心底。随着年龄的增长，年轻的娃也需要积累知识走出家乡看世界。通过不懈的努力，她来到了东北大学，在攻读研究生之前她曾在研究生院做老师助理，她认为她是一名农村出生的孩子，还有一些工作经验，完全可以胜任村官一职。但是到了工作岗位之后，她有了新认识，走出校门、步入社会，这一站教会她如何与最朴实的农民交流，同时她也感觉到自己之前想得太过简单了。不过她并没有失去积极性而是很快调整自己，主动去适应环境。来村里办事的村民都很好奇这个“丫头”是干什么的，是哪家孩子大学毕业跑到村里实习。村里分地她不嫌脏不怕冷都要跟着去，不懂就在后边跟着，拍照、收集数据；村里的入户普查及各类宣传她也跟着去，挨家挨户走；村里无论大会小会她都积极参加。慢慢地，她的身影、她开朗的笑声、她的热情让大家认识了她，接受了她。村民待他如自己的女儿一样，他们的那种淳朴是纯天然的，不加任何修饰，他们让她喜欢上了这个地方，深深爱上了这片土地，让这里成了她的第二个故乡。

二、扎根农村基层，服务农民群众

良好的开端是成功的一半。她信念坚定，方向明确。她所在的村位于鞍山市台安县城南3公里的城乡接合处，东侧紧邻台安农业高新技术产业园，西接辽宁台安经济开发区，火渤铁路、南外环路穿境而过，交通极为便利。全村耕地面积4873亩，村民620户，人口1860人，有4个自然屯，党员53名。到村任职后的她主要负责村内的党建工作，由于村“两委”班子成员年龄普遍在50岁以上，对电脑办公软件不太熟悉，她偶尔还会帮忙处理电子文件及日常工作。她每天默默地关注村内动态、了解民情，认真学习贯彻党的十九大精神和习近平新时代中国特色社会主义思想。现在大家都有智能手机，于是村级微信公众号“陆家之声”开通了，并且每周一期推送有关学习贯彻党的十九大精神、“两学一做”教育及村内所发生的大大小小的事的内容80余条，引导全村党员加强理论学习，同时提高陆家村的知名度。她利用党员远程教育平台加强对各项政策的传达。每次外出培训她都会将所见所闻讲给大家听，做到“学有所成，学有所用”，让广大群众了解外面的动态并结合实际运用到生产当中。

经过一年的工作，她已经喜欢上了村里忙碌的生活，适应了村里的节奏，成了村里不可缺少的一员。一年里，她组织过陆家村妇女代表大会，全面参与“扫黑除恶专项斗争”、土地确权、村内土地征用、清产核资、全国经济普查、农村合作医疗等大大小小30余项工作。为加强美丽乡村建设，响应上级号召，满足村民需求，目前她所在的村新建了两个500平方米的活动广场，安装了健身器材8套，丰富了村民的业余生活，提升了村民的生活品质和幸福指数。为了完善村民的学习场所，提升村民素质，她进一步加强了党员活动室、图书室建设，2018年6月制定了村规民约，并将其绘制成文化墙。她总是想着为老百姓谋福利，经常在村里加班，搜集资料，常常中午过了饭点才回家吃饭。功夫不负有心人，2018年11月她所在的陆家村荣获“鞍山市文明村”荣誉称号。

三、心系农民,精准扶贫

她情系百姓,把村民当做衣食父母。陆家村在城郊,离县城较远,她每天乘公交车去村里上班,每当下班时在村口遇到老人坐车她都会主动为他们买票,虽然她工资不高,但是善良的她总想去帮助村民,为村民做些什么。她刚去村里工作时,陆家村有12户贫困户,她了解情况后,主动要求走访贫苦户,帮助贫困户享受国家相关政策。她还帮助协调银行免息贷款、联系养殖扶贫项目、定期向贫困户发放慰问品,行动不便的贫困户家中养殖的家禽生病了,她会帮忙联系兽医去医治。下班后有时间的时候她都要去这些贫困户家中坐一坐,力所能及地帮他们做一些实事,过年过节她也要去看看。在上级政府的大力支持下、在各级领导的关怀下,经过她一年多的努力,通过精准扶贫实现了12户贫困户全部脱贫。

转眼,朴双双的两年村官任期即将结束,在村里工作的两年让她更加坚定了扎根基层的信念,今后她将继续留在基层为新时代新农村建设贡献自己的一份力量,建设美丽家乡。

(辽宁省大学生就业创业中心供稿)

投身脱贫攻坚，彰显青春无悔

——辽宁建筑职业学院张广韬事迹

张广韬，男，1994年3月生，中共党员，辽宁盖州人，辽宁建筑职业学院给排水专业2016届毕业生。在校期间任班级团支部书记、学生会副主席、致青春志愿者服务队队长、校园记者、微信平台主编等职，获得国家励志奖学金及多次校奖学金，曾获评省优秀毕业生、校优秀毕业生、辽阳市优秀学生干部、校优秀学员、党校优秀学员、优秀学生会干部、星级志愿者、职业素养优秀学员。

2018年张广韬参加营口市高校毕业生基层服务计划考试，以盖州市第二名的成绩考入东城街道办事处工作，现任东城街道办事处精准扶贫办公室科员，2018年、2019年连续两年被评为基层优秀扶贫工作者。自从从事了脱贫攻坚这项工作，他就深深爱上了它。用他的话说，这是基层最实实在在为贫困群众谋福利的事业，责任重大，使命光荣。他投身脱贫攻坚战中把青春献给脱贫攻坚事业，彰显青春无悔。

一、初接脱贫攻坚，扎实学习累经验

2018年张广韬来到东城街道办事处报到，办事处领导跟他谈话说办事处扶贫办仅有一名主任，近期还在外学习，脱贫攻坚任务又不能耽搁，急缺人手，希望他可以到扶贫办工作。“我一定完成任务！”就这样，他接过了脱贫攻坚这个重担。他之前对脱贫攻坚工作几乎没太多了解，扶贫办主任又不在，无法请教，一切都要靠他自己。但是这些没有难倒这个爱学习爱思考的小伙子。从那时起，他开始发扬“白加黑”“5+2”的工作精神，购买专业书籍、整理上级文件，整天往市扶贫办公室跑，还不时到其他乡镇办事处学习取经。他不忘初心、狠下功夫，加强理论学习，深刻领会党和政府的扶贫政策，重点学习扶贫相关基础知识、当前工作要点，用理论知识武装自己，牢固树立“四个意识”，严格遵守政治纪律，坚决服从大局，向党中央看齐，始终保持正确的政治方向。短短一个月，他笔记记了一整本，脱贫攻坚工作的经验、做法和创新点也逐渐在他头脑中形成。例如在发现各村的档案资料存在问题后，他将存在的问题进行汇总梳理，拿出整改措施提交领导审阅后，多次组织召开档案资料规范整理培训会，并手把手、一对一、“保姆式”地对19个村的档案管理员进行指导，实现了全办精准扶贫档案的规范统一。慢慢地，在盖州市扶贫办和各个乡镇办事处扶贫办传出了一句话：有问题、有不会的找东城小张，只要找他，永远都能得到热情、详细的解答，也总能解决问题。

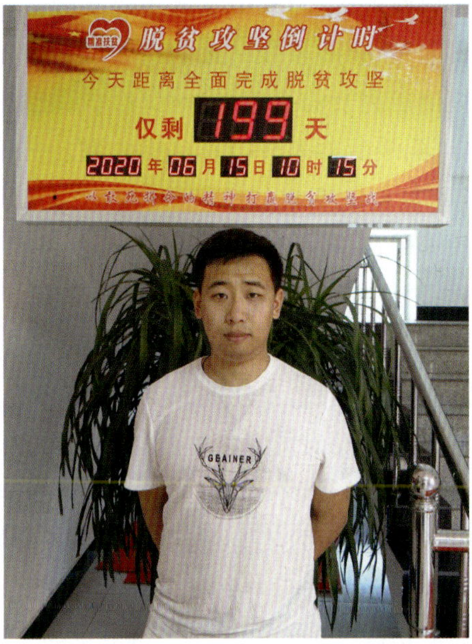

二、深入脱贫攻坚，踏实肯干贴民心

按照国家关于精准扶贫和“两不愁三保障”的工作要求，张广韬从摸排贫困户具体情况开始，逐步形成了自己的一套工作方法。一是精准识别，做到底数清、情况明。张广韬亲自走访了未脱贫的贫困户，逐一记录其家庭情况，核查其致贫原因。为了确保情况真实可靠，在走访过程中，他不仅听贫困户自己介绍情况，还积极同村委会、邻里乡亲沟通，详细了解具体情况，做到“兼听则明”。这大大加大了他的工作量，但成果明显。经过走访，他分门别类对贫困户进行了建档立卡，达到了所有贫困户家庭状况、家庭收入、脱贫措施“三个清”的目标。二是精准施策，确保政策精准到位。张广韬在实施扶贫工作中坚持“因人因地施策，因贫困原因施策，因贫困类型施策”的工作原则，对于不同类型的贫困户采取不同的政策扶持。针对有手艺的贫困户，张广韬鼓励他们利用扶贫资金建立小作坊发展产业脱贫致富，其中一户建立跑鞋帮加工点被学习强国、辽宁卫视、网易新闻、盖州电视台等多家媒体当做典型案例报道；针对有劳动力的贫困户，张广韬积极为他们推荐就业，以就业改善贫困；针对弱劳动力的贫困户，张广韬为他们争取补助资金购进了优质的种鸡和蛋鸡，每户 30 只，实施“庭院养殖”，确保“鸡生蛋、蛋生鸡”实现良性循环、足不出户也能脱贫；针对无劳动力的贫困户，张广韬联系辖区优秀企业，将他们的到户资金投入企业，让他们每年在家坐着就可以拿到分红补贴家用；针对房屋有安全隐患的贫困户，张广韬亲自带领相关部门到实地核查，并利用自己掌握的建筑方面的专业知识帮助他们筹划房屋维修或重建，确保群众不愁住，现已帮助数十户贫困户完成危房改造；针对家中有学生的贫困户，张广韬为他们争取助学金、教育补助等，解决支出问题；针对家中有大病病人的贫困户，张广韬亲自帮助他们跑前跑后报销合作医疗报销后剩余的费用；针对符合低保、五保、孤儿、残疾人标准的贫困户，张广韬几乎从申请到最后办理成功都负责到底。贫困户称赞他“小伙子真是比自己的儿女都上心”。三是精准帮扶，“扶智”与“扶志”并举。张广韬始终重视“扶智”与“扶志”并举，用他的话说，只有变“输血”为“造血”，才是真正彻底地脱贫。在核查过程中，他发现有几户贫困户家庭的孩子都考上了大学，虽然申请了国家助学贷款，但孩子的生活依然存在困难。他积极帮助大学生们申请“雨露计划”专项资金，并经常自费为他们送去文具，鼓励他们提高自身能力，为社会做出更大贡献。同时他也十分重视扶志教育，他总说：只有在激发出贫困户的内生动力，端正贫困户的思想观念和发展观，拓宽贫困户自身的发展思路后，才能做到真脱贫。他始终鼓励有劳动能力的贫困户去学知识、技术以便通过自身努力就业、创业达到真正的脱贫。四是精准脱贫，具体问题具体分析。在脱贫攻坚工作进程中，张广韬严格按照“六个精准”的总体要求和“五进十出”的工作法，结合“增收”“就业”“基础设施”“救助”“兜底”五项措施，在严格执行“十退出”标准的同时，充分考虑存在无房(危房)、重病、残疾、因病返贫、因灾因学致贫、无劳动能力等困难家庭的实际情况，具体问题具体分析，向贫困户详细讲解国家政策，确保脱贫攻坚工作得人心。

三、不忘脱贫攻坚，疫情期间显担当

“加得班、打得蛮、受得累、吃得苦”，这是基层机关干部的写照，除了本职工作外，他们还要参与机关学习、防火、防汛、下村入户等数不清的工作。这也练就了这个年轻小伙子过硬的心理素质和身体素质，然而责任使他总是冲锋在前。2020年年初，新冠肺炎疫情来袭，张广韬作为基层机关干部立即参与到了防疫中，他包保村庄卡点站岗杜绝外来人员进村、包保无物业小区逐户排查、收集整理数据，不分白天黑夜地为保障百姓的安全辛勤工作。但是最牵动他内心的还是贫困户们。很多贫困户都是上了岁数的老人，疫情期间没有办法购买到防疫需要的物资，这可愁坏了小伙子。经多方筹措，他买到了50多个口罩和20多瓶酒精消毒液，送到了不能行动的贫困户家里。此外，他在防疫工作之余还不辞辛苦坚持走访贫困户。他默默无闻无私奉献在防疫一线，展示了新时代中国青年的担当。

辽宁

毕业数年，每当学校招生时张广韬总是利用业余时间积极为学校宣传，为母校尽一份力。他始终没有忘记自己是辽宁建筑职业学院的一名学子，也正是因为学校的培养才让他成长为如今的样子。

打好脱贫攻坚战是党的十九大提出的三大攻坚战之一，对如期全面建成小康社会、实现第一个百年奋斗目标具有十分重要的意义。脱贫攻坚无小事，一枝一叶总关情。张广韬将基层工作作为新的起点，他时刻不忘只有经历大事、要事、急事、难事的锻炼，才能磨砺品行、增长才干，更始终以实际行动践行入党的誓言，展示一名青年共产党员的责任担当和执着追求。2020年辖区内还有13户31人要实现脱贫，这两个数字和贫困户家庭的情况每天都挂在他的心上。在全面建成小康社会的伟大进程中，正是像他一样的青年在接起历史的接力棒，为群众的幸福安康接续奋斗着！

（辽宁省大学生就业创业中心供稿）

润花蕾，育桃李，做“四有”好教师

——沈阳体育学院赵宇梁事迹

赵宇梁，男，汉族，出生于1993年8月，共青团员，大学本科学历，获教育学学士学位。他2015年7月毕业于沈阳体育学院体育教育专业。在校期间，他专业技术突出，被选入跳绳院队，通过刻苦训练取得了骄人成绩。

赵宇梁2012年获得全国花样跳绳锦标赛表演赛冠军；2013年获全国花样跳绳锦标赛“优秀教练员”光荣称号；2014年获花式跳绳世锦赛男子三人交互绳项目冠军，这是中国首次获得该项目的世界冠军，也是本届世锦赛中国队获得的唯一一枚金牌。作为特约嘉宾，他参加了2015年第二季《出彩中国人》、2015年中央“六一”晚会、央视三套《综艺盛典——这厢有礼》、山东卫视《我是大明星》、山东齐鲁卫视《好运连连到》、河北经视《我为购物狂》等节目的录制，行业知名度较高。

毕业后，赵宇梁拒绝多家一线城市企业的优厚待遇，响应在辽就业的号召，志愿服务基层教育工作，现任教于营口市大石桥中兴小学，从事体育教育工作。他上课时认真负责，教授动作精准到位，工作细心有章法。他还积极参与大石桥市教育局开展的大课间评比活动，仔细策划及实施活动，得到了局领导的一致好评，他所在的学校连续3年获得“优秀大课间”荣誉。为献礼国庆70周年，他策划大型开学典礼，调动1000多人排成“祖国万岁”四个大字，场面十分震撼，得到了大众们的一致认可及好评。在工作中，他充分发挥自身优势，选拔跳绳人才，在校开设跳绳社团，培养出色的种子选手参加营口市举行的跳绳比赛，获得团体第一名及各个单项的第一名。他还多次获得“优秀裁判员”“优秀裁判长”等荣誉称号。为紧随时代步伐，他创编新型校操，激发学生的兴趣，调动教师们的积极性，大型时尚、充满活力的校操跳出了学生们的精气神，也展现了新一代体育教师的风采。赵宇梁在跳绳方面具有较高的权威性，在营口市具有较高的知名度，多所学校都邀请他指导学生的跳绳动作及花样的编排工作。

除了紧张的工作外，他还组织成立了1314花样跳绳俱乐部，带动大石桥市跳绳运动，推动全民健身。晚上，他在大石桥市蟠龙山广场下组织公益性跳绳小方阵，为跳绳爱好者提供交流学习的平台，丰富了群众的业余生活。有很多外地的人慕名而来，跟他学习跳绳技巧，他多次收到表示感谢的锦旗。除此之外，他还成立跳绳服务小分队到社区进行专业的健身指导，受到居民的高度好评，多次被社区评为“健身指导先进个人”。他曾多次受大石桥市领导指派代表市里编排《花样跳绳》节目参加营口市组织的展演，屡次获得一等奖、优秀组织奖等荣誉。

1314花样跳绳俱乐部成立后，除日常组织学员开展跳绳训练及活动外，他还给学员搭建平台，经常带领学员参加省市级比赛，全方位地展示学员的风采，多次获得团体第一名的好成绩。在花样跳绳创编这个版块，赵宇梁有独特的见解，他创编的花样跳绳形式多样、方式新颖、别出心裁。他曾带领学员们登上辽市春晚并献上独特的跳绳技艺，关注度极高，在百度上可以搜索到相关视频，极具影响力。在百度、新浪微博、抖音等平台上均有他的教学视频，“热门”中也总能看见他的相关视频评论数破百万。

几年来，赵宇梁在基层教育工作和社区体育锻炼指导中任劳任怨，带领该地区跳绳队员勤学苦练，相继在大石桥市全民健身大赛、民生工程比赛、“学雷锋见行动”活动、义务植树活动及全市举办的各种公益活动中表演。新的时代需要新的精神，新的精神营造新的气象。作为新时代的人民教师，他更需要在新气象所营造的新舞台上去尽己所能地体现自身的价值。对专业知识的学习为他在基层从事体育教师工作提供了知识保障，帮助他用行动证明自己，实现自身的价值，实现人生的意义，为新时代、新征程做出自己的贡献。

奉献是一种责任，更是一种信念。赵宇梁用自己无私的奉献，在体育教学的岗位上默默耕耘，以朴素的情怀播撒爱与希望的种子。他不求回报，不图名利，以自己辛勤的汗水和心血，在推进基层体育教育和为全民健身服务的道路上，为促进人民群众身心健康，实现健康中国目标而不懈努力着。

（辽宁省大学生就业创业中心供稿）

吉林

JILIN

种下格桑花，爱上“悦耳谷”，让青春之花绽放在祖国最需要的地方

——东北师范大学人文学院于洋事迹

于洋，男，汉族，1994 年 9 月生，中共党员，吉林磐石人，东北师范大学人文学院 2017 届优秀毕业生。现工作于西藏那曲市聂荣县当木江乡人民政府，任维护稳定和综合治理办公室主任。他还是吉林省青年志愿者协会会员代表、吉林省志愿者家园副秘书长、吉林省志愿服务联合会全媒体运营负责人、东北师范大学人文学院商学院五色光青年志愿者协会名誉会长。

于洋曾先后获评第十二届中国青年志愿者优秀个人、2015 年度“优秀大学生文明旅游背包客”、吉林省优秀志愿者标兵、吉林好人、吉林好青年、“四有”吉林好网民(提名奖)、长春好人、长春市优秀志愿者、聂荣县优秀共产党员、聂荣县优秀公务员等。在校期间他多次获国家励志奖学金、多元成才奖学金及东北师范大学人文学院“优秀共产党员”“优秀学生干部”等称号;《吉林日报》、《城市晚报》、中国吉林网、东亚经贸新闻、吉林旅游广播《我是志愿者》栏目等多家省级媒体曾报道他的先进事迹，为积极响应国家号召，2017 年 8 月他被专项招录为西藏那曲基层公务员。

逐梦聂荣，缘起专招

2017 年 4 月，通过学校老师的介绍，于洋了解到西藏那曲专项招录基层公务员计划，那一刻，他的心瞬间被触动了，就像是受到了一位老朋友的邀约。经过和家里沟通协商，于洋义无反顾地放弃了待遇优厚的国企工作，放弃了吉林省公务员考试面试的机会，去了他向往已久的地方——西藏那曲市聂荣县，一场跨越四千公里的逆行故事也悄然开始。

聂荣，在藏语中意为“悦耳谷”，被誉为“羌塘明珠”，位于唐古拉山南麓，平均海拔 4700 米，高寒缺氧、自然条件恶劣。5 月时节，在祖国辽阔的大地上很多地方已春回大地，然而在距离吉林省 4230 公里外、海拔 4700 米的西藏那曲市聂荣县依旧是千里冰封、天寒地冻。在西藏流传着这样一句话“远在阿里，苦在那曲”。那里经常停电，交通

不便，没有自来水，只能靠手提；那里气候恶劣，冬天异常干燥寒冷，有时极端天气甚至可达到零下四十多度，而且取暖只能靠烧牛粪和煤炭。然而，这些都没有动摇于洋去那曲的决心，他只想以自己的绵薄之力做些事情。就在自然环境恶劣的藏北高原，于洋作为一名专项招录的基层公务员，不畏严寒艰苦，用坚实的步伐一步一步丈量着这片土地。

情系藏北，扎根羌塘

有些地方，未去之时，它是你的诗和远方，待到去时，它便是你向往的归宿。带着对西藏的向往，以及想成就一番事业的决心，于洋踏上了这片纯净而又贫瘠的土地。初到聂荣县他才知道"什么叫海拔 4700 米，什么叫空气含氧量不足 50%，什么叫'在冬季'和'大约在冬季'，什么叫不长树的城市，什么叫离家八千里……"慢慢适应了在聂荣县的日子后，于洋也在工作中取得了骄人的成绩。

进藏之后，于洋被分配到县自然资源局，他始终坚守在自然资源工作第一线。为推动基层党建工作，他充分利用"人民党建云"基层党组织标准化建设信息管理系统，打造"智慧党建"；他积极组织开展志愿服务活动，在全国志愿服务信息系统中注册了"聂荣县自然资源党员志愿服务队"，实现学雷锋志愿服务活动常态化、信息化、制度化；针对建设项目用地预审工作，他打破了以往流程不够规范、手续材料不够齐全的工作格局，修改完善了聂荣县建设用地(初)预审材料清单，针对资料审核等工作环节进行了细化，在严格落实土地供应等方面发挥了重要作用；在开展第三次全国国土调查工作中，他潜心钻研专业软件 Arcgis 以及"国土调查云"等信息平台，大大提升了工作效率。于洋以对自然资源事业的无限热爱和敢啃"硬骨头"的精神，攻克了一个又一个业务难题。他的工作状态是"5+2""白加黑"，除了业务工作，他还有党建、财务、信息报送、材料整理等繁杂的工作需要处理。

于洋还利用业余时间注册并运营了"聂荣县自然资源局"微信公众平台，在全自治区自然资源系统内首创利用微信公众平台进行业务动态宣传，得到了西藏自治区自然资源厅、那曲市自然资源局等相关部门的肯定。因工作能力突出，于洋荣获 2018—2019 年度"聂荣县优秀共产党员"、2019 年度"聂荣县优秀公务员"等荣誉称号。

近三年的时间里，于洋在领导的悉心栽培和同事的支持帮助下，认真学习业务知识，在工作中学，在实践中学，向领导和身边的同志学，结合问题，查找原因、总结经验，有针对性地进行学习，不断提高自己的业务能力。如今，他已成长为聂荣县最年轻的副科级干部。

广阔天地，大有作为

作为一名基层干部，他决心放下一切包袱，战胜各种困难，为这片土地做出应有的贡献。脚下沾满泥土，心中充满真情。为助力脱贫攻坚，他与贫困户"结对子"，共结对贫困户 4 户，帮扶资金 4000 元；2019 年起他与深圳壹基金公益基金会发起"壹家人温暖西藏聂荣"公益项目，累计受益学生达 100 人，捐赠"温暖包"100 套，累计捐助价值达 36500 元。

于洋深挖自然资源扶贫政策，为做好城乡建设用地增减挂钩项目编制实施，于洋两次赴开封、西宁参加培训学习，利用半年多的时间走访、调查、核实项目区。2019 年度获批城乡建设用地增减挂钩项目 1 个，项目区总面积达 25.986 公顷，为全面打赢脱贫攻坚战贡献了自己的一份力量。

从县自然资源局到乡人民政府，逐梦路上，尽管坎坷不断，尽管风雨难免，但于洋始终初心不改。于洋用他自己的实际行动践行着"与其苦熬消耗生命，不如苦干为民服务"的那曲精神，从白山松水吉林大地，到藏北高原羌塘腹地，朝气蓬勃的他也必将凭借自己的拼搏努力，在聂荣这一片雪域高原上，耀眼夺目，绽放出别样的精彩！

（吉林省高等学校毕业生就业指导中心供稿）

罗霄山下书写青春乐章

——吉林大学李宇事迹

李宇,男,1992年出生,山东潍坊人,中共党员,2017年吉林大学硕士研究生毕业并于同年7月考取湖南省首批定向重点高校选调生,主动要求到艰苦地区国家级贫困县工作,现任汝城县大坪镇副镇长,工作成绩获各级部门认可。2018年被湖南省委组织部确定为优秀选调生典型,在省级层面进行宣传推介,先进事迹专题片在湖南广播电视台、芒果TV等媒体播出。个人事迹被人民日报客户端人民号、《湖南日报》、《吉林大学校报》、《郴州日报》等媒体宣传报道。2019年6月,作为吉林大学毕业生代表受邀回母校作发言。研究生期间他曾两次获全国大学生地球物理勘探大赛的二等奖和优秀作品奖,连续三年获奖学金,并获得一项软件著作权,在核心期刊发表了专业论文,担任学生会干部,参加西部支教……毕业前夕,他执着于"做一朵小小的浪花",放弃青岛某海洋勘探研究所待遇优厚的工作,毅然选择奔赴脱贫攻坚主战场,将无悔青春书写在罗霄山下。

打开"话"匣子

离开家乡,山东小伙深入罗霄山脉腹地,遇到的第一道难关就是语言关。"你是哪儿来的闹古几(方言:'外地人'的意思)?"初次到村工作,老乡的第一句话就把李宇问懵了。进老乡家好不容易坐下来了,交流又不时陷入"冷场"。于是,他决定像在学校那样"做功课",边学习方言边了解村情民意。

首先是"预习",在入户前先学习各类惠农政策,对照村民花名册和贫困户"一户一档",基本了解老乡家的情况;然后再"学习",入户时先认真听,再主动讲,聊到兴起时

还学几句本地常用的“土话”；最后还要“复习”，走访过后将了解的情况记好，把群众提出的问题当成课后作业来完成；时不时到老乡家“温习”，和乡亲们保持联系。这四招成了李宇打开群众话匣子的“法宝”。还记得第一次到贫困户朱社全家时，朱社全看见外人进来头也不抬。幸好李宇提前做好了“功课”，之前也去过他兄弟家，“你们两兄弟长得还蛮像！”一句话就拉近了彼此的距离。在聊天的过程中，李宇得知朱社全去广东韶关粤北医院看病，还有 3 000 块钱没有报销，就赶紧把情况记下来，回去咨询了合作医疗办公室的工作人员，然后陪同他一起顺利办理了医疗报账手续。后来，每当李宇在村里碰到朱社全时，朱社全都会热情地招呼他进屋喝杯茶。

吉林

攀上“穷”亲戚

“老人家上趟镇里办事不方便，材料准备不齐全多跑两三趟，办事不知道去哪个部门办……”在村里工作久了，李宇发现乡镇基层工作往往存在服务缺位的问题，从而造成群众办事不畅通、工作落实有缝隙。于是，他想了一个主动和老乡“结对认亲戚”的办法，每个村干部和驻村干部包干联系一个村民小组，帮助老乡代办各类业务。电路断了干部去修，残疾人证办不了干部帮着跑……很快，便与老乡们打成了一片，谁家有事都习惯找干部帮忙。

村里有一个“结对认亲”的残疾姑娘曹欢英，早在十几年前因类风湿性关节炎导致四肢严重变形，逐渐失去生活自理能力，只能坐在轮椅上。几次走访之后，李宇想出了帮她搞农村电商脱贫致富的法子，向上级申请报告后得到了县领导的高度重视，电商企业也为曹欢英送来了专用电脑。经过电商平台的培训，她的扶贫小店正常开张营业，目前通过微店、淘宝等平台，她的订单销售量已达 4000 余单，年销售额达 10 万余元。现在，这项经验做法已经在全镇推广，累计有 148 名镇村干部参加“结对认亲戚”活动，共结亲 10173 户农户，化解矛盾纠纷 390 多起，为群众代办各类事务 1260 余项，干群关系越走越亲。

跑成“泥”腿子

由于自来水供水管道老化，灌溉水渠年久失修，“饮水难、灌溉难”一直是困扰南村的大问题。按照相关规定，村里每年只有 20 万元的微项目资金，由于村组众多、人口数庞大，平均算下来，每个村民小组的管网建设费用还不足 8000 元，无疑是不够的。李宇提议向上级部门申请将四年的资金一次性拨付，经村支两委表决同意后，他来来回回到县里协调七八趟，最终 80 万元的微项目建设资金顺利到位。

然而，欣喜之余，一场“突发状况”又随之而来。在推进村里的农田水利项目过程中，为节省资金，需要在三个村民小组中间设计修建一条水渠。但出于自身利益，其中两个组都想“近水楼台先得月”，强烈反对共用一条水渠，甚至差点动手打架。为确保工程如期实施，李宇跑遍了每家每户做思想工作，刚开始很多老乡态度强硬，他吃了不少“闭门羹”，后来他采取迂回战术，帮组长下田插秧干农活，先拉近和组长的关系后再慢慢做其他老乡的工作；拎上两斤肉、几块香干去老乡家，一边做饭一边与老乡拉家常；适应农村的习俗，答应老乡在支持水渠建设的功德碑上刻下名字……软磨硬泡几个回合下来，虽然几条裤子都沾满了难以洗去的泥巴印，但村民的火暴脾气逐渐降温，随后，他“趁热打铁”召集了两个组的村民代表，开了一场协调项目的“夜谈会”，本来做好了“打仗”的准备，结果却出乎意料地顺利，村民们全体举手表决通过修建共用水渠，项目得以顺利动工。

圆了读书“梦”

在驻村工作中，李宇发现，村里学校的基础设施都非常落后。教室里没有电灯，桌凳破旧不堪，村民的说法就是：“白天上课来得晚一点，下午放学走得早一点，也不需要灯。”许多留守儿童衣服破烂，学习用具缺乏，这让李宇心生怜悯与不安。有过支教经历的他深知“知识改变命运”的道理，一个“贫困学生助学公益行动”的想法在他的脑海中应运而生。

2018 年 9 月，他组织发起“星火圆梦”公益助学行动，助学团队由 21 名毕业于国内“双一流”大学的优秀选调生组成，累计吸纳大学生、基层教师、医生等 43 人参与。通过宣讲、支教、募捐、帮扶等方式开展教育扶贫，在汝城县大坪镇开展试点，目前，助学行动已覆盖汝城、宜章、安仁和桂东 4 个贫困县的 23 所中小学，累计慰问帮扶 3870 余人次，送出慰问礼包 4000 余个，募捐图书 5000 余本。他还联合广州中铁开展贫困学子“圆梦励志行”公益夏令营活动，联合湖南中医药大学、长沙医学院开展“三下乡”支教支医活动。其典型做法获《吉林大学校报》、湖南红网、《郴州日报》等省市媒体推介。

挑起“重”担子

吉林

2019年3月，李宇在镇十七届人大五次会议上全票当选副镇长，是大坪镇历史上最年轻的副镇长。任职期间，他分管的办公室、宣传、团委工作均在全县绩效考核中排名第一，其中，在宣传和政务服务工作方面多次代表全县迎接省市检查，并在镇里承办县级以上会议10余次；顺利完成中央省市媒体团弘扬“半条被子”精神大坪现场点采访工作；主动对接媒体，在《瞭望》《半月谈》等刊物推介大坪镇干群关系典型做法。2020年8月，他被任命为联村党支部第一书记，推动完成东方垅水库整治、一体化供水工程、灌溉水渠整修等小微项目8个，其中，密切干群关系做法获郴州市新闻联播宣传推介。

抗疫期间，独在异乡的他，为了守卫同一片蓝天，主动放弃与家人团聚，不远千里从山东老家回到乡镇同战友一起并肩作战，无论是摸底排查、防控执勤，还是集中隔离对象跟踪管理、企业复工复产，他始终冲在最前面。在2019年度公务员考核中，他被评定为“优秀”，获评汝城县优秀领导干部、汝城县委党校中青班优秀班干部、中国(湖南)红色旅游节优秀讲解员，并获得全国“选调生的扶贫故事”征文比赛二等奖。

在村里待久了，李宇晒得越来越黑，笔记本越记越厚，手机通讯录里的号码也越来越多。因为老乡的信任，李宇开展起工作来也越来越顺利，看着村里的变化越来越大，他逐渐找到了“岗位幸福感”。

（吉林省高等学校毕业生就业指导中心供稿）

扎根雪域，绽放青春，不负芳华

——吉林动画学院胡爱军事迹

西藏有最美的草原，有最高远的天空，有大气磅礴的珠穆朗玛峰，还有巍峨的布达拉宫，是无数驴友不断挑战的旅游胜地；这里也是千山之巅，万水之源，是藏羚羊的摇篮、牦牛的乐园，那危耸的皑皑雪峰、辽阔的高原牧地，是充满神秘、充满诱惑的地方；然而，这里也有着著名的无人区，那是生命的禁区。

初入高原，倾心付出

2017 年毕业时，胡爱军积极响应祖国"到基层去，到祖国最需要的地方去"的号召，参加了大学生基层公务员专招计划选拔并被录用。在学院领导和家人的关怀与鼓励下，同年 8 月，他满怀青春的热血来到了西藏自治区最艰苦的那曲市，在这里，胡爱军扎根基层，服务边疆，演绎出了属于他的人生芳华。

9 月 4 日，胡爱军被分配至西藏自治区那曲市嘉黎县阿扎镇党政综合办公室，主要负责电话接听、材料撰写、档案管理、信息收集、会议会务、誊写台账等工作。由于当时临近年底，且适逢党的十九大召开，工作比较繁重，他时常加班到凌晨甚至通宵工作。

刚到工作岗位的他，对自己要做什么、应该做什么、怎样做一无所知，不熟悉当地的风俗习惯，语言也不通，生活方式、饮食差异大，但人总不能被困难打倒，他硬是坚持下来了。在工作的同时，他认真研习公文写作，思考改进业务工作，利用业余时间，主动跟藏族同志加强沟通，并通过报刊、网络等及时了解党和国家的方针政策，坚持正确的世界观、人生观、价值观。

在此期间，按照国家对脱贫攻坚工作的要求，胡爱军经常深入贫困户家中，了解他们的家庭情况、住房情况、经济收入以及致贫的原因，为他们讲解国家的惠民政策，与他们共同探讨致富办法，鼓励他们要辛勤劳动，克服困难，早日脱贫致富。同时，他还每季度为他们送去一定的慰问金和慰问品。

乡镇作为最基层的国家行政机关，和群众联系非常密切，随时都会有干部、同事、群众来办事；因为语言不通，沟通过程很艰难，这给胡爱军的工作增加了很多困难，在繁杂枯燥的日常工作和生活中，没有鲜花和掌声，只有劳累与辛苦，但他没有退缩而是一直努力去学会克服。

一方热土，择善而从

在高原上工作，最稀缺的是氧气，最宝贵的是精神，长期以来，一代又一代共产党员舍弃常人所拥有的、放弃常人所享受的，扎根雪域高原，矢志艰苦奋斗。

——习总书记在中央第六次西藏工作会议上的讲话

在这片含氧量只有60%～70%的土地上，一代又一代的前辈为了祖国建设、民族富强，饱受痛苦与辛酸，但他们“心中为民”的热情不灭，共产主义信仰不熄。事实证明，他们经受的艰辛考验都是有价值的、都是值得的。这对胡爱军也不例外，因为奋斗的人生才是有价值的。

2017年年底，胡爱军接受组织安排，到嘉黎县宣传部工作。

通过近两年的基层工作，他思想境界有了提高，能力也变强了，与群众的关系更融洽了，他服务群众、凝聚人心，深刻领悟并践行了全心全意为人民服务的真谛和价值。

现在，他学会了用日复一日的坚持与努力对待工作、对待学习、对待生活。

（吉林省高等学校毕业生就业指导中心供稿）

吉林

用汗水和青春诠释使命担当

——吉林农业大学刘鑫事迹

刘鑫，女，中共党员，吉林省长春人，2019 年毕业于吉林农业大学生命科学学院生物工程专业。在校学习生活期间，她表现优异、名列前茅，多次获得国家级、学校级奖学金；在学生工作中她团结同学、能力突出，曾获得“优秀学生干部”“优秀团员”“三好学生”等荣誉称号。2019 年，经过学校党委推荐、吉林省公务员考试选拔，她成为一名长春市委组织部选调生，在长春市九台区波泥河街道办事处工作，现任长春市九台区波泥河街道清水村党总支书记助理。

一、远离城市繁华，实现人生理想

2019 年 2 月，长春市委组织部向社会发出考试录用基层选调生现场报名公告。即将毕业的刘鑫认为这是一次难得的锻炼机会，自己作为一名新时代的大学生，同时作为一名学生党员，就应当投身广阔的天地，用脚步丈量土地，只要能为改善基层人民的生活起到一点作用就是值得的。在花一样的年纪，她不顾父母和亲朋好友的劝阻，放弃了在大城市就业发展的机会，毅然决然地成为了一名普通的基层选调生，决心扎根基层，服务人民，办好老百姓的一件件“小事”，实现自己的人生价值。

二、调整心理状态，扎实认真工作

基层工作很辛苦，办公条件也远远超出她的想象。冬天有时温度很低，大家都忍受着严寒办公，依靠电暖风来取暖。夏天有很多蚊虫，工作一会儿就会汗流浃背。这样的环境，像她这种在城市长大的孩子以前是没有经历过的。起初，她十分不适应，但是她不断告诉自己：作为一名基层选调生，一名刚毕业的学生，应该在基层努力学习，提高自己的能力和水平，这样才能为百姓办好每一件事。在之后的日子里，她不断调整心态，努力克服环境方面的困难，摆脱“大学生”的标签，不断摸索各项业务，学习掌握各项惠农政策。她对待群众热心负责，对待工作一丝不苟，坚持自己最初的决定，积跬步，汇小流，为实现自己的目标努力着。

吉林

三、运用多种方式，助力疫情防控

2020年初，新型冠状病毒肺炎疫情以惊人的速度开始在武汉蔓延，并开始辐射全国。疫情就是命令，防控就是责任，刘鑫积极响应街道党工委的号召，第一时间取消休假，返回工作岗位，在做好自身防护的前提下，与其他干部共同在村屯重点路段设置卡点，对来往行人进行测温登记，对车辆进行消杀，入村屯张贴宣传海报和条幅，连续作战，没有丝毫懈怠，充分发挥了党员的模范带头作用。同时，她以新媒体短视频的方式记录了疫情防控期间广大党员、干部群众团结一心、无畏艰险、科学防治、共克时艰的斗争精神和工作场面，在区委举办的“战‘疫’时刻　我们在一起”主题短视频征集活动中荣获“抗疫宣传卫士”的荣誉称号。她传播正能量，引导群众“不信谣、不造谣、不传谣”，多角度助力疫情防控。

四、增强集体经济，打造金色家园

刘鑫作为波泥河街道清水村党总支书记助理，协助清水村开展各项工作。清水村是波泥河街道的贫困村之一，几年来在党工委和各级部门的帮助支持下已经有了翻天覆地的变化。清水村坐落于长春市九台区波泥河街道，面积11.24平方公里，现有村民465户，1665人。这里原本是一个以种植玉米为主的农业村，而近几年来，清水村积极调整种植产业结构，大力发展苗木花卉产业，村党总支书记带领村民成立“金色家园种植专业合作社”。

刘鑫抓住这一村级特色产业，为“金色家园”未来发展献计献策，提出新颖的想法，得到了村领导班子和其他村民的一致赞同。在村民就业问题上，她建议采取召开村民代表会议、入户宣传等方式吸引村民加入到“金色家园”中来，带动周边农民就业，形成“村民打工不对外”的良好态势。在苗木产业转型升级上，她积极配合上级领导与省市科协联系，帮助清水村撰写院士专家工作站的申请，与吉林农业大学联合建立了林业专家工作站，帮助清水村做大做强特色苗木产业；同时，明确了清水村以后发展的目标：打造以生产高端苗木花卉和休闲旅游观光为特色，以高端苗木花卉休闲观光区为表现形式的休闲观光农业。未来3～5年内，将在清水村实现创建“万亩高端园区”的目标。刘鑫通过不断努力得到了许多村民的认可和积极响应，现在清水村已经成为远近闻名的花木新村，农民年人均可支配收入已达到2.4万元，村集体经济收入初步实现65.7万元。

五、改善人居环境，建设幸福清水

“产业兴旺、生态宜居、乡风文明、治理有效、生活富裕”是乡村振兴战略的总要求，代表了幸福生活不仅是物质生活得到提升，精神生活也要得到满足。在街道党工委的领导下，刘鑫作为村党总支书记助理配合村党总支书记组织其他村干部开展工作，积极推进改善人居环境，提升精神幸福指数，助力乡村振兴。截至目前，清水村已对所有村屯路完成水泥硬化，完成道路绿化 10 余公里，建设太阳能路灯 60 盏，植树 5000 余棵，栽花 20 余万株，形成了绿树鲜花相互掩映的美好环境，在 2019 年获得了市级“美丽乡村”称号；同时清水村也是 2020 年吉林省乡村振兴现场会的展点之一，而刘鑫也有幸成为乡村振兴讲解员中的一名。

为丰富老百姓的业余生活，她建议村领导班子积极推进文体设施建设，通过与街道文化站沟通，为村民申请了相关书籍和文化娱乐设施，在村里建设了农家书屋、文化广场，组建了秧歌队、舞蹈队，同时参与了清水村村史馆的建设，让老百姓在娱乐的同时更能感受到历史文化的传承。

作为一名基层选调生，刘鑫把服务群众作为自己的责任和使命，她不怕辛苦、迎难而上，只希望通过自己的努力为群众的生活带来变化，为乡村振兴贡献自己的一份力量，实现自己的人生价值。她用自己的汗水和青春诠释着新时代大学生的使命和担当，赋予了青春应该有的模样。

（吉林省高等学校毕业生就业指导中心供稿）

闪亮的日子：青春该有的模样

——长春工业大学人文信息学院马宇祥事迹

吉林

我叫马宇祥，男，中共党员，吉林珲春人，毕业于长春工业大学人文信息学院，在校期间曾担任团支书、生活部部长、学生会副主席、学生处助理等职务；曾多次获得"优秀共青团员""优秀学生干部""志愿奉献奖""优秀助理"等荣誉和称号；也曾在学院首届、第二届互联网+竞赛中分别获得一等奖、三等奖，在吉林省互联网+大学生创新创业大赛中荣获银奖；工作后，在2018中国图们江文化旅游节活动中被评为优秀志愿者。

还记得初入大学时，我对大学生活充满了憧憬和期待。那时的我对学校的每一次活动都充满了兴趣。积极参加了多次校园活动后，我也很快融入了我的大学中，充实地度过每一天，让我的大学生活更加有意义。直到在大学的一次就业指导课中，我开始对公务员选调生有了比较深刻的了解，之后便觉得我很适合这个职业。在我看来，每一个青年都有为老百姓做点实事的情怀和理想，而我也一直很希望将来能够为老百姓做些事情，让他们生活得更好一些。我认为这些才是我的人生价值所在。

毕业之后我参加了公务员考试，经过笔试面试的层层选拔，我于2018年8月有幸考上了吉林省延边朝鲜族自治州图们市的选调生，并根据组织的安排，载着组织对我的信任来到了图们市凉水镇任职，负责城建与残联的工作并兼任东山村副书记一职。作为一个刚跨出校门步入农村基层干部行列的大学生，我实践知识匮乏，对农村状况不了解，对工作方法也不熟悉。所以，我时刻提醒自己要入乡随俗，用新的心态去应对一切困难，这既是组织对我的培养，也是我人生中一次难得的锻炼机会，我要倍加珍惜。为尽快进入"东山村副书记"这个角色，我也开始实时关注东山村的脱贫工作，并与包保单位、驻村工作队一起修改并完成脱贫资料。在之后的工作中，我时刻不忘学习，工作之余我每天利用一两个小时的时间学习扶贫脱贫方针政策，虚心向本村有威望、有经验、有知识、有潜力的村干部、党员干部学习农村工作经验和解决工作难题的方法与技巧。我虚心向领导学习，跟他们交流工作方法、了解风俗人情，吸取工作经验。通过一段时间的调查研究和学习，我很快实现了从"校门"向"农门"的转变。

任职以来，我参与完成危房改造的实施工作并通过验收，让农户们住进了满意的房子，享受到了国家对他们的特殊照顾，更让农户们的安居乐业有了最基本的保证。同年，我配合住建局以及施工队完成了228户农户的农厕改造，改善了农户的居住环境。促进了思想观念和生活方式的转变，大大提高了农户的生活质量。2019年2月至今，我在经济办工作，主要负责人居环境整治、整村提升、美丽宜居乡村建设等相关工作。不同类型的工作需要用不同的工作思路，也能提供不同的切入点让我更好地了解各村的具体情况和人文风情，使我的业务能力得到了锻炼，同时也使我能全面深入了解各村村民的真实想法。

2020 年的春节跟往年不一样，一场无硝烟的战争悄然临近，新型冠状病毒肺炎疫情打破了节日的气氛并在全国扩散蔓延。在接到单位的疫情防控工作部署后，我放弃了春节与家人团圆的美好时刻，于大年初二一大早来到“防疫一线”配合村干部走村入户，逐人摸排，全身心投入到凉水镇的防疫工作中。

2020 年的春季如约而至，按照省、州、市禁烧秸秆的要求，需要完成秸秆离田工作。截止到 5 月 10 日，凉水镇 340 公顷水田地中仅有 120 公顷完成秸秆离田，另有 220 公顷秸秆离田工作能否在 5 月 20 日左右完成，将直接影响村民的耕种和收成。在凉水战区指挥部的领导下，我放下手头的工作拿起干农活用的叉子立即加入了这场声势浩大的离田“大会战”中。三天里，我倾尽全力帮助村民清运秸秆。

作为一名当代年轻共产党员，我会坚持用我的实际行动来为民办实事、办好事。同时，我也会更加坚定我的信念：在其位，谋其责；尽其力，付其责。因为我们肩负的不仅是一种工作上的职责，更是人民群众对我们的信任和期待。

（吉林省高等学校毕业生就业指导中心供稿）

黑龙江

HEILONGJIANG

不畏风险，牢记使命

——哈尔滨医科大学张雷事迹

张雷同志为黑龙江省第四批、哈尔滨医科大学第二批援鄂医疗队队员。自2020年2月13日至3月31日连续48天先后在武汉市第一医院和武大人民医院东院两所医院、三个重症病区参加抗击新冠肺炎疫情工作。作为一名共产党员，在工作期间，她时刻以习近平总书记重要讲话为指南，学习先进指导思想，坚决把思想和行动统一到中央和省委决策部署上来。她“不忘初心，牢记使命”，把人民群众的生命安全和身体健康放在第一位，坚守岗位，坚定勇敢地站在抗击疫情最前线，认真细致做好患者救治工作。

牢记天职，主动请缨，关键时刻党员先锋模范作用突出

作为一名具有多年党龄的共产党员，一名“90后”医生，张雷具有较高的政治觉悟和过硬的思想素质。新冠肺炎疫情暴发伊始，她就向医院申请去湖北抗疫一线支援有需要的地方，是科里最早向院里请愿上前线的医生。她觉得“90后”是站在前辈们的肩膀上成长起来的，是时候让他们走上前线，尽自己的一份力量了。在援鄂工作期间，她主动请战负责最艰苦的岗位和值班时段，牢记使命，具有报效祖国、为国献身的家国情怀。

火线上成长，在历练中提高

到达武汉后，张雷同志迅速进入角色，认真履职尽责。作为一名肾内科医生，在新冠肺炎的诊疗方面她起初有些经验不足。医疗队接管的都是重症和危重症患者，她抓住一切机会积极向重症医学、感染科以及呼吸科的老师学习相关知识，并抓紧一切时间仔细研究、学习新冠肺炎最新版诊疗方案，迅速提高自己对新冠肺炎的诊疗水平。经过不懈努力，她在支援初期就熟练掌握了对新冠肺炎的诊疗。她工作思路清晰，执行治疗方案有力。重症病区的患者很多都合并有高血压、糖尿病、慢性肾衰竭等基础疾病，这就需要对每位患者实行个体化、多学科联合治疗，她能够结合自己的临床经验，有效运用既定治疗方案，在救治中发挥特长。在领队赵长久书记的带领下，医疗队

圆满完成了医疗队“新冠患者零死亡、医护人员零感染”的目标。

救死扶伤中不忘医者情怀

在武汉新冠肺炎疫情战役中，积极救治是重要内容，此外，除了查房、完善病历、调整治疗方案等这些常规工作外，对患者的心理疏导和悉心关怀更不可或缺。由于新冠肺炎是一种新发的乙类传染性疾病，患者的恐惧、绝望心理会严重影响治疗和康复效果，因此心理疏导就成了新冠肺炎治疗工作中的重中之重。最典型的是一位 81 岁的不吃不喝不吸氧的“三不”患者，起初由于对疾病的恐慌，他认为自己“活不了了”，放弃了求生的欲望。然而，在张雷的一次次耐心交流、解释、鼓励下，他顺利康复痊愈了，张雷因此得到了对口支援单位和患者的赞誉。

不畏风险，牢记使命，展新时代医务工作者风采

张雷同志作为一名医生、一名共产党员，时刻发扬勇于担当精神，在工作中奋勇当先。作为医疗组中最年轻的队员，她主动承担了多项工作，时刻注意践行“年轻就要多学、年轻就要多干”的精神，得到了组内领导的好评。她不畏艰险，冲锋在前。在武汉期间医疗队成立了临时党委，在赵长久书记的带领下，面对疫情，张雷同志时刻奋勇当先。面对肆虐的病毒，作为一名共产党员，她并没有被这些困难吓退，反而冲在第一线。连续工作的医护人员经受的巨大考验——浸出水的隔离服、口罩长时间绷住鼻梁产生的压疮、脸上勒出的血痕，这一切都不能阻挡她全身心救治新冠肺炎患者的行动。工作中她不畏风险、无私奉献，除完成自身医疗工作外，还承担为患者端水、喂药等工作，并关注患者的情绪变化，以便及时给予心理辅导。关键时刻她勇于担当，面对困难和危险她敢于挺身而出、冲在前面，在抗击新冠疫情的战斗中她经受住了考验。

经过 48 天的辛苦奋战，医疗队负责的患者全部转危为安，绝大多数患者康复出院，少部分患者转院继续诊治。医疗队取得了新冠患者“零死亡”、医护人员“零感染”的骄人战绩。医疗队开展的 MDT 多学科协作诊疗极大缓解了受援医院重症患者的救治压力，被武汉市第一医院称为“抗击疫情，超级英雄”。

此次驰援武汉，张雷同志在思想上得到了历练，政治信念变得更加坚定，业务水平得到了提高，心理素质也得到了锤炼。她认真总结这次援鄂工作的经验，改进不足，以便更好地践行医者仁心、救死扶伤，做一名党和人民放心的新时代医务工作者。

（黑龙江省大学生就业创业指导中心供稿）

不忘初心，筑梦前行

——黑龙江大学刘奕含事迹

刘奕含，女，汉族，1992年出生，2014年加入中国共产党，黑龙江大学2011级新闻传播学院广告学专业学生，2015年哲学院马克思主义哲学专业硕士研究生，2018年成为黑龙江省委选调生中的一员，现任职于黑龙江省齐齐哈尔市克山县委宣传部。

心怀使命，点亮青春

毕业之初，她情系家乡，为了报效桑梓，她不顾劝阻，毅然放弃了在省社科联工作的机会，怀揣着一颗赤诚之心选择了扎根基层，现为黑龙江省齐齐哈尔市的一名基层选调生。她用奋斗谱写韶华，用拼搏尽显黑大学子的风采，自觉践行一名选调生的初心与使命，力争做一个温暖有担当的黑大人。

2011年她就读于黑龙江大学新闻传播学院，在此期间，她积极参加新闻传播学院青年志愿者协会并连续两年获得“爱心包裹项目‘善行一百’优秀志愿者”称号，还获得哈尔滨市香坊区一一九中学授予的优秀支教证明、黑龙江大学校级综合奖学金、黑龙江大学“公益快闪活动”公益项目策划大赛二等奖。

2015年她就读于黑龙江大学哲学学院，在此期间，她担任黑龙江大学研究生创新创业重点项目主持人、黑龙江大学学理论项目主持人，是第十五届“挑战杯”全国大学生课外学术科技作品竞赛黑龙江大学选拔赛二等奖获得者，在国家级北大核心期刊发表《学术交流》一篇，在《知与行》《理论探讨》《世纪桥》等杂志发表论文共七篇，她在黑龙江大学哲学研究生论坛投递的论文多次获奖。她学习成绩优异，连续三年获得研究生学业奖学金，先后任班级组织委员、研究生院青年志愿者协会办公室主任。

2018年她成功考取黑龙江省委选调生。工作期间，她作为选调生代表参加了市委组织部组织的选调生代表座谈会，与全市其他地区的九名优秀选调生代表相互学习，借鉴经验。在全市解放思想大讨论辩论赛中，她所参加的县区代表队经过5轮比赛，顺利进入8强赛。2019年她被市委组织部抽调到不忘初心指导组指导相关参学单位的不忘初心工作。2020年抗疫期间她以笔聚力，以文抗疫，她所撰写的抗疫相关宣传资料先后被人民网、中国经济新闻联播、中新网、今日头条、东北网、鹤城发布等多家媒体转载。

扎根基层，砥砺奋进

“青春就是用来奋斗的”是她说得最多的一句话。虽然刘奕含是一名女同志，但她“巾帼不让须眉”，入职不久的她刚好赶上单位组织委员休产假，又恰好赶上县里脱贫攻坚百日奋战任务最重的时期。尽管她刚毕业，但面对新环境、新挑战，她没有退缩，而是秉承“锐意进取、自强不息”的黑大精神直面而上，充分发扬了黑大人勇挑重担的情怀与担当，暂时负责起全镇的组织工作，全程跟进完成了镇、村两级的党建、脱贫攻坚、扫黑除恶、作风整顿以及工作总结、台账、方案等各种材料的撰写工作。此外，她作为繁荣村副书记，为了更快地摸清村情，只要有去村里调研的机会，她都极力跟随，利用空余时间深入田间地头、走村串户，了解民情民意。尤其是在攻坚期，面对高强度的工作，她全力以赴，严抓实干，争分夺秒，甚至连中午的午休时间都被她利用起来，加班熬夜写材料对她来说已是家常便饭，“5＋2”“白加黑”更是她的工作常态，甚至可以说，家里就是她办公的第二场所。即便在十一假期期间，她还是牺牲了陪伴家人的时间，放弃休假。她的家人也全力支持她，经常鼓励她冲锋在前，砺能笃行。此外，她还多次参与镇政府组织的大走访大排查活动，帮助村“两委”、工作队规范党建，做好村级组织力提升工作。虽说辛苦，但她无怨无悔。她具有高度的责任感和敬业精神，即使在高节奏的辩论赛备战期间，她也丝毫没有耽误手头的工作，饿了用泡面充饥；累了在桌子上趴会儿……每天连轴转的她，就像一个高速运转的马达。在以后的岁月里，她会将这份温暖与感动镌刻在异彩纷呈的岁月中，铭记这段怀抱梦想、奋力拼搏的青春岁月。

她作为一名组织干事，一是认真完成了党员发展、党员组织关系接转、收缴党费和党员统计工作，2018 年发展预备党员 6 名，2019 年发展入党积极分子 64 名；每月定期组织党日活动，认真完成镇“三会一课”记录工作及特色经验做法的报送工作。二是撰写书记述职报告、调研提纲、党建工作总结、民主生活会剖析材料、台账方案等各种材

料，独立完成九个部门对全镇十二个村“两委”、积极分子的联审联查工作和软弱涣散整改台账及整改方案。三是建立作风整顿整改台账，协调推进作风整顿，完成理论测试，细化各项运行表、任务分解表十余次。四是收集驻村工作档案，统计汇总报送的各种台账、表册等文件百余次。2019 年 7 月参加选调生代表座谈会，在座谈会中通过交流心得，她进一步丰富了相关工作经验。

坚守初心，行稳致远

2019 年 8 月，因表现突出，她被抽调到市委组织部主题教育指导组。在这期间她负责撰写组内的实施方案、周汇报、日动态、会议记录、意见草稿、组内工作台账等材料，督办审核所指导单位的材料方案，转达通知，每周向市委大办报送参学单位汇报材料、工作推进情况表、整治整改问题进展情况表、信息收集制度、提炼典型，统计汇总各种表格台账等内容，编发两期《虢泉简报》，对组内材料进行归档汇总。及时上报周汇报和工作进展情况表是上级掌握动态、部署工作的基础，她深知这项任务重、时效要求高，因此她鼓足干劲，加压奋进，即便当大家都沉浸在欢聚中秋团圆夜的幸福中时，她仍为梳理并撰写材料奋战至深夜。由于她勤奋好学、对待工作积极主动、认真负责，小组的领导和同志都看在眼里、记在心上，工作期间恰好赶上她的生日，当领导提出让她休息一天，回家跟父母一起过生日时，她却说“没事领导，组织在哪儿，哪儿就是我的家。”

执笔抒怀，以文战疫

2020年春节，一场突如其来的疫情牵动着全国人民的心，更考验着人们的信心和勇气。打赢疫情防控总体战、阻击战，既需要在有形的战场上真刀真枪与新冠病毒拼杀，也需要在新闻报道这个无形战场上用战斗的心秉笔直抒，从而强信心、暖人心、聚民心，“文军战疫”，同样精彩。在这场突如其来的战役中，她执笔发声，携笔抗疫，竭尽所能，毅然决然地投身其中，无声而有力地参与疫情防控工作。防疫期间，她留心搜集抗疫素材，挖掘新闻线索，宣传报道坚守在一线的温暖的人和事，用笔头去传递这份力量和感动，在抗疫新闻战线书写媒体人的担当。其中，她所撰写的跟抗疫相关的宣传资料先后被人民网等多家媒体转载，这些文章成为群众侧面了解防疫工作的窗口。同时，她深入防控一线，跟随领导暗访了解各大商超等人员密集公共场所的疫情防控举措落实情况，在迎接援鄂医疗队凯旋的现场采稿，督促并耐心指导书店和印刷厂打印并张贴龙江健康码，引导他们积极投入到防疫宣传等工作中。春已至，万物生，随着天气转暖，她又将笔头聚焦在百大项目、脱贫攻坚、复工复产、春耕备耕战线，为该县筑牢疫情防控战斗堡垒，统筹抓好经济社会发展重点工作营造了良好的舆论氛围。在这场特殊的战“疫”中，她主动作为，让青春在抗疫中闪耀，用实际行动诠释一名选调生的忠诚与担当。她坚信，只要众志成城，定能迎来春暖花开的那一天。

正是由于母校的精心培养和在基层的锻炼，使她变得成熟且勇敢，能力得到快速提升。如今，她执着且坚定地走在报效家乡的路上。在黑龙江大学哲学学院召开的2020届毕业生升学及就业推进工作线上会议上，她作为一名黑大校友，向学弟学妹们介绍了选调生考试招考方面的相关政策、备考经验以及自己参加工作后的心得体会，希望能以自身实际经验给予应届毕业生以启迪与参考，她还呼吁学弟学妹们为建设大美龙江添砖加瓦、贡献力量。在未来的前行路上，她将不断锤炼严实作风，厚植信仰力量，恪守为民服务之宗旨，以“今日之自我，挑战昨日之自我”！

（黑龙江省大学生就业创业指导中心供稿）

青春就是敢于拼搏、甘于奉献

——哈尔滨华德学院张金宝事迹

张金宝，男，25岁，黑龙江省绥化人，2014年考入哈尔滨华德学院汽车运用技术专业，在校期间，思想积极要求进步，积极向党组织靠拢，于2015年12月2日加入中国共产党。他学习刻苦努力，成绩优异，曾获国家励志奖学金2次、校一等奖学金3次、校二等奖学金1次。他工作积极努力，认真负责，曾担任Z140261班班长，兼任校园文化建设大学生志愿团第二工作组监察组组长、秘书长职务，工作能力和表现得到了学院领导、老师及同学们的一致认可，曾荣获黑龙江省“三好学生”“优秀团干部”“先进个人”等多项荣誉称号。

2017年7月毕业后，他怀揣着对警营的无限向往，经过严格的考试后被青冈县公安局录取为辅警，并于同年成功考上东北师范大学在职教育法学本科。初入警营，他更加认真学习，严格要求自己，每天都按时按要求完成训练，不怕苦不怕累，得到了领导和战友们的认可。大家都很喜欢他，这源于他那股永不服输的劲头，源于他超强的组织能力，源于他的重情重义，源于他无比的集体荣誉感。按照计划要求，正式上岗前要施行3个月的封闭式军事化培训，他经历了7月的赤日炎炎，8月的燥热无比，9月的微风拂面，进行了站军姿、走正步、盾牌术、布控侦查、立案成卷等科目的训练后，于2017年10月以优异的成绩被录取分配到巡特警大队正式参加公安工作。那一年恰逢十九大胜利召开，张金宝同志以突出的工作表现，圆满完成了承担的安保维稳工作。

2018年1月3日，张金宝同志被选派到永丰派出所工作。派出所的工作繁杂琐碎，工作中他坚持立足实际，充分发挥派出所“防控、打击、管理、服务”的职能作用，在实现辖区“发案少、秩序好、社会稳定、群众满意”的目标方面做了大量的工作，取得了

显著的成绩，共接处警 3000 余次，刑事拘留 21 人，行政拘留 53 人，查获酒驾 31 人，化解各类矛盾纠纷 300 余次。他工作努力，成绩突出，得到了上级领导的认可。他虽然工作繁忙，但笔耕不辍，创作的诗歌、散文 30 余篇先后在公安部、黑龙江省公安厅、绥化市公安局等网站媒体刊发；被县级媒体采用新闻稿件 90 余篇；在公安部、黑龙江省公安厅、绥化市公安局网站中累计投稿量和发稿率同比最高，为促进警民关系做出了重要贡献，那一年他被评为“2018 年度青冈县优秀辅警”。

2019 年 5 月 15 日，因工作表现突出他被局党委选调到青冈县公安局扫黑办工作，担任青冈县公安局扫黑联络员，与扫黑办同志们一起连续工作 57 日，日均休息 3 小时的高强度运转，再一次验证了“金宝”是好样的。他连续五个月扫黑除恶专项成绩排名全市第一，接收全口径举报线索查结率位列全市第二名。工作上的付出使张金宝得到了领导和同事们的认可，他被绥化市公安局授予“先进个人”荣誉称号，被评为“2019 年度青冈县优秀辅警”，在国庆 70 周年“我身边的廉政故事”征文活动中，他的参赛作品获得优秀奖。

在精准扶贫工作中，他主动请缨包扶贫困户 5 户共 16 人。在工作之余，他入户走访，与贫困户谈心，了解其近况以及生活中遇到的问题，随时记录并解答。在节假日，他会给贫困户带去生活必需品和书籍，帮助他们解决一些生活问题。他每次到老百姓家中，会主动帮助打扫卫生，修门修灯，与大家相处得像家人一样。扶贫先扶志，他努力帮助贫困户家中的年轻人树立正确的就业观，讲解社会需要的行业和目前的形势，帮助大家找到满意的工作。至今日，他所帮扶的贫困户已全部脱贫，贫困户满意度达到百分之百。

2020 年春运时节，一场突如其来的新冠肺炎疫情打破了原有的生活秩序。在党中央的坚强领导下，一场轰轰烈烈的疫情阻击战拉开帷幕。原本过年应该与家人团聚的他大年初三就返回岗位了。他每 32 小时在卡口执勤 8 小时，执勤过后仍要回到单位保证扫黑工作的正常进行，未休息过一天。工作期间，他排查人员 10000 余人，排查车辆 6000 余辆。就这样，作为一名普通的公安干警，他默默坚守在疫情防控一线，全力以赴、夜以继日地为人民的生命健康铸牢一道坚实的防线。

他就是这样一个不服输的“90 后”。他身上展现了青春该有的样子，他仿佛有无尽的正能量。年轻就该敢于拼搏、甘于奉献，就应该有年轻人的样子。如今的他不仅没有忘记大学中诚毅求真、笃学强技的校训，还秉承着青冈县公安局敢打硬仗能打胜仗的理念，他坚守自己心中的那份理想，他会严格要求自己，在为人民服务的第一线，时刻发挥党员先锋模范作用！

（黑龙江省大学生就业创业指导中心供稿）

爱心浇灌花朵，奋斗谱写青春

——黑龙江民族职业学院张冬杰事迹

张冬杰，女，汉族，1996 年 3 月生，中共党员，哈尔滨市南岗区青年联合会委员。2017 年毕业于黑龙江民族职业学院教育系学前教育专业，自 2017 年工作以来一直奋战在幼教工作第一线，现为哈尔滨市洁净幼儿园小班班主任。曾荣获第十届叶圣陶杯“优秀指导教师”称号、全国才艺大赛南岗赛区优秀表演奖、全国才艺大赛哈尔滨市级赛优秀奖、哈尔滨市教育学会第 33 次教育科研成果二等奖等，并多次获得哈尔滨市洁净幼儿园工作贡献奖。

一、潜心钻研，提升内涵

工作以来，她先后承担托、小、中、大班的教学工作，并担任班主任一职。她在专业上不断努力学习和创新，在每一次活动中都注意发掘活动的游戏价值，让幼儿在游戏活动中得到自我发展。她注重环境创设，让幼儿在环境中学习，通过与环境、材料的互动，体验自主游戏的乐趣，她的班级区域创设也形成了自己的风格。

随着幼儿园的发展，她也在不断成长，她积极发挥班主任教师自身优势，帮带配班教师，通过相互学习，促进大家共同成长，年轻教师也逐渐成长为主班老师，成为幼儿园的骨干力量。工作中她注意发掘自主游戏的价值，让幼儿在环境中学习，在活动中发展。她承担的公开课“蛋壳的秘密”“趣玩西游记”等多次获得赛课一、二等奖。

二、精益求精，多彩活动

她曾策划并主持了大班毕业式等大型活动，全力以赴将活动安排得井然有序，活动中孩子们出色的表演也获得了上级领导的赞誉。她还组织幼儿参加了第十届“叶圣陶杯”全国听、说、读、写大赛，并分别获得“优秀指导教师奖”；同时，她还积极参加南岗区工会组织的活动，在师德演讲比赛中获得优秀奖，在全国才艺大赛（南岗区）中获得优秀表演奖。

三、倾心付出，协助工作

从童话中，她领悟到知识的力量和教师职业的无比神圣，从此也树立起了她的理想——做一名教师！领导称赞她：“勤恳、实在，有潜力，有发展前途”；同事们提起她：“真诚、进取、热情”；孩子、家长们谈到她：“善良、慈祥，就像妈妈一样。”认识她的人都说她是个开朗、乐观、向上，工作积极肯干，处处雷厉风行，有着很强责任心的人。她总是这样说：“一个人如果只具有强烈的责任心，没有渊博的学识和良好的素质是根本不行的。要一切从头开始，做一名让孩子、家长、学校、社会都认可的好教师。”于是她为自己定下了努力的方向。朝着这一方向，几年来她不断探索、进取、努力完善自己，兑现了诺言。

工作以来，她除了承担教育教学工作外，还承担幼儿园的党建工作、出书工作、材料书写等工作，多次迎接省、市级各种检查，均受到了领导的高度认可。她还协助领导撰写幼儿特色建设、发展规划、计划与总结等重要材料。她深知自己承担工作的重要，也很荣幸能为洁净幼儿园的发展奉献自己的一份力量，让自己的能力在各种锻炼中得到快速提升。

四、疫情防控，冲在一线

作为一名班主任，她义不容辞地担负起自己的那份责任，面对疫情，她是忙碌的，她要把上级教育部门的指示和幼儿园的要求第一时间传递给家长和孩子们。每天她都要统计班级每位幼儿的身体状况，为了力求精准，还要打电话询问那些在外地的孩子的情况，并利用微信为家长和孩子们普及有关新型冠状病毒肺炎防控的知识。

当接到领导的通知时，她主动要求放弃假期，第一时间投身工作，充分发挥模范带头作用，在保证安全的情况下从外地赶回来，以应付突发事件，做到随叫随到，招之即来，来之能战。她还义务值班，做好疫情防控知识的宣传工作。她克服困难向最需要的地方前进，不谈工作条件，不抱怨工作环境，积极高效投入防控工作中，用实际行动诠释了教师的担当。在疫情高峰时期，她毅然决然地报名成为哈尔滨市志愿者、南岗区志愿者，多次参加公益活动，贡献自己的一份力量。

五、完善自我，谱写青春

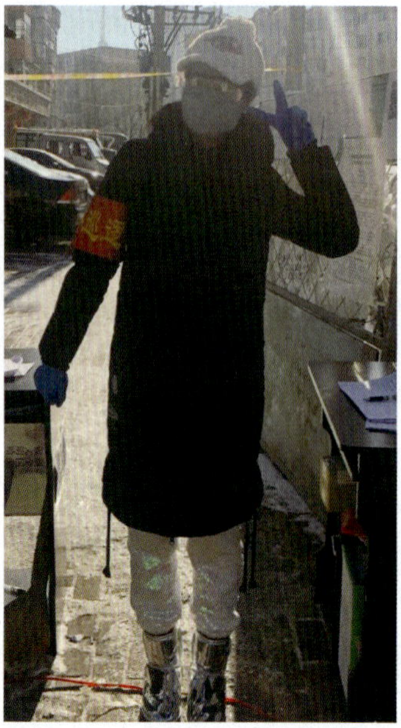

血是生命之源，爱是生命的曙光。突如其来的新冠肺炎疫情造成我省临床医疗机构用血极度短缺。当得知这一消息后，她积极参加无偿献血，她说：既然不能选择远征，那我们就选择用热血支援抗疫一线。这就是她作为一名普通党员践行“不忘初心，牢记使命”的行动表现。

人生总有许多第一次，第一次带班、第一次上课、第一次开家长会等。她在毕业后的工作中也经历了很多的第一次，她成功地在这许多的第一次中不断写就：联欢会主持人、基本功大赛获佳绩、论文发表，等等，而她常说：“是孩子们成就了我，是荣誉厚爱了我！”

因为爱，一切付出都是那么的心甘情愿；因为爱，一切都是那么的光彩夺目。用爱守护童心，奏响幼教之歌，她把全部的热情与爱都给了孩子，给了幼教事业。在她心里，幼儿园就是最广阔的天空。她是一名普通的党员，她在幼儿园平凡无奇的岗位上，虽然得不到“国王”颁发的勋章，但她深知从那间活动室里放飞的是希望；她展示给孩子的是真理，擦去的是功利；她画出的是彩虹，奉献的是自己。她将用更绚丽的色彩描画出新时期幼儿教师的时代风采，实践她的座右铭：挚爱＋奉献＋超越＝生命的精彩！

（黑龙江省大学生就业创业指导中心供稿）

坚守初心，走实奋斗的脚步

——东北农业大学李晓程事迹

李晓程，男，汉族，出生于 1995 年 1 月，中共党员，2013 年考入东北农业大学园艺园林学院设施农业与科学专业，2017 年本科毕业选调到黑龙江省绥芬河市阜宁镇工作，2019 年考取东北农业大学园艺园林学院农艺与种业硕士研究生，现工作于黑龙江省绥芬河市阜宁镇，任综治维稳办副主任，兼任阜宁镇团委书记。他任职期间，阜宁镇团委荣获“全省五四红旗团委”称号。

在即将毕业的时候，他面临了人生的一道重要选择题，一个是回到绥芬河成为一名乡镇工作人员，另一个是成为哈尔滨某市直单位机关公务人员的机会。他毅然决然地选择加入选调生队伍，成为一名乡镇工作人员。大城市的繁华固然让人流连忘返，但习总书记的“让青春之花绽放在祖国最需要的地方”的号召更让人热血沸腾。

过去两年多的工作中，他先后经历了镇财政所、信访办、团委等多部门、多岗位的锻炼，也曾被借调到市巡察组参与巡察工作。这两年多，他看到过村屯环境得到整治焕然一新的样子，感受过困难群众拿到政府慰问金时的喜悦之情，体味过村民因自然灾害遭受损失的无奈，曾记录过村民一年的收成被无良商家骗走的惨痛，渐渐地他要求自己把岗位当站位，把事业当追求，始终做到平常时候看得出来、关键时刻站得出来、危急关头豁得出来。

2019 年 8 月 14 日，黑龙江省内突降暴雨，降雨量在 16 号达到最高峰。自汛情开始，他便跟包村领导下村转移群众、查看受灾情况。巡查村屯的过程中，他们得知东风屯附近的五花山水库准备泄洪，但无法联系上那里的村干部，于是他们立即驱车前往40公里外的东风屯，沿途不时有石头从山体滑落，路上到处都是被暴雨冲刷下来的石块和树枝，但他更加担心那里的村民。到达东风屯询问村干部后，他们才得知暴雨导致村内通讯中断，东风屯成了孤岛。村干部已经提前劝离部分村民了，还有一些村民固执认为自己的房子很安全。雨越下越大，他跟村干部立即挨家挨户敲门，劝村民尽早撤离。经过他们的努力，终于把河流周围的百姓都转移到了安全地带，他跟村干部再次巡逻确保所有村民都转移到安全地带才返回市里报平安。第二天清晨，得知水库准备加大泄洪量，影响的区域可能变大，他们顾不上休息便奔赴东风屯继续疏散村民。到达东风屯的第一时间，他们踩着雨后泥泞的土路，蹚过冰冷没膝的河水，立即投入到帮村民转移物资的行动中。待村民都转移到安全地带，他跟村干部便值守在村桥头，防止村民私自回到危险区域。待泄洪量平稳后，他们才撤离了东风屯。

疫情就是命令，防控就是责任，2020年正月初三，他早早返岗到位，迅速转入战斗状态。根据任务分工，他负责阜宁镇下辖的11个村的所有数据汇总及上传下达工作。他第一时间建群确定各村负责人，确保消息渠道畅通，要求各村及时排查本村是否有外地返绥人员，确保不落一户、不漏一人。针对排查出的外地返绥人员，他要求做到包保到户、每天两次询问体温，全方位无死角做好疫情排查、监测、预警工作。核查外地返绥人员信息时，他主动替村屯分担压力，耐心与返绥人员沟通，确认返绥事由和时间。每日下班前，他都将一天的所有数据汇总做成表格，力争使数据最优化。疫情防控形势不断变化，各项工作也不断面临新情况新问题，省市规定也不断根据疫情的发展进行调整，他要做到及时分析、迅速行动，第一时间把省市的最新文件精神及时传达到村屯，准确无误地解答村工作人员的疑问。随着企业陆续开工复工，返绥务工人员增加，木材企业又大多都在村辖区内，农村防疫压力骤增。他所在镇的辖区内木材厂数目多、分布散乱，相关企业务工人员数目大，综保区和边合区也在他所在镇的辖区内，这无疑给他所在镇各村的隔离工作增添了不少困难。他积极联系各村，确认辖区内备案的木材企业名单，并登记在册。在获取从各方返绥人员的信息后，对于有明确企业地址的，第一时间联系属地村屯进行居家隔离，不符合条件的进行集中隔离。对于企业地址模糊不清的，他主动与返绥人员联系，确认企业地址，把相关信息反馈给村屯，并把企业信息补录进名单，以方便日后使用。随着返绥人员的增多，他又承担了公路口岸入境人员的动态排查工作，并将核查结果第一时间反馈给市指挥部。经过全市人民的共同努力，取得了“零输入、零感染、零病例”的有效成果。但不曾想疫情形势骤变，疫情的主战场由国内转到国外，回国的人数骤增，在俄同胞大多数选择从公路口岸回国，这使得他所在的城市防疫压力骤增。境外输入确诊病例的增加打破了边境小城的寂静，整个城市又重新绷紧了疫情防控这根弦。4月8日，武汉解封后的六个小时，绥芬河又重新执行小区封禁规定。早上六点他们便来到包保小区进行通行证发放工作，根据任务分工，他负责进出车辆和人员的信息核实工作。清晨的绥芬河温度极低，天空中下着大雪无疑为发放通行证增添了难度。市民对政府封闭小区的规定还颇有怨言，他们只能耐心解释，引导市民办理居民通行证。一天下来，他们身体早已被冻透，回到家已经感觉不到身体的知觉。他还在不影响本职工作的前提下，每天前往小区卡口，督导通行证制度执行情况。志愿者反映小区南侧封闭不严，不时有居民从缝隙中钻出去。他核实情况后积极与物业经理和镇领导沟通，后经各方努力终于把小区南侧封住，使小区成为一个完全封闭的小区。针对各村现有的入境人员实行登记在册，确保其在居家隔离期间可以做到“十务必”。在绥芬河的抗疫战争中他奔波于大街小巷，用自己的努力温暖了这座边境小城，温暖了归国同胞，为打赢这场阻击战贡献着自己的力量。

（黑龙江省大学生就业创业指导中心供稿）

江苏

JIANGSU

奋战基层，奉献青春

——南京航空航天大学李屹事迹

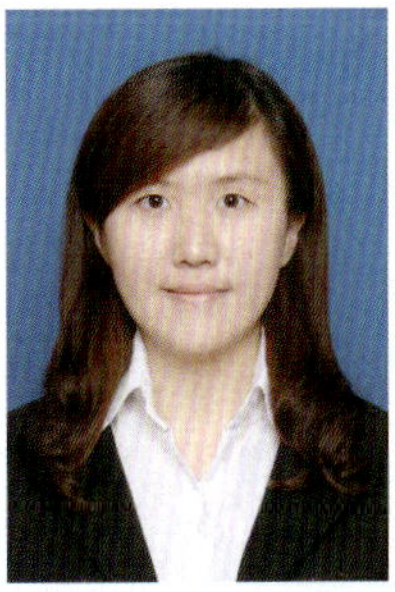

李屹，南京航空航天大学2017届硕士毕业生，现任南京市浦口区江浦街道巩固社区党总支书记助理。

出发！到西部去！

2013年，本科毕业的李屹踏上了通往贵州的列车，经历了近40小时的颠簸，开始了她的支教之路。黎阳学校，一个算不上是村小的学校，虽然教室不是雨天漏水窗户漏风的危房，可桌椅却是高矮不齐、破破烂烂的；虽然宿舍不是大通铺，可是唯一的电器是个快坏的电灯，连插座都没有；虽然有少部分办公室是通网的，可是一打雷就停电还是有诸多不便。从小在城市长大的李屹第一次走进黎阳学校的时候，不禁感叹："我和小伙伴都惊呆了！"但同时，她也更加坚定了自己的信念，"我来的目的，不就是为了帮助更多的人吗？"

通过多方了解，李屹确定了第一个帮助群体——留守儿童。贵州是一个劳务输出大省，有着成千上万的留守儿童，而在黎阳学校，就有30多个这样的孩子，他们的父母长期不在身边，他们和爷爷奶奶一起生活，有的甚至一个人在学校旁边租房子住。通过陪学生过节、去学生家里家访、定期找学生聊天，李屹成了这群学生的"孩子王"。之后李屹又策划了"南航—黎阳"一对一帮扶、留守儿童中考分享会等活动，推进了"航爱奖学金"的设立，她希望尽自己的绵薄之力，尽可能多地弥补他们缺失的亲情，真正帮助到他们，实现他们的亲情梦，也实现自己的公益梦。

黎阳学校的初中部共有13个班，而老师也只有13位。当李屹听说学校的困难后，她成了三个班的历史老师和一个班的英语老师，也成了学校里每周课时数最多的老师之一。李屹教英语的班级有27位学生，却只有8位学生在小学毕业考中英语科目拿到及格，更有甚者连字母A到Z都写不全；同时，"贵普话"深深影响到了他们的口语——逐渐又演变成哑巴英语。抱着"只有差老师，没有差学生"的信念，李屹利用放学时间义务给学生补课，每天一下课，她的办公室就人满为患，全是来补课的学生。功夫不负有心人，到初一下学期期末考试，李屹所教的班级良好率超过50%，班级英语平均分全县第一。

2019年，当年的小朋友们参加了高考，27人中有4人考上了南京的大学，其中一人还是李屹当年的英语课代表，也是她长期帮助的对象，这群"小崽崽"也成为李屹最爱跟别人"炫耀"的"谈资"。

再出发！到基层去！

2017年，李屹放弃了世界五百强企业的offer，以南京市女生总分第一名的成绩加入了选调生队伍，分配在浦口区江浦街道巩固社区任职。她又一次回到基层，变的是身份，不变的是初心和使命。

艰苦奋斗，奋战在一线。在综治维稳一线，由于巩固社区不稳定因素较多，在十九大、国家公祭日期间，她坚守在火车站等一线区域，同时她还创新性提出“党建＋综治”概念，提出通过党员干部、党员网格员、党员志愿者共同发力，多措并举共同维护社会稳定。在环境整治一线，在清理小区违规种菜工作中，她一方面坚定立场联合城管部门对违规种菜坚决清除；另一方面以百姓之心为心，主动通知种菜群众，一大早就亲自下地帮群众收菜，缓解矛盾。在扫雪抗冻一线，她每天在外清扫积雪15小时以上，并协助做好后勤保障和宣传工作，连续多晚主动在办公室值夜班，在社区起到了良好的模范带头作用。在疫情防控一线，在做好全区党员捐款统筹工作的同时，她从春节假期就开始加入疫情防控的队伍中，每天下午风雪无阻地坚守在社区一线站岗，一站就是近三个月，全程无休。这些经历，虽然辛苦，但让她更近、更真实地了解了基层现状，了解了基层开展工作的复杂性与多样性，也锻炼了她处理急难险重问题的能力。

深入群众，扎根基层。“治政之要在于安民，安民之道在于察其疾苦。”社区工作期间，她紧密地和群众联系在一起。每周六她都会入户走访老党员、低收入户等，了解他们的实际情况和困难，倾听他们对社区工作的建议与意见。在同事和她的努力下，巩固社区打造了AAA级居家养老服务中心，实现助老服务多样化，同时该中心也成为社区搜集民意民情的重要阵地。为给群众提供更加周到的服务，她还专门邀请母校人文学院的教授来社区考察调研，提出更加专业的规划与建议。同时，她也成为社区道德讲堂的一位主讲人，面向社区党员、群众，通过分享经历、讲故事等形式，弘扬社会主义核心价值观。她从一开始听不太懂居民的诉求，到后来可以用一口流利的江浦话和群众交流思想、帮群众解决矛盾。以前的朋友开玩笑说她：“你现在讲话怎么这么土？”

她总是笑着说，“我想做一个有泥土味儿的基层干部。”

再学习！为了更好地出发！

回顾她的学生时代，省优秀学生干部、校三好学生、校优秀毕业生……这些奖项都是对她勤奋好学过往的见证。“纸上得来终觉浅，绝知此事要躬行。”2015 年，她通过选拔成为江苏省学生联合会驻会执行主席，在团省委主要负责大学生思想引领、创新创业等工作，并作为江苏省青年代表参加全国大学生纪念“一二·九”运动 80 周年座谈会。同时，作为中国大学生骨干培养学校的培养对象，她还赴中央团校参加学习培训、赴港参加大学生交流。

现在的她，正在南京市浦口区委组织部组织科跟班学习。“欲筑室者，先治其基。”基层党组织是党执政大厦的地基，基层党建也贯穿她现在的工作。从基本的党组织关系转接、党内统计、远程教育播放，到全区面上的党内统计、党内关爱、党内表彰、党建考核，再到“明珠头雁”“红色党建引领绿色发展”等创新项目，李屹抓住每一次学习机会，静下心来仔细研读条例、钻研业务，尽力做好每一件工作。她说：“比起学生时代的五彩斑斓，工作了后的自己似乎变得有点‘平庸’，但我挺喜欢这种状态，虽然很辛苦，但是心里很踏实，也愿意花更多时间去学习、去思考、去沉淀。”

（江苏省高校招生就业指导服务中心供稿）

在基层志愿中成长，在丈量土地中起航

——中国矿业大学王炜光事迹

王炜光，中共党员，本科、研究生阶段均就读于中国矿业大学材料科学与工程专业，现任材料研究生 2019 级党支部组织委员、院团委副书记、本科 2019 级兼职辅导员，曾于 2018 年8月至 2019 年 7 月参加大学生志愿服务西部计划(研究生支教团)，服务于广西百色市田东县二中、共青团田东县委员会，期间，担任了学校第 20 届研究生支教团队长，田东县大学生西部计划志愿者团支部书记、服务队队长。本科期间，王炜光曾任校学代会民主管理委员会主任、能源学部团委学生副书记、学生会主席、执委会主任，也是“梦中国社会实践团”“视觉工作室”“梦中国理论社团”创始人，学院首届“青马班”“学代会”发起人。

王炜光曾赴莫斯科大学、莫斯科师范大学、苏州大学、中国石油大学等高校访学交流，积极参与了“江苏省志愿骨干理论培训班”“江苏省菁英人才学校第十期集中培训班”“矿大青马班赴莫斯科交流团”“团中央深度贫困地区青年发展与扶贫工作(第三期)研讨班”“广西团委主要负责人培训班”，均顺利结业。

截至 2020 年 6 月，王炜光累计获得“全国大学生志愿服务西部计划优秀志愿者”“全国煤炭行业优秀共青团员”“广西区优秀共青团员”“徐州市社会实践先进个人”“校优秀学生党员标兵”“校园年度人物提名奖”“校社会活动之星”等各类称号 20 余次，累计获“团中央全国社会实践活动优秀团队”“中国大学生材料热处理大赛一等奖”等国家级奖励 7 次，“广西区 2019 年西部计划主题演讲比赛决赛一等奖”“江苏省携手青春-助力未来暑期夏令营技术类二等奖”等省部级奖励 10 次，校创青春决赛一等奖等校、市、院级奖励 72 次。

勤于思考，注入教育扶贫新活力

王炜光在田东县第二中学服务期间，承担了七年级四个班政治学科的教学任务，教授课程超过 300 课时。在教学过程中，王炜光将教学方式方法革新，以“学生语言”讲道理，变抽象为具体，化复杂为简单，将思想理论与通俗表达融为一体，将“热词”融入说教，用“新梗”替代陈词，用心、用情、用脑把透彻的道理讲透彻，把鲜活的思想讲鲜活，将德育教育贯穿课程始终，促进学生全面成长，所教授班级在历次考试中均位居年级前列，成绩均高于年级平均分；所教授学生多次取得单科年级第一名的成绩，后获得田东县第二中学“优秀教师”称号。

江苏

乐于服务，转化资助育人生命力

作为研究生支教团队长、县大学生西部计划志愿者团支部书记，王炜光组织开展了一系列志愿服务工作，个人累计服务大型晚会5场，负责大型会务10余场，牵头组织各类志愿活动30余次，全队全年累计开展各类活动80余次。在田东县的脱贫攻坚战中，王炜光始终不忘一名共产党员的初心，投身一线开展教育扶贫及学业资助工作，组织开展了一系列捐资助学活动，包括携手湖南卫视《快乐大本营》栏目组为朔良镇宝达村小学捐赠一间爱心图书室，同时研究生支教团的事迹也在《快乐大本营》节目上播出。一年间，他主动联系并有机整合社会、高校资源，带领研究生支教团为山西、重庆、广西三个支教地联络社会公益组织9家，完成资助项目21个，捐赠物资价值46万余元，创历届新高。

敢于创新，激发脱贫攻坚源动力

王炜光聚焦广西农产品销路、自身发展动力不足、学业及素质教育等问题，号召发达地区教育文化输出，撬动社会资源，解决问题。他牵头发起了“造血式”助农助学公益项目。项目开展以来，成果显著，曾获“第四届中国青年志愿服务项目大赛”铜奖；荣登全国第五届志交会，吸引了包括CCTV13在内的多家媒体跟踪报道。他开展“兴趣培养”特色课程、“同心E课堂”网络课程共80余次；累计资助贫困学生500余名，帮助11名学生顺利完成学业，其中有一名受助学生成功考上广西民族大学；帮助12户建档立卡贫困家庭销售农产品 80 余吨(销往了全国 69 所高校及科研院所),其中 6 户实现增产增销,有 4 户在 2019 年 4 月底成功摘帽。此外,为积极响应国家“一村一品”号召,帮助深度贫困村打造自主品牌,2019 年,王炜光带领研究生支教团成员依托广西田东县龙冲村特色农产品——皇帝柑,以“龙冲橙”设计理念为龙冲村量身打造了皇帝柑特色品牌,并于同年 6 月申请注册品牌商标,7 月成功获得授权。

勇于实践,提升志愿基层感召力

在广西田东县服务期间,为提高在基层服务的准确性、科学性、实效性,王炜光走过了全县 10 个镇的 23 个村感知体会基层声音,身体力行青年责任;曾带队调研了乡镇(村)小学实际教学情况,完成了一篇名为《多主体视角下的义务教育基础设施建设现状及问题分析——以 T 县 L 镇中心小学为例》的调研报告;牵头完成了田东县《“童心港湾”建设前期方案》的起草并完成了前期选址调研工作。为响应团中央“青创 10 万+”项目号召,他召集组建了田东县“青春引擎青年创业联盟”,累计吸纳创业青年 20 余名,志愿者 100 余名。2019 年 5 月,他作为带队干部带领 40 余名村团支书赴深圳参加“田东县基层共青团干部培训班”;被团广西区委选拔为全区 2019 年西部计划宣讲团成员,到广西民族大学、广西师范大学等五所高校开展宣传招募工作;服务期满时,荣登团广西区委《金色年华》月刊封面,个人事迹在专栏刊登。此外,王炜光重视宣传工作,全队全年支教扶贫事迹被人民网教育频道、《中国青年报》、《中国青年作家报》、西部计划官网及地方媒体、校园媒体报道百余次;他还在微信公众平台上开设《支教芳华》专栏,平均 UV 值近 60,单篇 UV 值高达 75;个人摄制作品《平凡之路——中国矿业大学研究生支教团十年纪实》在全国西部计划官方微信上受约发布,中国大学生在线、教育头条官微评论转发,短时间内,浏览量突破 10 万,受到社会各界的一致好评。

服务期满返校后,王炜光不忘作为一名基层志愿者的使命,身体力行弘扬志愿精神,积极传播志愿“正能量”,组织返校队员参与第二十二届研究生支教团宣讲招募工作;受邀到中国石油大学(华东)作基层故事主题报告。他还在所在学院多次开展“梦想公开课”,分享支教扶贫故事,活动反响良好。

(江苏省高校招生就业指导服务中心供稿)

两度入藏，投身脱贫攻坚工作

——江苏海洋大学王海洋事迹

王海洋，1989 年 10 月出生，江苏赣榆人，曾是大学生士兵，2011 年入党，先后毕业于江苏信息学院、淮海工学院，2009 年 11 月在校入伍，2011 年 11 月复员返校。2016 年 7 月份完成本科学业后被西藏党委组织部专项招录为西藏公务员，就职于西藏拉萨市尼木县吞巴镇人民政府，入职以来一直从事精准扶贫工作。获得的主要荣誉有：在校期间曾是共青团无锡市第十八次代表大会代表、江苏省第六批大学生“青年马克思主义者培养工程”培养对象；服役期间荣获“优秀士兵”称号、火线荣立“三等功”1 次；在校期间先后被评为江苏信息学院优秀毕业生、淮海工学院优秀共产党员；进藏工作后，2017—2019 年度连续三年年度考核成绩为优秀，2017 年度、2018 年度连续两年被评为乡镇优秀共产党员，荣获尼木县 2018 年度脱贫攻坚工作先进个人，荣获拉萨市 2018 年度脱贫攻坚贡献奖。

江苏

两度踏入藏区绽放青春

2009 年 12 月，王海洋积极响应国家号召在校入伍，成为一名大学生士兵。在部队中王海洋敢于吃苦、勇于奉献、作风严谨、表现优异，成为连队尖子兵，奔赴藏区开展藏区维稳任务，在条件艰苦的藏区圆满完成了各项艰巨的维稳处突任务。因为出色的表现，王海洋在藏区立功入党，充分展现了当代大学生的风采。2016 年 7 月，王海洋在复员返校完成大专、本科阶段的学业后，恰逢江苏高校内开展进藏大学生专招工作，他深刻了解藏区环境的艰苦，同时也深刻体会到藏区人才的稀缺。作为一名军人、一名共产党员，在祖国最需要的时候，王海洋义无反顾地再次积极响应国家的号召，来到了祖国最需要的地方，第二次进入藏区绽放自己的青春。

扎根基层投身脱贫攻坚

作为一名退伍军人，进藏工作后，王海洋始终以军人的工作作风和工作标准严格要求自己。因踏实的表现，他被委以重任，从事精准扶贫工作，成为吞巴镇扶贫工作的排头兵、领导的扶贫参谋，在针对建档立卡贫困户的精准识别、精准施策、精准脱贫、脱贫巩固重大任务中开展了大量而高效的工作。近三年的扶贫工作中，王海洋走遍了吞巴镇所有村组，共计入户次数达300余次；共整理出2万多页的建档立卡户档资料，起草完善700余份20多万字文字材料；利用摄影摄像特长，共拍摄记录基层工作的照片2万多张，拍摄视频600多段，制作脱贫攻坚宣传片共3部；利用平面设计特长，共参与设计脱贫攻坚展板画册100余个。扶贫工作时间紧、任务重，为了吃透每一项扶贫政策，为了全面掌握每一个贫困户家庭的状况，为了将每一项扶贫政策及资金精准落到实处，王海洋充分发扬了部队“掉皮掉肉不掉队”钢铁毅力。随着脱贫攻坚工作持续深入推进，作为乡镇扶贫专干，王海洋2017—2018年每天的工作时间经常都在16个小时以上。在2018年7月，因为久坐和连续加班加点工作，他臀部出现了囊肿，为了不耽误手头重要的扶贫工作，直至囊肿达到鹅蛋大小不能行走和坐立，他才向单位请假到医院进行手术治疗，术后康复期未过便匆匆出院继续投入脱贫攻坚战斗中，导致流脓的伤口久久不能愈合，拖了半年多时间反复发炎的伤口才得以完全愈合。王海洋凭着军人钢铁般的毅力，不断攻坚克难、迎难而上，在精准扶贫工作中未出现一个政策及资金落实方面的错误，圆满完成了党委、政府交给的各项扶贫任务。在吞巴镇全体党员干部的共同努力下，吞巴镇顺利通过了各级脱贫摘帽验收，所有贫困户实现脱贫、所有贫困村实现贫困村退出。吞巴镇扶贫工作也始终走在全县前列，吞巴镇先后被县委、县政府评为“2017年度脱贫攻坚先进乡”“2018年度脱贫成效二等奖”。2019年度，王海洋因为表现优异被县委组织部抽调至尼木县净土公司（国有独资企业）负责开展全县净土健康产业的生产、加工、销售等统筹工作，为全县扶贫产业发展建言献策、贡献力量。

积极助推藏香产业发展

脱贫巩固，产业先行。在深刻调研吞巴藏香产业后，王海洋认识到藏香产业发展的瓶颈在于原材料难以保证质量、产品包装略显低端、销售渠道过于单一。面对藏香从业人员文化水平偏低、人才紧缺的局面，王海洋做通了女朋友魏娜的思想工作，让其放弃了内地优越的工作环境，同时也为了不给组织添麻烦，王海洋鼓励女友魏娜自主谋业，来到吞巴镇后经营起一家藏香药材店。他将自己的建档立卡结对户达珍安排到该店铺实现了转移就业，每年为其增收2万余元。该药材店从全国各地找到最正宗的藏香药材，以最低的价格销售给藏香制作户，吞巴藏香制作户从此再也不用四处寻找昂贵却又劣质的原材料，这既为藏香制作户提供了便利，更重要的是也保证了藏香的质量，藏香制作户纷纷对廉价藏香药材店表示赞赏。广告设计专业出身的王海洋早就认识到吞巴藏香包装的弊端所在——包装过于杂乱、不固定是其要害。为此他多次与各藏香合作社负责人进行座谈宣讲，宣传产品包装知识及其重大意义，得到了普遍认可。随着电商时代的来临，吞巴藏香亟需扩大线上销售渠道，但是因为藏香制作户文化水平有限，没有人会去尝试电商平台。吞达村村委会提出希望让王海洋的女朋友负责藏香网络销售后，王海洋最终做通了女朋友魏娜的思想工作，让其主动进行尝试，并成为吞巴藏香网络营销员，她还参加了由拉萨市组织的江苏电商培训，目前通过努力学习，她掌握了电商技能，并将通过帮带培养更多的本地电商从业人员，造福本地百姓。

（江苏省高校招生就业指导服务中心供稿）

身如萤火，亦可散发青春之光

——淮阴师范学院夏葛飞事迹

夏葛飞，男，中共党员，1992 年 8 月出生于江苏淮安，2016 年 6 月毕业于淮阴师范学院公共事业管理专业，同年 8 月考取江苏省委组织部选调生，到淮安市金湖县塔集镇人民政府工作。现任金湖县塔集镇团委书记、东方红村党总支扶贫书记。曾获 2014 年度“江苏省优秀共青团员”、“江苏省第十八届运动会组织工作先进个人”、2015 年度江苏新疆西藏青海少年儿童“手拉手”互助活动先进个人、2017 年“金湖县优秀青年思想宣讲员”、2017 年度“淮安市共青团工作先进工作者”、2018 年“淮安市第六届优秀志愿者”、2018 年“淮安市我们身边的好青年”、2018 年度“淮安市共青团工作先进工作者”、2019 年度“淮安市优秀共青团干部”等荣誉称号。

助力成长成才，他是冲锋在前的“护花使者”

“这是我最喜欢的芭比娃娃书包，谢谢叔叔阿姨”“这件羽绒服好漂亮好暖和啊，谢谢叔叔阿姨”……书包、衣服、鞋子、书籍等一件件爱心礼物被小朋友们收下，换回的是他们一句句真诚的感谢。看着小朋友们脸上洋溢着幸福的笑容，他也开心地笑了。

自 2017 年接手镇团委工作以来，他一直希望能尽己所能，多做实事，帮助那些真正需要帮助的青少年，特别是各类困境青少年。于是，他在全县率先组织开展了“情暖寒冬·幸福塔集”点亮困境青少年“微心愿”活动，并通过微信公众号等载体动员广大团员青年和社会各界人士共献爱心，三年累计为 314 名困境青少年点亮了“微心愿”，为 9 名贫困学生送去慰问金 3800 元，为 5 名贫困学子申请到“圆梦行动”助学金 25000 元。此外，经过他牵线搭桥，一位爱心企业家决定长期资助一位困境儿童，直到她读完大学。

“聚焦主责主业，种好自己的责任田”是他对自己的工作要求。为使更多的困境青少年感受到团组织的温暖与关爱，他联合淮安市专业社工服务团队，以塔集镇中心小学、夹沟小学困境儿童为重点，创新开展抗逆力训练、女童保护宣传教育、亲情驿站、青少年智慧课堂、防拐骗、孝文化教育等服务活动，将传统的物质帮扶转向“精神帮扶为主，物质帮扶为辅”的公益关爱模式，为他们送去精神与物质的双重关爱。据统计，此项关爱服务活动共计有39次，服务困境儿童人数累计1100人次。

在他负责团委工作的三年时间里，塔集镇团委成功入选团省委直接联系点（淮安市乡镇领域唯一），并获得“2018年度江苏省五四红旗团委”“2017年度金湖县五四红旗团委”“2019年度金湖县五四红旗团委”等荣誉称号，6名青年入选“淮安市我们身边的好青年”，1名青年入选“金湖县乡村振兴青年先锋”，而他本人也因表现优异连续三年获评全市共青团工作“先进工作者”“淮安市优秀共青团干部”等荣誉称号。

投身乡村振兴，他是砥砺奋进的“青年先锋”

2017年7月，他被组织上安排到省定经济薄弱村东方红村担任扶贫书记。组织上的充分信任和身上所肩负的责任，让他更加坚定了信心：要以更加饱满的热情，更加认真的态度对待工作、服务群众。两年多以来，他经常下村入户，在村“两委”的领导下，与村干部们戮力同心，为村集体经济发展出谋划策。

东方红村缺少自然禀赋优势，村级集体经济收入渠道较窄，只能靠厂房出租、土地流转服务费等作为村级集体经济的主要收入。他结合村里的实际，积极协助村里向省紫金银行成功争取了项目扶持资金90万元，分三期帮扶，用于在镇工业集中区购买一幢1500平方米的工业厂房（共88.3万元），目前已对外发包，年租金6万元。为改善村民住房条件，切实提高扶贫实效，他积极协助村里扎实推进村民搬迁工作，2019年共签协议53户，不断提升群众幸福感与满意度。此外，他能以“阳光扶贫”为契机，定期进入农户家开展收入信息采集工作，切实宣传好各项扶贫惠农政策，耐心做好低收入农户的答疑解释工作，并协助村“两委”帮助低收入农户联系、介绍工作。接近三年的时间里，他协助村“两委”主要负责同志成功完成了村里的脱贫任务指标，而他本人也因工作表现较好获得了全县扶贫工作考核的“优秀”等次。

勇担青春使命，他是一往无前的“战疫青年”

“领导，我申请回镇里参加防疫工作。”疫情防控工作一开始，身在外地的他就主动打电话给领导，要求回去参与基层战“疫”。领导将他分配在新闻宣传组，负责全镇疫情防控的宣传工作。防疫宣传中，他在每天按时上报镇里的防疫工作简讯、对外发表宣传稿件的基础上，创新宣传方式，通过注册秀米账号搭建镇里的宣传平台，做好全镇防疫工作特色做法及先进事迹的宣传工作，当好正能量的传播者。据了解，他共在省市县网站上发表稿件 6 篇，用秀米账号编发先进事迹 5 篇，向上报送镇里的工作简讯 12 篇。在“四包一”工作中，他严格按照要求，负责好 12 名从湖北等地返乡人员的每日体温测量、防疫知识宣传以及居家隔离检查等工作，并为他们送去口罩、消毒丸等物资，确保他们能做好个人防护，并严格按照规定居家隔离，直至观察期满。

在完成当日的防疫宣传工作后，他总是主动前往挂钩村的卡口执勤，协助村干部检查登记来往车辆及人员，测量进出人员的体温，并劝返无通行证的车辆，为群众筑牢安全防线。此外，他还积极协助村干部到各个路口悬挂横幅，张贴标语，宣传防疫知识及防疫要求，劝散在外聚集人员，倡导群众不聚餐、不聚会，非必要不出行，使得防疫宣传家喻户晓、人人皆知，切实提高群众的主动防范和自我保护意识。

回首过去，他在努力中奋进；展望未来，他更是激情满怀。他说，身如萤火，亦可散发青春之光。无论今后身在哪个岗位，他都将牢记初心和使命，把对党忠诚作为必须坚守的生命线，把勤勉工作作为长久坚持的立身之本，做到任何时候、任何情况下都能保持清醒的政治头脑和政治本色，克己奉公，恪尽职守，不负组织信任、不负人民期盼！

（江苏省高校招生就业指导服务中心供稿）

村官四年，他在小湾村闯出一片天

——淮阴工学院戚允升事迹

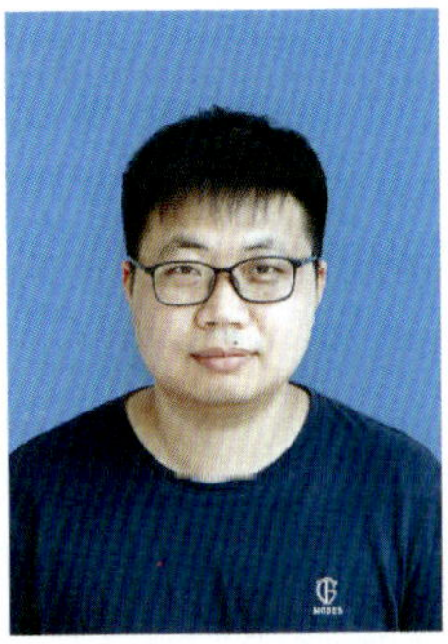

江苏

戚允升，淮阴工学院 2012 级电气工程及其自动化专业学生，毕业后于 2016 年 8 月成为一名省聘大学生村官，2017 年 7 月他受组织选拔至市定经济薄弱村任职“扶贫书记”。他带着初心和使命，用满腔热忱和执着奉献，带领村民脱贫致富，用了不到四年时间就使一个贫困的村庄摘掉了穷帽子。2019 年 4 月，因连续两年脱贫攻坚工作考核优秀，被原地提拔担任淮安区山阳街道小湾村党总支书记。

日前，共青团中央发布《共青团中央关于表彰“全国优秀共青团”“全国优秀共青团干部”“全国五四红旗(团支部)”的决定》，他被授予“全国优秀共青团干部”荣誉称号，淮安仅有两人获此殊荣。

立夏的清晨，淮安区山阳街道小湾村“村官小七家庭农场”内一派热闹的景象。戚允升带着农技人员给农户们进行水稻育苗的前期指导工作。

“今年的秧苗选种工作很重要，但也要学会管理。”戚允升介绍，小湾村耕地面积 3336 亩，土壤肥沃但利用率低。前年他就带着 19 户低收入农户流转 102 亩土地进行稻虾共养。“效果不错，今年我们将在前期基础上继续扩大种植规模，以带动更多农户脱贫致富。”看到农户们“干劲十足”，戚允升笑着说道。

伏下身，掌握“村情民意”

2017 年 7 月戚允升成为了小湾村的一名“扶贫书记”。可到村里的第一天，他的心就凉了半截：小湾村进村的路不仅太窄，而且年久失修，到处都坑坑洼洼的；村里没有支柱性产业，村集体年收入不足三万元；贫困人口较多；大多数年轻人都外出打工，留守的以老人、小孩居多；村干部办公的地方还是多年前修建的几间平房，村干部老龄化现象比较严重。得知这些情况后，虽然心里忐忑，但不服输的戚允升还是决定闯一闯。

戚允升带着满心的激情和干劲，一头就扎进了村子里，开始走访调查，详细了解村子的历史和现状。他和村干部一起走家串户，到田间地头，与村民开座谈会，寻找阻碍小湾村发展的痛点和难点。在与村民以心换心、以心交心，不断沟通交流的过程中，他获取了第一手的调研资料，也和乡亲们渐渐熟络，融入小湾村大家庭。村民们觉得这个小伙子“工作充满热情、脑瓜也活络”，遇到困难也愿意找他商量解决。

通过全面深入的走访调研，戚允升深知“脱贫的任务很艰巨”，他和村干部商讨定下工作目标：精准扶贫，真扶贫、扶真贫；发展特色产业，补齐民生短板，为小湾村脱贫攻坚和乡村振兴筑牢基础；要把扶贫与扶志、扶智结合起来，激发全村人的致富干劲。

拓思维，叩开乡村“致富门”

“没有产业支撑的乡村实现不了脱贫，更何谈振兴。”在多次调研的基础上，他发现村里的土地土壤肥沃但土地利用率低，完全适合在村里推广“稻虾综合种养”产业扶贫项目。“稻虾综合种养可以达到‘一水两用、一田双收、稻虾共赢、稳粮增收’的目的。”在推广的同时，戚允升还带领村民筹资创办“村官小七家庭农场”，开展稻虾综合种养等高效农业项目。

初尝甜果后，戚允升带领村民乘势而上：针对村民“闲得慌”的问题，吸纳更多闲散劳动力加入家庭农场，按劳计酬；筹集资金修缮了450米水泥路，解决了影响村民灌溉的遗留问题；盘活“沉睡资产”，村干部搬进了600多平方米的党群服务中心；农资超市也成功出租，解决了村集体无固定收益项目的困境；开办留守儿童中心，帮助和关怀留守儿童；组织发动周边同事、朋友参与“微心愿”志愿服务活动，筹集资金为30名贫困儿童购买学习用品；改造了居家养老服务中心，解决贫困散居老人的供养问题；将村里的大型农用器具租给了农业大户；把村里闲置的鱼塘重新发包出租，增加了收益；引资引企入村，保证了村里每年有固定税收。

村民逢人便说：“咱们这个书记，真是个干实事的人！”“现在大伙儿手里有事干有钱赚，村貌大变样，干活致富的念头也比以前更足了。”村民们说道。据了解，近年来，小湾村集体经济收入成倍增长，从当时不足3万元增长至22.1万元，村民人均年收入突破1.2万元。全村80户259人2019年年底全部脱贫。

守阵地，当好疫情防控“排头兵”

“各位村民，请大家少出门、不聚会、不信谣、不传谣、不恐慌、出门戴口罩、勤洗手……”新冠肺炎疫情发生以来，在小湾村村组干道上，“党员宣传车”“志愿者宣传车”从早8点到晚9点不间断宣传相关疫情防控政策。

新冠肺炎疫情发生后，当村民还沉浸在节日的氛围中时，小湾村的村组道路上就出现了三支队伍。戚允升带领全村党员、志愿者采用横向到边、纵向到底的排查方式，对全村2400多人按照重点地区返村人员、近期发热人员和密切接触人员分类，每天上门排查核实、测量体温，做好防控隔离措施。

“除了做好排查工作，我们还重点做好防疫知识的宣传。”戚允升带领8名村干部、6名志愿者突击队员，做好全村74名重点人员的居家隔离防控工作；进门入户向村民发放宣传单4800余张，在村组干道悬挂横幅30余条，形成了群防群治的宣传氛围。此外，疫情防控期间，戚允升发挥作为淮安市青联委员的优势，联系企业家向村里伸出援手，帮助解决防疫物资紧缺问题。在他的协调和帮助下，2000余只一次性医用口罩，100余箱牛奶、方便面，1000只禽蛋解决了村里防疫人员的后顾之忧。“在村‘两委’的共同努力下，小湾村无一例输入型感染病例、无一起确诊（疑似）病例。”戚允升说。

奉献青春助脱贫、扎根乡村谋振兴。戚允升始终满怀热血，立志在这片希望的田野上播撒青春的春芽。下一步，戚允升将继续将扶贫资金、扶贫资源等充分整合、集中发力，着力打造一些具有牵动效应的龙头项目，增加村民收入，助力乡村振兴。戚允升说：“热爱农村，扎根农村，克服困难，勇往直前，在乡村振兴的火热实践中放飞青春梦想，书写精彩人生。”

（江苏省高校招生就业指导服务中心供稿）

浙江

ZHEJIANG

扎根基层谱青春，热血奋斗践初心

——浙江大学李秀媛事迹

浙江

李秀媛，女，广西桂林市临桂区人，浙江大学高分子科学与工程学系 2013 级高分子材料专业硕士研究生。汉族，中共党员，现任桂林市委组织部党建办四级主任科员。2018 年 4 月至今担任桂林市恭城瑶族自治县平安镇巨塘村党组织第一书记。曾被评为 2019 年桂林市脱贫攻坚先进个人，连续两年（2018、2019）被评为桂林市脱贫攻坚（乡村振兴）“一等”第一书记，获得 2018 年桂林市选调生“不忘初心　砥砺前行”主题征文比赛一等奖，获得 2019 年桂林市选调生“把青春奉献基层”主题征文比赛一等奖。她的扶贫故事曾被《人民日报》、人民网、学习强国广西学习平台、《桂林日报》、《桂林晚报》、浙江大学公众号等多家媒体报道。

初心始燃，缘于选调

记得研究生入学报到第一天，进入浙大校园，有这么一段话令她印象非常深刻：诸位在校，有两个问题应该问问自己：第一，到大学来做什么；第二，将来毕业后要做什么样的人。当时的她对未来的构想还很模糊，不知道以后要做什么。但 3 年的校园时光，浙大的“求是”精神给了她答案。正如竺可桢老校长所言“人生在于服务，不在于享受”。毕业后，她选择回到家乡广西桂林成为一名选调生。很多朋友不理解，好不容易从农村考出来，毕业了为什么不留在上海、杭州这样的大城市，去企业拿几十万的年薪，而选择回到家乡。她选择选调生这条路的初心到底是什么？李秀媛觉得答案很简单：往小了说，就是不做精致的利己主义者；往大了说，是家国情怀，是为中国人民谋幸福，为中华民族谋复兴的初心。

扶贫先扶志，破致贫症结

2018 年 4 月，她积极响应组织号召，从桂林市委组织部来到恭城瑶族自治县平安镇巨塘村担任第一书记。初次来到巨塘村时，村干部和群众对她这个“90 后女娃娃”充满疑虑和怀疑。一些贫困户直接对她说：“你是市里的干部，来村里镀镀金就回去了。”李秀媛暗下决心，一定要为村里多做实事好事，用实际行动打消大家的疑虑。

巨塘村辖 5 个自然村，全村共 635 户 2597 人，其中贫困户 75 户，贫困人口达 280 人。因病因残致贫的多达 43 户，因缺技术致贫的达 16 户，村中主要劳动力纷纷外出务工，发展缺少劳力。她通过深入走访调研发现：部分村屯垃圾遍地，老人无人赡养，村民打牌成风。部分贫困户每逢春节、中秋等传统节日，就搬着椅子坐在家门口，等着帮扶干部送钱送物；有些贫困户之间甚至互相攀比，谁得的多，谁得的少；这些"等靠要"的现状深深刺痛了她。李秀媛因此暗暗下定决心："一定要从思想上拔掉他们的'穷根'，必须要让贫困户明白，脱贫致富关键要靠自己。"

习总书记说："扶贫要扶志和智。"她决定从改变人心开始，扶起志向和智慧。"农村富不富，关键看支部"，她通过抓班子、带队伍，筑牢党建基础，并建立党员微信群，加强流动党员管理，接受群众监督，增强为民服务意识。发起开展形式多样的村级文化活动，引导贫困村党员向上向善发展；从改变村边环境抓起，结合主题党日活动，带领村干部和党员一起动手清扫村里的垃圾；推行"组甲制"，深化"三心三治一守"社会治理模式，弘扬中华传统文化，成立"一约四会"，进行文明家庭评比，比谁家更干净整洁，比谁家更有致富经。村"两委"班子和党员队伍焕发出了生机，在脱贫攻坚这场硬战中发挥先锋模范和战斗堡垒作用。

教育是脱贫的希望。为了让村里的孩子们开阔眼界，李秀媛联系浙大校友暑期到巨塘村开展社会实践活动，带来先进的学习理念，给予学生们精神上的支持和鼓励。她还利用浙大校友会和多方资源，争取资金 10 余万元；开展"微心愿"点亮行动，给贫困学生家庭发放图书、文具、学习机、油、米等物资；争取项目资金和企业赞助，完善学校硬件条件。

排忧解难，做群众的知心人

驻村两年多来，李秀媛始终坚持服务基层、服务群众的理念，帮助化解矛盾纠纷，努力为群众办实事、解难事。她反复跑民政、报社等单位，帮助贫困户莫双艳领养的4岁小孩解决了户口问题；帮助患尿毒症长期需要入院透析的唐庚林，患癌症的黎志坤、陈远兴等因病陷入困境的贫困户争取民政大病救助和低保补贴等；为李文兴、容文斌等11户贫困户调解宅基地纠纷，解决危房改造问题，等等，累计帮助群众解决各类问题120余个。

浙江

由后盾单位市委组织部牵头，市、县、镇三级鼎力支持，她参与整合项目资金1000余万元，使村里的基础设施得以不断完善，村民的生活条件得到很大改善。目前，巨塘村新的村委办公楼配套有文化活动舞台、体育娱乐设施，安装起了太阳能路灯，村屯通了水泥路，并做好了清朝时期的传统古村落的修复和保护以及美丽乡村建设改造升级；打造了3个老年人活动中心，组建了村级文艺队和篮球队，以提升村民精神文化品质。

巨塘村依山傍水，发展生态乡村旅游有着得天独厚的优势。看准这一点后，她牵头在牛路头休闲农庄办起了扶贫车间，并设立村级公益性岗位，在家门口办起了"脱贫工厂"，为30多户贫困户提供就业岗位，带动贫困户增产增收；为村里争取30多万元启动资金和鸡苗、鱼苗等帮扶物资，解决了贫困户发展难、增收难等现实问题；引导群众感党恩、听党话、跟党走，营造勤劳致富、乐于奉献、脱贫光荣的氛围。

谋划创新，争做产业发展的"领路人"

巨塘村产业发展缺乏好的经营理念和经营人才，村民缺的是致富的信息和信心，这些都是迫切需要解决的难题。她结合抓党建促脱贫攻坚，支持有能力有条件的党员积极发展产业，培养5名党员致富带头人发展砂糖橘、葡萄、清水鱼、肉牛等特色种养产业；由党员带头，成立巨新水果专业合作社，打造1220亩柑橘产业示范基地，动员300多户农户参与到合作社中来，直接受益人达3000余人；整合扶贫资金共计290万元，建立了30亩清水鱼和肉牛养殖示范基地；通过光伏发电产业、"旱改水"项目等拓宽增收渠道，巩固脱贫成果。

目前巨塘村村集体经济收入由2017年的2万元增加到14.6万元。依靠产业脱贫致富，巨塘村的农民人均纯收入也从2015年的3000元左右提高到2019年的6000多元。巨塘村党组织被评为自治区级四星级党组织、2018年桂林市先进基层党组织、2019年度桂林市第一书记(工作队员)工作示范点。

使命唤担当，信念引未来

驻村以来，很多东西都在潜移默化地改变和被改变着，巨塘村的面貌发生了翻天覆地的变化。基层锻炼让李秀媛真正成长起来，她已经记不清走访了贫困户多少次，

巨塘村就是她的家，乡亲们更像是她的家人，已经成为她生命中重要的组成部分。每当入户听到村民那一声热情的招呼："小李书记，忙完工作歇会儿，来我家打油茶吃个便饭。"她心里就有说不出的感动。就像《道德经》中说的那样，"既以为人已愈有，既以与人己愈多。"越多地帮助别人，自己越富有；越多地给予别人，自己收获也越多！

在巨塘村参与扶贫工作期间，李秀媛收获了婚姻，并怀上了小宝宝。怀孕后她仍坚持驻村开展工作，在这个过程中她面临生理和心理的多重考验。妊娠期的严重孕吐反应以及因孕期激素过高诱发结节并接受手术治疗，让她一度有些崩溃。她孕期经常挺着大肚子奔赴在田间地头、农户和项目基地之间，直到宝宝出生前10天才休假。孩子出生后，她选择带着孩子和自己的母亲住进巨塘村。基层工作是"上面千条线，下面一根针"，千头万绪任务繁重。她带着宝宝驻村时，有时一两个月都回不了家，一般都是爱人周末来村里团聚。李秀媛说："家人的支持和理解，是我做好扶贫工作的强大动力，督促着我为村里多做实事，多做好事。"生活上的困难不算什么，这些都能克服，关键是能得到村民的肯定。能帮助村民过上好日子，她真的很开心。她会坚持为初心而行，为时代而战斗，以青春之我，绘美丽乡村。

（浙江省高校毕业生就业创业指导服务中心供稿）

不惧风雨，青春有我

——杭州师范大学江南事迹

江南，男，浙江绍兴人，1997 年 5 月出生，中共党员。2015 年通过“三位一体”自主招生考试考入阿里巴巴商学院电子商务专业，连续四年担任班长、新生学长。曾获全国大学生电子商务竞赛省一等奖及“优秀学生干部”“优秀共青团员”等荣誉称号。2019 年毕业，同年考上绍兴市越城区选调生。

工欲善其事，必先利其器

大学四年，江南在学习和实践上“多路并举”，各方面成绩“遍地开花”。初入学校，他就凭借出色的表现获选班委、受聘为学生会干部；第一年就通过大学英语四六级考试、参加学科竞赛取得省一等奖，成为本届最早一批入党积极分子；校院大大小小的舞台上，都有他在主持、演出的身影。

从大一开始，江南就利用每一个寒暑假的时间进行实习，增长阅历。江南说：“一开始没想到要做公务员，对其他行业也是一知半解。对于不了解的事物，只靠道听途说是远远不够的，必须要实际去接触它们。”于是，这个年轻人渴求拼搏的身影，就出现在了国企、银行、证券公司、互联网企业、实业企业，他在这些地方度过了四年的夏暑寒冬。大堂、办公室、仓库、车间都留下过他的脚印，承接过他的汗水。

四年的学生干部生涯中，他总结出“责任心、执行力、幸福感”三个关键词。“学生干部的使命不在于成为‘干部’，而在于提供‘服务’。给予我们的最好奖赏，并不是领导和老师的赞扬，也不是鲜红的荣誉证书，而是同学们脸上洋溢的笑容、共面困难时的手牵着手。”他带领班级同学共获“文明班级”“优秀团支部”称号，指导学弟学妹们勇夺班级风采展示“第一门派”，他的心灵获得了升华，信念逐渐坚定，终于立志成为一名“人民的公仆”，这也是他的初心所在。

耳闻之不如目见之，目见之不如足践之

作为选调生，江南下到孙端街道张家沥村驻村锻炼，这里是中国社会的最基层一线，“苦民之所苦，悟民之所思，应民之所求”是他的真实想法。在越城区选调生交流会上，他提出基层干部应当做到三个“一”：“一是要做一块海绵，像海绵吸水那样向基层、向群众学习；二是要做一枚钉子，坚定信念、锚定目标，坚忍不拔、肯下苦功，避免空谈、

做出实效；三是要做一块砖石，忠诚、沉稳、高尚如砖石，心不动于微利之诱，目不眩于五色之惑。哪里需要我，我就补哪里，要有‘功成不必在我，功成必定有我’的思想准备。”

埋头乡间联系群众，伏案执笔奋书公文。在村子里，江南踏踏实实做好基层党建、村级经济发展、综治维稳、乡风文明建设等驻村工作。2019 年参加工作以来，他先后顺利完成村级场外工程建设、道路拓宽、厕所拆除、路面修缮“白改黑”；千方百计化解信访问题，对重难点信访户用组织文艺活动转移注意力，年内无重大信访问题；脚踏实地走访贫困户，倾听百姓的心声；积极做好上级布置的其他工作。在空余时间，江南广泛读书汲取知识，积极发掘典型，坚持练笔撰写信息，主动谋求更多锻炼机会。此外，在浙江省“青创农场”创建评选、绍兴市农博会项目推介等工作中也都有他的身影，他还为孙端街道“树童部落”获评绍兴市级“三星级”示范性青创农场作出了贡献。

整村隔离的“疫”线守护

孙端街道位于绍兴市越城区东北，共有 17 个村(居)，浙江首先采取整村隔离医学观察的新河村、镇塘殿两个村也位列其中。2020 年 1 月 25 日，农历大年初一，晚上八点半，绍兴市委市政府作出紧急决定，越城区孙端街道新河村和镇塘殿村连夜隔离，4800 多位村民全部实行居家硬隔离。管控期间，街道按照“街道指导、村居自治、居家隔离、设卡登记、生活保障”的方针实施群防群控，相关工作得到了全体村民的理解、支持和配合，成功实现了隔离期 18 天内无新增疑似病例，居家隔离观察人员及集中隔离医学观察人员均无病例报告。2 月 12 日，省委书记车俊在越城区督查时，对孙端街道的工作方式方法、人防技防效果均给予了高度认可。直到今天，江南仍奋战在孙端街道防疫一线。

大年初一，万家团圆之时，江南就放弃休息，作为包干组包村干部，对接村干部跟进武汉返绍人员的摸排、测温工作。大年初二孙端街道开始采取整村隔离以来，他又直插一线，守在了全绍兴疫情最严重的关口。

“阿姨，菜每天街道里会送来的，不用你自己去买，有需要买的东西联系村委就行。”“老哥，咋不戴口罩还带孩子出来遛弯，快回家里待着。”每天早上8点，镇塘殿公路蔬菜基地旁都会准时出现江南的身影，从正月初二到2月12日新河、镇塘殿二村解除整村隔离，他在孙端街道重点疫情防控9号卡点连续值守了18天。

他每天到岗第一件事就是打扫板房和点位周边的卫生，检查夜班考勤登记表、统计物资情况、对接后勤，为点位补充当日所需的饮用水、纸巾等物资。他一整天在室外执勤，严格执行“两个一律、三个严格”“一问二测三查四处置五提醒”的工作守则，认真做好对村民的劝返和进出人员的登记、测温工作。

“比起刚设卡口的时候，我们现在的条件已经好了太多。”回忆起设卡的第一天，江南十分感慨。“1月25日，我们街道是通宵开会部署整村隔离的措施的。26日早上4:30，我就接到党政办叶主任的电话，因为涉密的原因，我只听得一句‘不要问，只管赶路’，当时我的心里就一咯噔，心想肯定是和疫情有关的事。但是疫情就是命令，防控就是责任，作为一名青年干部，就要做到召即来，来必战。我当时心里比较急切，一时间没有感到恐惧和害怕，倒有种奔赴沙场一样的慷慨激昂。”正月初二，大雨滂沱，寒风呼啸，江南一早就接到工作通知，他虽身患感冒，但仍坚持带病到岗。“这是刚设卡第一天，我们没有遮风挡雨的板房，没有阻止出入的路障，连用来稍作休息的椅子都没有，我们12个卡口的街道青年干部和公安、行政执法、民兵在雨里一站就是一天，可以说真的是全凭‘一身正气’，中午后勤送来盒饭，我们是淋着雨就着雨水吃下肚子的，到晚上9点，我们才算结束了一天的执勤，回到街道又是连夜开会反馈问题。一天下来，鞋子早浸透雨水，双手冻得没有知觉。”

疫情就是命令，防控就是责任。作为卡点负责人，江南根据防疫要求，制定卡点工作须知、物资管理规范、垃圾处理要求并张贴上墙，组织成员学习知晓，严格落实交班制度和纪律。在一次线上卡点组长经验交流会后，江南制定卡点工作须知等方法均被推广应用到其余11个卡点。

江南严谨仔细、认真负责的态度得到了“战友”的认可，一名执法队员对他说：“领导要调我去另外一个点位，我赶紧拒绝了，你工作负责，在你这里我很放心。”经多次明察暗访后，江南负责的点位的井然秩序也受到了街道领导的多次表扬。

在新河、镇塘殿二村解除整村隔离后，江南马不停蹄又加入重点人员管控工作专班，继续严控境外输入，严防内部扩散。他勤勤恳恳做好重点人员追踪管控、每日临时通行证办理审核、重点人员管控每日自纠自查、“守好小门”每日督查工作。江南适时总结抗疫中的经验教训，撰写了《从疫情防控看应急管理的三个“度”》一文，并刊登在《绍兴日报》上。他还作为“90后”汇报代表，出席了越城区“口罩侠”主题报告会，并获得主要领导的点名肯定。

“习总书记说过‘青年兴则国家兴，青年强则国家强。’我们青年人应该扎根基层一线，承担急难险重，在时代的‘大熔炉’里历练成钢，彰显青年的力量，书写青春的华章。”待入尘寰，与众悲欢，始信丛中另有天。江南会继续在越城区首位度中心城区的使命担当下，发扬“师大精神”“阿里精神”，以积极向上的态度、吃苦担当的精神、求真务实的作风继续奋斗。

（浙江省高校毕业生就业创业指导服务中心供稿）

守护雪域高原的“男”丁格尔

——浙江中医药大学滨江学院陈鹏事迹

陈鹏，男，浙江中医药大学滨江学院 2018 届护理学专业毕业生。作为一名矢志从事护理事业的“男”丁格尔，毕业之后他毅然决然地走上了去雪域高原援藏之路。

浙江

义无反顾，雪域高原绽放青春

每当提及护士这个职业时，人们脑海中浮现的多是温柔大方的女性形象。随着医疗事业的发展，越来越多的男性也逐渐加入到了护理工作的队伍，陈鹏就是其中之一。陈鹏从小就有成为医护工作者的梦想，虽然高考成绩不理想使他与临床医学专业失之交臂，但当了解到全国男护士的比例不足 2%时，他就决心要为祖国的护理事业奋斗，而后他顺利进入浙江中医药大学攻读护理专业。刚入学时，面对繁重的学业和独立的生活，陈鹏也曾感到迷茫和无措，但他很快就发生了转变。同学眼里的他，学习十分刻苦，课堂上听讲非常认真，每晚都去操场跑步锻炼。对于这些行为的解释，陈鹏说道：“在一次分享会上听到老师讲述援藏、援疆、援非的经历，我热血沸腾，坚信我就是继承他们事业的‘后浪’，我要让‘南丁格尔’精神在雪域高原闪烁光芒。”他了解到援藏需要具备扎实的知识储备和强健的身体素质，因此四年来一直都在准备。

毕业前，他第一时间报名了西部专招的选拔，也顺利通过了专业考试、体质测试等层层筛选。在获评浙江省优秀毕业生、浙江中医药大学滨江学院优秀毕业生，在得到省委主要领导的亲切慰问与送行后，陈鹏备受鼓舞，随队来到了海拔 4500 米的西藏自治区那曲市人民医院。刚到西藏，映入眼帘的壮丽雪域风景使他感到震撼，但与之形成鲜明反差的是医疗条件差、医护人员少、自然环境恶劣等。面对淳朴善良的藏区人民无法得到优质医疗服务的境况，陈鹏深受触动，这也使他更加坚定了留在藏区、为藏区人民服务的决心。由于医院护士人数少，自己又是男生，陈鹏主动申请到最苦最累的急诊科工作。但随即而来的缺氧、头痛、心率加快等高原反应，加之工作安排是两班倒，陈鹏面临身心方面的巨大考验。“医院的前辈们不断地鼓励和帮助我，第一年的春节，护士长邀请我去她家吃年夜饭。这些工作中的温暖，激励我不能倒下，也不能退缩。”陈鹏如是说。

爱岗敬业，在平凡岗位上坚守初心

陈鹏在那曲市人民医院的日常工作是为患者打针输液、采集标本、监测生命体征，以及对患者进食、翻身、清洗和擦拭大小便等进行精细护理照顾等。在工作的七百多个日夜里，他认真负责，工作兢兢业业，用自己的真诚、专业获得了赞誉，成为患者和家属称赞的好护士。“病人至上”是他的人生信条，身为男护士，他主动承担起病区里的重活累活，经常会被调整到手术室协助医生，工作中加班加点是家常便饭。一件白大褂、一条白裤子、一副蓝口罩的生活每天都在重复，工作岗位的平凡没有动摇陈鹏为藏区人民服务的初心。

习近平总书记曾说：“伟大出自平凡，平凡造就伟大。”正是陈鹏这样的医务工作者们，甘于平凡、甘于奉献，才成就了医疗事业守护人民健康的伟大意义。在医院工作的两年多时间里，陈鹏以无私奉献的敬业精神激励自己，对所负责的工作倾注全部热情，全心全意对待工作，长年累月的工作实践和专业培训让他逐渐成为一名能够独当一面的优秀护士。在工作的第二年，那曲市开展了市级医疗单位帮扶基层的活动，那曲市人民医院需要对口帮扶玛如乡卫生院，这个地方地处藏北地区，位置偏僻，气候恶劣，医疗卫生条件比较落后。陈鹏在听说帮扶的消息后，第一时间报名，作为那曲市人民医院第一批帮扶团成员进驻玛如乡卫生院两个多月时间。帮扶团的到来使基层贫困户以及有疾病困扰的居民在家门口就能享受到高质量的医疗服务，切实解决了老百姓看病难的问题，把党和政府的关爱关心送到了基层群众身边。他和同事们通过医疗扶贫帮助基层老百姓提高生活质量和健康水平，得到了当地村民的广泛好评。“那曲是我的第二个家，我要为守护当地群众的健康而竭尽所能”，陈鹏说道。这既是他的心声，也是真实的写照，他用心书写着平凡却又无愧于护理事业的篇章。

不负韶华，在疫情战场上勇担责任

庚子之春，新冠肺炎病毒肆虐，人民的生命健康受到了极大的威胁，百万白衣天使逆行而上，奋战在抗疫前线。这次疫情最为严重的地区是湖北武汉地区，而陈鹏就是湖北武汉人，家乡严重的疫情始终揪着他的心。他本想支援家乡，帮助家乡人民战胜疫情，但由于西藏医护人员十分紧缺，且 1 月 30 日西藏出现了首例确诊患者，不仅在岗的医护人员全部待命，而且所有休假的人员也都回藏到岗。面对严峻的疫情形势，陈鹏也选择了坚守。那曲市虽没有出现确诊病例，但为了防患于未然，支持全国疫情防控的全局安排，那曲市人民医院相应成立了临时疫区病房。陈鹏主动请缨，作为第一批医务人员在疫区病房工作。在前线，高强度的工作考验着他们的身心。除了要穿密不透风的防护服、护目镜等外，大家都不敢喝水，因为工作期间不能脱掉防护服，也没法上厕所。他们每次进疫区病房都会进行长达 5 个多小时的繁忙工作，加上穿脱隔离服要将近 2 个小时，所以几乎每天都无法按点吃饭、喝水。他们身上的衣服被汗水浸透，有时视线也变得模糊，当解下装备的时候，脸上、手上都有很多深深的勒痕，几乎是“伤痕累累”。

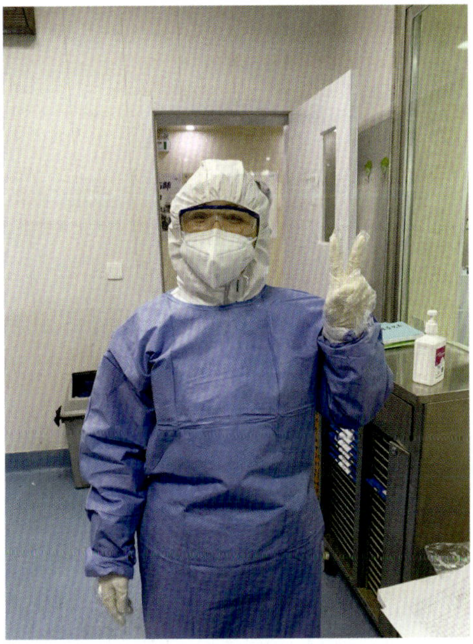

家乡的疫情始终牵动着陈鹏的心，他每天下班后第一时间就通过视频联系父母，询问父母的生活情况和身体状况，向父母讲解一些防疫知识。疫情严重的时候，父母也十分担心他，往往聊着聊着就泪目了。谈及此，陈鹏几度哽咽，他说：“我虽然十分担心父母的身体健康，但是我不能离开，我已经将那曲视作我的第二故乡，我不能辜负党和那曲人民对我的信任。没有国，哪有家。”

“苟利国家生死以，岂因祸福避趋之。”与同龄人一样，陈鹏是个还需要父母关爱的孩子，也是父母最牵挂的孩子；可在援藏一线，他勇敢地冲在了前面，为人民的健康而努力工作，为国家的需要而奋不顾身。他是同事最信任的好搭档，是患者心目中的好护士；他也是那曲市人民医院优秀的小战士，他还是最有担当的“95后”新时代青年的楷模！

（浙江省高校毕业生就业创业指导服务中心供稿）

医心医意，医路向前

——衢州职业技术学院姚仙草事迹

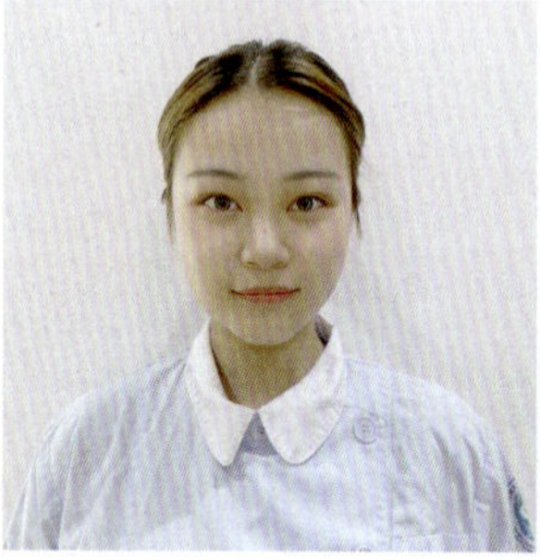

姚仙草，衢州职业技术学院2014级护理专业学生，在校期间曾多次获得“三好学生”和“优秀学生干部”称号。

新年之际，本应阖家团圆幸福美满的日子，一场没有撤退可言的战“疫”悄然打响……春节刚过不久，宁波市第九医院就下达了援鄂报名通知，让有意向的医护人员立刻报名，随时准备出发前往湖北，宁波市第九医院ICU护师——姚仙草毅然报名了。

姚仙草2017年毕业来到宁波第九医院工作，经过轮转考评，因成绩突出被留在重症医学科至今。虽然只有短短两年，但她专业技术扎实过硬，待病人如亲人，得到很多病人及家属的一致好评，曾被评为医院的优质护理服务先进工作者。支援武汉时，团队接管华中科技大学武汉同济医院光谷院区两个病区，共收治患者173人，其中危重42人，重症127人，治愈出院158人，治愈率91.3%，两个院区分别在2020年3月28日和3月30日结束病区工作，3月31日返回宁波。

心系灾情，冲锋在前

“疫情发生后，我每天都刷微博、看新闻，眼瞅着确诊人数不断增加，我心里又急又难过，当时就报名来支援。”

没过多久，姚仙草便被选中，加入宁波市第四批援鄂医疗队。仙草是家里的独生女，得知自己能去武汉后，她并没有第一时间和父母说，就怕他们担心。“想留在父母身边，但武汉更需要我。”她在心里对自己说。

等正式出发前，仙草爸爸得知消息后，偷偷发微信给她，微信中只有简简单单的一句话：“照顾好病人，也照顾好自己，我们等你平安回来。”从未出过远门的她，一度哽咽…… 面对担忧却默默支持自己的父母，姚仙草在心底默默下定了决心“非常时期，医护人员就是战士，就应该到前线去”。

2020年2月8日，元宵节当天，姚仙草有了一个全新的身份——宁波市第四批援鄂医疗队队员。她毅然飞往前线，成为了最美的宁波天使。

临危不惧，患难与共

刚到武汉，仙草就被严峻的灾情震惊了，原本应人流熙熙攘攘的城市，如今却萧条得让人心疼。医院内，物资匮乏、床位紧张，令已有临床经验的她都有些手忙脚乱。投入到繁忙的工作中后，仙草深切地体会到了前线医务人员的艰辛：口罩勒得鼻梁和脸颊生疼、密不透风的防护服下汗水湿透衣裤、长时间不喝水不上厕所、吃饭像打仗……平时几秒钟就能完成的操作现在可能需要几分钟，甚至几十分钟。但是想到并肩作战的同事们，想到被病痛折磨的患者们，想到在家等着自己回去团圆的家人们，仙草的内心又升腾起无限的勇气和信心。

2020 年 2 月 15 日那天，武汉飘起了鹅毛大雪，室外温度降到了零度以下，那天的班是从凌晨三点到早上九点。刚下班的仙草脱下防护服时，里面穿的贴身衣服轻轻松松就被拧出了一摊水。她开玩笑地说："这下减肥也省了！"视频中的她，原来圆润的小脸蛋已瘦了整整一大圈，而且鼻子上、脸颊两边都不同程度地"挂了彩"，唯一不变的是她灿烂的笑容，如春天般温暖，不仅给患者带去希望，更为远在家乡的同事和家人带来一丝宽慰。

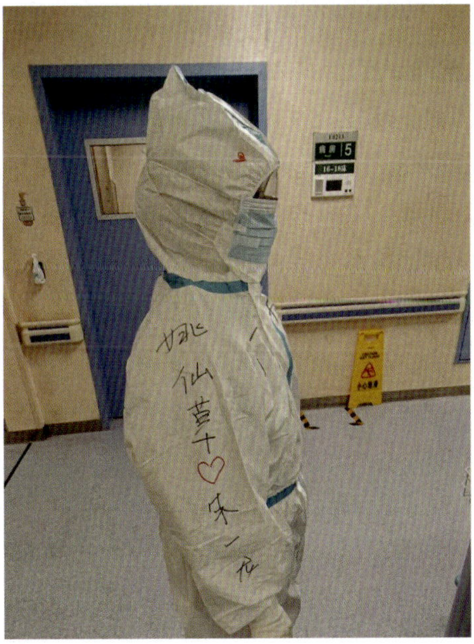

十几天奋战下来，仙草已经能做到心里有底、手下不慌，戴着两层手套，也能快速摸到静脉进行抽血，穿上厚重的防护服，也不影响倒水送饭。在抗疫工作中，仙草真切地感到自己不是一个人在战斗，而是与一群人相互扶持，并肩作战，她放心地把自己的安全托付给对方。每每想到这一点，她心里总会涌入一股暖流，工作又有了动力。

无私奉献，关怀备至

自封闭工作以来，仙草始终密切关注着每一位患者的心理健康，她主动与他们交谈，悉心照料他们，竭尽全力缓解他们对病情的担忧和无人探望的孤独感，为每个患者答疑解难，成为了患者们的心灵驿站。

在仙草的细心照顾下可以明显感觉到许多患者变得更积极乐观了。有一天她给一位大叔送药，大叔突然说了一句："你们都来了十几天了，想家吧？等疫情过去了，你们再来武汉我给你们当导游。"仙草鼻子一酸，却还是露出微笑，"当然想家，但这里更需要我！"

不辱使命，凯旋归来

春暖花开的4月份，仙草终于结束任务，与阔别已久的家人、同事团聚。回想起这次援鄂经历，她仍然印象深刻，她第一次体会到了站着都能睡着的感觉，但是她心里总有支持着自己的动力，因为知道自己在做一件很有意义的事情，虽然非常疲劳，但是她心里格外充实。她很庆幸自己当初的决定，她永远都不会忘记这次经历，24岁的仙草在这几个月间又成长了许多。

肆虐的疫情迫使人与人只能隔着口罩和防护服相见，但齐心协力的抗疫战争却让心与心之间的距离更加近了。越是苦难的时候，越让人体会到真情的可贵。层层防护服和口罩之下，病人看不到每一位帮助他们的护士的模样，但正因为有像姚仙草这样无私奉献的逆行者们挺身而出，不畏艰险，抗击风雨，才能迎来彩虹。

（浙江省高校毕业生就业创业指导服务中心供稿）

爱驻夕阳，他活出了青春该有的模样

——宁波卫生职业技术学院楼凯事迹

楼凯，男，1998 年 12 月出生，宁波卫生职业技术学院 2020 届老年保健与管理专业毕业生。在校期间，该生在多方面表现突出，曾获国家励志奖学金、浙江省政府奖学金、浙江省职业院校“挑战杯”创新创效竞赛特等奖、浙江省职业生涯规划大赛一等奖，被评为“宁波市大学生励志标兵”“宁波市向上向善好青年”。在校的前两年，他参加养老志愿服务 124 次，服务长者 2144 人次。2019 年 7 月，他进入上海慧享福养老服务有限公司实习，目前已正式入职该单位担任助理站长。

一、另类“逆行”，放弃假期坚守长者服务岗位

作为一名中共预备党员，楼凯非常注重理论联系实际，并形成了乐于奉献、求真务实的作风。自 2019 年 7 月开始进入实习岗位开始，经过了照护师、康复师、护士、销售、助理站长等一系列岗位的锻炼，楼凯出色的养老服务技能和不辞辛苦、甘于奉献的品质得到了单位的高度认可。2020 年春节假期其单位因为疫情将正式闭园，考虑到春节假期员工少但工作任务又因为疫情而加重，作为预备党员和助理站长的他主动放弃了春节休假，以某种意义上的“逆行”姿态心甘情愿地坚守岗位，连续在机构中为老人们服务了一个多月之久。

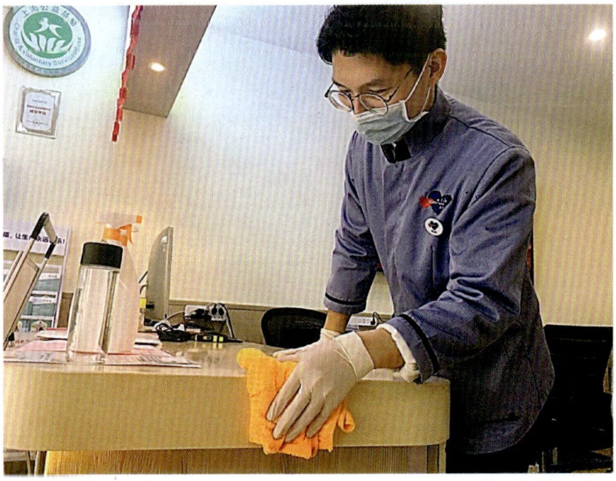

那段时间里，作为助理站长的楼凯每天都会和同事们在保证安全的前提下通过晨会培训商讨每日的照顾计划，想方设法消除长者们的恐慌，通过为老人们提供贴心的服务，减少老人们的思家之情。此外，他还亲自帮老人们测量体温 1000 余次，每天他

都会主动加班，24 小时不间断地协助防控可能出现的疫情风险，经常在小小的园区里一天走出 20000 多步。因为担心老人们的身体状况，他还经常失眠，实在睡不着时他就凌晨到园区里去巡查。得益于他和同事们的细心照顾，老人们都未出现发热等不良状况！

楼凯在疫情期间牺牲春节假期，坚守岗位为老人们服务，真正体现了一名中共预备党员为他人服务、无私奉献的精神，真正践行了习近平新时代中国特色社会主义思想，因而他的事迹也得到了“浙江在线”等媒体的报道。

二、爱驻夕阳，不辞辛苦投身于养老服务事业

楼凯在疫情期间心系老人的暖心表现是其一直以来专心于养老服务事业的缩影。他从小由奶奶一手带大，因此长大后他也喜欢陪伴老人！在实习之前，他在校的两年时间里参加了养老志愿服务 124 次，服务长者 2144 人次。曾经有一位他所服务的阿尔茨海默症患者奶奶称赞了他，这让他永远难以忘怀，他在自己的微信中写道：“我的专业让我特别想做下去的一点，就是有爱，我们的爱不仅可以帮助自己的奶奶，帮助亲人，也可以帮助更多的人，更多的家庭。一个人负重前行，一个家庭负重前行，不如我们携手，为爱同行！”

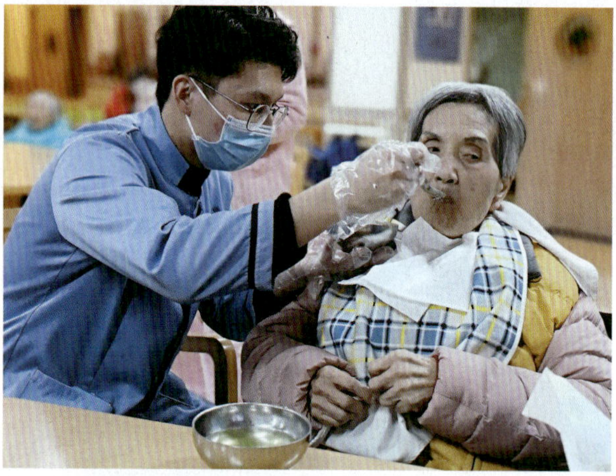

此外，在老师的指导下，他以养老服务相关主题的项目参加了各类比赛，获得了包括浙江省第七届职业院校“挑战杯”创新创效竞赛特等奖、第十一届浙江省大学生职业生涯规划大赛一等奖、校级“51 创”一等奖在内的多个重量级奖项。他还取“拾取初心、助老圆梦”之意创办了“拾圆”老年用品精选店，希望通过专业知识为客户选取最合适的养老用品！

三、向上向善，以坚强励志笑对生活之困难

楼凯成长的过程中，没能有父母的陪伴，家庭经济状况也非常困难。面对生活之艰难，他没有退缩，反而用坚强、励志的奋斗成长史为自己的青春书写了闪亮的一笔。

浙江

在校期间，他不仅狠抓专业学习，各科成绩名列前茅，还担任健康服务与管理学院团总支副书记、班级团支书，在为广大同学服务的同时，也提高了自身的综合素养。他带领广大团员青年成功创建并荣获“宁波市五四红旗团总支”荣誉称号。作为学“习”小组组长，他暑期带领全体成员在余姚横坎头村进行大学生社会实践活动，受到《浙江教育报》、《宁波晚报》、《现代金报》、甬派客户端等多家媒体报道。他负责的“青春伴夕阳”志愿服务项目在2018年度全国高校陪伴实践活动中荣获最佳组织奖，是全国唯一一个获奖的高职院校。他主动参加全国技能大赛，锤炼自己的专业知识和技能，获“人卫杯”2019全国职业院校老年保健与管理专业技能竞赛一等奖。

正如学校领导的评价，楼凯同学的成长经历可使每一个人得到启发，而他在疫情期间的实际行动，更是充分阐述了“仁爱、健康”校训精神，诠释了“敬佑生命、救死扶伤、甘于奉献、大爱无疆”的职业精神！

（浙江省高校毕业生就业创业指导服务中心供稿）

安徽

ANHUI

我青春的锦绣，缀满白色格桑梅朵

——中国科学技术大学罗艳事迹

安徽

罗艳，女，汉族，云南红河人，中国科学技术大学 2016 届硕士毕业生，通过专项招收区外高校非西藏生源毕业生进藏到基层一线工作项目，被录用分配到西藏自治区山南市乃东区泽当镇，现任泽当镇四级主任科员。在她的带动下，2016 年首次有中科大毕业生选择赴西藏基层工作。

寻梦藏地，再见乡愁

7 月的清风，唤醒高高的牧场，唤醒飘动的铜铃，千千万万个晴天浓缩成一滴泪珠，坠落山谷，流淌出一株人间的碧珊瑚——那就是美丽的羊卓雍措，嵌在山峦之间的一块碧玉，它诉说着古老而美丽的传说……

也许是伴湖千年的斑头雁对鸣的情思，深深打动了她；也许是驻守雪域的藏獒藏起的神秘，深深吸引着她；也许是碧空中飘荡的洁白哈达、青山上流淌的格桑花溪，深深牵绊住了她，那个从滇南走来的姑娘，走过中科大安静的校园，穿越大半个中国，向西奔往美丽的雪域高原西藏。

硕士毕业的她没有选择北上广深，也没有选择继续深造，而是选择了海拔高、氧稀缺、条件差的西藏，扎根基层，就像白色的格桑梅朵，看似娇弱，却在呼号的狂风中更显强劲，在贫瘠的土地上更显生机。

她的选择出乎所有人的意料，当被问起时，她的内心就似雪域高原上的湖泊清冷可鉴，她说："恰似一种乡愁的召唤，我唯有西行。"

她的西行已经不是第一次。本科毕业，她就加入了研究生支教团大家庭，和队友们一起前往"风吹石头动、地上不长草、天上没只鸟"的西海固地区支教一年。一年时间太短，她结下的情缘在续，她对土地的眷恋更切。

2016 年，她再次西行，走向条件更加恶劣的雪域高原。脚步踏上这片热土的刹那，她满心涌动的是和藏地日光一样暖热的泪。天空纯粹的蓝、大地洗练的壮阔、山谷里藏着的碧湖、湖畔如云的羊群，还有那飘荡缠绕的洁白哈达，无一不在告诉她——是命运引她走向格桑梅朵盛开的雪域高原。

她选择的是一条充满期待和希望的成长路，她当时只有一个念头：自此，我就是雪域的孩子，我希冀着，在这个不平凡的地方遇见不平凡的生命，感受不平凡的相遇，在熟悉的平凡中完成自我的平凡，我已经准备好，在这片热土上挥洒最炙热的青春，沦陷最深沉的爱恋！

织梦藏南，一匹生命的锦绣

7 月的藏南，青山如黛，碧水比鉴。紧锣密鼓的任前培训后，她被分配到藏南，来到山南市泽当镇基层一线，开始扎根之路。

山南地处雅砻河谷，被称为藏源之源，这里流传着一个美丽的故事，栖居密林以果实果腹的小猕猴与居住岩穴食肉为生的罗刹女，联姻繁衍出雅砻儿女。

泽当镇坐落在两山之间，雅砻河穿镇而过，藏源文化沉远奇古，雅砻人民热情质朴，正可谓是人杰地灵，对青年人来说，是大有可为之地。尤其，西藏是全国唯一的省级集中连片贫困地区，解决贫困问题要只争朝夕，基层工作人员必得负重致远。

古语有云，志于道、立于礼、依于仁、游于艺、成于乐，正当青年。她身在泽当、扎根泽当，从零开始学起、从基础开始做起，做好守心、养性、善为的功课，完成不同角色的转变，用实际行动践行好习总书记"加强民族团结、建设美丽西藏"的重要指示精神。

做深"守心"的功课，从一名共青团员成长为共产党员。在基层工作四年来，她始终保持"政治定心"，做到立场坚定；始终坚守"责任之心"，恪尽职守，敢于迎难而上；始终树牢"团结之心"，像爱护自己的眼睛一样爱护民族团结；始终承继"奉献之心"，克服思家之切、稀氧之缺、高海拔之艰，立足本职、勤勤恳恳；始终坚定"必胜信心"，把困难和挫折当做"磨刀石"打磨自己的躁性、戾气。她就像格桑梅朵一样，俯下身子、放下面子，以久久为功的韧劲，把实干、苦干、巧干融入工作始终，完成共青团员到共产党员的蜕变。

安徽

做足“养性”的功课，从一名学子转变为终身学习者。这个时代瞬息万变，稍微松懈，就会跟不上时代的步伐，作为青年人，更要养成终身学习、终身成长的习惯。在基层工作四年以来，她始终不放松对“生命”这个大学问的精修，坚持精读“人生”这本书：读有字之书，收获理论武装，并将之融于日常实践；读无字之书，积累人生智慧，涵养踏实善思、吃苦耐劳、宽厚爱人的品性；坚持读懂“事业”这本书，积极完成大学生向基层公务员的角色转变，融入泽当社会、服务泽当发展，以细水长流的点点滴滴构筑人生规划的新蓝图；坚持思考“发展”这本书，树立理想追求，把个人的发展融入泽当经济社会发展事业中，做到服务和成长两手抓，完成学生向终身学习者的蜕变。

做实“善为”的功课，从一名“菜鸟”成长为训练有素的秘书。从文件收发到文件印制、从会议组织到沟通衔接、从信息编写到材料起草，她一步一个脚印，克服困难、求知好问，从不会到会，再到熟练，进而迈向精通精进，在这个成长历程中，她始终秉持分内工作追求精益求精，以零错误、零延误、零失误为标准要求自己，不断锤炼自己的执行力、战斗力、抗压力、处变力；始终秉持融入发展力求尽心尽力，用好传播学专业素养，拓宽思路，创新机制，为泽当宣传工作注入新活力。她助推所在县在全市信息工作中由追赶者变成领跑者，并被自治区选为信息直报点；始终秉持深入基层做到脚踏实地，在全县的脱贫攻坚工作中，积极践行进村入户为民服务，并有幸结到一名同龄的帮扶亲戚。现在，她终于名正言顺地成为雅砻儿女，在西藏有了一个大家庭：一个老母亲、一个姐姐、两个6岁的孩子。就像与家人久别重聚一样，她拉着老阿妈的手说：“阿妈啦，从此你就是我藏地的阿妈。”

如果把生命比作一匹锦帛，时间是丝线，那么，在她灵思巧手的梭机下，织出的一定是一匹华美的锦绣，缀满白色格桑梅朵。

（安徽省大中专毕业生就业指导中心供稿）

用脚步丈量华夏大地，把青春融进祖国山河

——滁州学院侯宏波事迹

侯宏波，男，出生于1991年，2016年7月毕业于滁州学院，同年7月主动报名参加大学生志愿服务西部计划，成为一名光荣的西部计划志愿者，曾服务于山南市人大常委会。带着诗和远方，挥洒着青春，结束了自己三年的西部计划志愿服务后，他主动申请留藏工作，继续扎根在祖国西南边陲的基层亲近大地、熟悉百姓、了解国情，锤炼自己的意志和能力，贡献自己的青春和热血，书写自己长期建藏的忠诚与担当。

一、默默奉献基层，在履职尽责中唱响志愿服务西部计划主旋律

大学期间，有着多次志愿服务经历的侯宏波，早在心中埋下了响应国家号召去西部工作的种子，唱响“到西部去，到基层去，到祖国最需要的方去”志愿服务主旋律。2016年6月，刚办完大学毕业前各项手续的侯宏波，没提前和家里人商量，就独自带上在校期间所获荣誉及证书，敲响了学校团委办公室的大门，主动报名填写了《2016年大学生志愿服务西部计划西藏专项志愿报名登记表》。凭借着在校期间的优秀表现，经过严格评审，他被成功招募为大学生志愿服务西部计划西藏专项志愿者。在顺利通过各项检查之后，他和30多位小伙伴一起，依依惜别家乡，豪情满怀地来到藏文化的发源地西藏山南。在经过高原反应“见面礼”的考验后，带着激动、惊喜、惶恐与不安，他在藏族同事的悉心指导下，开始了解西藏历史、文化和民俗风情。在藏工作学习中，他努力发扬“老西藏精神”，养成了坚韧不拔、积极向上、乐观豁达的生活态度；在日常生活中，他经常和当地藏族同胞一起唱藏族歌、跳藏族舞，和他们建立起了深厚的友谊，渐渐融入他们的生活。

在志愿服务的三年里，他既担任过团市委团支部书记，也兼任安徽籍西部计划志愿者队长。在完成好本职工作之余，他积极筹备并参加市项目办牵头组织的各项活动，带领团支部成员积极协助配合团市委举办“奋斗的青春最美丽　徐本禹成长分享会”，带领团支部成员积极协助配合团市委协办大学生志愿服务西部计划西藏专项志愿者服务管理电视电话会议，签订志愿者安全健康管理责任书等。同时，他还积极组织安徽籍志愿者参加共青团安徽省委领导莅临山南慰问座谈会，牵头完成志愿者团支部规章制度的起草、修正，积极参与中央各项政策、精神的宣讲活动，并被评选为“山南市优秀西部计划志愿者”。他倡导的“西部计划志愿者，既是‘美丽山南’的建设者，也是享受者；既是‘西部计划’的实践者，也是宣传者；既是西藏的‘异乡人’，也是西藏与内地的联系人。我们像星星之火一样聚集起来，竭尽所能发光发热，用奉献与热忱贡

献着自己的力量、实现自身的价值”的志愿者服务理念，至今仍被山南历届西部计划志愿者们所肯定和坚持。

二、强化责任担当，在积极主动作为中坚定政治立场，提高思想认识

加强民族团结是各族人民群众的共同愿望，是各民族的生命线，是推动各项事业前进的必然要求，西藏高寒缺氧、条件艰苦、处于维护国家统一、反分裂斗争的主战场。这就要求在藏的各族人民要做遵纪守法的好公民，在事关国家统一和各民族根本利益的大是大非问题上，认识不含糊、态度不暧昧、行动不动摇，用自己的一言一行切实维护好民族团结，维护好祖国统一。在志愿服务的三年里，他在思想和行动上时刻以一名党员的高标准要求自己，积极向党组织靠拢，认真学习，在维护祖国统一、反对民族分裂、深入揭批达赖分裂集团阴谋等大是大非问题上立场坚定、旗帜鲜明，始终坚持稳定压倒一切。三年在藏生活摔打磨炼强意志、三年受党教育坚定立场当先锋，在结束志愿服务之际，他完成了从“思想上”入党到“行动上”入党的人生蜕变，光荣地加入了中国共产党，成长为一名党的“好战士”。三年里，在重大节日和敏感节点的维稳戒备值班等工作中，他始终把维护稳定作为首要职责，始终把上级交代的维护稳定的任务落到实处。同时，牢固树立维护稳定没有局外人的思想，并在行动上坚决维护祖国统一和民族团结，敢于旗帜鲜明地发声亮剑、针锋相对地批评、抵制各种分裂言行，真正做到了言行一致、表里如一，自觉站在反对民族分裂、维护祖国统一、维护社会稳定的第一线。

三、脚踏实地钻业务，在尽职尽责中奠定一生的职业发展基础

在三年的志愿服务工作中，为了当好助手，他协助办公室主任抓好两级机关党组党建工作，在认真完成“规定动作”的基础上，他结合工作实际，创新开展了各项工作，主要体现为协助创办了《山南人大之声》等宣传人民代表大会制度、民族区域自治制度及其在山南生动实践的宣传刊物。在经过多次跟班学习掌握工作程序后，他可以独自担纲统筹协调各级人大来山南调研、考察，出色完成了白玛赤林副委员长及对口援藏支援山南建设的“三省”各级领导莅临山南考察的各项接待任务。他还协调省（自治区）级人大赴山南开展各类专项检查、执法检查、立法调研、专题调研等，多次参加自治区“两会”、市“两会”的会务筹备及服务保障工作，以及千余场市人大各类会议的服务保障工作。他严谨细致、脚踏实地钻研业务，孜孜以求、积极追求进步，精益求精、扎扎实实提高能力的务实工作作风，得到了山南人大各级领导及“三省”援藏领导的广泛赞誉，也让他在尽职尽责中奠定了一生职业发展的基础。

四、真情融入边陲，在服务基层中体现人生的价值

2019年年初，已在市人大多岗位锻炼三年的他，即将结束志愿服务工作走向职场的下一站，他婉拒了山南多个县（区）人大的工作邀请后，主动申请到海拔5373米的浪卡子县普玛江塘乡人民政府工作。普玛江塘乡，是全世界海拔最高的行政乡，号称“世界之巅”，距离不丹王国仅25公里。那里平均海拔5300米的艰苦环境和极其恶劣的气候给了他别样的体验，处于风口的乡政府冬季长达9个多月，年平均气温仅有零下7℃，空气含氧量不足海平面的35%，晚上睡觉盖四床被子，洗澡要到百公里之外的县城才可以，呼出的热气很容易在被子上变成一层薄薄的霜，基本上每天都会下雪。但他深刻认识到自己工作的重要性，始终坚持“艰苦不怕吃苦，缺氧不缺精神”，用“与其苦熬浪费生命，不如苦干燃烧青春”的责任担当，克服高反失眠、低温缺氧、强紫外线等诸多困难，毅然决然地在世界海拔最高的乡奉献，用信念锻造无悔青春，用深情诉说对党和国家最绝对的忠诚。

2016年的那个并不遥远的夏天，对于长期身处高海拔而导致记忆力减退的他而言，似乎是“有点遥远”了。那年夏天，48个小时的火车一路从安徽到西藏，从满眼繁华到满目苍凉，回顾这些年的在藏生活，他说，在西藏这片举目无亲的高天厚土之上，我用三年的时间，实现了思想转型、身份转换、生活转轨、工作转变。这其中，既有高原缺氧、孤独寂寞、道路艰险、气候恶劣、语言不通、紫外线暴晒等诸多不适之苦，也有和当地人从一开始的“恐惧”，到后来逐渐变成可以依赖的亲人的快乐，这种援助在边疆、工作在雪域、奉献在高原的充实感，是其他快乐所无法比拟的。

“远在5000公里外的家人，永远是我坚定信心决心、保持干劲拼劲的‘强力引擎’，也是支撑我在藏工作生活最澎湃的‘力量源泉’和最坚强的‘心灵支柱’。虽然普玛江塘的夜很静、天很蓝，但雪也很大，日子会有些孤单。也许有人不明白我的选择，但我知道，别人拥有的我将来都会有，但我所拥有的、所经历的，他们一辈子都不会拥有和经历。不同时代的青年有着不同的际遇与机缘，是西藏给了我平台与机会，我才可以从一名生活在和平年代的普通大学生，来到社会与时代最需要的地方，成长为一名用脚步丈量华夏大地，把青春融进祖国山河的不忘真我初心、牢记时代使命的新时代青年。”这是侯宏波2019年第一次在西藏过春节时在除夕夜日记里写下的一段话。

（安徽省大中专毕业生就业指导中心供稿）

闪亮的日子，青春该有的模样

——安徽冶金科技职业学院陈卓事迹

陈卓是安徽冶金科技职业学院2014级护理专业的一名学生，在学习期间就表现出了极大的先进性，因为喜欢志愿服务，所以他加入了系学生会志愿者部，并成为了部长。每每学校开展活动，他总是冲在前面，协助老师做好各项准备，带领同学们做好志愿服务，他认真负责的态度得到了同学们的一致好评。

2017年毕业后，陈卓如愿考入安徽医科大学第一附属医院，成为一名手术室护士。虽然工作十分辛苦，每天从早到晚都排满了手术，但陈卓活泼开朗，敢作敢为，胆大心细，不拘小节，作为一名男护士，他展现了非常好的体力和专业精神。例如口腔科的舌癌、脊柱的侧弯、普外的腔镜胰十二指肠、胸外的食管癌等手术，他总能发挥出体力好的优势。同时，陈卓还有他细腻的一面：比如长时间手术时他会把硅胶垫、大棉垫、泡沫贴、凡士林纱布等，垫在患者在尾骶部、枕后、足跟等易压疮的部位进行防护，还会在术中去更换夹在手指的氧饱和度仪，也经常提醒麻醉医生，在睡侧卧位、俯卧位的时候，电极片电极线不要压在患者身下，尽自己的全力协助好每一台手术。陈卓工作已经将近三年，他已成长为一名优秀的护士，在岗位上坚持自己的理想。

2020年，一场突如其来的新型冠状病毒肺炎席卷全国，农历新年的钟声还未敲响，防控的任务已接踵而来。医护人员放弃春节假期，投入到了紧张的防控工作中，成为了最美逆行者。从年前开始，陈卓就放弃了休假。他主动坚守岗位，一连十几天都没有好好休息过。2月12日深夜，陈卓突然得知医院紧急通知，全院召集137名有急诊、重症、感染、呼吸等相关科室工作经验的员工。虽然此刻他还不知将要去往哪里，但直觉告诉他可能是奔赴武汉抗疫一线。陈卓立刻拨通了领导的电话，没有任何的客套与寒暄：“护士长，我要报名！”电话另一端沉默了几秒后：“你可知道去哪里？你做好准备了吗？你家里同意了吗？”“家里同意我去一线，我做好了准备。”“行吧，我把你名字先报上了。”电话那头传来了同意的声音。

带着一颗紧张激动的心，陈卓躺在床上辗转反侧，一夜无眠。13日清晨，他与家人一块儿简单收拾了一下行囊，就奔向医院集合，这时他才知道是根据国家卫健委12号紧急文件，组成医院第五批（安徽省第四批）支援湖北医疗队，整建制接管华中科技大学同济医学院附属协和肿瘤中心，承担新冠肺炎（重型）患者救治工作。短短的几个小时，137名队友就集合完毕，整装待发，带着科室准备的医用防护物资、生活物资来到了机场，踏上了援鄂医疗的征程。随着飞机的轰鸣，晚上19点多他们降落在荆楚大地，这意味着医疗救援工作已经开始。走出航站楼的那一刹那，看着不远处衣服颜色鲜明而迥异的多个方队集结，陈卓说，也许这就叫风雨同舟，一方有难八方支援。

机场大巴载着他们奔向武汉城区，本来应车水马龙、川流不息的武汉仿佛被按下了暂停键。目光所及之处，只有街口停放的警车和三三两两的环卫工人依然坚守着岗位。空气中弥漫着消毒水的味道，所有人都屏住呼吸，默默无言。大家都知道自己来这里的使命和担当。这座城市正面临着一场巨大的、史无前例的疫情浩劫。一起去的战友们，每次上班前都会一个个互相帮着戴口罩、缠胶带，细心检查哪里还没有防护好，甚至一根掉出来的头发都不放过。团队的紧急培训和群内的声声叮嘱，让他明白防微杜渐的重要性。还未上战场，战士不能先倒下，他与队友相互鼓励、相互支持。

记得一次交班时，同事叮嘱他，有名患者由于年纪较大，神志不大清楚，语言沟通不畅，可能有轻生的念头。陈卓当天的重点工作就是对他进行心理疏导。重任落在肩头，在他和队友们的耐心开导以及病友们你一言我一语的安抚下，患者慢慢恢复了信心。病床上的老爷爷已经发烧几天了，呼吸还有些困难，却依然保持着微笑，声音嘶哑着半天挤出的一句"谢谢"让他非常感动。陈卓说："我不是什么英雄，能够亲临一线，用自己学到的专业知识和死神抢人是幸事。在工作中我有时候会觉得自己很渺小，我多么希望这里所有受难的病人都能够一夜康复，回归他们美丽而熟悉的家园。"

陈卓和同事们每天需要戴着口罩、护目镜，穿着厚重的防护服、隔离衣长达 6～8 个小时，做着各项护理和感控工作。平常看似简单的一个操作，在穿着防护服的情况下却会令人汗如雨下。为了节省防护服，他们在这段时间内不能吃喝，他说："虽然很累，但是值得！我一定不辱使命，尽职尽责，圆满完成此次援助任务。"简单朴实的话语，体现了"逆行者"的奉献与担当！经过一个多月的战斗，陈卓终于顺利完成任务，返回了他的家乡。据他回忆，自 2 月 13 日安徽医科大学第一附属医院组成医院第五批（安徽省第四批）支援湖北医疗队，整建制接管华中科技大学同济医学院附属协和肿瘤中心，承担新冠肺炎（重型）患者救治工作以来，医疗队共救治新冠肺炎患者 82 例，其中重型 37 人，危重型 7 人，重型转轻型患者 36 人，危重型转重型或轻型 4 人，好转率 97.6%。成功救治患者平均年龄＞65 岁，年龄最大者 93 岁，取得了高治愈率、低死亡率的佳绩，全体医护人员"零感染"。作为白衣战士，他们以科学严谨的态度、精湛的诊疗护理技术，以及专业忘我的精神和崇高的医德，救治了无数患者，也收获了武汉人民的高度赞誉。

陈卓说，在这一个多月的时间里，每天都在与时间赛跑，与病魔较量。"这段时间有风有雨、有血有泪、有生有死，但只要我们风雨与共，同舟共济，没有什么困难是克服不了的。我为我们这支队伍自豪，也为武汉人民自豪！"沧海横流，方显英雄本色；疫情如火，"逆行者"迎难而上！陈卓虽然是一名普通的"95 后"护士，也是这次疫情当中万千抗疫人员中的一员，平凡的事业，平凡的岗位，不平凡的是一颗无私奉献于医疗事业的心。陈卓用自己的实际行动，描绘了一个年轻人该有的模样，成为了这闪亮的青春中最好的自己。

（安徽省大中专毕业生就业指导中心供稿）

藏区践初心，青春绽基层

——安徽师范大学张阿奎事迹

安徽

张阿奎，男，汉族，安徽阜阳人，中共党员，1991年8月出生，2016年7月毕业于安徽师范大学物理与电子信息学院自动化专业，大学期间担任12级自动化1班团支部书记；在校期间曾获校级奖学金、暑期社会实践先进个人、三好学生、全国大学生机器人竞赛选拔赛国家三等奖、优秀团干、优秀学生干部、优秀毕业生等荣誉、称号。2016年7月，他主动报名"西藏专招"并通过组织选拔考核成为一名基层公务员，被分配到西藏自治区山南市乃东区泽当街道办事处工作，后进入乃东区政府办公室跟班学习。

一、以初心使命坚定无悔选择

2015年10月，还在读大四的张阿奎像很多即将毕业的大学生一样，面临就业和继续深造的抉择。获得全国大学生机器人竞赛选拔赛国家三等奖的他，专业知识扎实，求职技能突出，在大四上学期就已经签约到国家重点高新技术企业、国家汽车电子工程技术中心——埃泰克汽车电子（芜湖）有限公司，进入该公司项目设计部。但是作为一名中共党员，他始终牢记党的宗旨，关注着祖国的发展需要，渴望着哪怕用最简单的方式去践行一名共产党员的初心使命。

2016年5月，一个来自学校的关于申请去西藏工作的通知让他心动不已。他立刻向学校申请，上报相关材料，一路过关斩将，顺利通过一轮轮面试和最终体检，成功进入进藏人员名单。在很多人看来，去西藏工作是一个大胆的想法，高寒缺氧，气候恶劣，远离亲人，孤独无依，这些问题的糅合，甚至让他在临近出发去西藏的前五六个晚上彻夜难眠。但最终，作为共产党员的他，按照组织的安排，遵循自己的承诺，还是决定了去西部、到西藏、下基层，到祖国最需要的地方绽放青春、点亮梦想。就像他出发前在学校举办的欢送会上说的："每个人都有一个西藏梦。在我看来，让我坚定选择的，是信仰的力量、人生的追求、初心的召唤、使命的坚守，深谷中依然能盛开幽兰，石缝中也能长出参天大树，我相信在西藏广阔的天地里，必将会绽放青春，迎接芳华，我无悔于我的选择！"

二、用干事创业践行使命担当

2016年7月，带着梦想和憧憬，张阿奎毅然踏上了去西藏的征程。7月的西藏气候宜人，一路蓝天白云，碧树花海，好似另一个人间。那一瞬间，他便深深地爱上了这里。2016年9月，经过两个月的短暂培训，他被组织安排到区政府办公室跟班学习，主要从事文秘工作。对于一个理工科学生来说，从数字到文字是一个艰难的跨越。为了更好地完成工作任务，他始终把学习贯穿于工作全过程，通过实践不断积累经验，在犯错中努力摸索，在避免犯错中不断提升自我，以一个理工人的严谨和一个外行人的危机感、紧迫感不断学习驾驭文字工作，很快适应了政府办公室的工作节奏和标准要求，形成了自己独特的材料风格，在近四年的工作中先后参与了政府各类大型材料的起草和定稿，先后独立完成各类调研报告7篇，顺利实现了一个理工男向文秘工作者的转变。办公室岗位是一个辛苦的岗位，每天加班加点、没日没夜是最基本的工作常态。作为一个幕后工作者，他很多时候虽然没有直接接触具体工作，但他始终关心西藏发展，通过深刻把握政策，结合地方实际，为发展建言献策，为领导决策提供科学依据，同样发挥了作用，实现了价值。工作四年来，他先后被评为乃东区2016年度“优秀共产党员”，2018年度乃东区“宣传思想文化工作先进个人”，2017—2019年度连续三年被评为“优秀公务员”，还荣立三等功一次。

三、让情怀奉献激励无悔人生

虽然近年来在党中央的亲切关怀下，在援藏省市的大力支持下，在西藏广大党员干部群众的共同努力下，西藏经济社会发展取得了显著成效，但对比其他地区，西藏的整体发展还相对落后，综合条件还存在差距，基本医疗、公共文化服务等方面还难以有效满足人民群众的实际需要。西藏条件艰苦，但作为一个党员、一名基层干部、一个从农村走出来的孩子，张阿奎更加渴望西藏的经济社会快速发展，西藏的明天更加美好，西藏的人民更加幸福！这种渐渐融入血脉的家国情怀一次次激励着他坚定前行，安下浮躁的心，努力在这辽阔的青藏高原搏击长空，展翅翱翔，奋力书写人生的篇章。他说：“在西藏工作要有情怀，有情怀才有激情，有激情才能不怕苦、不怕累，聚精会神干事创业。”尤其是在新时代，把西藏建设好、发展好、稳定好，不断推进西藏经济社会发展、民生改善，努力建设一个和谐美好的新西藏，是为民族团结事业添砖加瓦，更是为中华民族伟大复兴尽一份力；在广袤的西部践行初心使命，在最需要的基层体现人生价值，是新时代对一个青年人的最高礼赞。

习近平总书记指出，“青年一代有理想、有本领、有担当，国家就有前途，民族就有希望”，强调“无论过去、现在还是未来，中国青年始终是实现民族伟大复兴的先锋力量”。新时代赋予新使命，作为新时代青年人，更应该牢记“现在，青春是用来奋斗的，将来，青春是用来回忆的”的谆谆教诲。年轻的“90后”们已经不再是娇滴滴的一代，脱贫攻坚、疫情防控已经成为年轻一代的主战场，年轻人更应放眼中国，扎根基层，到祖国最需要的地方去奉献，做一个无悔的追梦人，以初心践行使命，用情怀砥砺前行，努力让人生更加丰满、更具魅力。

（安徽省大中专毕业生就业指导中心供稿）

青春绽放在脱贫攻坚一线

——安徽财贸职业学院靳永宝事迹

靳永宝，男，生于 1996 年 4 月，汉族，大学学历，共青团员，现任安徽靳尚贸易有限公司董事长、团委书记。自国家扶贫开发与乡村振兴战略开始实施以后，他深入安徽省各市、县、区开展扶贫工作，在“百企帮百村”“百家民企进皖西”活动中表现突出，先后荣获六安市青年五四奖章、安徽省“向上向善好青年”提名奖、安徽省互联网+大创赛双冠军、安徽省精准扶贫奖、安徽省乡村振兴奖、全国“互联网+”青年红色筑梦之旅银奖等，被评为“安徽省优秀青年企业家”“最美扶贫人”“慈善之星”“十大杰出青年”“爱国拥军模范”，为我省脱贫攻坚与乡村振兴工作助力，受到了国家、省、市、县、乡各级政府的表彰。

自国家扶贫开发与乡村振兴战略开始实施后，靳永宝就参与到了脱贫攻坚工作中。2017 年 7 月，靳永宝与安徽财贸职业学院校企合作共赴革命老区、贫困山区、红色教育基地，开展青年红色筑梦之旅及大学生志愿者暑期文化科技卫生“三下乡”社会实践活动，项目总投资 50 万元。靳永宝注重发挥公司自身优势，实施产业对接创新机制，聘用贫困户为饲养员，与贫困户签订供产销合同，公司通过实地调研、多方考察，自我认领了霍邱县河口镇柏林村庙庄组刘怀鲜等 5 户建档立卡贫困户，实际投入鸡鸭苗

2000 只，预计产值 5 万元，助力贫困户脱贫；同时，投入资金 16 万元为贫困户进行危房改造，投入资金 14 万元到金安区孙岗镇思古谭村开展义诊，受益群众近百人次。每逢佳节，靳永宝就带领企业班子成员走访结对帮扶贫困户，三年来累计投入资金约 50 万元。

在“百企帮百村”活动中，靳永宝率领 14 家企业逐户走访了精准扶贫一对一企业自我认领包干贫困户，为他们送上了净水机 340 台，并为霍邱县白莲乡敬老院送去粮油。为霍邱县临淮岗乡双门村贫困户甘承具和储文琴捐赠扶贫慰问金 3600 元，用于危房改造附属工程。

他与母校安徽财贸职业学院合作的“田埂上的金凤凰”项目以稻虾共养模式助力精准扶贫、乡村振兴，服务农田面积 50 万亩，带动 900 余户农民脱贫致富，最终，在 60 个以双一流本科院校为主、仅有 3 个高职院校入围参赛的第五届中国“互联网＋”大学生创新创业大赛“青年红色筑梦之旅”赛道中，“田埂上的金凤凰”项目获得了全国“青年红色筑梦之旅”赛道银奖。2020 年元旦，靳永宝赴城关镇五里墩村开展扶贫慰问，拿出近万元慰问贫困户。今年春节，靳永宝为花园镇刘李村 20 户建档立卡贫困户送去了春节所需的粮油，共为贫困户送去慰问金 1 万元。

在新冠肺炎疫情防控期间，作为安徽靳尚贸易有限公司董事长的靳永宝携下属二级法人单位的负责人到敬老院、疫情防控指挥部、疫情防控关卡执勤点慰问，累计捐款物 16 万元，为坚决打赢疫情防控的总体战、阻击战加油助力。

（安徽省大中专毕业生就业指导中心供稿）

福建

FUJIAN

全心全意为人民服务

——福州大学陈志豪事迹

2019 年 7 月，我有幸成为福建省委第一届选调生村官，被派驻同安区洪塘镇郭山村。转眼间一年即将过去，在这一年中，我除了负责村里的本职事务外，还积极开展镇组织室的各项工作，在不同性质的工作环境中、在不同层次的岗位上、在忙碌而充实的工作中，我始终牢记师长和领导的嘱托，转变角色，扎根基层，虚心学习，努力工作。

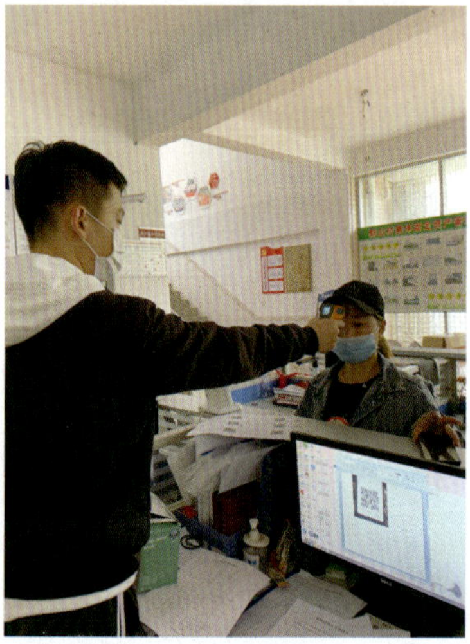

一、以学为主，学干结合，不断提高自身素质

“工欲善其事，必先利其器”，学习是进步之源，成长之阶梯，在学习中思考，在思考中学习，是干好工作的前提和基础。在这方面，我的做法是：一是加强理论学习，提高政治理论和岗位知识水平。通过“不忘初心，牢记使命”主题教育和“深化大学习，提振精气神”专项活动等，学习习近平新时代中国特色社会主义思想和党的十九大，十九届二中、三中、四中全会精神，学习党章党规，自觉用新思想武装头脑。二是读写结合，努力提高写作水平。组织工作要求有较强的文字表达能力，思路清晰、总结性强、提炼深刻的材料才能准确向领导反映信息，且基层对材料水平高的人才需求量较大。我通过翻阅办公室的文件材料，从已经成型的材料入手，细心揣摩，边写边改，并积极向领导和老同事请教如何撰写信息、简报，不断提高自己的文字水平。一年来，报送村居党员小故事 30 余篇，撰写镇领导班子检视剖析材料、换届选举调研报告、党建典型点材料、主题教育材料等。三是向周边的人学习，掌握基层工作的方式方法。“知者行之始”，

刚毕业的我们，面临着从学校到社会，从教室到田野的极大考验。郭山村是我参加工作的第一站。报到后，我担任村党组织书记助理，协助书记开展各项党务工作，虚心向身边的村“两委”学习，在较短的时间内熟悉了情况、进入了角色，较好适应了农村的工作环境。

二、脚踏实地，扎实工作，成为基层的好村官

基层是一个大舞台，是我们施展才华的广阔天地。我主要做到了：一是注重党性修养，踏实开展基层工作。“不要人夸颜色好，只留清气满乾坤”，没有高尚的人品作保证，就难以成为一名人民信赖的好公仆。我始终牢记全心全意为人民服务的宗旨，密切联系群众，积极开展村居各项事务，爱心助力防疫，慰问走访疫情防控第一线的医护人员家属、基层党员共 5 人，了解其家庭生活情况，帮忙解决其生活困难。危房住户转移时，我协助摸排村里的危房住户 3 户，解决 2 户无房可住的问题，帮其转移到新的住所。爱心结对帮扶中，我发动镇领导深入村居，对结对的对象进行帮扶，及时了解结对对象的实际困难和需求，认真落实“五必到”，形成长效机制，等等。二是扎根基层，磨炼吃苦耐劳的品质。“晴天一身土，雨天一身泥”，这是村（居）工作的真事写照。我扎实推进村里各项重点工作，如疫情防控、征地拆迁、环境整治等，披星戴月、“5＋2”、“白加黑”是常态，培养吃苦奉献的品格，保持艰苦奋斗的作风，努力成为有担当的干部。三是开拓进取，不断创新发展。我有了较好的党性修养，能放下身子埋头苦干，但这还不够，年轻干部还需要有创新能力，在继承中求创新，在发展中谋跨越，在业务上造典型。结合我区构建“山海相映、以城促乡、整体推进”的党建工作格局和打造 5 个村（居）党建典型点的目标，我通过实地走访调研，探索各村（居）发展历程，根据实际撰写村情简介，拟出典型点打造方案，形成两条参观路线。

三、不忘初心，继续前行，争做人民的好干部

基层干部既是一种职业、一种选择，更是一种责任、一种付出；是一种精神、一种姿态，更是一种奋发进取的勇气。“路漫漫其修远兮”，今后，我将继续致力于本职工作，再接再厉，发扬兢兢业业、吃苦耐劳的精神，深入群众，不断丰富工作经验，增强独立解决问题的能力，真正将理论与实际相结合，想人民群众之所想，急人民群众之所急，解人民群众之所需，全心全意为人民服务，把为人民服务变成一种自觉的行动。

（福建省教育厅学生处供稿）

基层服务，活出年轻人该有的样子

——福建技术师范学院郑燕雯事迹

“我愿意成为一名光荣的志愿者。我承诺：尽己所能，不计报酬，帮助他人，服务社会，践行志愿精神，传播先进文化，为建设团结互助、平等友爱、共同前进的美好社会贡献力量。”2019 年 7 月 27 日，300 名怀揣服务基层梦想的青年人一同在福建省共青团校进行宣誓，刚走出校园的我感到激动又迷茫。在参加基层服务项目福建省志愿服务欠发达地区计划，成为志愿者的一年时间里，我感受到团结的巨大能量，年轻人的激情所迸发出的无限可能，也让我明白奋斗是青春最亮丽的底色，年轻就要活出年轻人的样子。

用不长的两年时间，做一件终生难忘的事。2019 年 6 月，我带着“优秀毕业生”的称号，从福建技术师范学院毕业，结束了我的大学生活。7 月，我报名参加福建省志愿服务欠发达地区计划，来到龙岩市永定区仙师镇党政办，开始了我的基层服务工作。作为一名志愿者，一名中共党员，我在政治上积极要求进步，认真学习习近平新时代中国特色社会主义思想和党的十九大精神，日日更新知识，每日在学习强国平台学习。2019 年 10 月，作为仙师镇党委代表队的一员，我参加了永定区“学习新思想　初心永不忘”学习强国擂台赛。同时，通过认真学习团中央关于服务欠发达地区计划志愿者的有关文件精神，结合志愿服务展开工作，我在思想政治素质方面有了质的提升。

在提高思想高度的同时，我端正自己的学习态度，认真学习党的方针政策和各项法律法规，细心向身边的领导、同事学习业务知识和处理问题的方式方法，在实践中求真知，在思考中总结提升，不断提高自己的业务水平。我充分利用业余时间来充实自己，没有放弃学习自己的专业心理学领域和感兴趣的教育领域，业余时间用尽可能多的时间学习、实践，保持自己的专业能力水平。我自觉抵御拜金主义、享乐主义的侵蚀，遵守各项规章制度，自觉抵制不良习气。虽然离家不远，但还是长住乡镇，厉行节约，艰苦奋斗。同时，我待人诚恳、友善，尊敬领导，团结同志，能够较好地处理与领导和同事的关系，能发扬党的优良作风，做到吃苦在前，享受在后。

仙师镇领导十分重视基层服务项目，为我提供了良好的工作环境，让我能够更好地投入工作。在党政办我主要协助办公室主任做好各类公文的登记、上报、下发，做会议记录，整理材料，协助办公室主任做好接待工作，接待来访群众。除此之外，我加入了仙师镇金寨村包村工作队，在做好本职工作的同时服从领导的安排，深入基层锻炼，做好包村工作：

① 防疫期间我所做的工作：新冠肺炎疫情暴发后，全国拉响疫情警报，大年初四仙师镇出现了疑似病例，镇政府紧急召回全镇职工并部署防疫工作，我的工作是在外值守测体温，并且一对一跟踪武汉返乡人员和境外返回人员。

② 做好新农村医保卡和社会养老保险工作。在开展农村医保卡和农村养老保险工作中，做好宣传、入户登记、信息采集登记、资料整理等工作。周末加班将金寨村新农合参保率由 40％提高到 85％以上。

③ 防汛工作。金寨村是仙师镇最偏远的乡村，村中房屋多为土木结构，危房、高陡边坡较多。村民大多因为工作等原因在县城居住，村中留下的基本是老人，在平时，包村工作队需要摸排危房，拉警戒线，宣传防汛知识。在防汛期间，工作队需要驻村，负责巡查安全、危房户村民转移、拉响防洪警报，保证村民的生命安全。

④ 扶贫工作。扶贫无小事，2020 年是脱贫攻坚工作收官之年，扶贫工作更要用心、耐心。在扶贫办工作时，我协助办好国家扶贫日活动，帮助参加激励性项目的贫困户填写申请表，解释政策，发放鸡苗和树苗，为精准扶贫贡献自己的力量。在包村工作中，我多次下村入户，为村民宣传政策，了解他们的需要，帮助他们进行饮用水检测和住房安全鉴定等工作。

志愿服务经历是我人生中难忘的时光。当村里的贫困户拉着我的手对我说："小郑，真的很感谢政府的关心，多亏了党和政府支持，我们的生活才越来越好过。"我在疫情期间挂钩的武汉返乡人员在解除隔离时对我说："咱们仙师镇政府有你这样的干部，真的很幸运，仙师镇政府真的做到了为民服务。"我真切感受到参加福建省志愿服务欠发达地区计划是让我终生无悔的决定。服务基层这段经历让我更加深入认识了共产党人为人民服务的精神，经历了我人生中最难忘的两年，收获了团结青年人的力量服务基层带来的前所未有的成就感和幸福感。"知明行笃 立诚致广"母校这八字校训深刻在我心中，学校教会我知识，如今我将它付诸行动，我将扎根基层，问民之需，解民之忧，服务人民，让奋斗成为我生命中最亮丽的底色，在最闪亮的日子，活成青春该有的样子。

（福建省教育厅学生处供稿）

服务社会，绽放青春

——福州大学至诚学院吴钰茹事迹

吴钰茹，女，中共党员，1998年3月生人。年仅22岁的她，却已有8年的志愿队队龄。大学期间累计组织策划大型公益活动40余场，下乡慰问上百次，曾获国家奖学金、第十二届福建省大学生职业生涯规划（本科组）一等奖、福建省第二届“母亲河奖”绿色卫士提名奖，被评为福州大学三好学生。

一直以来，她都将基层工作作为自己的职业目标，并不断地向这个目标靠近。她积极参加学院学生组织，参与校级、院级暑期三下乡社会实践活动，寒暑假返乡组织志愿活动，大三、大四进入机关单位实习，报考选调生、“三支一扶”、服务社区等。她早已为自己规划好了一条平凡而又不平凡的路，且无比坚定。

2019年10月的最后一天，一位女生在第十二届福建省大学生职业生涯规划大赛上给大家讲了一个普通受助者的故事：穿着红马甲的志愿者们来到一个贫穷破旧的小山村里，在重建学校的同时，也在一群学生心中埋下了一颗“奉献”的种子。那时，电视台的人采访了一个小姑娘，问她长大后想成为什么样的人。小姑娘用稚嫩而又童真的声音说：“想成为好人，像帮助我们的哥哥姐姐那样，帮助别人。”这个小姑娘就是吴钰茹，那一年，她10岁。

在职业规划大赛上，这个来自普通大学，看起来很瘦弱的女生，用自己的坚定与能量打动了评委，最终获得了一等奖。而这次比赛也让她有更多时间与自己对话。想要帮助别人的初心与理性的职业价值观的碰撞，以及在一次次的自我探索后，吴钰茹更加坚定自己成为基层工作者的职业选择。

她 14 岁开始加入志愿者组织，是年纪最小的队员。利用学习之余，她与队友步行 10 公里到山区慰问孤儿、关爱孤寡老人；2011 年末，和队友一起为痛失双亲的“燕子姐妹”募集 4 万多元善款，重燃其希望之火，为患恶性脑瘤的孤儿小泽募集善款 12 万元；2013 年春节前夕，积极协助志愿队开展“新年新衣温暖行动”，收集整理 400 多名贫困孩子的家庭情况和新年梦想，为本地山区孤儿和困难学生募集新衣服。2016 年，一位高二学妹找到担任校学生会主席志愿服务队队长的吴钰茹，由于支撑不起患癌母亲的高昂医药费，学妹希望她能号召大家为其患癌的母亲捐款。在征得学校及相关部门的同意后，吴钰茹在个人媒介发布捐款倡议，得到 3000 多人点赞及 700 多人转发，这个贫困而又无助的学妹，被更多人看到了。

吴钰茹加入云霄县返乡大学生团委，并于 2017 年 2 月担任返乡大学生团委书记，号召大学生们一起做公益，从实践的志愿者到带领 500 多名大学生践行公益的组织者；从关爱留守儿童，到陪孤儿过大年。她秉承着将“专业作为服务，将服务做成品牌”的理念，组织策划大型公益活动 40 余场，下乡慰问上百次。

福建

服务家乡，奉献家乡

吴钰茹在担任返乡大学生团委书记期间，组织开展了下乡慰问困难大学生、“白衣天使：中医义诊进社区”、“温暖回家路——春运志愿服务”、“创建文明县城 · 快闪活动”、“关爱马路天使——给环卫工人送温暖”等多项品牌志愿活动。2017 年至 2019 年寒假，她连续三年举办“温暖回家路”春运志愿服务，并在此基础上召集会写书法的大学生，进行义赠春联志愿服务。三年来，她累计组织志愿者 431 人次，服务时长 45 天，服务客流量达 20 万人，为云霄县的父老乡亲送出 2000 多份春联。

爱心支教，筑梦起航

自 2017 年暑假以来，“向阳”乡村公益夏令营在云霄的乡村小学扎根延续。截至目前，乡村夏令营已连续开展 3 年，服务总时长达 56 天，直接受益儿童 600 多名。

聚是一团火，散是满天星

2019 年 1 月，正值云霄返乡大学生团委成立 10 周年之际，吴钰茹牵头策划举办了“启航十年，携手奋进新时代”公益晚会，她带领志愿者们一起策划、到企业拉赞助、向大学生们征集节目，晚会现场座无虚席，直播观看量达 2.34 万人次，得到县政府、社会各界的赞扬，她还号召更多大学生一起服务家乡。

抗击疫情，青年有责

自新冠肺炎疫情以来，她积极响应团省委的号召，协助团县委进行志愿者征集，在县防控疫情领导小组的统一领导下，弘扬“奉献、友爱、互助、进步”的志愿精神，参与网络文明志愿行动，正面积极传播疫情防控政策、科学防控知识等，协助做好信息沟通、舆论引导工作。

从践行公益，到探索公益。吴钰茹从公益的“践行者”再到公益的“号召者”，从“献血式”志愿活动向“造血式”志愿活动转变。10 多年来，那颗公益的种子在吴钰茹心中生根发芽，不仅引领着她参加志愿服务、社会实践活动、到乡村小学支教服务社会，也引领着她完善自我，比如通过参加演讲、辩论赛等不断提升自己的综合能力。

如今的吴钰茹选择报考选调生、“三支一扶”、服务社区等，决心在基层奉献自己的光与热，服务社会，扎根基层，绽放青春，在未来的工作岗位上为党和人民建功立业。

（福建省教育厅学生处供稿）

让青春之花绽放在祖国最需要的地方

——三明学院李志尉事迹

李志尉，男，中共党员，2019 年毕业于三明学院电子科学与技术专业。2015 年退伍复学在校期间，刻苦学习，积极参与活动，先后获得国家奖学金、“创青春”福建省大学生创新创业大赛金奖、全国大学生英语竞赛 C 类二等奖、三明学院“十佳大学生”称号等多项荣誉。2019 年毕业后，通过省委组织部选调生选拔，现任福建省永泰县霞拔乡仁里村支部书记助理。参加工作后，被评为永泰县战“疫”最美志愿者、永泰县霞拔乡优秀党务工作者。

时代呼唤，勇担使命奔赴基层

大学生下基层是时代的呼唤。习近平总书记给中国石油大学（北京）克拉玛依校区毕业生的回信中勉励全国广大高校毕业生志存高远、脚踏实地，不畏艰难险阻，勇担时代使命，把个人的理想追求融入党和国家事业之中，为党、为祖国、为人民多做贡献。2019 年，李志尉毕业后通过省委选调生的选拔，分配到了福建省 23 个省级重点扶贫县之一的永泰县，担任霞拔乡仁里村支部书记助理。他刚到岗位时，觉得一切都很陌生，加上农村工作经验不足，工作开展有困难。但是他深知有责任、有担当、有能力才能做好工作。只有不断提高自身的本领，才能更好地为人民服务。带着强烈的责任感和使命感，他不断学习，加倍努力，深信“艰难困苦，玉汝于成”。他虚心向同事请教，从最基础的业务学起，一步一个脚印，认真总结，再加上单位领导的思想指引，慢慢地他成长为一名能力突出的业务骨干，并被评为优秀党务工作者。尽管工作很累，也很繁杂，会遇到棘手的事，但每当想到自己的努力是为基层农村的美好明天添砖加瓦时，他内心就感到充实而快乐。

疫情防控，这个年我们一起过

“疫情就是命令，防控就是责任。”2020 年 1 月，全国突发疫情，本来在家和家人一起准备过年的李志尉在接到上级部门的疫情防控指令后，舍小家为大家，毅然驱车 140 多公里赶回单位。他坚决服从指挥部的安排，在重要路段设卡 24 小时值班，对过往车辆人员进行登记排查，从农历腊月二十八开始他一直服务在疫情防控一线。永泰县霞拔乡海拔 650 米，在湿冷的雨夜、沉沉的大雾中，他坚持站岗执勤，对进出人员进行每日健康监测，严格执行纪律，确保不漏一人。他也因为在抗击疫情工作中表现突出，被评为永泰县战疫最美志愿者。在参加工作的第一年，他就是这样简简单单地和奋斗在抗疫一线的战友们一起过了一个意义非凡的年。

房屋安全隐患排查，群众生命重于泰山

2020 年是不平凡的一年。在疫情防控还未结束的时候，又一项任务压到了基层干部的肩上。泉州市欣佳酒店发生坍塌事故，按照上级部门指示，要开展房屋全面安全隐患大排查。就这样，他又同村干部一起上山下乡，走村入户，摸排登记。由于山路

崎岖，无法使用交通工具，他只能靠双脚和村干部一起翻山越岭，走遍全村 384 户人家，一家一户进行房屋摸排，确保群众房屋财产安全。一同摸排的村干部称赞他和以前的大学生村官不一样，是不怕苦不怕累的大学生村官。他也坚信，确保群众的生命财产安全，是作为大学生村官的职责，所以这些汗水流得很值得。

脱贫攻坚，扶贫事业久久为功

脱贫攻坚是一项长期而艰巨的战役。习总书记强调，脱贫攻坚成果要经得起历史的检验。来到基层，李志尉与他挂钩帮扶的贫困户一同努力，积极探求脱贫致富的好路子。脱贫攻坚的标准就是稳定实现贫困人口的“两不愁三保障”。他经常到贫困户家中走访，了解其家庭生活情况，及时给他们提供就业信息途径，传达相关扶贫政策，帮助他们解决看病、医保报销问题，及时提供各种帮助。现在，他所帮扶的贫困户已退出贫困队伍，日子一天天好起来，他也成为贫困户口中常常念叨的“小李”。

艰苦能磨炼人，青春只有在为祖国和人民的真诚奉献中才能更加绚丽，人生只有融入国家和民族的伟大事业中才能发光，也只有这样的青春才是永恒的。他将牢记习总书记对青年的勉励，“立志追求人无我有、人有我优、技高一筹的境界，学到真本领，用勤劳和智慧创造美好人生”，在平凡的岗位上，牢记初心和使命，扎根基层为人民，一步一个脚印，让青春之花绽放在祖国最需要的地方。

（福建省教育厅学生处供稿）

她在基层一线上绘就初心不悔的画卷

——福建江夏学院詹宗莹事迹

詹宗莹，女，福建泰宁人，1994 年出生，中共党员，福建江夏学院信息管理与信息系统专业毕业，2016 届大学生村官，先后任三明市泰宁县朱口村党总支副书记、泰宁县朱口镇党政办副主任。2018 年 9 月被全国大学生村官论坛组委会授予“2018 年全国大学生村官十佳村民贴心人提名奖”（全省仅一人入选）。

挽起裤脚，追随初心，从学生变为“村头女汉子”

“我来自农村，祖辈们纯朴的品格和辛勤劳作的身影，在我心中留下了深深的烙印。这些年在见证家乡变化的同时，我也目睹了农村与城市的差距。我想要回到家乡，哪怕能做的只是一点点小事。”2016 年 7 月，来自福建泰宁的毕业生詹宗莹报名参加了大学生村官计划，怀揣着对未来生活的期盼的她，顺利回村成为了一名“村头女汉子”。

詹宗莹的日常工作更多的是琐碎的小事，小到帮不识字的大爷一张张读通知单上的小字，小到帮村民交医保，小到帮来村里办事的村民复印身份证件……这一桩桩把群众当亲人的小事，也让她成了村民最信赖的贴心人。“收医保、开证明，你们认为的小事，可是我们的大事嘞！”

朱口村是詹宗莹任职的村庄，共有六千余人，在当地是个大村庄。每到汛期来临，詹宗莹便换上雨鞋披上雨衣，和村“两委”成员挨家挨户做宣传，转移地质灾害点的村民。她虽然是个女生，却有点男子汉的味道，干起事来风风火火，她常在村组里奔走，晒得黑黑的，村民常常笑称来了个大学生女汉子。

村子里外出打工的人很多，家中留守的大多为老人、妇女和孩童。夜间的广场舞则是大多数村民的消遣。为了更好地了解村情，她也加入到广场舞大妈的队伍跳起了舞。她帮村里的姐妹们报名了全省的有氧健身操比赛，还主动邀请了县里的老师来指导，在 2017 年福建省村居有氧行进健身操展示交流活动中，她带领村民荣获了省级二等奖。两年来她牵头组织开展了广场舞汇演、朱口村农民春晚等 4 场大型节日宣传活动。

詹宗莹说："防汛、防火、宣传、帮助村'两委'要资金、搞建设，此类种种都是很普通的事情，也是我的本职工作，生活没有那么多轰轰烈烈，哪怕再简单的小事，只要村民认可，就是值得。"

2018 年 8 月，《大学生村官报》报道了詹宗莹在村里任职的优秀事迹，她也于 2018 年 9 月被全国大学生村官论坛组委会授予"2018 年全国大学生村官十佳村民贴心人提名奖"（全省仅一人入选）。

出谋划策，扶持产业，打造农村"土货女郎"

朱口村是省级贫困村，在农村最一线工作的首要任务就是带领村民脱贫。在这里有着 59 户贫困户，挨家挨户上门、筹划脱贫思路，是詹宗莹的工作日常。

"叮咚、叮咚……"朱口村贫困户肖小花的微信上频频传来信息声。她笑着说："又有一个顾客预订了小籽花生。最近都是卖到福州，土鸡和自酿的米酒也卖了不少。"

今年 33 岁的肖小花是朱口村人，患有慢性病，需要长期吃药治疗。2015 年其丈夫因烧山坐牢，家庭一下断了经济来源，本就拮据的家庭陷入了困境。当年，她家被列入了建档立卡贫困户。

虽然身体不好，但坚强的肖小花咬牙独自支撑家庭，照顾两个正在读书的年幼的孩子，但缺乏技术的她，只能靠种几亩田糊口。

这个家庭如何脱贫？起初，詹宗莹犯了难。

为此，她先后三次入户为肖小花谋出路，最终依据她自身的情况为她量身定制了一款脱贫方案——打造"土货女郎"。

朱口村土地肥沃，自然生态条件好，小籽花生、辣椒干、朱口粉干都十分出名，但在本地市场不大，在詹宗莹的建议下，从去年起，肖小花开始利用微信寻找外地客源。

"自己在家种植一些农作物，以前找不到销路，很多都只能廉价卖掉或者送给亲戚，现在好了，不管是 20 个鸡蛋还是 10 斤花生都可以通过微信来销售，小詹和身边的邻居帮着我宣传，慢慢有了一些客人，生意也做了起来。"肖小花分享着她的喜悦。

小籽花生这类土货虽然销路好，但是季节性强，于是詹宗莹又帮肖小花报名了镇里的"雨露计划"，学习养殖技术，还为她申请扶贫资金 3000 元购买鸡苗和饲料，同时联系镇里的农技员前来指导。肖小花养了300余只土鸡,并且通过微信直播土鸡的生长环境,让不少本地和外地的顾客找上门来。

卖小籽花生、辣椒干等土特产、养土鸡、卖自酿米酒……"土货女郎"肖小花自从去年在詹宗莹的建议下"玩微信"卖土货,已经增收了4万余元,成功脱贫了。

肖小花成功脱贫的故事,只是众多贫困户中的小小缩影,在大学生村官詹宗莹的努力下,朱口村59户贫困户在2017年便全部脱贫。

走进田间,说起土话,当好党的基层理论宣讲员

詹宗莹在大学时便已经入党,宣传党的理论方针,是她作为一名中共党员的使命。但是她觉得高大上的理论她自己讲不透,村里的百姓也很难听进去。怎么让大政策落地到村民心间?为此,詹宗莹还专门花了一番心思。

专讲小故事成了她的看家本领,"拿群众身边的人说事,这样群众听得懂,也听得进。"村头巷尾,詹宗莹的故事总能吸引众多人,"以前泰宁的水际村""绿水青山就是金山银山,这个道理好懂!"

介绍基层党建工作,她讲起了王坑村从软弱涣散村到"网红村"的新变化;说起农村工作,她拿自己"开涮",讲自己大学毕业听不懂土话到现在已经能用土话开玩笑;讲改革开放的故事,她说起"水际村的前世今生"……

2018年,由詹宗莹宣讲的家乡故事"水际村的前世今生"荣获了三明市委宣传部举办的基层理论宣讲员比赛二等奖。同年11月,她还被三明市委宣传部评为三明市基层理论宣讲"星级宣讲员"。

除了嘴巴上的故事宣讲,笔头上她也没落下,从国家级杂志《人口与计划生育》到省级报刊《省计生协会小组》,从学习强国APP到《三明日报》、本地微信公众号,都有她署名的文章。在基层工作的四年来,她全方位多层次地向村民宣传了国家现行政策。专注政策宣讲、做好党务工作的她在2019年被泰宁县委组织部评为"全县优秀党务工作者"。

"根深而枝叶茂",共产党人的远大理想和伟大事业深深扎根于肥沃的"基层土壤"。时光漫漫,青春还在继续,怀揣一颗初心的她,仍在为人民服务的道路上继续前行,无怨无悔。

(福建省教育厅学生处供稿)

江西

JIANGXI

最美的青春，定格在扶贫路上

——新余学院樊贞子事迹

新余学院优秀校友樊贞子，文学与传媒学院2017届语文教育专业毕业生，荣获由全国脱贫攻坚奖评选表彰工作办公室授予的“2019年全国脱贫攻坚奖贡献奖”，全国仅有26人获得该奖项；2019年3月，吴应谱、樊贞子夫妇获评敬业奉献类“江西好人”。

樊贞子2014年9月进入新余学院文学与传媒学院就读语文教育专业，曾任该院第六届团委学生会干部，为人谦和、热情大方，工作认真负责、仔细踏实，是老师心中的得意学生、“同事”眼中最好的搭档，更是同学身边最佳的伙伴，深得学院师生的喜爱。樊贞子同志的事迹被《人民日报》和《信息日报》等各大媒体重点报道。

一、毕业即投身于扶贫事业

樊贞子于2017年7月毕业，同年考上修水县大椿乡政府公务员，结对驻村帮扶时分到路程较远、条件较差的深度贫困村船舱村，但她没有丝毫抱怨。在家里，她是爸妈的宝贝女儿，在工作岗位上，她是义无反顾扎根基层的先锋。工作期间，她虽怀有身孕，但仍身兼数职，负责乡妇联、组织、统战等的相关工作，她一直坚持工作，关键时刻坚决不掉链子。

大椿乡是修水县的一个边远乡，船舱村又是大椿乡的一个边远村，樊贞子领了帮扶船舱村3户贫困家庭的脱贫任务，经常购买大米、食用油、棉被、衣服等物资，到贫困户家中走访慰问，并和贫困户一道商量脱贫措施。2018年12月16日，樊贞子与丈夫吴应谱一同到结对帮扶的大椿乡船舱村村民游承自家走访，事后急需赶回县城与大椿乡引进的一个项目的负责人洽谈工作。不幸的是，在返回的路上发生了车祸，夫妻双双殉职。新婚宴尔的两人刚刚孕育了生命的结晶，却最终把生命定格在 2018 年 12 月 16 日。在告别仪式上，樊贞子夫妇的亲友、同事、帮扶的贫困户及社会各界千余名干部群众前来送别，《人民日报》花了整个半版记录他们的事迹。

人民日报　2019年1月9日 星期三　11 政治

核心阅读

吴应谱担任雅洋村第一书记不到一年时间，走遍全村14个自然村，写满8本工作日志，对263名贫困户的情况摸得很透。

除了在船舱村挂点4户贫困户，樊贞子还是大杨村的驻村干部，同时兼任乡镇妇联专职副主席、组织委员、统战委员，还担任乡镇的报账员和协税员。

新时代·面孔

最美的青春，定格在扶贫路上

江西修水县一对基层干部夫妇——吴应谱、樊贞子

"她一直坚持工作，说关键时刻不能掉链子"

"饭桌上，弟弟还在教弟媳算贫困户的收入"

"坐在办公室里是脱不了贫的"

一线行走

你干什么，老百姓都看在眼里

如果遇到问题绕着走，碰到矛盾躲着走，只做"好做的事"，群众还会来找我们吗？会相信我们吗？

四川广元利州区激活城市基层党建"神经末梢"

小区党支部　居民"主心骨"

全国枪爆犯罪同比降近三成

破获案件3.7万起，缴获枪支14.6万支

中央政法委牵头成立联合调查组　调查"千亿矿权案"卷宗丢失问题

二、不朽事迹广泛传颂

2019 年 1 月 9 日出版的《人民日报》把半个版留给了樊贞子和他的爱人，并以"最美的青春，定格在扶贫路上"为题讲述了这对江西基层干部夫妇的故事。

当地媒体这样评价：他们用青春和热情谱写了一首荡气回肠的青春之歌，用生命诠释了新时代新青年的责任与担当。"本人贫困户，家养土线鸡，不吃饲料，纯土鸡。35 元/斤，一只大概 4.5 斤左右，深山土鸡，味道鲜美，可送货上门，有需要的联系我。"翻开樊贞子的朋友圈，这是她最后的告别。

据船舱村扶贫干事程玲介绍，75 岁的游承自是樊贞子生前的帮扶对象，贞子喊他

游爷爷，他俩感情很深，"我昨天梦到贞子了，她一直笑着喊我游爷爷。"说完，游承自老爷爷泣不成声，程玲回忆这一幕，哽咽了。樊贞子的同学许财连留言：你问过我海南的风景空气是不是都很好，当时我说有机会你可以去看看，现在我想告诉你，有你在的地方，都是风景，你永远都在我们心中。

三、斯人已逝，精神永存

为扶贫事业献身的樊贞子同志已帮助当地贫困户基本脱贫，她的扶贫身影遍布在了基层需要她的每个角落。她走了，留下的是村民的怀念、同事的惋惜、亲人的悲痛，还有在船舱村深深的足迹。她树立的是一座永远的为人民服务的丰碑，留下的是一个高尚的基层就业典范。在得知樊贞子殉职的噩耗后，母校全校师生痛心疾首，纷纷以不同的方式进行追悼，对她的先进事迹进行致敬和学习。斯人逝，但思念长存，她的事迹在被万人传颂，她的精神将永久流传，人们对这位把年轻的生命献给了钟爱的扶贫事业、刚大学毕业不久的美丽女孩心生崇高敬意。

（江西省高等院校毕业生就业工作办公室供稿）

初心一片为脱贫

——江西服装学院闵江伟事迹

闵江伟，男，藏族，1996 年 4 月出生，2015 年考入江西服装学院，就读广播电视技术专业，2018 年 6 月毕业。2019 年 1 月加入舟曲县融媒体中心。

2019 年 10 月 7 日，江西服装学院 2018 届广播电视技术专业毕业生，舟曲县融媒体中心记者闵江伟和他的两位同事倒在了脱贫攻坚的路上，他们在完成曲告纳镇脱贫攻坚新闻采访后，返回途中所乘坐的小车在陇南市两水镇不慎坠江，三人不幸遇难。他们年轻的生命永远定格在了回家的途中，停留在他们所热爱并为之孜孜以求的新闻采访路上，也离开了他们关心牵挂的至亲和校友们！

2019 年 11 月 4 日，中共舟曲县委、舟曲县人民政府，中共甘南州委、甘南州人民政府分别追授闵江伟等三人为"全县优秀新闻工作者""全州优秀新闻工作者"称号。11 月 7 日，甘肃省新闻工作者协会追授闵江伟等三人为"全省优秀新闻工作者"。

"做一名优秀记者，写有温度的故事"，一直是闵江伟不懈的追求。在一篇篇看似寻常的新闻报道背后，凝聚着敬业、奉献、良知、正义、深情；在一组组影像和声音里面，浸透着艰辛、汗水、困苦、危险、牺牲。不管是在脱贫攻坚主战场、突发灾害第一线，还是在重大活动报道现场，闵江伟始终冲在最前沿，再苦不言苦，再累不说累，用他自己的话说就是"我还年轻，多干点就能学到更多的知识。"白天跑现场，晚上赶稿子，经常通宵达旦，但他始终以一种勤劳的姿态和勤恳的态度扎实工作，时时处处用新时代好青年、好记者的标准要求自己，用奋斗书写新时代新闻人的最美青春。

他始终把基层作为报道主题，把普通百姓作为报道主角，经常穿行于村村寨寨，走在田间地头，深入农户家中，采写出许多具有乡土特色、反映时代变迁的报道，用短暂而精彩的一生，展示了新时代新闻工作者的良好形象。

2019 年，闵江伟采发 280 条新闻、25 次直播、8 部专题片，用笔尖记录了新时代舟曲的发展，用镜头见证了舟曲山川村庄的变迁，让荧屏呈现舟曲欣欣向荣的和谐画面，为全州的对外宣传默默付出。

闵江伟以短暂而充实的一生，书写了新时代新闻工作者的初心使命。得知闵江伟不幸去世的消息后，江西服装学院的领导和老师深感痛心、惋惜，也为学校走出扎根基层、奉献青春、服务群众的优秀毕业生深感自豪，为其先进事迹深受感动。校党委、校委会及时做出安排，要求其所在学院了解情况，并向闵江伟的家人表示慰问；大力宣传闵江伟校友的先进事迹、高尚品格，在全校上下掀起敢担当、讲奉献、比作为的热潮；号召全校师生要以闵江伟为学习榜样，学习他不忘初心、牢记使命的为民情怀，学习他扎根基层、忘我工作，忠实履行新闻工作者的职责使命，用自己的实际行动唱响主旋律、凝聚正能量。

在融媒体中心同事眼中，23 岁的闵江伟"特别能跑，特别勤快，特别阳光"，是单位的主心骨。在母校师生眼中，他特别爱笑，是一个阳光大男孩，不仅专业知识扎实，而且政治觉悟特别高。在校担任广播电视技术 3 班班长期间，一直是班主任的得力干将。他任劳任怨，默默服务班级事务，带领同学共同进步，在他的影响下，全班到课率也始终名列前茅。在平常的工作、学习中，他和老师、同学说得最多的一句话就是"老师（同学），您还有什么需要帮忙的？"

每年的助学金申报评选，来自偏远贫困地区、家境并不宽裕的闵江伟是最符合申报资格的，他也有机会可以得到这笔钱，减轻家里的负担，但他却一次次选择了放弃。他对班主任说："比我困难的同学还有好几个，我一个男人比他们强一点，我先不要了，留给他们吧。"而这一让，就让了三年，直到毕业他都没有向学校提出过申请助学金。

作为班干部的他，时时处处体现着他的示范作用。清源五栋 210 寝室是闵江伟生前住过的宿舍，他以身作则，严于律己，不仅自己的床铺收拾得很整洁，而且和寝室长一起把寝室管理得井井有条，认识他的宿管员说：“210，一个男生寝室，连续多次获评‘文明寝室’真的不容易，他们的寝室比一些女生寝室还干净整洁。”

时尚传媒学院党总支书记、院长甘文深感悲痛地说：“闵江伟是我院15级学生，在校期间表现非常优秀。毕业后又以优异的成绩被舟曲县融媒体中心录用，扎根基层，奉献青春，在平凡的岗位上做出了不平凡的事业，是我们学院的骄傲。”

回忆起闵江伟，其所在年级的辅导员魏峙东老师也是对他赞赏有加：“他为人善良、低调、真诚、仁厚。无论谁有困难，他总是力所能及地为别人默默提供帮助。他做过班级的班长，总是把班级的事情当成自己的事情，是班上有名的拼命三郎。”

作为闵江伟的老乡，校长办公室行政科科长杨金鑫老师惋惜地说：“他在江西服装学院读书的时候，我教过他PS专业课，他为人很好，非常朴实，是个老实憨厚的小伙子，学习非常认真、肯钻研。虽然是师生关系，但我们更像是朋友，每次学校有大型表演活动，他都会跑来协助我做一些音控管理，没想到，前年一起参与润华奖活动，竟是最后一面。”

“他话不多，但是很热情，喜欢帮助别人，只要是班上有活动，他总是第一个积极奔走、拼命出力的人。”一位同班同学说。

闵江伟从江西服装学院走向社会，回到甘肃舟曲，服务基层。他不忘初心，在决战脱贫攻坚的路上献出了宝贵的生命，他是时代的楷模！

（江西省高等院校毕业生就业工作办公室供稿）

此生无悔赴荆楚，此生无悔入华夏

——赣南医学院蒋孔明事迹

蒋孔明，男，25岁，中共党员，江西赣州人，2019年毕业于赣南医学院护理学急危重症班，在校期间担任护理学院学生会主席，毕业后工作于南康区第一人民医院。2020年1月27日，蒋孔明随江西省第一支援助湖北医疗队飞抵武汉，此后他穿着密不透风的防护服艰苦奋斗在一线长达两个月之久。他在一线为全队120多位战友理发的事迹以及在武汉市第五医院ICU隔离病房里使用武汉方言版的“护理点菜单”服务患者、与新冠病毒斗争到底的事迹被中央广播电视总台《中国之声》栏目、澎湃新闻、湖北经视、江西头条、《江西工人报》等各大媒体争相报道，其中几篇报道还被学习强国和江西省卫生健康委转载宣传。

1995年出生的蒋孔明，是赣州市南康区第一人民医院ICU病房的护士，2020年1月26日，他接到医院援助湖北的号召，作为党员的他立即主动请战，当天晚上便抵达南昌，第二天就跟随江西省首批援助湖北医疗队奔赴武汉。

这支医疗队大年初三就抵达了武汉，对口支援武汉市第五医院。在实际工作中，队员们相继发现，头发越短越有利于做好防护、降低感染风险，更便于节省时间，而医疗队的驻地附近，根本找不到开门营业的理发店。蒋孔明将大家的烦恼都看在眼里，思来想去，他鼓起勇气对大家说：“我在赣州曾经给ICU病房里的病人们理过发，要是大家不嫌弃，就让我试着给大家理发吧？”

在战友们既惊喜又期盼的眼神中，蒋孔明正式开始了他援助湖北除了医疗工作之外的另一项“头等大事”。

近些年，网络用语中常把理发师统称为“Tony老师”，蒋孔明笑着说：“从来没想过，自己有一天也会被叫成Tony蒋。”

一开始的时候，他完全没有理发工具，只能找酒店借一把大剪刀就开始为战友理发，到后来队友们纷纷贡献出自己的小剪刀、电动理发刀、吹风机，“Tony蒋”的理发工具越来越齐全，他的理发技术也一传十、十传百，他不但为自己医疗队的120余名队友理过发，还时常有别的同行和酒店的工作人员主动来找他理发。

蒋孔明告诉前来采访的《江西工人报》的记者：“现在我已经摸索出了光头、四毫米、七毫米、一公分、一点三公分、马尾修剪、锅盖头等近十种不同发型的剪法。我经常是晚上值夜班，上午睡觉，下午就帮大家理发，其实我剪得不算好，但是大家都一直鼓励我，我更觉得要为大家做好服务。”

在他看来，虽然理发是一件很小的事，但能够为战友们提供一些生活上的便利，减轻大家的烦恼，就是很有意义的事情。蒋孔明笑着说："每次听到大家评价我剪发技术有进步，我就很开心，因为我的服务能让战友们满意了。"

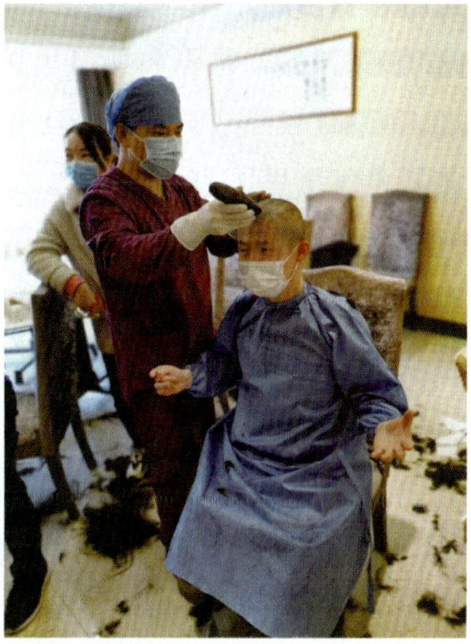

在同事的眼中，蒋孔明是工作和理发两不误的好战友，别看他在重症隔离病房里工作的时候老练成熟，其实他 2019 年 7 月才刚刚从赣南医学院毕业，他学的专业就是护理学急危重症专业。

他说："医院号召大家报名支援湖北的时候，我没多想就报了名，都没告诉家人。但又怕自己资历太浅选不上。等到真的选上了，直到坐上飞往武汉的航班，我依然在心里打鼓，我到底行不行呢？同行的队员都是经验丰富的医护精英，我可千万不能给大家拖后腿。"

在这种想法的鞭策下，蒋孔明在抵达武汉后，时刻以更高的标准严以律己，不怕苦不怕累，许多工作都抢着做。事实证明，他在武汉的工作完成得都很出色，得到了领导和同事们的认可。

他说："在重症病房里，我们需要时刻关注患者的各项生命体征，随时用笔做好各项记录，而护目镜起雾常常导致我写字都看不清，只能对照着护理记录单上的格子一个一个数着去写，太影响工作效率了。"

除此之外，蒋孔明因为本身有慢性鼻炎，有时候在隔离病房里时间稍长一些，他就会不时流鼻涕。为了不浪费防护服，他总是默默地忍耐着，不仅从未因为鼻炎的原因提前出隔离病房，还常常坚持把手头的工作做得尽量完善以后再出去。

谈及对这近两个月的工作的感受，他说："让我印象最深刻的是 ICU 病房里的一个老爷爷，他人是清醒的，也是极度恐惧的，求生欲望特别强，用无创面罩呼吸机辅助呼吸，因为带着面罩不好说话，他就用写字和手势交流。写出来的都是加大剂量、下猛药之类的。我每次接触他之后，他都会做洗手的姿势，要求我们赶快去洗手消毒，还对我们竖起大拇指，这个很让我暖心，也很感动，因为我们在这里奉献自己的一切的同时，也有人会为我们着想，就像我们自己的亲人一般，我们甘愿为他付出一切，一切都是值得的。"付出一定会有回报，他们的辛苦没有白费！眼看着床位越来越空了，陆续有病人治愈出院，或者转去方舱，他们每个队员都很欣慰。

都说相比女护士，男护士的优势在于身体强壮、精力充沛、动手能力强等，但蒋孔明还有细致与柔情的一面。

住在重症监护室里的患者，大多数都是上了年纪的中老年人，他们普遍习惯于使用武汉方言，而且时常有患者需要用呼吸机等设备辅助治疗，无法与医护人员直接进行语言交流。

虽然医疗队已经有了点菜式护理的图文模板，但蒋孔明在实际工作中发现，很多年纪大的患者依然不能非常准确地表达出自己的需求。细心的他赶紧与武汉市第五医院的同事们联系，将隔离病房里医患沟通所需的常用词语用同音字和拼音翻译成武汉方言，在原有点菜式护理模板上增添了更丰富的手绘图文。如此一来，极大地提高了重症隔离病房里医患双方沟通的准确性。

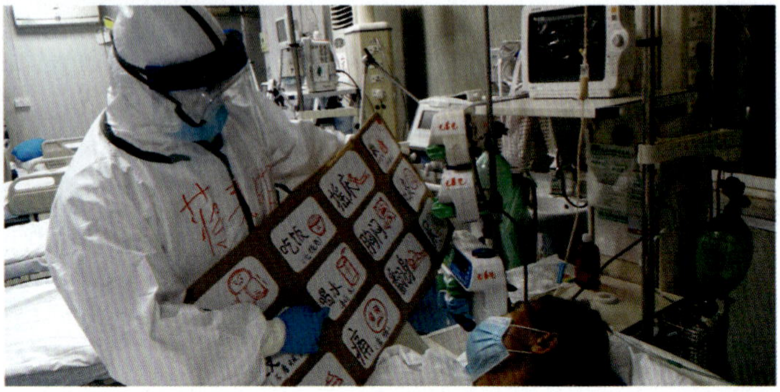

蒋孔明说："其实这些都是以往我在赣州市南康区第一人民医院 ICU 里工作时用过的一些小技巧，只是来到武汉以后，根据实际情况作了一些改进，能够取得良好的效果，我就很欣慰。"

当他在武汉已经连续奋战了一个多月的时候，母亲十分关心他是否可以开始轮休，他总是和母亲说："队里会安排的，您就放心好了。"但实际上，他却早就和队里报备自己是党员，又是男护士，可以晚一些安排他轮休，让那些女护士们先轮休。

不管是自告奋勇为医疗队理发，还是用武汉方言改进护理方式，这位"95 后"男护士的抗疫事迹都被各大媒体争相报道，还被江西省卫健委和学习强国等公众号转载宣传。虽然蒋孔明参加工作的时间还非常短，但他活学活用，勇于担当，能够在抗疫战场上，主动把有限工作经验中的亮点因地制宜地发挥出最大作用，他因此被评为赣州市优秀共青团员、南康区优秀科技工作者、南康区 2020 年度"优秀护士"、南康区第一人民医院最美天使，赣州市组织部予记功一次。

他虽然一毕业就选择在一线基层工作，而且参加工作的时间很短，但他对隔离病房里的工作却没有一丝一毫的马虎和松懈，他时刻谨记自己在党旗下的誓言，为这场战疫贡献自己的最大力量。

（江西省高等院校毕业生就业工作办公室供稿）

天使之翼，梦想飞翔

——宜春职业技术学院黄恋事迹

江西

黄恋，女，江西万载人，宜春职业技术学院 2015 届护理专业毕业生，现就职于解放军联勤保障部队第九〇九医院，是放疗科护理骨干，兼任医院野战医疗队骨干、广播站站长、乐队主唱、护理教员，多次被评为优秀护理带教教师、护理服务之星、护理备战练兵先进个人等。她先后参加重大军事演习 5 次，个人事迹受到中央人民广播电台、中央电视台、东南卫视、《闽南日报》、《海峡导报》等媒体采访报道。

她是一位忠于使命、无私奉献的新时代青年，她是一位知行合一、拼搏实干的新时代青年，她是一位信念坚定、刻苦奋斗的新时代青年。她始终保持着一颗拳拳赤子之心，敢闯敢为，勇于挑战，常怀感恩之心，常做为善之事，让青春焕发出绚丽光彩。她就是宜春职业技术学院护理学院优秀学子黄恋。

奋发有为，不负韶华

她说："青春是属于拼搏的，一分耕耘才会有一分收获！"在校期间，她和同学们没有睡过一次懒觉，每天六点半就起床晨练。她对待学习，认真踏实，每年都能拿奖学金，评先评优。她是班上的宣传委员，班里的板报每月都能拿奖。为求共同进步，班级组织开展了"一对一"帮扶活动，她作为小组长，每次都尽最大能力帮助同学。同学们相互学习，对于参加技能证书和学历提升的考试十分踊跃，全班护士资格证考试通过率居全年级第一。大家积极参与知识竞赛，学习上有不懂的，主动虚心请教学习。良好的学习习惯为她夯实了前行的基础。

志愿服务,淬炼精神

她说:“雷锋精神是奉献精神,是一种行为美。”在校期间,她一直坚持利用课余及双休日学雷锋做好事,参与对华夏大楼、第五教学楼、新教学楼等的楼道、瓷砖、厕所等的志愿清扫;对校内校外的各种活动,她都积极组织参加,甚至主动请缨;每逢周末,她就和同学们一起坚持参加护理学院组织的“一对一”社区帮扶活动,为滩下、林桥、岐山社区困难家庭排忧解难;并参加了宜春希望之家志愿者协会,参与敬老、助老、助残、助学、环保、募捐等活动,还帮孤寡老人扫地、擦窗户、洗被套、剪指甲、量血压,陪他们聊天。因为她们的无私奉献,班级被评为了“雷锋班”。对志愿服务的积极参与使她加深了对护理职业的认同感。

重新出发,不惧挑战

她说:“真打起仗来肯定比这还累,这都受不了,以后怎么上战场!”上岗就是上阵,护士也是战士,学习成绩优异的她,从学校毕业后进入了中国人民解放军第九〇九医院。新的岗位带来新的挑战,她丝毫不敢松懈。她为了提高战救技能,刻苦训练,几年下来,熟练掌握了30多项护理操作及百余项战伤救治技术。为练出最高水平,她常常牺牲节假日加训学习,按压心肺复苏模拟人累计次数超过上万次,穿脱防护装备从最初需要2分钟练到后来只需20秒,止血包扎固定不知练坏了多少三角巾和夹板。她已记不清手背、膝盖、肩膀和脚后跟肿胀、淤青了多少回,即使是在冬天,汗水也能湿透衣裳……直到各项操作技术练得炉火纯青。护理技能出众的她,被医院选为护理教员,常在院内外现场演示急救技能,帮带提升护士业务水平,教会患者及其家属急救技能。她过硬的技术和负责的态度,获得了集训领导的称赞:“真像一个上过战场的女战士。”她用行动诠释了“敬畏生命,救死扶伤,甘于奉献,大爱无疆”的护理职业精神。

荣誉加身,逐梦前行

她说:“比赛是为了学习。知道不足,才能进步。”她将“以赛促学”延续到工作中,鞭策自己不断进步,2018年在漳州市护理学会举办的“重质量·强内涵”急救技能大赛中获二等奖,在全院护理教员操作考核中获第二名,同级护理操作考核获全院第一名,临床操作考核获全院第一名。她代表医院护理骨干参加上级护理战伤救治大赛,围绕火线伤员救护、战伤护理技能、紧急早期护理等20多个课目进行考核,在规定时间内完成一公里奔袭,穿戴防护装具,快速对污染区域伤员进行搜索救护,匍匐前进通过战术区对伤员进行检伤救治，同时完成溺水急救、心肺复苏、简易通气、微光条件下输液、五千题理论随机抽考等多个课目，最终获医院组团体三等奖。面对一份份荣誉，她的心态始终如一，永葆护理人的初心和担当。

军人本色，铸就辉煌

她说："我们不练兵备战，人民哪来的和平安宁？"近年来，她先后5次参加重大军事演习，随同战救小分队出征，分别与某陆航旅、海军某舰艇、空军某部开展对接演练，"手术刀"直抵烽火前沿，让一线救治率大幅提升，实现了快速投送、快速救治。演习期间，凌晨起床执行任务，白天连着黑夜不休息是家常便饭，最长的一次，她和野战医疗队员们连续战斗42个小时没合眼，连续开展"超极限"救治能力检验。虽然身体疲惫，但是她从未叫苦叫累，训练积极性丝毫不减。她是业务尖子，更是服务楷模。面对繁重任务，她都敢为人先。正是凭着过硬的业务技能、顽强的工作作风，她不辱使命，决战决胜，被多家媒体采访报道：央广军事《新时代打仗医院的迷彩色》、中国人民广播电台播报录音特写《175医院的迷彩色》、漳州新闻网《一切围着战斗力转》、东南卫视《福建卫视新闻》栏目《全面锻造新时代能打胜仗医院》、九〇九医院《她把"初吻"给了仿真橡皮人》、海峡导报《95后护士，是怎样炼成的?!》、央视军事《国际护士节·致敬白衣战士》、中国军视网《训练场上，最"硬核"的护士节》。

个人价值追求靠拼搏实现，每一项荣誉的取得，都有一段奋斗的历史，凝聚着日夜不懈的追求。巾帼不让须眉，在白衣战士的新长征上，她心系使命勇担当，迎难而上树榜样，在奉献中诠释人生意义，是当之无愧的青年榜样。

（江西省高等院校毕业生就业工作办公室供稿）

天下风云出我辈，守望雅江凯歌随

——江西理工大学应用科学学院曾明强事迹

曾明强，27岁，中共党员，扎囊县桑耶镇团委书记、党委秘书，全国优秀共青团干部，江西省高校毕业生基层就业先进典型。作为一名新时代的青年，他时刻将个人命运和时代发展紧密联系起来，主动放弃广东一家上市公司优越的就业机会，响应国家“到西部去，到基层去，到祖国和人民最需要的地方去”的号召，积极投身边疆民族地区建设，用实际行动传播民族团结之花，诠释奋斗西藏的青春篇章。

一、政治立场坚定，铭心笃行

“阿佳，阿尼中阔孔产党员尼”（藏语）（大姐，我是共产党员）是他对群众说得最多的话，“共产党员”也是群众对他的信任源泉。他作为一名中组部专项招录在藏工作的青年干部，2017年8月在山南市新任公务员岗前培训期间，担任班长协助市委组织部负责培训班日常培训的开展并积极联动管理各项工作，得到了山南市委组织部领导的好评和认可。在被分配到扎囊县桑耶镇人民政府后，他积极克服自然条件的恶劣，和广大藏族干部群众打成一片；他深知在民族地区语言的重要性，便积极向藏族干部群众虚心学习藏语并运用到服务当地群众当中；在担任市委第七轮巡察四组联络员期间，他政治立场坚定，严格遵循市委巡察管理规定和保密条例，积极协调对接被巡察单位，得到了市委巡察组领导的认可和赞许。

二、知行合一，勤学善思

“无论干什么工作，他总是超前谋划，高标高效地完成，在一些全局性的大事情上更是如此。”谈起曾明强，他的同事不由竖起大拇指。在负责桑耶镇基层党建、团委和党政办公室日常工作期间，他主动克服人少事多的困难，坚持工作规范化与标准化的理念，整合原有材料，注重“三会一课”常态化、党员发展标准化、党员档案规范化等工作，组织开展桑耶镇基层党组织标准化建设工作并制定符合桑耶镇实际的试行标准，参与完成了桑耶镇基层“两新”党组织设立、党员思想政治教育、市县基层党建重点工作观摩讲解和第二批“不忘初心、牢记使命”主题教育工作，桑耶镇在 2017、2018 年度考核中连续被县委、县政府授予“党建工作先进集体”荣誉称号。

作为基层团委书记，他积极落实团中央“智慧团建”工作，及时开展信息录入工作，推动桑耶镇团委线上工作稳步前进。按照“三会两课一制”工作要求，他规范桑耶镇各支部工作开展，通过线上线下双向通道，及时传达落实团中央及上级团委的各项文件，确保桑耶镇广大团员青年理论学习有收获、思想品格受洗礼、青春作为永担当。2018 年他所在的团委被扎囊县委授予“先进基层团组织”荣誉称号；2019 年他先后联系山南市华康医院开展“守初心送温暖”义诊活动，为近 200 名群众开展义诊，累计送药近 10 万余元；他积极对接西藏大学探索校地实践合作新模式，在为民服务和提升新时代大学生社会实践中彰显桑耶青年的蓬勃力量；他结合自身工作实际创建了桑耶镇“五彩青年”工作法并积极推广，得到团西藏区委格桑卓玛副书记和团市委主要领导的肯定，并在 2019 年 7 月山南市团干部培训班做了经验交流；在参加共青团西藏自治区第十次代表大会期间，他积极建言献策履行代表职责，为西藏共青团建设发展投出自己神圣的一票。

在防控新冠肺炎疫情过程中，他积极响应共青团中央号召，成立“雅砻青年”团队，发起关爱因疫致困青少年活动，他个人及团队累积募集捐款近2000元，他个人还向青基会等组织先后捐款1000元，联合志愿者给妇基会捐赠一次性医用手套近2000个。在居家隔离期满后，他主动投身社区疫情防控志愿服务，会同西藏志愿者参与筹建西藏A2N志愿服务团队，利用微信、微博客户端等媒体平台进行疫情科普宣传、舆论辟谣、物资捐赠对接等活动。A2N志愿服务团队先后被《人民日报》、湖北卫视、《中国青年报》、《南方都市报》等报道。他大力号召桑耶镇广大团员青年及返乡大学生参与社区疫情防控志愿服务，协助村居开展卡点防控、重点部位消毒等工作，先后组织70人次团干青年深入村（居）发放疫情防控资料150余份，开展安全巡逻120余次，喷洒消毒药水36次，卡点防控检查260人次。他团结带领广大团员青年积极主动担当作为，切实扛起职责，为打赢疫情防控阻击战贡献了青春力量。

三、心怀雪域同胞，无私奉献

“他是比我亲戚还要亲的人，明强为我家实现脱贫致富用了真心，现在我们是一家人。”他的结对帮扶户尼玛次仁说道。2018年3月，他积极响应市委机关干部“下沉”村（居）的号召，主动申请“下沉”到桑耶镇最偏远、条件最艰苦的亚杰村担任指导员协助开展工作，帮助农牧民进行春耕播种，协助驻村工作队开展扶贫调研，会同村“两委”筹划开展庆祝三八妇女节活动和庆祝三二八百万农奴解放纪念日活动。作为一名汉族干部，他主动申请去藏族农牧民家中，与农牧民群众同吃同住同劳动，进一步密切与群众的血肉联系、维护藏汉民族团结。

自参加工作以来，他先后当选为共青团西藏自治区第十次代表大会代表（省级）、西藏自治区扎囊县法院人民陪审员，被评为全国优秀共青团干部、西藏自治区优秀共青团干部、山南市优秀共青团干部、江西省高校毕业生基层就业先进典型，荣获扎囊县“不忘初心、牢记使命”主题教育知识竞赛二等奖、扎囊县“凝心聚力贯彻十九大、昂首阔步走进新时代”演讲比赛三等奖，被授予2018年、2019年“优秀公务员”称号（嘉奖两次）。他先后在中组部官网（共产党员网）发表网评文章52篇。2019年8月在西藏自治区红十字会党组成员、秘书长刘维新同志的亲切关怀下，他登记注册成为造血干细胞和人体器官捐献志愿者，并参与拍摄西藏自治区首部红十字“三献”宣传片。

作为一名扎根基层的青年干部，他牢固树立“全心全意为人民服务”的意识，切实做到“誓做青年友　不做青年官”，以一个新时代青年的良好作风和形象为推动西藏繁荣发展、民族团结贡献自己的力量！

（江西省高等院校毕业生就业工作办公室供稿）

山东

SHANDONG

以梦为马，不负韶华

——山东大学陆星事迹

陆星，男，1990 年 4 月生，山东临沂人，中共党员，山东大学 2018 届博士研究生。2018 年博士毕业后，他积极响应党和国家号召，到基层、到西部，到祖国和人民最需要的地方，毅然放弃了在大城市发展的机会，通过陕西省委组织部定向选调，来到秦岭深处的国家级贫困县太白县挂职副县长，并担任梅湾村第一书记，从此扎根基层，在脱贫攻坚一线倾情投入，用实际行动诠释了共产党人的初心使命。

到村后，陆星首先面对的是三道关卡：思想关、语言关和生活关。从学生干部到第一书记，如何尽快适应新环境？听不懂当地方言，如何与群众有效沟通？从东部地区到西部山区，如何克服生活困难？他深知，担任第一书记一职，既是组织的信任，更是肩上的责任。为了能够胜任基层工作，他认真学习政策，积极与群众沟通，努力融入乡俗，尽快转变角色，迅速打开局面。他始终坚信，唯有走过泥泞的小路，才会留下更加坚实的脚印。他用一个月时间对全村 52 户建档立卡贫困户逐一入户走访，边入户边记录，三本工作日志记录了群众生活的点点滴滴。

“黄沙百战穿金甲，不破楼兰终不还”，脱贫攻坚工作是一项光荣而又艰巨的任务，为了打赢这场硬仗，陆星以坚定的理想信念、务实的工作作风，推动全村脱贫攻坚工作不断前进。在他的带领下，梅湾村贫困发生率从 2016 年的 19%降至 0.32%，人均纯收入从 2016 年的 12060 元增至 15950 元，脱贫群众“两不愁三保障”稳固达标，安全饮水、电力入户、通村水泥路实现全覆盖，基础设施更加完备，村庄面貌焕然一新。

建强组织办实事

陆星深知只有班子硬、队伍强、理论新才能充分发挥支部战斗堡垒作用。他狠抓班子建设，优化班子结构，在梅湾村率先完成书记、主任“一肩挑”改革，并大力培养优秀后备干部，吸纳发展入党积极分子 2 名、预备党员 1 名，为支部注入新鲜血液。他结合村情实际，规范党员队伍日常管理，突出“三会一课”、固定学习日、主题党日、党员积分制和谈心谈话等关键重点，进一步健全完善基层党组织生活制度。他努力提升班子理论水平，不断强化教育学习，深入开展“不忘初心、牢记使命”主题教育活动，组织党员集体学习 16 次，赴凤县、两当革命纪念馆开展红色教育，村党支部凝聚力不断提升，战斗力进一步增强。为了更好地服务党员群众，他筹集 7 万元资金，按照村级党组织标准化建设要求，对村“两委”场所进行了改造提升，并配齐办公桌椅和电脑、打印机等设备，完成了村级阵地的规范布设。通过完善服务设施和实行村干部集中办公，进一步强化阵地服务功能，打造真正的党员之家。

精准扶贫解民忧

山东

驻村工作以来，陆星时刻铭记习总书记“脚下沾有多少泥土，心中就有多少真情”的谆谆教诲，始终把群众安危冷暖放在心头。在得知贫困户杨先爱家中漏雨时，他第一时间联系住建、扶贫等部门争取资金，对房屋进行了修缮，让老两口的居住条件得以大幅改善。贫困户苏忠良的孙子没有落实户口，老苏向他求助：“陆书记，孙子马上要中考，需要上户口。”他了解情况后多方协调，很快给孩子上了户口，搬走了压在老人心中多年的石头。脱贫攻坚工作时间紧、任务重，事关群众切身利益，他始终将脱贫攻坚作为头等大事来抓，走访入户、宣传政策、收集信息、整理资料、实施项目、谋划发展，村上的田间地头、农户家的灶房炕头，都能看见他的身影。在他与村“两委”的共同努力下，投入 378 万元，新建 60 米长跨河大桥、254 米长浆砌排水渠，新装和维护 48 盏太阳能路灯，维修 30 余处村组自来水管道，进一步方便了群众生产生活。他严格落实“八个一批”帮扶政策，2019 年累计发放各项政策补贴 62.95 万元。同时，他坚持扶贫先扶志，树立正面典型，积极弘扬正能量，激发群众脱贫致富的内生动力。

发展产业促增收

梅湾村以传统农业为主，蔬菜种植和中蜂养殖等产业收入占到群众总收入一半以上。如何拓宽销售渠道，让群众生产的优质农产品走出大山，实现优质优价一直是陆星最关注的事情。经过考察研究，他多方联系争取到 150 余万元资金，在梅湾村新建蔬菜集散中心，并搭建了电商平台和村级电商服务站。2019 年受市场影响，蔬菜、蜂蜜严重滞销，贫困户龙玉平蜂蜜销售困难，他充分利用电商平台牵线搭桥，帮助龙玉平将滞销的400余斤蜂蜜销售一空，龙玉平收到1万多元销售款后连声感谢："陆书记，你可帮了我大忙，为我的蜂蜜找到了销路，家里两个娃娃半年生活费不用愁了。"近年来，梅湾村大力发展产业项目，建立了中蜂养殖园、樱桃采摘园和光伏产业园，并在他的推动下，依托梅湾生态资源和区位优势，形成以观光农业和乡村旅游为重点的产业新布局，每年产生综合效益30余万元，贫困群众户均增收2000元。当前，投资265万元的大棚车厘子示范园项目已进入最后审批阶段，投资540万元的农家客栈项目也正在申报立项，这些将进一步助推村域经济快速发展。

抗击疫情保生产

2020年新年伊始，新冠肺炎疫情暴发，陆星心系梅湾群众的安危，放弃与家人团聚的机会，辗转千里，火速返岗，冲到防疫一线。到村后，他第一时间发动党员、群众，成立党员先锋队，开展全面摸排、消毒消杀、宣传引导、卫生整治，累计排查外省返乡人员42人，开展集中消杀30余次、播报宣传120余次、环境整治10次。他广泛开展募捐活动，累计募集捐款及防疫物资折合人民币1万余元，有效缓解了防疫物资不足的状况。在这次抗击疫情的大考中，他和支部一同努力，始终保持村庄安全稳定，向群众交出了一份满意答卷。

他深知，尽管疫情尚未完全解除，但生产发展丝毫不能耽搁，必须积极安排好春耕生产、脱贫攻坚、就业务工等工作，不然已脱贫的群众又要面临返贫的风险。联席会议上，他与村"两委"成员共同商议，抓早动快，及时发布春耕信息和注意事项，摸清群众生产需求，整理地垄，协调农资，有序安排农户蔬菜育苗等春耕备耕工作。田间小院中，他和驻村工作队一同与贫困户深入沟通交流，逐人逐户摸清情况。"李钰林是脱贫户，去年种植了30亩绿色蔬菜，这两天不能再等了，要适当调整今年的产业帮扶计划，该育苗就育苗，该播种就播种。王存艾是手工编织大户，得让她想办法在不聚集的情况下开工复产，同时带动其他人增收致富……"他认真记录着每家每户的实际情况，有抢抓农时春耕的，有居家分散复工的……一件件、一桩桩，体现着他对群众的用心、对工作的负责。

陆星坦言，在脱贫攻坚收官之年，能够使群众脱贫致富全面实现小康，作为第一书记他感到非常自豪。"自信人生二百年，会当水击三千里"，对于梅湾未来的发展，他满怀信心。正如习近平总书记来陕考察时所说，"希望我们奔小康的路上一个也不少""脱贫摘帽不是终点，而是新生活新奋斗的起点"。脱贫致富路上，陆星将继续秉承初心，砥砺奋进，与梅湾党员、群众一起，共同书写梅湾发展的新篇章。

（山东省学生就业创业教育咨询中心供稿）

青春献高原，祖国永不忘

——山东中医药大学董元浩事迹

2012 年，怀揣着大学梦想的董元浩如愿踏入山东中医药大学校门，在大一下学年临近期末考试的一天，他在学校一号餐厅外的宣传栏驻足了好久，原来是一张“大学生志愿服务西部计划”的宣传海报吸引了他。“到西部去，到基层去，到祖国最需要的地方去”的口号在他心中大声喊了出来……

在步入大学以前，高三毕业的董元浩就投身了志愿服务活动中。顶着烈日义卖报纸、高考冲刺笔记、二手学习用品对他来说已经成了家常便饭。在一次为 14 岁患骨肉瘤的初中女孩募捐的过程中，他第一次扛起志愿服务大旗，号召了 150 多名高中毕业生投入到募捐活动中。从日出时分到明月当空，他带领他的小伙伴们募集了 87725.6 元人民币，及时给患病女孩的家庭分担了经济压力。众多关注此事的媒体中，《大众日报》的记者张忠德在“一场有担当的募捐”新闻中这样评论董元浩和他的小伙伴们：“90 后”曾经是一个令社会头疼的群体，被冠以诸如“脑残”等符号化的形象标签。然而如同汶川大地震让人们意识到“80 后”群体的成长与担当一样，在这场自始至终都由“90 后”高中生和准大学生们发起运行的募捐中，我们同样也能看到成长之后的属于“90 后”群体的大担当，这不仅改变了人们对于这个群体的固有印象，也让记者看到了国家和民族未来的希望。

大学四年里，董元浩加入了学校“爱心社”社团、校学生会、人文社科学院学生会，在学生组织工作中他认真负责、大胆创新，得到了老师、同学们的一致好评。他积极参与志愿服务活动，积极服务在校师生和社区，先后荣获了“山东省无偿献血先进个人”、“山东省爱心大学生”、山东中医药大学“优秀毕业生”等荣誉称号。在保证学习成绩的同时，他还担任了校学生会副主席、人文社科学院学生会主席等职务。

大四毕业在即，董元浩与其他毕业生一样，正为自己未来的工作仔细谋划着、准备着，直到班级 QQ 群里的一个通知打破了“理所当然”的毕业计划，“到西部去，到基层去，到祖国最需要的地方去”，是西部计划在召唤！在征得家长同意后，董元浩立即向校团委报名。经过体检和考核，他顺利成为了一名大学生志愿服务西部计划西藏专项志愿者，乘坐上了前往拉萨的火车。

2016 年，董元浩作为一名山东中医药大学法学专业毕业生，被分配到西藏自治区文化厅非物质文化遗产处工作，这一年也正是“藏医药浴法”申请联合国教科文组织人类非物质文化遗产名录的一年。一个全新的领域中充满着种种挑战。董元浩将《中华人民共和国非物质文化遗产法》和联合国教科文组织《保护非物质文化遗产公约》熟记于心，虚心请教自治区有关藏医药专家和母校老师，积极配合相关单位准备申遗工作。2017 年底，董元浩作为西部计划志愿者参与到“藏医药浴法”申遗专班工作中。工作专班连续工作 3 个月，申请方案经自治区、文化和旅游部层层评审，最终报送至位于法国的联合国教科文组织。董元浩作为申遗专班中年纪最小的成员，在工作中以严格的党性要求自己，发挥艰苦创业精神，最长连续工作 74 小时未休息，以顽强的意志和拼搏精神圆满完成了工作任务，有力保障了申遗工作的顺利进行，得到申遗专班、文化和旅游部、西藏自治区文化厅的高度赞赏。

在西藏志愿服务的两年里，董元浩任西藏自治区文化厅西部计划志愿者自我管理委员会会长，积极组织开展参与各类志愿服务活动，两年内服务时长达 780 小时。2016 年组织自治区文化厅系统全体志愿者赴西藏雪堆白传统手工艺术学校开展志愿服务工作；2017 年组织 10 名志愿者参与“童心向党·感党恩爱核心”文艺汇演志愿活动；2017 年参加共青团西藏自治区委员会组织的西部计划西藏专项培训工作，任带班班长，负责来自山西、陕西、湖北和湖南的 200 余名大学生西部计划西藏专项志愿者的培训工作；2018 年组织开展了“衣旧情深”活动，在全国范围内募集 1700 余件过冬衣物，转赠至高海拔地区的藏族民众手中。2018 年，在自治区西部计划考核评比中，董元浩以得票第一的评比结果荣获“西藏自治区优秀志愿者”称号。

在西藏工作期间，董元浩思想政治立场坚定，坚持以习近平新时代中国特色社会主义思想和党的十九大精神作为工作指导，在工作中任劳任怨，长时间伏案加班已成常态。同时，他积极帮助他人，以自己的实际行动不断践行着社会主义核心价值观和“四讲四爱”主题教育实践活动，得到了服务单位的一致好评。

2018 年 8 月，董元浩服务期满离开了西藏，他通过青岛海洋地质研究所入职考试，成为了一名基层党务工作人员，主要负责青岛海洋地质研究所的宣传工作、意识形

态领域工作、统战工作、精神文明建设工作和工会工作。他以踏实肯干、认真负责的工作作风赢得了领导、同事的一致认可，入职3个月后在一项团队工作中表现突出，帮助该团队获评单位突出贡献团队。作为一名90后党员，董元浩坚持学习习近平新时代中国特色社会主义思想，不断学习、锐意进取，坚持奋战在党建工作一线。新型冠状病毒肺炎疫情暴发以来，他积极落实单位党委要求，在线开展了募捐活动，协助单位采购口罩、消毒洗手液、额温枪等防疫物资，积极参与单位疫情防控工作。

2020年董元浩考入青岛大学公共管理专业（非全日制），他说："工作之后才知道，身边优秀的榜样实在太多了，自己与他们的差距也在工作中体现了出来，我自己对提升工作能力的需求和知识储备不足的矛盾也日益加剧，希望通过毕业后的再学习提高自己，更好地投入到工作中去，更好地投身到为人民服务中去。"

（山东省学生就业创业教育咨询中心供稿）

青春在青农筑基，在高原起航，在基层唱响

——青岛农业大学华进事迹

华进，男，汉族，安徽桐城人，中共党员，青岛农业大学化学与药学院生物功能材料专业 2016 届毕业生。在校期间，他积极加入了青岛农业大学志愿者协会，十分热衷于参加公益服务活动。受青岛农业大学“厚德、博学、笃行、致远”的校训熏陶，毕业那年，他积极响应团中央“到西部去、到基层去、到祖国和人民最需要的地方去”的时代号召，背井离乡，放弃了优越的生活条件及陪伴家人的机会，毅然决然报名参加了大学生志愿服务西部计划西藏专项志愿者项目，于 2016 年 7 月底进藏，服务于西藏自治区扶贫开发办公室（西藏自治区脱贫攻坚指挥部办公室）。其间，他在西藏自治区那曲市比如县扎拉乡雄塘村驻村 1 年，现已期满留藏，任职于西藏自治区林芝市墨脱县人民政府办公室。

为人生筑牢坚实的基础

从进入青岛农业大学开始，华进就深深认识到，学生的天职就是学习，尤其是作为一名当代大学生，要想为国家做贡献，就必须打牢坚实的基础。大二开始，他就主动要求利用课余时间进入实验室为师兄师姐们打下手，获取更多的学习机会。华进还乐于参加各类公益活动，曾在暑假期间，结合自身所学，与同学们组建宣讲团，以“身边的食品药品安全知识”为主题，走进公园、闹市区、社区，进行了丰富多彩、生动有趣的知识宣讲。在社团活动中，他作为校自行车协会副会长，组织协会会员们坚持每周六在校内义务修车，2014 年协会被评为“全国百佳体育公益社团”。此外，他还多次参加义卖筹款活动。这些经历都为他毕业赴西藏提供了强大动力，也为他敢于吃苦、甘愿留在

西藏奠定了坚实的基础。

华进说："回想这一路，我最难以忘怀的就是校园时光，在这四年里，青岛农业大学培养了我的德行，增长了我的学识，强化了我的理想信念，无论现在还是未来，我都将秉持着校训，在西藏，在基层，坚定信念、志存高远、追求卓越、开创未来。"

到祖国和人民最需要的地方去

山东

2016 年 4 月，是华进人生的一个重大转折点。当时正值大学生志愿服务西部计划宣传报名的时候，学校和学院都高度重视，通过宣讲会、就业指导课、张贴海报、校园媒体、班会等多种形式进行了广泛宣传，支持鼓励毕业生们积极报名，投入到祖国和人民最需要的地方去，用所学知识报效祖国、服务人民。华进得知此事后，心中便种下了去西藏的种子。他立即向院团委老师咨询，在院团委老师的鼓励、指导下，他凭借个人优秀的表现，顺利通过笔试和面试，加入大学生志愿服务西部计划西藏专项队伍。后来，在校团委的支持和帮助下，他于 2016 年 7 月底坐上了前往拉萨的火车，被分配在西藏自治区扶贫办(西藏自治区脱贫攻坚指挥部办公室)工作，自此踏上了扶贫之路。

2016 年也是全国打响脱贫攻坚战的首战之年，西藏作为全国唯一一个省级集中连片贫困地区，也是全国深度贫困地区"三区三州"之首。贫困程度之深、扶贫任务之重、脱贫难度之大可想而知，作为刚刚走出校园步入社会的"愣头青"，面对高原的新生活、陌生的工作环境、巨大的工作压力，华进充分继承和发扬了自强不息、艰苦奋斗的"莱农精神"，很快克服了高原缺氧干燥的气候，融入了当地干部群众的工作生活中，虚心向领导、同事学习请教，迅速转变身份进入角色。作为办公室文秘，他顺利完成了脱贫攻坚高强度高态势的工作任务，确保了单位政令畅通无阻、公文运转高效、上传下达有序，先后参与承办了全国扶贫援藏工作会议、全区脱贫攻坚工作会议及单位内部会议等各类大小会议，他出色的工作能力获得了单位上下的一致好评。

从农村来，到农村去

在西藏，有一句话叫"远在阿里、苦在那曲"，由此可见那曲的条件有多么艰苦。进藏半年，华进已经完全适应了那里的生活环境，对西藏脱贫攻坚工作有了宏观的认识。但是他明白，自己仍是一个刚毕业不久、涉世未深的"新生儿"，虽然从事的是精准扶贫工作，是在为人民服务，但没能真正贴近贫困群众客观了解他们的现实生活，这与他最初向往的不一样。所以，他主动要求前往海拔更高、气温更低、氧气更少、土地更贫瘠的那曲市比如县扎拉乡雄塘村驻村，那里海拔大约 4300 米，一年有 9 个月都是冰天雪地、寒风呼啸的日子。睡觉办公在一间昏暗的房子里，洗澡买菜需要前往 50 公里外的县城，用电通信都依靠太阳能，如果连续降雨降雪便进入失电失联状态。

华进继承高原工作者“艰苦不怕吃苦，缺氧不缺精神，海拔高追求更高”的奋斗精神，在那里同村民同吃同住同劳动，谁家困难了帮一把，谁家牛粪不够了捡一筐，哪里路坏了修一修，有好的扶贫政策跟村民宣传宣传、争取争取，他把村民当作自己的亲人，全心全意为人民谋福利。临走的时候，村民纷纷为他献上洁白的哈达和美好的祝福。他因为驻村工作表现突出，被评为西藏自治区级优秀驻村工作队员。

经过 1 年的历练，华进对西藏的精准扶贫工作有了更深层次的认识和理解，圆满完成了他两年的志愿服务工作，并获得“西藏自治区西部计划优秀志愿者”荣誉称号。

扎根边陲，奉献终生

2018 年 8 月，华进结束志愿服务工作，但他并没有选择回到物质条件丰富、工作发展机遇多的地区，而是毅然决定留在了西藏。他去了安妮宝贝笔下描述的既神秘又神圣的墨脱，那里是全国最后一个通公路的边陲小县城，2015 年才实现全线通车。

刚开始，华进去了墨脱最艰苦的乡甘登乡，那是墨脱唯一一个没有通公路的乡，从县城出发，需要先在峡谷深长、沟壑险峻的公路上乘车驰骋 6 个小时，再在悬崖峭壁上徒步约 8 个小时才能抵达乡政府所在地。乡政府工作、生活条件简陋，与群众打交道多，工作内容更具体细致，面临的挑战更多。在这样的环境下，华进也一样坚持了下来。他结合做志愿者期间积累的工作经验，再向乡里的前辈们学习，继承他们身上乐于吃苦、善于忍耐、勇于战斗、敢于创业的“老墨脱精神”，和大家一起下村入户调查研究、统计数据，开启了他基层工作的新篇章。目前，华进已调入了墨脱县政府办，继续用当代大学生的使命和担当谱写雪域高原上的基层别样华章。

（山东省学生就业创业教育咨询中心供稿）

践行人民至上，诠释青春担当

——齐鲁理工学院赵继鹏事迹

山东

赵继鹏，男，汉族，1994 年 9 月出生于甘肃省永昌县，2012 年 5 月加入中国共产党，2013 年进入齐鲁理工学院土木工程专业学习。在校期间曾任学生第二党支部青年委员，土木工程学院党支部宣传委员，土木工程学院团总支副书记、学生会常务副主席兼宿管部部长等职。2013 年获军训"优秀学员"荣誉称号；2015 年获院级"优秀学生干部"，校级"五好党员""优秀学生干部"荣誉称号，获国家励志奖学金；2016 年获校级"优秀团干部"、社会实践"先进个人"荣誉称号，国家励志奖学金；2017 年获校级"优秀团干部"、"优秀毕业生"、省级"优秀毕业生"荣誉称号。

赵继鹏 2017 年 7 月毕业于齐鲁理工学院，同年 8 月进入中共西藏林芝市委党校参加公务员岗前培训班，同年 9 月进入西藏林芝市工布江达县朱拉乡人民政府工作，现任朱拉乡党群综合办公室负责人（一级科员）、朱拉乡扎堆村第一书记兼驻村工作队副队长。2017 年获林芝市首届青年人才论坛二等奖，被评为"林芝市公务员岗前培训班优秀学员"；2018 年获工布江达县"维稳工作先进个人"称号；2019 年获工布江达县学习强国知识竞赛二等奖，并被评为竞赛达人、先进个人、先进驻村工作者。

参加工作以来，赵继鹏同志认真学习贯彻落实习近平新时代中国特色社会主义思想和党的路线、方针、政策，坚决执行乡党委、政府的各项安排部署，严格遵守各项工作纪律。在担任第一书记过程中，他积极带领村党支部研究党建思路、确定重点工作任务、巩固脱贫攻坚成果、维护村居社会稳定。他政治上头脑清醒、立场坚定，工作上任劳任怨、恪尽职守，学习上求真务实、刻苦钻研，生活上积极乐观、艰苦奋斗。

脱贫攻坚路上的坚守者

赵继鹏同志深知脱贫攻坚工作的胜利来之不易，也深知脱贫攻坚后期巩固工作的重要性。所以，自担任扎堆村第一书记以来，他不敢有丝毫懈怠，通过查阅建档立卡户的户卡册、与村“两委”班子和上一批驻村工作队交流、到建档立卡户家中实地查看等方式了解本村的精准脱贫工作。扎堆村建档立卡户 28 户 80 人虽然全部脱贫，但还是牢牢牵着赵继鹏同志的心。他怕因为某一个工作做得不到位会导致有人返贫。所以，他组织召开了多次精准扶贫政策宣讲会，与驻村工作队成员和村“两委”班子一道宣讲各项精准扶贫政策、知识、常识等。每次有市、县卫生部门来免费检查，他都告诉村“两委”要先通知贫困户和边缘贫困户过来接受检查和治疗。

2020 年 4 月，赵继鹏同志走村入户时发现贫困户扎西边觉因心脏病、高血压等引起并发症导致左腿腐烂坏死。考虑到老人家中并无什么存款，赵继鹏同志及时联系市人民医院安排老人就医并组织广大干部群众捐款。在赵继鹏同志的奔走帮助下，扎西边觉老人解决了住院费，病情也得到了好转，没有因病返贫。该事迹被《西藏日报》刊载，题为“第一书记赵继鹏：践行人民至上，诠释青春担当”，同时被学习强国西藏学习平台转载。

乡村振兴战略的践行者

赵继鹏同志深知，乡村振兴要塑形，更要铸魂。所以自担任扎堆村第一书记以来，他利用三八妇女节、植树节、学雷锋日、三二八百万农奴解放纪念日、建党节、国庆节等契机，开展了一系列丰富多彩的活动，为丰富全村的精神生活做出了贡献。同时，他加大生态环境综合治理力度，开展了以“学雷锋、树榜样、讲卫生、净家园”为主题的主题党日活动，发出了“保护生态环境——从党员做起”的号召，并形成长效机制。截至目前，扎堆村组织党员、群众开展了120余次环境治理工作，包括清理河道垃圾、清理村居卫生死角、村委会卫生大扫除等，驻村工作队、村“两委”、党员带头签订《保卫蓝天承诺书》共计110余份。使得扎堆村由原来的“脏乱差”转变到了现在的山绿、水清、天蓝，全村主干道无垃圾杂物。

民生工程建设的推进者

驻村伊始，赵继鹏同志在走村入户过程中发现布如村（扎堆村自然村）群众存在饮水困难现象（布如村饮用水直接从山后河流中用管道接过来，埋深太浅且无沉淀过滤设备，存在季节性停水和水中杂质较多等问题）。赵继鹏同志为确保该自然村群众能够一年四季吃到干净安全的饮用水，将这一情况及时反馈到乡政府，在乡政府向县水利部门申请立项后，赵继鹏同志又多次带领村党支部书记到县水利部门进行协调沟通。在饮水工程建设过程中，赵继鹏同志一次次走山路（路太窄，汽车无法进入）亲自到施工现场查看，利用自己所学的土木工程专业知识进行指导，同时跟现场工人谈心，“这个工程是我们好不容易争取到的，麻烦师傅们一定要修好，这可是39户126名群众的饮水，拜托各位师傅了。”2019年9月23日，布如村新的饮水线路建成，群众看着汩汩清水和晒得黝黑的赵书记，竖起了大拇指。一条条洁白的哈达献给了赵继鹏同志，这是布如村群众对这个“90后”汉族书记的最大褒奖。

赵继鹏同志牢记初心使命，牢记入党誓言，牢记工作责任，心里始终装着群众，尽自己最大的努力在工作岗位上为农牧民群众服务，不断用忠诚为党的政治态度和竭诚为民的责任担当来诠释共产党人“立党为公、服务为民”的铮铮誓言，用自己的忠诚和担当向党和人民交上了一份满意的答卷。

（山东省学生就业创业教育咨询中心供稿）

勤学善思，勇担使命

——山东师范大学顾然事迹

顾然，女，汉族，1992 年 6 月出生，中共党员，济南市长清区人，2013 年 7 月加入中国共产党，2015 年 7 月毕业于山东师范大学，同年考取沂源县选调大学生村官，大学本科学历，公共管理专业非全日制研究生在读；现任沂源县历山街道团工委副书记。

顾然在 2016 年 6 月被中共淄博市委宣传部评为“先进个人”；2019 年 7 月在淄博市百姓宣讲比赛中荣获“二等奖”。先后在村居、社区、街道和县直工作，群众工作经历丰富，勤学善思，敢想敢干，创新意识较强，是一名优秀的“90 后”大学生。

她是居民群众的“好闺女”

2015 年的盛夏，顾然怀揣着少年乡村的梦想，放弃济南市国家公务员的工作机会，毅然决然选择扎根基层，来到沂蒙老区沂源县，开始了自己的村官生活。

驻村的 730 个日夜，她推动沂源县历山街道南麻一村村居发展，提升村居治理水平，完成了从“外乡人”到“贴心人”的角色转变。

为了更好地熟悉村情，她先后克服了语言关、饮食关、亲情关，与村里的群众同吃同住，拉家常，解民忧，从不认识到认识再到打成一片，大家都亲切地喊她“好闺女”。在熟悉村情、学习村务的过程中，她逐渐找准自身定位，摸索出“实现村官价值”的路子。

“根深则叶茂，本固则枝荣”，她以农村党组织建设为突破口，创新性地提出“党建引领，经济发展，民生保障，文化繁荣”的发展思路，通过模范带头、规范制度、强化落实、提高服务等方式进一步提升了村党委的凝聚力、战斗力、号召力；她引导在家带孩子的妇女开网店、卖特产，增加了群众的收入；她组建起了一支志愿者队伍，为村内的孤寡老人、残疾人等群体提供志愿服务。

经过顾然同志与村“两委”成员的不懈努力，南麻一村2015年被中华人民共和国司法部、民政部授予“全国民主法治示范村”称号，2017年被山东省精神文明建设委员会评为“省级文明村”。

两年驻村的经历锻炼了她与村民群众打交道的能力，特别是在扶贫工作中，她为结对帮扶的贫困群众讲政策、落实低保、申请家具，与贫困户每周通一次电话，每月一次入户走访。一提起她这个帮扶干部，群众都伸出大拇指说：“小顾就像俺那亲闺女，办事刚周到咧！天冷了给俺买被子，有空了就来和俺拉拉呱。感谢党，感谢政府，给俺送来了这么个贴心孩子！”

她是勤学善思的“创新者”

两年村官任职期满，她转为选调生，在历山街道办事处工作。她善于运用新理念、新思路、新方法，特别是在党建、村居、社区等具体服务工作中，注重创新，善于调动各方面的积极性，有着较强的综合协调能力。

在担任城中社区党总支副书记时，她为城中社区创下了3个“沂源首次”。“首个党建品牌”：她打造了“爱在城中”党建品牌，并组建起沂源县第一支以“关爱社区老人、帮扶社区青少年”为核心任务的志愿服务队伍；“首个快闪”，在国庆70周年之际，她负责策划实施了“城中快闪”活动，并拍摄制作了沂源县第一个党建主题的“快闪”宣传片，网络点击量超过10万次；首个“政治生日”，她制定每月为社区在管党员过“政治生日”制度，增强党员仪式感和使命感，城中社区成为沂源县第一个为党员过“政治生日”的基层党组织。

她调到街道党建办公室工作后，团结同事，凝心聚力共同谋划街道党建亮点工作，打造“历山品牌”。2019年，她们创新性地提出以“党建＋”的工作思路开展街道党建工作，即村居党建＋“三治”管理、社区大党委＋共建共创、两新组织党建＋兜底管理、机关党建＋“两业一率”四种模式。同时，创新活动载体，组织开展情景党课竞演、基层党建工作实训模拟、“双报到”单位红歌联唱、身边榜样表彰晚会、红色电影展映等特色活动，以党员群众喜闻乐见的形式推动主题教育向纵深发展。在这些活动中，顾然同志既是策划实施者，又是活动主持人，充分展现出其较强的组织协调能力。

近期，为切实加强党员档案管理工作，历山街道花大力气对党员档案进行“大梳理”，她负责整理审核全街道2187名党员的档案，创造性地提出“八步工作法”，扎实推进此项工作开展。她说：“档案整理审核是个良心活、烦琐活，我们必须做到实事求是、严谨细致、有人有档、内容规范。再过30年、50年，不管谁来查档案，我们都能拍着胸脯说没问题。”

她是使命担当的“奋斗者”

她始终坚持高标准严格要求自己，具有强烈的事业心和高度的责任感，始终能出色地完成各项工作任务。面对复杂问题，她头脑清晰，耐心细致，能够快速处理解决，是新时期涌现出的优秀青年。

她大学本科学的是法律专业，在越发专业的工作中她常常感到“本领恐慌”，于是一结束产假便报考了公共管理专业的非全日制研究生，边工作边学习。近几年，在实际工作中，她为村级组织建设及城市基层党组织建设提合理化、专业化建议53条，结合专业知识完成调研报告近10篇，其中2篇被县委组织部采纳运用，4篇被街道党工委采纳运用。

疫情期间，她以“声音”为号，为战“疫”摇旗呐喊。疫情暴发后她负责宣传工作，稿件分别在《大众日报》、学习强国等新闻媒体上发表，累计发稿83篇，累计点击量35000余次。

在担任团工委副书记期间，为健全完善青年人才的工作体系，激励所属青年人才创新创业，她积极成立了历山街道青年人才协会以及青年志愿服务队，迅速投入到社区疫情防控劝返点卡口值班、消毒消杀等各项工作中，并为街道疫情防控筹措价值15000余元的各种消毒物资、食品等。在她和同事的共同努力下，历山街道团工委荣获2019年度“淄博市五四红旗团委”称号。

她经常利用周末、节假日到村居社区进行“道德讲堂”授课、“中国梦·新时代”主题宣讲，累计90余场，听众8000余人。同时，她将“沂源好故事”讲出沂源，曾多次代表沂源县参加淄博市“中国梦·新时代”百姓宣讲比赛，荣获佳绩并被聘为“百姓宣讲员”。

领导同事都评价她是“细心的女汉子”，说她做事细致、泼辣、不娇气。她常说：“选调大学生村官不是镀金的身份，而是炼金的平台。我要珍惜工作岗位，在实践中锻炼勇气和毅力，增强工作能力和才干，努力成为党和人民信赖的干部。”

（山东省学生就业创业教育咨询中心供稿）

河南

HENAN

心中有藏蓝梦，脚下有筑梦力

——河南财政金融学院史世界事迹

在西藏卫视和昌都卫视新闻联播中，时常能见到这样一个年轻的身影：他有着开朗的性格、黝黑的皮肤、壮实的身体。一次又一次，人们看见他在不同的地方做着同样的工作，他就是一直奋斗在昌都市法治宣传教育工作第一线的史世界。

史世界，男，汉族，中共党员，籍贯河南省鹿邑县赵村乡茧王行政村史庄，2016 年毕业，河南财政金融学院法律事务专业，同年 12 月毕业于华北水利水电大学经济法学专业；2016 年参加大学生志愿服务西部计划西藏专项活动，服务于昌都市司法局法宣科，2018 年 12 月服务期满后通过留藏考试现已成为西藏昌都市司法局普法与依法治理科的正式一员。

在 2016—2018 年的两年服务期内，他担任昌都市青年志愿者协会党支部的宣传委员、马草坝片区队长，并被选为 2017 年度全国学雷锋志愿服务“最美志愿者”候选人，被评为西藏自治区学雷锋志愿服务“最美志愿者”、西藏自治区 2017—2018 年西部计划西藏专项“优秀志愿者”和昌都市 2016—2017 年西部计划“优秀志愿者”。

岁月不居，时节如流。两年的服务期转瞬即逝，身为志愿者的他在这两年里过得很充实，走得很坚定！这两年里，他参加了昌都市连续举办三届的三江茶马文化艺术节志愿服务行活动，两年环昌都城骑行赛志愿服务，志愿者培训活动，三二八百万农奴解放纪念日《旗帜》表演，“12·5”爬山活动、全民学雷锋、阳光周末活动，“城乡少年手拉手，民族团结一家亲”活动，“传奇康巴昌都，欢度藏历新年”活动，慰问特殊教育学校儿童活动，“青春志愿行、温暖回家路”活动，“新春走基层·儿童福利院”活动等。

一期一会，难得一面，世当珍惜。人生的每个瞬间都不可重复，因而应当珍惜每个瞬间的机缘，并为人生中可能仅有的一次相会，付出全部的心力。下面就让我们一同走进史世界心中的“一期一会”。

城乡少年手拉手，民族团结一家亲

2018 年的六一儿童节，他积极参加了团市委组织的志愿服务活动。这次活动，作为志愿者的他与沙贡乡小学一年级的四郎同学结了对子。在结对子后的两天里，他带着四郎去逛了昌都市的文具店、图书店，并赠送了四郎文具盒、图书等必要的学习用品。在团市委的统一安排部署下，他们在昌都市重庆卡若爱心儿童乐园内，参与了多个节目并互送了礼物，还一同在心愿墙上写下了自己的心愿。值得一提的是，他为了让四郎开开心心地过好儿童节，特意带着四郎去滑旱冰。由于四郎是第一次接触旱冰，所以滑旱冰对她来讲还是比较困难的，但是在史世界的耐心细致引导下，四郎很快就掌握了滑旱冰的技巧，不一会儿就愉快自如地玩耍起来。看到四郎明媚的笑容，他也情不自禁地滑了起来！全程活动中，由于四郎对于汉字的掌握不是很牢固，加之她本身比较害羞，所以两人沟通起来有点小障碍。因此他积极邀请了比四郎年纪稍长的同学进行翻译，但尽管有他人翻译，两人的沟通仍是少之又少。可是活动结束之际，当四郎讲述她这几日的感触时，不知道为何，此时的他鼻子竟有点酸楚，也许这就是“爱的回音壁”。当四郎迎面走来，向他献上洁白的哈达时，刹那间他竟哭得像个孩子，也许这就是“一面世当珍惜”。当四郎临走时用拉钩的方式拉着他的手，第一次不通过别人翻译叫他哥哥时，他却因为这句再简单不过的称呼激动不已！一声“哥哥”是四郎对他的认可，而“我以后会去你的学校看你，你要好好学习，以后争取考个好大学”的语重心长是他对四郎的美好祝愿与希冀。两人说出“拉钩上吊一百年不许变”的那一瞬，像是允了这一生的承诺。

爱的传递，来自特殊学校的记忆

史世界说他第一次坐上开往特殊教育学校的客车时，内心是无比忐忑的，因为不知道该如何与特殊的他们相处交流，不知道该如何使特殊的他们开心快乐，不知道怎样才是真正地对他们好！可是当他面对着一张张天真灿烂的笑脸，听着一声声“哥哥”如龙卷风般“袭来”时，他前一刻的忐忑瞬间化为了满满的怜爱！这一天里，他们为孩子们举办了“画出我的梦”绘画比赛，教会了孩子们以我手绘我梦；这一天里，他们教孩子们折了纸鹤和百合花，教会孩子们放飞自己的梦想。这一天里，表演武术时，他由于不小心把脚崴了疼痛难忍，但是为了让孩子们开心，还是忍着疼痛顺利完成了武术表演。后来观看表演的小朋友发现了他的不适，于是他们用手语问他："哥哥，你怎么了？是不是刚才表演时受伤了？严不严重？"当时他的心莫名抽动了一下，也许是身为异乡人的他此刻感受到了家的归属感吧！活动结束，当他们离去时，孩子们抱着他们不放，那一刻时间像定格了一样，那一幕久久在他脑海中不能退散！年轻健全的我们经常"少年不识愁滋味，为赋新词强说愁"，可看到这一群最可爱的人，我们又有什么理由去抱怨呢？

此时此刻，他说要特别提到一些闪亮的名字。（例如：滑旱冰的小四郎、篮球小将四郎扎西、绘画小能手嘎松次仁等）。他们是他心目中最可爱的人，令他念念不忘。2019年对史世界来讲是崭新的一年，这一年他决定要扎根西藏，留在昌都市司法局做强制隔离戒毒方面的工作。一路走来，他始终秉持"奉献、友爱、互助、进步"的志愿服务精神，积极思考、努力奋斗，贡献着他作为一名志愿者的力量。他说："新征程中，任它乱云飞渡、风吹浪打，我们都要紧紧聚成一团火，坚持心中有藏蓝梦、脚下有筑梦力，以坚如磐石的信心、只争朝夕的劲头、坚韧不拔的毅力，一步一个脚印为社会做出自己应有的贡献！"

（河南省大中专学生就业创业指导办公室供稿）

大山深处追梦人

——华北水利水电大学刘帅冶事迹

河南

刘帅冶，男，1995 年 5 月生，黑龙江双鸭山人，满族，中共党员，华北水利水电大学水利学院 2018 届本科毕业生。他先后荣获“中国大学生自强之星”、“全国优秀西部计划青年志愿者”、“全国优秀共青团员”河南省候选人、“河南省三好学生”、“河南高校好网民”、“河南省实践育人优秀案例”等荣誉。

2018 年 7 月，刘帅冶响应“到西部去，到基层去，到祖国最需要的地方去”的号召，主动提出申请参与西部计划，赴被联合国认定为“不适宜人类居住的”贵州省黔西南布依族苗族自治州安龙县笃山镇歪纳村的歪纳小学开展为期一年的支教工作。歪纳村小学 90%以上为少数民族，95%以上是留守儿童，地理位置偏远、条件艰苦。刘帅冶每天吃住在学校，是歪纳小学三年级的班主任，教授语文、美术、科学、思品等课程。

歪纳小学位于平均海拔 1000 米以上的云贵高原大山深处，学校坐落在山脚下，这里四面环山，头上是巴掌大的天空，是一所真正的山村小学。歪纳小学是在停办多年后，于 2018 年 8 月重新开办的。这里生活条件差，地理位置偏远、教师资源匮乏，所以能否让学校顺利重建的希望就寄托在刘帅冶和其他几位教师的身上了。

刚到学校时，校园内杂草丛生，教学楼内杂乱不堪，停用的厕所，没水、没电的校园没有任何办公设施，破旧的书桌堆积如山。当时全校教职员工只有黄思清校长和吴华老师两个人。刘帅冶同校长一起劳动、打扫校园、厕所、桌椅，维修老旧设施，为学校接水管……当时在学校没水、没电的条件下，因为重建校园的工作繁多，刘帅冶和支教队友决定就住在学校里，宿舍就是学校里的一间普通教室。由于歪纳村没有通班车，要想到镇子里去就要步行 2 小时左右的山路。由于当时学校的自来水管道还在建设中，支教期间刘帅冶喝的都是天然雨水。

学校重新建立，最重要的就是招生问题。由于歪纳村村民居住分散，为了确保每一位村民都能收到学校开办的准确消息，刘帅冶和黄校长走遍了村里全部的村组，来到了所有学生的家里，工作完回到住处也已是凌晨。当村主任看到刘帅冶深夜还在为招生工作走访时，当时他激动地对他说：“你们来了，我看到了歪纳村孩子的希望。”

刘帅冶刚来到这里一段时间后，身上长了大面积的红疹，全身又痒又痛，他夜里常常被痒痛弄醒，身上被抓挠得都是坑坑洼洼的伤疤，因为刘帅冶从小在北方长大，南方湿润多雨的环境让他极不适应。当时黄校长不放心，帮他咨询了山下的卫生所，大夫

建议他到山下输液。听到校长说后，考虑到学校老师本来就少，况且学校距离镇上路途远，不能耽误了学生上课，刘帅冶就托校长帮忙捎带了些药膏，涂抹着坚持了下去。

支教期间，刘帅冶的父亲因突发视网膜脱落导致的疾病而入院治疗。在父亲双眼都看不到需要人长期照顾的状态下，身为家里的独生子的刘帅冶承受着愧对亲人的痛苦，仍旧坚守在岗位上，从未请事假离开过自己的岗位，甚至生病连一次山下输液都没有过。他用实际行动默默驻守在大山深处的三尺讲台，诠释着新时代青年人的责任和担当。

另一个需要刘帅冶克服的则是那孤独寂静的氛围。可能是地理位置的原因，经过歪纳小学的车少得可怜，一天几乎一辆都看不到。除了上课时间外，刘帅冶听到的只有鸟叫和蝉鸣，尤其是周末的时间和每天的夜晚，突然从之前热闹的街区到现在寂静的校园，无疑让刘帅冶真正感受到了“寂寞”的滋味儿。但就是在这样的条件下，刘帅冶仍脚踏实地生活在学校，真正把自己融入了这个西部小山村，他曾说：“既然有人奉献城市，就一定要有人守望深山。”

歪纳小学当时有学前班和一～三年级，共 40 人，其中一年级 9 人、二年级 3 人、三年级 3 人、学前班的孩子 20 多名。刘帅冶是三年级的班主任、语文老师，也教美术、科学、思品等其他课程。由于教师少，每一位老师都有数门课程在身，这也导致了刘帅冶每天和孩子们待在一起的时间很长，他们一起学习、游戏，这些孩子 90％以上为少数民族儿童，95％以上是留守儿童。

歪纳小学的这些孩子都很淳朴、真诚、可爱、懂事，虽然见的东西不多，但是他们内心都很坚强，也都很向往大山外的世界。所以在支教期间，刘帅冶在带领班级学生考出了全镇第一名的好成绩，在保证完成基本的教学任务后，积极为孩子们打开山外的世界，拓展他们的眼界，丰富他们的思想。在课堂上，刘帅冶总喜欢把他成长过程中见到的、感悟到的讲给孩子们听，带他们了解那些他们从未接触过的事物。尤其是在爱国主义教育方面，刘帅冶平时常给孩子们讲一些国防方面的知识和故事，带他们了解日新月异的祖国，了解强大的国防力量，帮助孩子们树立一个良好的爱国、爱国防意识。他为孩子们拼国产战机的模型，为孩子们与山外的专家学者建立直播连线等。刘帅冶努力为大山里的孩子们搭建起山内外的桥梁，让孩子们真正与解放军叔叔交流。在空军叔叔和海军叔叔的感召下，孩子们也树立起了自己走出大山、翱翔蓝天、驰骋大海、保卫祖国的梦想！时至今日，歪纳小学所有的孩子们每周一清晨都会坚持将五星红旗冉冉升起，风雨无阻。在支教期间，刘帅冶也通过网络和社会力量，为歪纳小学募集奖学金及衣物、图书等爱心物资，共计万余元。

由于刘帅冶的感人事迹彰显了当代青年人爱国、奉献、担当的精神面貌，截至目前，刘帅冶的支教事迹被《人民日报》、《光明日报》、《中国青年报》、人民网、央广网、光明网、中国日报网、共青团中央、《中国青年作家报》、中国青年网、中国工人网、中国军网、中国空军政治工作部、中国海军政治工作部、凤凰网、新浪网、腾讯网、搜狐网、环球网、全国党媒信息公共平台、贵州团省委、河南团省委、大河网等进行了一系列的专题报道。其中，《人民日报》刊登了《大山深处飞天梦》《入队宣誓》《哥哥姐姐回来了》；《中国青年报》刊登了《希望的力量》《特殊的“开学第一课”》；《中国青年作家报》刊登了《既然有人奉献城市，就一定要有人守望深山》；中国青年网登载了《中国梦，践行者——青春励志故事|榜样力量　用有限之青春铸无悔之人生》；共青团中央媒体平台登载了《大山深处追梦人》；全国党媒信息公共平台登载了《歪纳村孩子收到海军叔叔礼物啦》《欢迎你们加入祖国的蓝色方阵》；中国军网登载了《这位支教老师点燃了山区孩子的海军梦，温暖了这群水兵》等一系列专题报道文章、视频，在社会上引起了较大反响。

刘帅冶作为新时代的一名新青年，把自己的理想同国家的前途、命运紧密结合在一起，积极响应祖国号召，主动提出参加西部计划，扎根边远西部，奋战在祖国最需要的地方，用实际行动诠释了“奋斗是青春最亮丽的底色”。他是新时代青年人爱国、担当、奉献的优秀典型代表！

（河南省大中专学生就业创业指导办公室供稿）

最美逆行,无悔选择

——黄河科技学院王玉侠事迹

王玉侠,女,黄河科技学院2018届护理专业毕业生,工作于周口市商水县中医院,周口市援鄂医护队员,曾工作于武汉市黄陂区方舱医院。

“如果没有这场疫情,2020年2月26日就是我结婚的日子,虽然因为疫情,因为我参加援鄂医疗队推迟了婚期,但是我一点也不后悔!”

24岁的王玉侠是周口市援鄂医疗队中年龄最小的“95后”护士。2019年毕业于黄河科技学院护理学专业,在商水县中医院上班还不到2年。在同事眼里,她是个工作能力强、乐于助人的好女孩;在患者眼里,她是一个有责任心、有爱心的好护士。

“虽然看不见你的真实面容,但是在我们心中,你们这些从外地来的医生都是最美丽的!”刚到武汉市黄陂区方舱医院才八九天,她护理的一位病人就这样夸奖她。

王玉侠不但长得漂亮,更有一颗仁爱之心。新冠肺炎疫情来势汹汹,作为年轻医护人员,她时刻关注疫情发展,关注病人治疗情况。得知市里要组织援鄂医疗队,乐观、自信的她,第一时间向组织报名。当时,商水县中医院院长王健君考虑再三,还是有些犹豫。王玉侠家庭困难,其父亲患有膀胱癌、肠癌,需长期化疗,一直卧病在床,家庭收入全靠没有工作的母亲打零工支撑。

“接到女儿驰援武汉的消息时,我内心无比矛盾。让她去吧,实在太危险,家里就她一个女孩,我身患结肠癌需要化疗,需要当护士的她来照顾。不让她去吧,在这危急时刻,显得当父亲的思想太过狭隘和自私。”望着孩子期盼的眼神,想到疫区无比严峻的形势,王玉侠的父亲王书良默默流下了眼泪。他知道,孩子做出这样的决定不是一时冲动,而是作为医护人员的神圣职责和保护人民群众生命安全的使命。最终,王书良尊重女儿的决定:“放心去吧,我会照顾好自己的,等你平安归来!”

2020年2月20日,出发的前一天,王玉侠向党组织递交了入党申请书。“疫情面前,我申请加入中国共产党,不管党组织是否批准,我都将时刻以一名共产党员的标准要求自己,不怕困难,冲锋在前,为夺取疫情防控战贡献自己的全部力量!”

“老公,请原谅我的自私,救死扶伤是医护人员的头等大事,我想和战友们一起坚守一线,不能履约和你出现在婚礼现场,请你理解并支持我!待战‘疫’胜利,我就做你的新娘!”出发之前,为了安慰自己的对象,王玉侠在微信中一连给他发了几个笑脸。

王玉侠的对象是一名现役军人,在空军某部服役,平时他们聚少离多。年前,他们经过几个月的准备，定于 2020 年 2 月 26 日举行婚礼，想过一个团圆而浪漫的蜜月。但是，“健康所系、性命相托”的誓言和“白衣战士”的职责让王玉侠义无反顾地选择驰援武汉抗疫一线。“有国才有家，这是医务人员应尽的责任！”王玉侠笑着说。

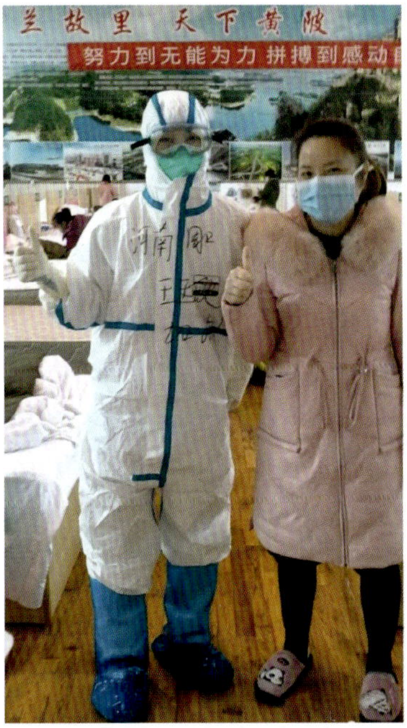

2020 年 2 月 21 日医疗队晚上抵达武汉，第二天，为了节约穿防护服的时间，防止交叉感染，王玉侠剪掉了自己心爱的长发。经过两天紧张的培训，2 月 25 日早上，王玉侠和另外 15 名周口医护人员来到武汉市黄陂区方舱医院，接过其他省市医护人员交给的接力棒正式上班。

为了全力投入救治，她坚持在上班前少喝水、少进食，并使用尿不湿，坚决做到不因个人原因影响救治。她与队友相互检查防护、书写护理记录、给病人发放早餐……在工作中，她和其他护理队员相互加油打气，用心、用情、用力奋战在疫情防控最前线。

工作中，她逐一给患者测量体温、脉搏、血压、血氧饱和度，并做好记录。在此过程中，王玉侠耐心地与病人谈心，询问有没有身体上的不适，仔细了解熟悉每一个人的情况。她嘱咐大家多休息、不折腾，养足精神同病魔作斗争。偶尔遇到情绪低落的患者，她还主动和他们唠家常、说笑话，缓解患者的心理压力。

有人说，哪有什么岁月静好，只不过是有人替我们负重前行。

也有人说，哪有什么超级英雄，只是一群孩子换上一身衣服，学着前辈的样子守护大家。

还有人说，17 年前全世界守护“90 后”，现在换“90 后”守护这个世界。

没错，一代人有一代人的使命，一代人有一代人的担当！生命对每个人都只有一次，远离危险是人的本能。然而，为了阻击病魔，白衣天使与家逆行，坚守岗位，践行职责，“最美逆行者”王玉侠用现实的抉择告诉大家何为责任与担当。

（河南省大中专学生就业创业指导办公室供稿）

以梦为马，驰骋在祖国边陲

——郑州大学郑子端事迹

郑子端，男，回族，中共党员，河南郑州人，本科就读于郑州大学商学院，研究生(推免)将就读于郑州大学政治与公共管理学院行政管理专业，现服务于西藏自治区林芝市西藏农牧学院，任郑州大学第十七届研究生支教团西藏分队副队长兼西藏分队临时党支部书记。本科期间曾担任郑州大学学生会副主席兼青年学术创新中心主任、郑州大学商学院学生会主席，曾获得“中安红棉”奖学金、郑州大学优秀学生奖学金，是国家一级篮球运动员，曾被评为河南省优秀学生干部、河南省优秀毕业生、郑州大学优秀毕业生、郑州大学优秀学生共产党员、郑州大学优秀团员、郑州大学三星级志愿者、郑州大学优秀青年志愿者、郑州大学大学生社会实践活动先进个人、郑州大学优秀学生干部、最佳印象毕业生。

一张西行火车票：扎根雪域高原，挥洒青春汗水

“我想用一年不长的时间去做一件终生难忘的事情，到基层去，到西部去，到祖国最需要的地方去。”——郑子端在初次了解西部支教时就深深被触动了。

总有些经历让人热泪盈眶，总有些故事让人回味无穷。回想起 2019 年 7 月，当坐了 48 个小时的绿皮火车踏上西藏这片土地时，他心情无比激动，同时又夹杂着对未知生活的不知所措。他在心底默默给自己打气：作为走向西部的青年志愿者，一定会秉承郑州大学“求是担当”的使命与精神，带着知识与同舟共济的情怀，以青春之我、奋斗之我为民族复兴铺路架桥，为祖国建设添砖加瓦。

到达西藏林芝服务地之后，郑子端与他的队友们立刻投入到了当地基础教育志愿服务工作当中。他们先后前往林芝市儿童福利院、林芝市敬老院开展“情暖林芝”系列活动十余次。节假日期间，郑子端与队友们更是牺牲休息时间，开展“大手拉小手、一对一定点帮扶”项目，他们根据条件艰苦程度、需求种类、帮扶重点等内容分类建立贫困生档案，时刻了解孩子们的生活状况与学习情况。该项目共服务学生两百余人，帮助疏导学生二十余人。

从象牙塔走向基层，从学生到一线教师，是身份的转变；从课桌走向讲台，是责任的转变；从郑州大学走向祖国西部，则是人生的转变。郑子端毅然选择奔赴祖国西部，把“接力教育扶贫”扛在肩上，用自己所学去点燃偏远地区孩子对美好未来的渴望以及社会对西部教育事业的重视，为祖国西部脱贫攻坚贡献出自己的青春力量。

一颗火热赤子心：坚定理想信念，践行时代使命

在西藏支教期间，郑子端开展了多种形式的团课，在国庆节组织“我和我的祖国”之“写给祖国的一封信”等系列主题活动，用实际行动在同学们心中厚植红色基因，深入推进爱国主义教育。

作为学校团学干部培训班暨青年马克思主义者培训班的主讲老师，郑子端在服务地创新开展思想政治教育系列主题课程。他阅读了大量理论书籍，搜集了丰富的材料，一字一句地撰写讲稿，制作精美的课件，向同学们讲述如何以习近平新时代中国特色社会主义思想为指引，守初心，担使命。

在课堂上，他以南开大学著名教育家张伯苓校长发出的爱国三连问：“你是中国人吗？”“你爱中国吗？”“你愿意中国好吗？”开篇，这每一个问题无疑都深深触动着同学们的内心，他告诉同学们：“如今每一代青年都有属于自己的机遇与际遇，时代在高速发展在进步，祖国一切繁荣，才是为我们提供了坚实的基础，为我们这一代人创造了巨大的舞台！所以在当今我们更应该明确自身的定位、自身的目标，更应该在这高速发展的社会中富有理想主义和家国情怀。”他通过和学生充分的情感互动来感染、激发学生的学习积极性，努力让思政课成为鲜活生动的“精彩的一堂课”。

一种青春正能量：积极投身抗疫，书写青年担当

自新冠肺炎疫情暴发以来，郑子端积极投身到抗击疫情中，为全面打赢疫情防控阻击战贡献自己的力量。春节后，郑子端因为新冠肺炎疫情暂时不能前往西藏，但是他心中十分挂念他的学生，同时他也意识到：一场疫情是一次考验、一堂大课。如何把疫情当教材，完成这场生命教育、信念教育、科学教育、道德教育与爱国主义教育呢？

面对新的命题，他在深思熟虑后迅速行动起来，郑老师变身“郑主播”如约上线。

他深入挖掘战“疫”中蕴含的思想政治教育资源，把党领导人民抗击疫情的鲜活案例放进他的网课课堂，把中国共产党强有力领导的政治优势，把社会主义集中力量办大事的制度优势，把中国人民团结奋进、迎难而上的民族精神等，通过一个个鲜活案例讲给同学们听，让大家看到中国共产党带领中国人民在战“疫”中所展现出的中国速度、中国效率、中国力量、中国精神，增强西藏学子在实现中华民族伟大复兴道路上的自信。

郑子端还以疫情为契机，向同学们普及法律知识。他与中国政法大学合作开展“明法计划”，以线上网课的方式开展法律法规教育活动。他结合当地学生特点，因地制宜，选择简单易懂且与学生息息相关的课程话题。比如：在第一讲中，他从“天价口罩”入手，普及了疫情期间禁止哄抬物价的相关法律规定；在第二讲中，他又以春节假期延长为切入点给同学们讲解了劳动法的相关规定。每一节网课上，他都积极与同学们互动，一一解答同学们提出的问题。

在给西藏林芝的同学们上网课的同时，自 2020 年 3 月开始，郑子端还组织郑州大学研究生支教团成员开展“青春战‘疫’”“战‘疫’有我”系列活动，积极宣传防疫知识，开展心理健康教育，将“停课不停学”付诸行动。每一次的活动郑子端都会做好充分的调研，细心、细致地制定活动方案。这些工作每天需要花费他大量的时间与精力，他常常忙碌到深夜。但他说：“这些小小的付出与每天奋战在一线的医务工作者相比根本不值得一提，我做的是我力所能及的事。”

随着全国疫情防控形势持续向好，郑子端收拾好行囊，回到了他挥洒青春的西藏林芝，并在第一时间投入到当地疫情防控工作中，负责区内外学生进藏返校接待工作，7 天时间内他共计接待进藏返藏人员 2000 余人，每天忙碌到深夜……

“年少有梦，梦里铁骑冰河，豪情万丈。以梦为马，志在祖国边陲，热血挥洒，我们乘愿而来，我们满载而归。”一张西行的火车票开始了郑子端一年的故事，一年的相伴终使这座小城成了他一生的牵挂。习总书记说：“志之所趋，无远弗届，穷山距海，不能限也。”郑子端正是以这样的理想，不忘志愿初心，牢记青春使命，让创新成为青春远航的动力，让青春年华在为国家、为人民的奉献中焕发出绚丽光彩！

（河南省大中专学生就业创业指导办公室供稿）

把真情和汗水挥洒在边陲墨脱

——周口师范学院刘凯事迹

刘凯，男，中共党员，周口师范学院2016届毕业生，在校期间获得2014年度中国大学生自强之星提名奖、"河南省优秀学生干部"荣誉称号，现就职于西藏自治区林芝市墨脱县格当乡。

"于岗位，我无比热爱；于青春，我无怨无悔……"在西藏自治区林芝市墨脱县工作了4年的刘凯在朋友圈写下了这段话，并配发了工作时经过泥石流塌方区的照片，简短的话语道出了新时代青年的真情和精气神，也道出了一名共产党员的初心。

"我要到西藏去，去实现更大的价值"

2012年，从未出过省的刘凯从甘肃陇南来到河南周口，开始了自己的四年大学生活，走向了人生第一个转折点。电视里、报纸上"铁肩担道义，妙手著文章"的记者是他向往的职业，怀着对新闻事业的无限憧憬，他定下了18岁以后的第一个小目标，从校园小记者做起。

在随后的日子里，刘凯组建了校团委第一个记者站，成立了学校第一个中央重点新闻网站挂牌通讯站。作为大学生记者,他参与了 2014 年夏季青年奥林匹克运动会的报道工作,在团中央网络影视中心实习期间参加了 2016 年全国两会报道。在学校和社会舞台上,刘凯展现出周口师范学院青年学子的昂扬风采。

毕业前夕,本已准备在北京参加工作的刘凯得知有机会前往西藏工作时,义无反顾、毅然决然地报名参加了。这让熟悉他的师生很是惊讶,在他们看来能在中央重点新闻网站工作是很难得、很宝贵的机会。“我要到西藏去,我要实现更大的价值”,刘凯内心深处下了决心,一定要经过重重考验,到祖国最需要的地方去建功立业。刘凯的愿望实现了,毕业后一个月,他如愿踏上了青藏高原。

“既然来了,就要到最艰苦的墨脱去”

2016 年 7 月底,刘凯顺利进入西藏,开启了人生新的里程。在拉萨,他接受了自治区组织的适应培训,充分了解西藏的经济发展、风土人情,一组组数据、一张张照片都冲击着他的内心,他觉得自己来对了。在培训课堂上,他抛出“如何在基层发挥专业优势”的问题展开讨论;在活动中,他作为唯一一名河南省毕业生进藏工作代表受到时任西藏自治区主要领导同志的亲切接见,并简要报告了在母校学习的情况。

前往素有西藏江南美称的林芝市工作,这是很多在藏干部最向往的。在拉萨培训期间,刘凯第一个向组织递交了到林芝市墨脱县工作的申请,那时墨脱县正式通公路还不到 3 年,各方面条件还比较落后,但刘凯不怕,他坦言道:“我已经很幸运分到了林芝,既然来了,我就要到最艰苦的墨脱去,把自己奉献给西藏,奉献给边疆。”

刘凯的愿望又一次实现了,2016 年 11 月,刘凯被分配到墨脱县格当乡人民政府,正式开启了基层工作。

“只有走过墨脱,才知道天地有多宽”

2013 年 10 月 31 日,墨脱公路建成通车,结束了全国唯一不通公路县的历史。分配到墨脱工作的那天,刘凯搭车从林芝市出发,途径波密县,走上了这条被称为“顶级越野之路”的墨脱公路,300 多公里的路走了 10 多个小时,从清晨走到傍晚,一路的颠簸劳累在他进入墨脱县后都消失了。

“我是一块砖,哪里需要哪里搬。”2016 年参加工作后,刘凯先后在墨脱县政府办公室、林芝市委宣传部借调,从事文字秘书、宣传教育工作,这使他更加深入地了解了林芝和墨脱的基本情况,学习到了基层干部所具备的基本技能,为以后的工作打下了坚实基础。墨脱县的公路大多是沙土路,在长达半年的雨季里格外难走,但刘凯走了个遍,他说:“只有走过墨脱,才知道天地有多宽,有时宽得只剩一匹马走过。”

2017 年，周口师范学院 2017 届毕业生杨静怡放弃内地的优越条件，直奔西藏墨脱，参加教师引进计划到墨脱县中学任教，与刘凯结为夫妻，从此他们一个为人师表、一个服务群众，真正把家安在了墨脱，把情献给了雪域高原。

2018 年是刘凯参加工作以来最难忘的一年，因为墨脱县计划在 2018 年实现脱贫摘帽。在组织的安排下，刘凯于 2018 年从乡政府抽调进入县脱贫攻坚指挥部工作，从党建专干变成了扶贫干部，角色发生了翻天覆地的变化，但一颗想干事、要干事、能干事的心没有变。“为脱贫攻坚贡献一份力量是我作为一名党员应尽的责任和义务”，转岗后的第二天，刘凯就全身心投入到扶贫工作中。

脚下沾有多少泥土，心中就有多少真情。从事脱贫攻坚工作后，刘凯经常和同事到项目建设点、贫困户家中开展工作，往往因为一份实地测量数据或完成一件重要任务要饿肚子、要穿越蚂蟥区，要冒着危险走过塌方泥石流区，也因一份份紧急材料经常加班到凌晨，这些在刘凯看来都习以为常，他戏称自己是“打不死的小强”。

功夫不负有心人，2019 年 1 月，墨脱县正式脱贫摘帽。看着党的惠民政策在墨脱一条条得到落实，墨脱县贫困落后的面貌得到了根本改善，门巴族、珞巴族群众的致富路逐步拓宽，农牧民群众的生产生活质量明显提高，民族大团结、大繁荣的氛围愈加浓厚，刘凯干事创业的劲头更足了。

心中有梦想，眼里有光亮；肩上有责任，脚下有力量。从基层历练、在基层成长，毕业 4 年的他已经完全褪去了稚嫩，变得成熟、稳重。对于未来，刘凯信心满满，“只要不懈奋斗，我们边陲墨脱的明天就会越来越好，门巴族、珞巴族群众的日子就会越过越红火”。扎根墨脱，奉献墨脱，早已经成了他和妻子杨静怡共同的信仰。脚下沾着泥土，把真情和汗水洒在边陲墨脱，带着一团火热，他正破浪前行。

（河南省大中专学生就业创业指导办公室供稿）

湖北

HUBEI

把青春献给合浦

——武汉大学唐艺嘉事迹

唐艺嘉，女，苗族，湖南怀化人，武汉大学中国文学批评史专业2015届博士研究生。2015年经定向选调到广西工作至今，现任广西合浦县委常委、宣传部部长，县人民政府副县长、党组成员。

作为一名新时代大学生，唐艺嘉品学兼优、多才多艺。在武汉大学读书期间，她获得过国家奖学金、校甲等奖学金，被评为优秀毕业生、优秀学生会干部、优秀实践者，还获得过湖北省体育舞蹈大赛拉丁舞单人组冠军、六校联合羽毛球混双冠军等，文武双全，光彩熠熠。

博士毕业后，她毅然放弃了条件优渥的大城市，也没有回到自己的家乡湖南，而是选择了条件更艰苦、离家更远的广西北海合浦去做一名选调生，在参与社会治理过程中实现人生规划、践行青年理想。工作后的她同样难掩“学霸本色”，她参加全区“共建共治共享·平安广西故事”“三微”比赛，获微电影系列优秀奖；她代表合浦县参加《监察法》颁布实施一周年知识竞赛，获北海市纪委颁发的优秀奖；她还获得《广西日报》发行工作“先进个人”荣誉称号，还被评为北海市“担当作为干部”。这些成绩的背后是她时刻不放松的自律，是她多年坚持不懈的努力，更是她凭着一颗赤诚之心担当作为的无畏勇气。作为一名选调生，她总是在思考、在行动，思考如何最大限度发挥优势，在实践当中能主动承担风险、破解难题、干成实事。

抓主流媒体平台，不遗余力推介合浦

一个县城在国家主流媒体平台上的出境率可以有多高？唐艺嘉的宣传工作或许可以给出一个参考答案。

2019年，合浦县在中央和自治区级主流媒体上刊发稿件600多篇，在《人民日报》《农民日报》等官方报刊上刊登5个专版，力推合浦。自“学习强国”上线以来，她就在全县大力推进和宣传，目前合浦全县上线党员29400多人，占比83.38%，居全市一县三区之首，合浦在“学习强国”上投稿也有20余篇。一方水土养一方人，一方文化孕一方魂，她还打造了大型舞台艺术剧《珠光帆影》，充分利用合浦历史文化中的资源特色，完整展现合浦“一江通中原，一珠聚商贸，一港连四海”的历史风貌，让合浦为更多的人知道，让合浦文化为更多的人了解。《珠光帆影》被中国国际教育电视台选定为2020年春节贺岁片，在《中国大舞台》栏目面向全球48亿观众播出。

抓旅游文化建设，让合浦走向世界

合浦是中国汉代海上丝绸之路的始发港之一，拥有众多汉代历史文化遗存和诸多旅游景点，“全国平原绿化先进县”“中国南珠之乡”都是合浦的LOGO。如何充分发挥合浦天然的旅游资源优势？这是她一直都在思考的问题，而通过旅游节、艺术周、运动会等各种活动来带动合浦旅游业的发展则是她一直努力在做的事情。

在她的策划与努力推动下，合浦成功举办了第二届海丝文化旅游节、首届国家考古遗址公园文化艺术周、2019年体育运动会暨健康促进县运动会，协办2019年环广西公路自行车世界巡回赛(合浦赛段)等重大活动。在这里，她真正把个人融入工作，用自身优势奉献基层工作，合浦县2019年全年接待游客一千多万人次，同比增长33.37%，星岛湖景区被评为国家4A级景区，西子体育文化园旅游项目成功签约，合浦的知名度和影响力进一步扩大，合浦正在吸引越来越多的人。

抓重点民生工程，提升民众幸福指数

她常常想，宣传合浦，发展旅游，带动经济到底是为了什么，怎样才能无愧于一名基层选调生的责任和担当，怎样让大家都有切切实实的获得感。答案在于“民生”两个字。

接受过完整的高等教育的她深知教育的重要性。作为分管领导，她努力改善学校的办学条件，加强教师队伍建设，推动教育公平。在她的坚持和努力下，合浦县实现学前三年入园率88%，普惠幼儿园覆盖率76%，首次公开招聘补充了370名紧缺学科教师和教育人才。她还组织安排各种能力培训，不遗余力地去培养更优秀的教师队伍，“不让一人掉队”，对于困难学生的帮扶始终在线，2019年春季学期合浦县拿出近1500万元资助两万多名学生，保证孩子们可以在最好的年纪学知识、长本领。

看病难，看病贵，一直都是人们关心和期待解决的问题，对于县城的广大民众来说更是如此。人民有需要，她就努力去做。她将合浦县级4家公立医院与16家乡镇卫生院有机联结，建立起了纵向合作的医疗服务共同体。她全面推进卫生健康系统项目建设，让居民健康档案电子化，让针对孕产妇、儿童、糖尿病人等的保健系统规范化。她还组织基层医疗卫生机构的医师参加卫生人才能力提升线上线下培训……所有的一切都源于她的一个最为质朴的工作目标，那就是“让需要的人就得了医，看得好病”。

一个小县城，对于一位优秀的名校博士，平台足够好吗，舞台足够大吗？唐艺嘉给出的回答是肯定的。百舸争流千帆竞，乘风破浪正远行，作为一名新时代的选调生，她时刻牢记要仰望星空树立远大理想，更要埋头踏实做好实事，去承担、去努力、去坚持，便会不负时代，不负青春，不负梦想！

（湖北省高等学校毕业生就业指导服务中心供稿）

志愿青春，别样风采

——武汉工程大学李蹊事迹

李蹊，女，汉族，1996 年 12 月出生，武汉工程大学汉语国际教育专业 2018 届毕业生。在校期间多次获得奖学金，并被评为三好学生、优秀青年志愿者、优秀毕业生。2018 年 8 月—2019 年 7 月，参加大学生志愿服务西部计划西藏专项，主动申请分配至阿里地区，服务于共青团阿里地区委员会，荣获 2018—2019 年度阿里地区“优秀大学生志愿服务西部计划西藏专项志愿者”荣誉称号。2019 年 12 月，援藏归来的她在考研的关键期两次捐献造血干细胞共 400 毫升，捐髓救人的事迹得到《湖北日报》等几十家媒体报道。

一、情系雪域高原，远赴天上阿里

2018 年 7 月底，刚刚大学毕业的李蹊响应国家“到西部去，到基层去，到祖国和人民最需要的地方去”的号召，毅然报名了大学生志愿服务西部计划西藏专项。“远如阿里，苦如那曲”，但她知道越艰苦的地方越能历练自己。阿里地区距离拉萨 1500 公里，至今还未通铁路，出行极其不便。为期一周的培训结束后，本来分配在拉萨的李蹊主动递交申请到平均海拔 4500 米以上、号称“世界屋脊的屋脊”的阿里地区服务，她经过 28 小时左右的长途汽车后，终于到了藏西秘境阿里。经培训后，她被分配到了共青团阿里地区委员会工作。

从 2018 年 8 月至 2019 年 7 月，从最开始对工作的生疏到后来对手头任务的熟练，她成长了许多。尽管所在单位人手紧缺，但面对艰巨繁重的基层团组织建设任务，她从未退缩，努力保质保量地完成每一项任务，经常在下班后、节假日加班到深夜，各项工作得到了领导的高度认可。

在共青团阿里地区委员会权益部工作期间，她主要负责预防青少年犯罪工作，参加了“民族团结月”“网络安全宣传周”等活动，筹备组织了陕西实验学校“小小画笔握手中，网络安全记心中”绘画手抄报比赛及阿里地区第二届青年歌手大赛的复赛和决赛等活动。在基层组织建设部工作期间，她主要对接团区委青发部、学校部、宣传部、组织部等部门的相关工作，参与了阿里地区的各类团内统计及团费收缴、“青年大学习”主题团课、纪念五四运动100周年系列活动等各类基层团组织建设任务；负责组织阿里地区创新创业人才培训等工作。除了工作上的任务安排，她还积极参与阿里的各项志愿服务活动，例如环保宣传、给地区劳模颁奖、自治区晚会巡演会场布置、福利院志愿活动等。

每到周末，李蹊就会换上另外一个身份——阿里地区福利院的志愿者，陪孩子们聊天、画画、做游戏、讲故事等。只要周末有时间，她就会去那里看望他们。李蹊经常鼓励孩子们努力学习，考上外地学校的西藏班，去看外面更广阔的世界。

虽然阿里地区海拔高，空气稀薄，位置偏僻，交通不便，气候恶劣，她在工作和生活上都遇到过太多困难，但是她都咬牙坚持了下来。在阿里，她独自度过了最难忘的一个春节，辗转三家医院却难以退烧，缺氧、头疼、无力……住院9天。阿里冬季最低气温−35℃，水土不服和高原反应并没有吓跑她，缺氧不缺精神，海拔高斗志更高，她从始至终热爱着这片高原净土，铭记着“奉献、友爱、互助、进步”的志愿精神，从未放弃前进的信念，从未忘记自己支援边疆的初心。在不断的坚持和努力下，她荣获2018—2019年度阿里地区“优秀大学生志愿服务西部计划西藏专项志愿者”荣誉称号。

二、笃定捐髓救人，兑现生命承诺

结束志愿服务西部计划西藏专项回家的第二天是2019年8月23日，李蹊接到了中华骨髓库湖北分库工作人员的电话，告知她的骨髓和一名病情危急的小男孩配型成功。听说配型成功的概率只有几万甚至几十万分之一。

2014年，大一的她参与了中华骨髓库湖北分库在学校进行的造血干细胞（俗称骨髓）捐献的宣传，她觉得非常有意义，便现场留下血样，也算是给自己十八岁生日的纪念。五年后的电话里，面对骨髓库工作人员对她的捐髓意愿的询问，她笃定地回答："我愿意。"面对父母的坚决反对，她一边给父母讲解造血干细胞的相关知识，告诉他们捐髓不会对自己的身体造成影响，以打消他们的顾虑，一边用捐髓可以挽救一个生命甚至一个家庭的非凡意义来打动父母。在她的劝说下，父母打消了顾虑，对她说："捐髓救人确实很有意义，既然你那么坚持，就去做吧。"

9月11日，她重新留了血样，做了高分检测，结果显示，她与受捐者配型非常成功。11月初，她做了一次全面的体检，显示合格。12月初，由于受捐者病情危急，急需造血干细胞移植维持生命。这段时间是她备战考研的关键期，但是生命只有一次，考研可以明年再考，她毫不犹豫地选择了赶赴武汉大学中南医院血液内科进行相关准备。捐献前四天，她开始打动员剂，刚打第一针动员剂时，她出现了恶心、呕吐、头疼、头晕的症状，但面对这些不适反应，她从没有退缩。从第二针动员剂开始，她就已经适应了。

经过两天共8小时的采集，共采得400毫升造血干细胞，这承载着一位14岁少年的生命和一个家庭的希望，李蹊成了湖北省第411位、全国第9230位捐髓者，获得"捐献造血干细胞"证书、"湖北省红十字会成功捐献造血干细胞优秀志愿者"奖章。捐献当天下午，受捐方医生来取髓时，带来了少年母亲的亲笔感谢信，信上说："一年前丈夫因公殉职，半年前独子查出患上急性髓系白血病，当我觉得世界仿佛已经走到了尽头时，你无私的捐赠不仅挽救了我孩子的生命，同时也挽救了我这个濒临破碎需要努力重建的家，你是我们家的救命恩人。"而她说："就男孩和他父母来说，他们经历的比我要多得多，与他们相比，我做的是非常小的事情，我能做这样的事情，是一种幸运。"

三、志愿青春，别样风采

李蹊援藏归来捐髓救人的感人事迹得到了《湖北日报》《楚天都市报》《长江日报》《武汉晚报》、中新网、中国西藏网等几十家媒体的纷纷报道，影响广泛。她获得了2020年湖北省"向上向善好青年"扶贫助困好青年荣誉称号。

"生命的意义就是使自己每一天都有一些心灵与智慧的增长，每一天都对世界有一些奉献与作用。"李蹊一直在用行动探索着属于她的人生意义。以后的人生路上，她无论走到哪里都会铭记那些志愿服务的时光，做好自己，服务社会，心怀家国情怀，发扬志愿精神和老西藏精神。

（湖北省高等学校毕业生就业指导服务中心供稿）

"担当"在坚守中绽放

——鄂州职业大学陈洋事迹

湖北

陈洋,1998 年出生,湖北宜昌人,平日里性格比较腼腆、不善言辞,在人群中是一个再普通不过的女生。2019 年毕业于鄂州职业大学药学专业,在校期间,表现优异,并于 2017 年获得药学生物制剂实验二等奖,现任武汉隆泰益丰大药房六合路店店长。

一、疫情当前不当逃兵

在对抗新冠病毒的战斗里,没有旁观者。陈洋,也不例外,一场疫情将她卷入其中。独守药店的 69 天,是她终生难忘的经历。

2018 年,在完成大二的学业后,陈洋通过学校分配来到武汉实习,秉承着鄂州职业大学"厚德自胜,乐学道成"的校训,本着做一个对社会有用的人和自力更生的信念,她带着学校对她的期望走上了工作岗位,成了一名药店的销售员。

2019 年年末,新冠肺炎疫情暴发,陈洋在位于武汉市江汉区妙墩路的益丰大药房工作。2020 年 1 月 23 日,武汉封城。武汉疫情防控部门根据防控需要,在一定区域内指定一家社区药店营业,陈洋当时所在的妙墩路益丰大药房成了江汉区万松街 9 个社区中唯一营业的药店。

临近年关,准备回家过年的她,身处武汉的严峻疫情里,内心惶恐不安。经过激烈的思想斗争，陈洋决定不当逃兵，她坚持留了下来，没想到这一坚持就是69天。

二、69天独自坚守

为减少居民外出，陈洋所在的公司开始提供送药服务，门店负责对接周边社区，通过微信群收集居民用药需求，由快递员或店员送到小区门口，每天拍照上传居民急需药品，提醒大家到货情况。

春节前，送走了回家过年的同事，药店里只剩下陈洋一个人，这种情况下她既是店长，又是店员，也是配送员。店里繁重的工作如一座大山压在了她的肩上，早已做好了打“持久战”准备的陈洋说：“我要把店守好，把周边居民服务好！”

陈洋负责的门店对接江汉区万松街的9个社区，管理着6个微信购药群，群成员近700人，并且人数一直持续增加。每天上午9点，陈洋到店后、先将微信里登记的购药信息整理好，然后准备药品外出送药。回到店里后，再开始整理新到的货。经常有几十个纸箱散落在店里的过道上，她抱着满怀的药，在十七八米的过道上来回小跑，蹲身、弓腰、踮脚上货，她一刻没停。时不时还有居民打来电话订药，或询问药品是否到货。一般门店都是2～5名员工，像陈洋这样一个人的门店几乎没有，她负责的辖区内，凌云、机场、电力和妙墩社区的订单量最大。她不停翻看信息、电话核实厂家和规格、登记购药信息、分装药品，最后再把小票和写有收货人信息的纸条钉在塑料袋上……一份订单包含的药品从一种到十几种不等，这样的步骤，陈洋每天要重复几十次甚至上百次。最忙时，她一天送了9000多元的药，有一次为了准备40多份药品，单是在店里配药，就花了她8个多小时。每次电话核实信息时，她还不忘叮嘱对方拿药时注意加强防护。陈洋的手机通话记录里，一天就有70多条需核对的信息。为了节省时间，陈洋每次送药总会尽量多带几份订单，遇到共享单车跨上便走，遇不上就一路小跑。

封城后她迎来了多次抢购高峰，有人一来就要屯一两个月的药，当时板蓝根和口罩率先脱销。陈洋一个人对接 9 个社区，最忙时，一天要送近百单药品，全天无休。第二波高峰则是“双黄连事件”后，每天药店门口都是排长队的景象。这期间她常常忙得饭都顾不上吃，累得腰伤都犯了。方便面、酸辣粉是她每天的主食，共享单车则是她每天最主要的出行工具。外出送药时一般药品还好，最难送的是酒精和消毒液，需求量极大，分量又重，每次店里一到货，陈洋基本上就要挨个社区去送。拖着这些沉重的液体，疲惫地走在路上，陈洋一次又一次地咬牙坚持！这样的工作量整整持续了 69 天！

三、守得云开见月明

守得云开见月明！武汉解封，陈洋的战斗结束，任务圆满完成！

“你很了不起！”当疫情的阴霾在武汉上空散去，走出小区的居民，有很多人专程来到药店这样对她说。《长江日报》《人民日报》等媒体对陈洋的工作纷纷进行了专门的报道，《人民日报》还手绘了她的形象，让其有幸与钟南山院士同框，腾讯新闻也对她的事迹进行了报道……

面对大家的肯定，陈洋觉得自己并没有什么特殊的，只是做了自己应该做的。陈洋说：“大疫当前，我们都是局中人，岂能因青春年少置身事外？我一直秉承母校的校训，深深牢记‘厚得自胜，乐学道成’的师道理念，无论我在哪里，我都清晰地知道自己的岗位和使命，以及身上的责任和担当！”

四、继续努力勇往直前

陈洋说：“我要做一个对社会有益的人，做一个能为社会作出一点贡献的人，这是我作为一名医者的使命和担当！我将继续努力，勇往直前！”

我们的社会需要负责任的人，只有人人都勇于积极地承担自己的责任，共同把各项工作做好，社会才会进步。“80 后”“90 后”一直被误解为是没有责任心、颓废、垮掉的一代，但在此次疫情中他们坚定地挺起了脊梁，让人们看到了他们的担当。志愿者队伍中有他们奔波忙碌的身影，在前阵前线有他们拼命抢救生命的身影……没有什么比这更能证明“80 后”和“90 后”是有担当的一代，是值得中国骄傲的一代！国家危难时刻他们挺身而出，就算他们不够成熟，但他们有着火一样的热情，尽管他们依然年轻，但他们的脊梁足以支撑天空！

（湖北省高等学校毕业生就业指导服务中心供稿）

最美逆行者:4天3夜骑行300公里只为返汉战“疫”

——湖北中医药高等专科学校甘如意事迹

甘如意,1996年10月生,女,汉族,中共预备党员,湖北荆州人,湖北中医药高等专科学校医学检验技术专业2017届毕业生。现为湖北省武汉市江夏区金口中心卫生院范湖分院血液检验科医生。新冠肺炎疫情暴发后,她放弃休假,在交通断绝的情况下,花了四天三夜,骑行300多公里,从家乡荆州赶到武汉,只为尽快回到医院,好让在一线防疫的疲惫的同事休息。她的事迹在网络上广为传颂,她被称为“最美逆行者”。

2020年3月7日,甘如意入选中宣部、全国妇联、国家卫健委、中央军委政治工作部联合发布的“一线医务人员抗疫巾帼英雄谱”; 3月8日,荣登《武汉抗疫巾帼英雄榜》;4月,获评2020年全国“向上向善好青年(爱岗敬业好青年)”;公安县委县政府授予甘如意“最美公安人”称号。

一、从医学生到医生,她跑了三年

提到甘如意,湖北中医药高等专科学校检验专业王红老师的第一印象就是字写得特别好,王老师说:“2014年刚入学时,在书法比赛中就得了第一名,她的课堂笔记也是记得整整齐齐的,是其他同学学习的典范。”医生的一手字要和白大褂一样,干净整洁。

“她成绩优异,不张扬,学习踏踏实实,每次考试基本都是班级前3名。”据甘如意的辅导员匡冠丫老师介绍，甘如意在校期间表现优异，经常看见她一路小跑提前来到教室预习功课，2015 年她递交了入党申请书，2016 年被评为系“三好学生”。

2017 年毕业时，成绩优异的甘如意没有像部分同学一样选择去待遇更优厚的医疗检验企业，而是通过招考进入武汉市江夏区金口中心卫生院范湖分院化验室工作。“我是从基层来的，我了解基层卫生院医务人员缺乏，我愿意贡献自己的一份力量。”甘如意表示，在基层卫生院工作内容虽然简略些，但是工作性质没变。

二、从公安到武汉，她骑行了四天

第一天，1 月 31 日，甘如意背上饼干、泡面和桔子，上午 10 点，从公安县斑竹垱镇的村里骑车出发，下午 3 点，她到达公安县城，借住在远房亲戚家。

第二天，2 月 1 日上午 8 点，甘如意骑单车再次出发，下午 1 点左右，到达荆州长江大桥，桥上的工作人员表示暂时不让自行车通行，她就自己从荆州长江大桥上走过去，走到荆州城区时已经天黑。

第三天，2 月 2 日一大早，甘如意在荆州拦了十几辆的士，司机都表示去不了武汉。甘如意无奈找到一辆共享单车，靠手机导航，沿 318 国道向武汉方向骑行。天一路下着小雨，没穿雨衣的她，衣服湿透了，带的干粮也吃完了，累了就在路边小店买一碗泡面吃下，继续赶路。晚上 8 点，她看到路口的灯光下，站着三四个警察，这才知道自己已经到了潜江。

第四天，2 月 3 日早上，高速公路起大雾，车辆暂时无法通行，直到上午 10 点，雾才散开，开始放行。当天，潜江民警施虎帮她在路上找了一辆去武汉送血的顺风车。中午 12 点多，甘如意到达武汉汉阳，这时她的手机没电了，她只能碰到人就问到江夏金口怎么走。当天下午 6 点，甘如意终于到达武汉市江夏区金口中心卫生院范湖分院。

历经四天三夜，2 月 4 日一早，甘如意准时出现在医院化验室的岗位上。

三、从家到抗“疫”一线，她一直在路上

“要骑车去武汉，父母是反对的，他们担心我在路上的安全，也害怕我在工作中会被感染。”甘如意介绍，同事已为防疫工作撑了十几天，科室就 2 个人，她担心同事扛不住，所以一定要回来换同事休息一下。“我骑一段少一段，我是医生我有自己的责任。”与父母沟通好后，甘如意电话联系院长陈宗勇开具了返岗证明，并在村里办理了临时通行证。

这一路，甘如意最害怕的不是从白天到黑夜只身一人，而是怕路不好走。“我就希

望能快点回来，和其他在一线的医护人员一起取得最后的胜利。”甘如意说。

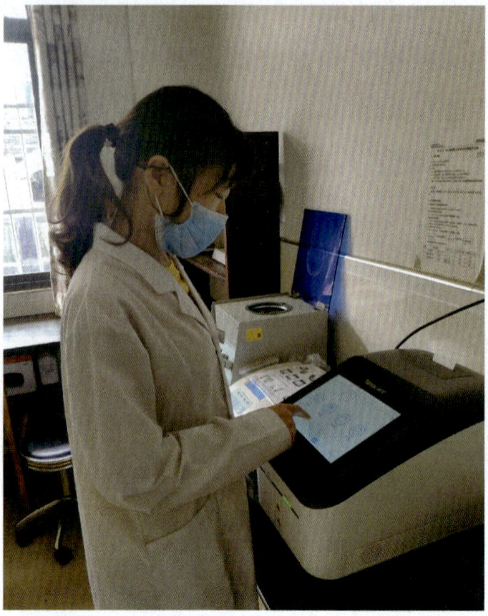

这一路，她很艰辛，回医院后一直在工作，金口中心卫生院党支部书记范复胜说：“都说‘95后’很年轻，‘95后’是娇惯的一代人，但是从甘如意的行动来看，她是有勇气有担当的。”

历经这一路，甘如意心“甘”情愿，勇往直前，“如意”的医途一直在路上。

（湖北省高等学校毕业生就业指导服务中心供稿）

临危受命的村书记，把乡村打造成网红打卡地

——湖北工业职业技术学院鲍喜武事迹

鲍喜武，男，1986 年 5 月出生，中共党员，十堰市张湾区黄龙镇斤坪村人，湖北工业职业技术学院 2018 届“一村多名大学生”计划专科毕业生。2013 年 8 月任黄龙镇斤坪村党支部书记至今，他大力发展乡村旅游，大力建设美丽乡村，招商引资旅游公司投资 2.4 亿元建设黄龙壹号生态园，成功举办各类节庆活动，曾多次被央视等多家媒体报道；村民通过土地流转和保底分红，实现了每亩每年 3000 元的稳定收益，加之村民在园区就近就业，实现了户均增收高达 30000 元，确保了 2018 年整村脱贫摘帽。2019 年斤坪村党支部荣获“十堰市脱贫攻坚红旗党支部”荣誉称号，他先后被授予“张湾区党务先进工作者”“十堰市旅游扶贫先进个人”“张湾区扶贫先进工作者”“十堰市青年拔尖人才”“全国农村青年致富带头人”等荣誉称号，还获得了“湖北省工友杯”创新创业大赛复赛金奖、十堰市五一劳动奖章。

一、临危受命，打工仔变身村支书

鲍喜武是十堰市张湾区黄龙镇斤坪村人，高中毕业后一直在东南沿海务工。2013 年 8 月，村里矛盾纠纷不断，“群龙无首”之时，他临危受命，意外成为村党总支书记，当时

的他只有 27 岁。

斤坪村是黄龙镇的“东大门”，位于 316 国道旁。2012 年之前，该村村情错综复杂、基础设施落后。鲍喜武上任以来，通过转型发展，成立了黄龙青新蔬菜专业合作社，吸纳农户 785 人，流转土地 386 亩。同期他还招商引资成立十堰帝龙旅游有限公司，投入 2.4 亿元建设黄龙壹号生态园。几年过去，在鲍喜武和其他村干部、村民的努力下，这个总面积仅有 4.8 平方千米的小村落焕发生机，让人眼花缭乱的郁金香文化旅游节、草莓节、啤酒节、灯光秀、帐篷节等活动，让斤坪村逐渐成为十堰人心目中排名第一的“网红打卡地”，取得了良好的市场效应和经济效益，现在的斤坪村已成为“全国一村一品示范村”、“省级宜居村庄”、“市级文明生态村”、张湾区“美丽乡村”示范村。

走进斤坪村，房前屋后绿树成荫，街道两侧花海成片，田地阡陌纵横，农家小院整洁干净，绿水青山相映成趣，村民在这四季花海中安居乐业，游客在这近郊美景中自在畅游。随着黄龙壹号生态园规模的扩大，周边的环境整治、农家乐、宾馆、停车、购物等相关的配套建设也都在跟进，旅游配套业在逐渐形成规模，拉动辐射作用也逐渐彰显。

二、立足基层，群众的事都记心上

在鲍喜武看来，农村工作实打实，没有投机取巧的事。千难万难，关键难在经济落后上，村穷民穷，样样是难题，村富民富，事情就容易办。农村党支部书记必须要有经济头脑，始终把发展经济作为头等大事来抓。

在新农村建设中，斤坪村从环境整治入手，推动了农业生产方式、农村生活习惯和农民思想观念的转变，使全村上下呈现出同心协力建设美丽家园的新面貌。通过这些年发展乡村旅游，丈夫可以就地打工了，妻子不再下地干活了，老人可以在家门口摆摊了，孩子有钱上学了，一家人年终还可以分红了。

“村里面大事小情特别多，能当面解决的事情绝对不能拖到第二天。”他一直这样说，基层事情非常多，但事关群众的生产生活，哪怕是芝麻大的小事，那也要记在心头。多年来的工作，让他结合本村实际总结出了一些好的工作方法，让群众反映的问题能及时有效地得以解决。

他认为，农民要富裕，农村更要和谐，不仅仅要关心村民的钱袋子，更要把关心工作做到村民心坎上，村干部就是要担负起责任，把村民的困难当成是自己的困难，把村民的矛盾当成自己的矛盾，只有帮助村民把问题解决好了，他们才能放下包袱、身心快乐，积极投身新农村建设。

三、筑梦田野，将民宿打造成家的模样

几年过去了，斤坪村经过道路硬化、管网改造、河道治理、村庄绿化等基础设施建

设后，村居环境焕然一新，生态农业发展模式初见规模。然而，鲍喜武想要做的，远远不止这些。

“斤坪村的生态环境不错，大力发展工业和养殖业会适得其反，要实现长远发展，还得借助旅游资源。”因此，如何将现有的发展成果整合为旅游产业链，一度令鲍喜武寝食难安。

不久后，一次在外学习的机会，鲍喜武近距离接触到“民宿圣地”莫干山，其业态蓬勃壮大使他震撼，“莫干山民宿是一个商业奇迹，他觉得斤坪村也可以做。他们依托景区，而斤坪本身就在乡村，只要建好民宿和周边配套，就能打造出理想的山乡生活环境。”

2014 年，鲍喜武邀请相关部门科学布局，为斤坪村民宿发展做了细致的规划，并设计了统一的建房图纸。2016 年，村里最终扶持农户在 316 国道旁、人工湿地周边自建别墅 143 栋，并全部打造成民宿。2017 年 11 月，又成立十堰智博果蔬农民专业合作社，总投入 1400 万元用于新建别墅、雨污分流、流转土地、种植黄桃等。

四、不忘初心，带领群众增收致富

近年来，鲍喜武结合黄龙本地实际情况，深挖南水北调、巴楚农耕、秦巴文化等地方文化元素，做成有独特风俗民情的民宿，打造以“品黄龙特色餐饮”“住秦巴乡村民宿”为主，以农业观光、农事体验等为辅的旅游产业链，走股份制公司化经营道路，使全民通过不同形式参与其中，入社入股，致力于脱贫攻坚，走共同富裕的道路。

2013 年村里成立十堰市黄龙青新蔬菜专业合作社，吸纳农户 215 户，先后流转土地 800 余亩，实行土地作价入股、保底分红，以每年每亩 700 元的价格付给农户租金，同时按 2300 元每年每亩对农户进行保底分红，共计 240 万元。通过合作社辐射带动就业 2000 人次，带动创业 90 人，年户均增收 3 万元，有效带领群众增收致富。

五、抗击疫情，冲锋陷阵第一人

在疫情防控工作中，鲍喜武恪尽职守、积极作为、勇于担当。70 多个日夜里，鲍喜武没有回家一次，不顾自己家里还有 75 岁高龄的老父亲和尚在襁褓中的女儿。为了使全镇群众安心入眠，他白天落实封控，外防输入、内防输出，夜晚亲自在卡点值守，并开展全村测体温，全村代购商品、药品，全村消杀、宣传全覆盖。对全村 60 户武汉返乡人员和密接人员，他每天亲自上门测量体温，发放慰问物资和药品，安抚特殊人群的心理，在他的影响下，全村的疫情得到有效防控。

由于十堰市西苑医院被确定为十堰确诊病例的集中收治点，该医院和斤坪村辖区接壤，316 国道又穿境而过，这就给疫情防控带来了更多的压力和困难，村民有身体不适症状的，鲍喜武总能第一时间出现在面前，护送村民到该医院接受诊断。在疫情最吃紧的时候，鲍喜武主动联系企业和爱心人士，通过政府调拨和捐赠的方式筹集口罩 8000 只，酒精和 84 消毒液 1000 公斤。在辖区企业申请复工时，他总是第一时间出来帮忙协调审批程序，并划拨防疫物资，确保企业有序开工，辖区黄龙壹号生态园成为十堰城区农业观光类项目的第一个复工企业。斤坪村党支部也因此被授予"十堰市最美志愿服务组织"。

站在斤坪村村委会大楼前放眼望去，一幢幢精致的别墅整齐排开，清新自然，与一旁的黄龙壹号生态园相得益彰。他的梦想就是将斤坪村打造成一方净土、沃土，房前屋后处处是景，家家户户生活富裕，让城区通往村里的道路成为一条城里人的回乡路。

（湖北省高等学校毕业生就业指导服务中心供稿）

湖南

HUNAN

"95后"全能校长

——怀化学院付佳事迹

在桃源县牛车河镇瓦儿岗小学校园里，活跃着这样一名精神饱满、开朗活泼的青年教师，她时而带领孩子们玩耍，时而在课堂上热情教学，时而与老师们一起研讨教学难题，时而走访贫困学生。她就是瓦儿岗小学校长、特岗教师——付佳。

1995年1月出生的付佳是中共党员，她2016年毕业于怀化学院小学教育专业，同年通过考试被录用为瓦儿岗小学的特岗教师。她所工作的瓦儿岗小学，被众人称为"瓦岗寨"，地处桃源县西部，与怀化、张家界接壤，是桃源县最边远、最偏僻的一所乡村小学。这里条件艰苦，环境恶劣，交通极为不便。付佳老师秉承着自己的理想和信念，执着地留了下来，三年多来在平凡的岗位上做出了不平凡的成绩。

一、勤学习，能吃苦，学生时代不平凡

她出生在农村，是从大山里走出来的孩子，所以她深知农村生活的艰辛。从进入大学的那天起，她就严格要求自己，学业上从来不懈怠，各门课程都取得优异成绩。她曾连续两年获得校"三好学生""优秀学生干部"称号，多次获得各类奖学金，大一就获得了"优秀共青团员"称号。大学期间，她积极向党组织靠拢，于2015年加入中国共产党。

二、选特岗，留下来，理想信念不平凡

她选择特岗做教师，是一个偶然中的必然。事情还得从2015年说起，在2015年

即将毕业时，同学们都在为毕业后的工作而奔走，她与其他同学一样，也四处去找工作，但就她的条件，在县城找工作也并不是难事。但回想到自己在瓦儿岗小学读书时缺少教师，山区儿童缺少知识的情景时，她决心放弃城区的工作，回到自己的小学母校——瓦儿岗小学，将自己的知识传授给山区的留守儿童们，把爱心献给缺少父母亲关爱的孩子们。她毅然填报了桃源县最偏远的瓦儿岗特岗教师。当她报名的事情被同学、朋友知道后，他们都劝她："你这么优秀的大学生，不要报考特岗教师，到时候去了边远地区，可能一辈子就待在那里了。"她没有被左右，义无反顾地参加了特岗教师的报名考试。通过考试考核，2016 年她光荣地成为了瓦儿岗小学的特岗教师。

三、做教师，争创新，乡村教师不平凡

她善于创新。来到学校后，学校安排她教授三年级语文、数学、英语、美术……，包班式教学；2017 年下学期，在包班之余她还兼任总务主任一职。在这样繁重的任务之下，她不是每天将学生锁在教室里"学习"，而是将学生组织到室外一起游戏、一起互动。甚至课堂中都能够听到学生们爽朗的笑声。其他教师课下与她交谈才知道，她坚持"在快乐中学习"，她认为首先只有把学习当作一件快乐的事情，学生学习才会变得自主起来。其次，课堂轻松快乐，学生学习也就快乐。再次，通过快乐地教学，能够塑造孩子们阳光向上的心理。她将自己的教学理念带入到公开课中，在教师研讨时，老师们也决定将"快乐课堂"带到自己的教学中去。她不仅将创新带入到课堂，而且将活动带入到网络，她自建学校微信公众号，将学校组织的"趣味运动会"活动剪影上传到微信公众号，获得了家长们的好评："瓦儿岗小学做这么多活动了，学校虽小，活动还是办得有模有样。"

山区许多家庭经济困难，父母外出打工，留守儿童较多，部分学生还是单亲家庭。针对山区学校留守儿童多、缺少父母关爱的现象，她认为，作为山区教师应该既是老师

又是家长。在教学上，她实行“快乐教育”，让孩子们在学习知识的同时，心理也积极健康成长。在生活上，她对学生无微不至地关怀。她一直把学生当成自己的弟弟妹妹，治伤上药、洗鞋补衣，是她经常做的事。她经常与学生家长联系，了解学生的生活习惯，针对不同的学生采取不同的关爱方式。她与班上每个学生的家长都有微信联系，当学生特别想念父母时就让学生与家长视频通话。为了让孩子们得到物质上的关爱，付佳老师决定利用网络在公众号中发起募捐，在与校领导沟通后，她将“物虽旧，情却深，温暖寒门弟子身”的捐赠帖子分享到了公众号。几天时间帖子的阅读量就达到了千余次，各类微信公众号纷纷转载。此条捐赠帖子还引起了芒果电视台、红网、《常德晚报》等的高度关注，通过他们的宣传，已有十余个企事业单位、百余名爱心人士给瓦儿岗小学的孩子们送来了温暖——他们为孩子们送来了衣服、学习用品、体育器材等物品。一条帖子获得了关注，一条帖子收获了温暖。

她爱学生，学生也爱她。微信朋友圈是付佳分享生活点滴的地方。她的微信朋友圈里大部分都是与学生相处的时光：与学生掰手腕、打羽毛球、跳广场舞、玩丢手绢游戏等。让老师们印象最深刻的是付佳老师最近发的一条朋友圈，内容是这样的：“二十几年了，第一次收到‘摆蜡烛告白’的惊喜。考试前夕，他们暖了我的心～望他们考试能考得自己想要的结果。”文字下面配了三张摆着爱心形状的蜡烛图、学生合照。老师们都纷纷问她学生为什么送给她惊喜，她一脸幸福地回答：“他们希望我下学期继续教他们，更希望我一直把他们带到毕业。”这是一位老师发自内心的成就感和幸福感。

四、争先锋，做榜样，乡村校长不平凡

2018 年下学期因工作突出，她从前任校长手中接过“接力棒”，成为瓦儿岗小学校长。瓦儿岗学校的七名教师全是女教师，全校 70 多人的教学与生活工作，全落在这七名女将身上。付佳认为，自己是一名中共党员，又是学校的校长，就是七人中的领头人，管理教育好学生、关心体贴教师是她对自己的基本要求，因此她做任何事情，都是以身作则。为了给学校节约支出，她带头开展了在学校种菜、养猪，基本解决了师生生活自给。在没有男教师的条件下，她担当起了男老师所担当的责任。2018 年腊月，六年级一名男同学凌晨高烧不退，她扛起了“母亲”的角色，半夜将他送到村医那里去打针，直到学生退烧为止；她不辞辛劳地为调解教师的家庭矛盾而自己出钱出力。除了忙于学校日常管理工作之外，她还任教五年级语文、四年级英语及一～六年级的音乐、美术课。教室外她是一个劈得了柴、拉得动油锯的女汉子，是走访学生、帮扶学生、深受学生家长欢迎的女校长，是关心老师、体贴同事的好姐妹。教室内的她却是一个满面微笑、关爱学生、执教有方的好老师。她坚持让班上学生写日记、周记，写身边事，写心里话，在了解学生精神世界的同时及时给予学生指导和帮助，孩子们都亲切地称她

为“佳姐姐”，她更是全校学生眼中的“全能校长”“万能妈妈”。2019 年 4 月，一条关于她教学与生活的抖音发布后，受到近 70 万人的点赞，她被喻为“最美女校长”，一时成为“网红”。2019 年 12 月中央电视台为采访“网红”老师来到瓦儿岗小学时，她说道：“教育扶贫最大的意义，就是让农村教育和城市教育更贴近，让学生得到更好的教育，因为学生都是祖国未来的花朵，都是实现中国梦‘梦之队’的成员，所以说一定要让城乡的教育能够更接轨，让所有学生的视野都能够在一个水平线上。”有这样视野的校长，孩子们的未来也一定开阔。她在教学上敢于大胆创新，她在学校管理上井井有条，在学生中她献出的是爱心，在专业学习上她孜孜不倦。2018 年在县教育局组织的教师节表彰会上她荣获“优秀特岗教师”称号；2019 年 5 月她荣获桃源县团委授予的“十佳青年”奖；2019 年上半年，她任教的五年级语文获桃源县西路片全片第三名的好成绩；同时，她也获得了“教学能手”荣誉称号；2019 年 7 月 31 日，她获桃源县人民政府嘉奖一次。

在她朝气蓬勃的青春岁月里，她用爱心和真诚点燃着农村孩子们的希望，用激情和梦想诠释着青春的另一层含义——甘于平凡，甘于清苦，甘于奉献。作为无上光荣的特岗教师，就这样，她一直在默默努力着、奉献着、耕耘着。虽然环境艰苦，生活上面临一些困难，工作中还有些困惑，但是她把教师这个职业看得无比神圣。她说：“既然做出神圣的选择，就要为爱坚守，无愧自己的选择，无愧自己的良心，无愧那一双双渴求知识的眼睛。”

（湖南省大中专学校学生信息咨询与就业指导中心供稿）

融真心大爱，披蓝甲白衣

——湖南医药学院王硕事迹

对于我们大多数人来说，做一两次志愿服务并不难，难的是一直坚持主动去做。湖南医药学院2016届毕业生王硕，把志愿服务当作一种人生信念和价值追求，7年来，不管是身处校园热心公益，还是毕业后远赴新疆支医、投身武汉抗疫，他总是毅然投身其中，用一腔热血、一片赤诚，向我们诠释了奉献精神，向社会展示了青春力量。

志愿服务的校园先锋

在大学期间，王硕就是学校里的“名人”，他开朗的性格，认真的工作、学习态度，受到了学校师生的好评，尤其突出的就是他一如既往坚持志愿服务的事迹。

18岁生日那天，王硕第一次参加了献血，他把红红的献血证当作自己的生日礼物，把自己捐献的血液当作给病人生命的礼物。从此以后，他就在无偿献血和公益活动的道路上不断前行。除了自己在怀化市中心血站、长沙市血液中心、重庆市血液中心多次献血，他还加入了学校天使血库无偿献血爱心联盟，并当选为副会长，牵头成立了高校无偿献血志愿者服务队，为更多热心公益的大学生提供了一个奉献爱心的平台。

王硕组织天使血库成员把大型献血活动、应急献血和“采血车进公寓”日常献血三种献血方式相结合，实现了学校献血工作的常态化，利用新媒体进行宣传和动员、招募献血员。他通过开展无偿献血学术讲座、无偿献血知识竞赛、组织同学参观中心血站，打消了同学们对无偿献血的顾虑。他还组织开展应急献血十余次，并组织同学们为危急重病人献血，挽救患者的生命，为缓解怀化市临床用血不足做出了应有的贡献。

王硕带头申报的德育项目《让生命之花怒放——医学检验系无偿献血系列活动》在学校德育实践项目评审后被评为精品项目，并获湖南省大学生思想道德素质提升工程立项。志愿服务项目“‘生命的守望’天使血库无偿献血”2015年10月被评为湖南省高校“最佳志愿服务项目”。两年来天使血库先后多次被《湖南日报》、中国高校之窗、网易新闻、搜狐网等争先报道。

除了把献血工作做得有声有色，他还积极参加全国大中专学生暑期“三下乡”社会实践活动，在基层锻炼自己，为社区居民做好服务工作。2014年8月3日，云南省鲁甸县发生6.5级地震，暑假在新疆家中的王硕按捺不住急切的心情，火速行动投身到支援鲁甸的志愿服务行动当中，在灾区参与物资搬运、消毒防疫工作。

通过不懈努力，他在校期间获得了多项荣誉，如：“中国大学生自强之星”提名奖、湖南省大学生暑期“三下乡”社会实践活动“先进个人”、湖南省高校“最美志愿者”、“怀化市优秀共青团员”、湖南省2016届“优秀毕业生”;湖南医药学院“十佳大学生”、“湖南医药学院优秀实习生”等。

天山脚下的支医青年

2016年,王硕毕业了,经过几番辗转,他最终志愿前往西部,来到新疆天山脚下的吐鲁番市中医医院从事检验工作。

吐鲁番市在新疆吐鲁番属于二类艰苦边远地区,因天气极度炎热,极端干燥,亦被誉为“火洲”,在这里工作需要接受极大的考验。当时,吐鲁番市中医医院刚成立不久,是由吐鲁番市人民医院的一个中医科室分立出来的,医院里只有两个临床科室和几个辅助科室。王硕还没进医院上班,仅仅是接到了就职通知时,就接到了医院领导予以的重任:要建立医院的体检中心。

面对艰巨的工作任务,王硕没有退缩和畏惧。他深入考虑后,在前往新疆之前,先后考察了怀化市三医院、怀化市中医院、溆浦县人民医院的体检中心,通过学标准、学管理、学经验,增长了体检中心的建设经验。

到达吐鲁番后,他与医院领导、同事迅速厘清思路,规划场地,采购设备,建立健全流程制度,仅用半个月的时间就使一个空白的科室初具规模,并迅速投入全民体检的任务当中,缓解了吐鲁番市的医疗压力,并用专业的操作,热情的服务获得了百姓的信赖,为医院赢得了口碑,创造了效益。

热心助人的蓝甲骑士

看到吐鲁番市中医医院越建越好,发展日趋稳定,王硕也觉得是该离开这片热土的时候了,他来到长沙买了一辆二手电动车,注册成了一名身穿蓝色马甲的饿了么外卖骑士,他觉得这不单是送外卖更是一个配送美好生活的岗位。

是金子总会发光,纵使是在平凡的岗位上,王硕也展现了自己的不凡。在送外卖的这段时间里,王硕坚持用心服务每一位商家和顾客,会为顾客提供一些额外的帮助,收获了很多商家和顾客的好评,并始终把志愿服务贯穿工作之中,遇到路边的水泵漏水他会给供水公司打电话;遇到路边发生车祸,学过医的他迅速停下电动车,将司机从冒烟的车里拖出来,拨打120并予以简单的诊治。他还受邀前往杭州参加“饿了么”举办的蓝骑士节。

他凭借自己的勤奋,从一名普通等级的“骑士”变成了一名钻石等级的“骑士”,并组建了自己的优质服务骑手团,团内有近30名骑手。他用专业与热情带着更多骑手一起跑好单、多赚钱，收入也从刚开始的 2000 元变成近万元。

逆行援鄂的战疫队员

2020 年的春节，新冠肺炎阻击战打响，一边送外卖一边关注疫情的王硕，不断在网上搜寻武汉志愿者群的信息，想进入已经封城的武汉做志愿者。

2 月 7 日，王硕终于找到了武昌区疾控中心招募志愿者的信息，他以检验医学毕业生的身份成功申报了志愿者。可怎么去呢？王硕犯了难。找不到解决方案的他，果断买了一张路经武汉的高铁票，一上车，他就找到了乘务员，表明了自己要去武汉当志愿者的想法。于是，在驾驶员和乘务员的支持下，列车特意为他在武汉停了 3 分钟，王硕也顺利到达了武汉。

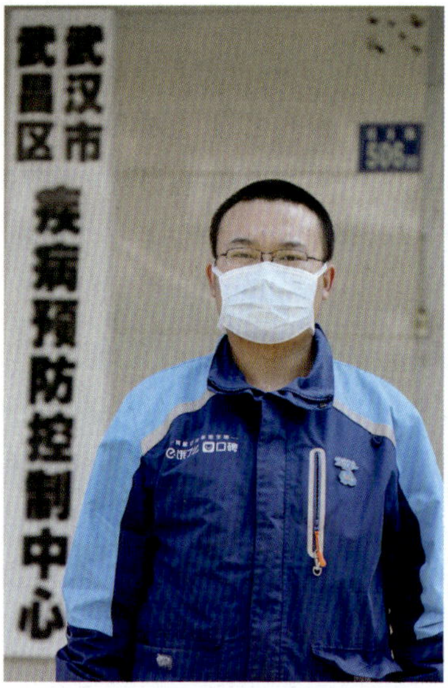

在武昌区疾控中心接受培训后，王硕便开始了为期 40 余天的核酸采样工作。在这个严峻的时期，人们都戴上了口罩，而王硕从事的采样工作，却是要疑似病患在自己面前脱下口罩进行采样，但是他未害怕、退缩过。

每天，他穿梭于武汉疫情最严重的武昌区，在隔离酒店里，在养老院里，在看守所里，都留下了他的身影。第一次穿二级防护服的他，因为没有经验，护目镜在佩戴之后起雾了什么都看不到，而且眼睛感觉火辣辣的痛也没有办法去揉，只能斜着眼睛在雾气的缝隙中找视角；手套戴了三层，加上厚重的防护服，给操作带来了不少困难。

渐渐地，王硕在工作中总结了不少经验，效率越来越高。他通过改良操作手法，尽可能地降低被采样人员的痛苦，用专业的操作技术，取到了一份份合格的鼻咽拭子标本。既是"外卖小哥"又是"战疫队员"的王硕，被新华社、湖南电视台等多家媒体相继报道，受到了广大群众的一致好评。

无论一袭"蓝甲"，抑或身披"白衣"，王硕始终把医者仁心铭记于心，把志愿服务作为自己的人生底色，一如既往，一往无前……

（湖南省大中专学校学生信息咨询与就业指导中心供稿）

最好的时光是在基层奋斗

——湘南学院王天鸽事迹

湖南

王天鸽，男，23 岁，中共党员，2019 年毕业于湘南学院化学生物与环境工程学院环境生态工程专业。在校期间他积极进取，追求进步，曾担任学院团总支第一副书记、15 级环态一班班长、17 级应化师范二班养成教育辅导员，其间受到团省委、省教育厅等单位表彰，是湖南省 2019 届高校优秀毕业生，湖南省社会实践优秀个人。现服务于清原满族自治县大苏河乡人民政府，担任团委书记、脱贫攻坚领导小组成员、县农技推广指导员、县科学技术协会秘书长（兼）。

奋斗成才：大学的“标准频率”

大学期间，他积极响应学校号召，投身到志愿服务活动中，涉及文化服务、环境保护、关爱他人、扶贫救济、社区服务、讲文明树新风等多个领域。2016、2017 年他两次担任“三下乡”社会实践团队队长，带领团队深入郴州腹地开展水质检测等工作，是湖南省 2017 年大中专学生暑期科技、文化、卫生“三下乡”社会实践优秀个人、湘南学院“三下乡”社会实践先进个人。同时，他还带领所在学院生态环境保护团队获评湘南学院 2017 年社会实践优秀团队。2017 年 12 月，他带领青年志愿者协会获评湘南学院 2017 年先进志愿服务集体。同时，在校期间他每学期专业成绩都名列前茅，多次获得国家励志奖学金、湘南学院奖学金，多次获得“三好学生”“优秀共青团员”“优秀共青团干部”“优秀养成教育辅导员”“优秀学生干部”“优秀学生会干部”“优秀青年志愿者”荣誉称号。

不忘初心：响应号召到国家最需要的地方去

“到祖国最需要我的地方去，青年一代，应该奉献自己的青春，到基层的第一线去。”2019 年大学毕业后，通过辽宁省组织的高校大学生赴基层项目的选拔，王天鸽来到了这个距离市区有百公里的东部山区——大苏河乡，开始了为期两年的基层服务生活，在党委政府的安排下主持共青团工作，同时在扶贫、农业、生态环境、武装等工作方面助力。初到基层工作，家离得远，没有朋友，为了尽快进入角色，他努力克服不懂方言、环境生疏等困难，将进村调研与学习提升作为打开工作局面的第一步。他每天与村委干部、村民座谈，深入田间地头，与村民在田间共同劳作，倾听村民的诉求与意见，全面掌握了城乡产业发展情况，并针对性地制订产业扶贫计划。在不到一年的时间里，他走遍了全乡所有 912 户贫困户。在工作之余，他注重挤出时间学理论、学业务、学经济、学法律、学科技，形成了良好的学习习惯，积累了大量的学习资料，为做好农村工作奠定了坚实的理论基础。

脱贫攻坚：为全乡顺利迈入“小康”保驾护航

来到基层前，受省市县领导的嘱托，此行最重要的任务便是帮助大苏河乡打赢脱贫攻坚战。全乡有近千户贫困户，脱贫任务非常艰巨。在没去到村里之前，虽然他已经做好了心理准备，觉得自己对贫穷有了一定的认识，而当他真正去实地了解时，他受到了巨大的震撼。有多少父母为了供子女完成学业而日夜劳作，有多少残疾人士无依无靠却又身残志坚……这一幕幕深深震撼了他。使他明白了“精准扶贫”的重要性，感受到了扶贫工作的使命感。一年来，扶贫工作进入到攻坚克难的阶段，王天鸽每天围绕贫困户忙碌着：贫困户建档立卡、扶贫户项目的跟踪落实、扶贫项目资金协议的签订和分红的发放，经核算他真正做到了每村每户利息不差一分；扶贫工作经常“5＋2”“白加黑”，但他毫无怨言，充分发挥一名共产党员的先进性，任劳任怨，在全乡脱贫战友的努力之下，使一年来的产业扶贫资金投入超过两百万元，平均为每个贫困户增收 1100 元。要知道，在这样以林业资源为主，第一产业为支撑的贫困山区能有如此规模的产业投资是非常不易的。相信在党中央的领导下，在每个扶贫工作者的努力下，扶贫路上一个都不能少，一定能够全面建成小康社会。

农技推广：用“产业扶贫”带领农民致富

作为县农技推广指导员，王天鸽利用闲暇时光组织了多场科普讲座。在大学期间所学的专业知识这时也派上了用场。农忙时节，他总是走到田间地头，和农民们聊聊作物播种和长势情况，有时采集一些异常土壤样本拿到乡农产品检测室，具体分析病害原因，为农民们解决疑难杂症。同时他也深刻认识到产业扶贫是带领群众脱贫致富的根本途径。只有找到一个好的产业，才能真正帮助一方群众走向富裕。作为一名环境生态工程专业的毕业生，他希望利用农业技术优势，积极探索适合当地实际的致富产业。他在多次组织乡村干部外出考察、参观学习、反复研讨的基础上，通过引进新品种、发展庭院养殖、聘请专家帮扶三措并举，同向发力，为全乡的产业结构调整、群众增收致富和助力乡村振兴奠定了坚实的基础。

不忘初心：积极发挥青年党员先锋模范作用

作为一名基层工作者，王天鸽在平凡的岗位中，以不为名利所动的高贵品质、全心全意为人民服务的观念、客观公正的处事原则、耐心细致的工作作风、持之以恒的奉献精神，将满腔热情投入党务工作中，推动单位党建工作、强基惠民工作取得了不断发展，促进了单位各项事业不断进步。在组织的安排下，他协助组织部扎实开展了“不忘初心，牢记使命”主题教育活动。同时作为乡巡察整改办公室成员，他统筹安排，出色完成了上级交办的各项任务，深受乡党委、党员和群众的好评。作为第一责任人，他以优异的成绩接受了共青团工作考核，他所在团委被评为2019年度抚顺市先进团委，他个人被评为2019年度优秀共青团干部、2019年度乡先进个人等。

疫情防控：勇做逆行路上的青年先锋

在新冠肺炎疫情发生后，王天鸽第一时间向组织递交了请战书，请求援驰湖北参与武汉保卫战。后来在乡疫情防控指挥部的安排下，他到了防控一线岗位，扛起责任，靠前指挥，带领乡村党员群众迅速落实各项防控措施，遏制疫情传播，用实际行动践行了一名党员干部的初心和使命，保障了全乡乃至全县“零确诊”。面对紧急任务，他总是冲在最前面。几个月里，他负责疫情信息报送，累计排查并向县指挥部报送境内外等重点区域人员五千余人，确保排查信息准确、无遗漏。

脚踏实地：争做美丽乡村的建设者

要改变贫困山区农村的落后面貌，不能好高骛远，不仅要通过科技兴农帮助群众致富，更重要的是要推行文明兴村，建设美丽新农村。在担任小苏河村包村干部后，王天鸽脚踏实地，从身边的小事做起，多次组织党员干部、村民代表开展环境整治工作，先后清理垃圾300多吨，栽植树木300余株，使村容村貌明显转变，营造了农村特色的文化气氛。同时，他大力做好长沙村、三十道河村整村推进工作，在2019年辽宁省农业农村厅组织的美丽乡村评选中，帮助长沙村获评“千村美丽，万村整洁”示范村。这一荣誉有力地推动了村风民风的转变，使千家户村从昔日全县出名的乱村子变为如今全县闻名的文明村。

千帆竞发展宏图，百舸争流谋新篇。王天鸽服务山区乡村，最美好的时光是在基层奋斗，并与这片土地一起成长。

（湖南省大中专学校学生信息咨询与就业指导中心供稿）

基层砥砺磨炼，诠释青春价值

——长沙民政职业技术学院喻康事迹

喻康，男，湖南长沙人，2014 年考入长沙民政职业技术学院电子信息学院电气自动化专业，历经两年的历练，2016 年他成为预备党员并获得国家励志奖学金、学校一等奖学金。2017 年，他参加大学生志愿服务西部计划，服务于新疆生产建设兵团第一师团委，从事服务青年工作；2019 年服务于第一师九团中学，从事支教工作。2018 年被评为第一师阿拉尔市优秀共青团员；2019 年被评为全国优秀志愿者。

毕业之季，他逆流而上，志愿去远方，奔赴祖国最需要的地方——新疆，奉献青春；花样年华，他离家千里，用智慧和汗水在千里黄沙、万里戈壁间坚守初心，追逐梦想。他，乐观、坚强、朝气蓬勃，犹如一棵坚定植根于塔克拉玛干沙漠旁的胡杨。

——题记

勇于追梦

2014 年 9 月，他带着憧憬、期待来到了长沙民政职业技术学院，他的人生从那一刻开始发生翻天覆地的变化。大学三年他一直秉承着“爱众亲仁，博学笃行”的校训，勤奋好学，在期末考试中取得了班级第一的成绩，获得了全国励志奖学金。他说：“他获得的不是荣誉，而是自己对知识的渴望，是老师对他的培养。”他积极乐观、踏实肯干，在学校学院团组织的培养下，他成功竞选成为劳卫部部长。他说：“我能做的不是管卫生，而是让自己的行为影响其他人爱护环境卫生。”他积极组织了社区电器维修、保护湘江等志愿服务活动。学校团组织的培养和参加的社会实践活动，让他种下了奔赴边疆的梦想。大学把他培养成了一个有理想的热血青年。

敢于圆梦

2017 年 4 月，正在实习的他得知大学生志愿服务西部计划开始招募志愿者。向往志愿服务西部的他，通过现场报名、考试、审核、最后确定，选择了奔赴岗位最远的地方。他从容选择到新疆生产建设兵团第一师去当一名西部志愿者。他说：“我并不知道兵团第一师在哪里，是什么样子。百度说，它在塔里木河畔，在塔克拉玛干沙漠北边，是一座军垦新城，有一座中国最年轻的城市——阿拉尔。我想，眼见为实，既然来了，就要到祖国最边远的地方去。”就这样，伴随着“到西部去，到基层去，到祖国最需要的地方去”的号召，他随着志愿者大部队来到了兵团第一师。

迅速适应，结缘祖国最西北

刚踏入一师这片陌生土地，他充满了好奇和迷恋。维吾尔族同胞的热情大方和能歌善舞深深地打动了他，民族特色美食和新奇的民族习惯吸引了他，他爱上了这方宁静和辽阔。

在新疆，主食是面食，冬季寒冷，夏季炎热、紫外线强烈，但他却很快适应了这边的饮食和气候，学会了做馒头、擀面条、拉面、抓饭，他的日常饮食活像个西北人。为了能更好地融入少数民族同胞中，他学会了维吾尔族的日常用语，了解了维吾尔族的民风民俗，参加了维吾尔族人家的婚庆歌舞……

践行志愿精神，展现青年风采

“我不觉得自己在牺牲、在奉献，我是志愿者，我只做了我该做的，却收获了更多。”

当新型冠状病毒肺炎疫情席卷而来时，他主动申请成为一名基层的防控疫情志愿者。“我是党员，我先上！”疫情就是命令，防控就是责任，他积极响应师市号召，于 2020 年 2 月 12 日来到幸福路街道办花园社区管辖的新苑小区当一名防控疫情志愿者。他担任过楼栋长和门位，积极宣传防疫知识，配合网格长排查楼栋居民外出情况，做好信息登记、测量体温、记录情况，帮助楼栋内需要生活物资的居民搬运物资，每天为 20 户以上搬运物资，共帮助楼栋居民购买煤气、电、药品 50 人次。有一次，他遇到一名紧急就医居民，他不慌不乱，迅速与社区领导联系，在最短的时间内让患者出小区前往医院。他说："疫情防控期间，只有克服重重困难打赢当下这场特殊战役，才能守护我们必须守护的人。"

他在志愿服务的三年时间里，先后组织志愿活动20余场，参加志愿服务100余次。

基层砥砺磨炼，诠释青春价值

刚开始他在团委从事青工青农和学校少先队工作。他做的第一件事就是为师市的创业青年申请创业资金及贷款贴息。他深入基层，到团场连队职工家走访，了解职工的创业贷款情况，并向其宣传创业资金及贷款贴息政策。两年间，他共走访职工100余家，帮助团场创业青年申请创业资金130万元，帮助连队职工申请贷款贴息50余万元，涉及职工人数200余人。他说：只有到团场连队去，与连队的人在一起，才能做更多服务职工的实事。

2019年他通过换岗，成了一名支教老师。刚到学校时，他听说学校缺物理老师，他根据自己大学学的专业，主动申请教八年级物理。为了成为一个学生喜欢、学校认可、家长放心的老师，他天天备课至深夜，学习老教师的教学经验，从网上查找学习方法，一个知识点一个知识点地吃透。如今由于他上课幽默、运用简单而实用的方法教学生，在月考中，他教的班级考到了年级第一。有人问他，每天加班到深夜累不累，他露出标志性的灿烂笑容说："累，当然累，但看到孩子们对知识的渴望，累点又何妨。"

2020年第一师阿拉尔市招聘特岗教师，他已申报并获得审核通过，成了师市的特岗教师。他说："当志愿者服务期结束时，我要留在这里，我热爱着这片红土地，我要将自己的青春奉献在这片红土地上。"

祖国之大，爱我所行，无问东西。他在西北边陲的广阔舞台上诠释自己的青春价值，书写着属于自己的中国梦篇章。

（湖南省大中专学校学生信息咨询与就业指导中心供稿）

让青春之花绽放在祖国最需要的地方

——湖南文理学院周杰事迹

周杰，女，湖南常德人，2014 年 10 月加入中国共产党，2016 年 6 月毕业于湖南文理学院汉语言文学专业，毕业后选择到南疆工作。2016 年 11 月她被分配到新疆阿克苏地区沙雅县盖孜库木乡人民政府工作，2018 年 2 月被选派到盖孜库木乡盖孜库木村"访惠聚"驻村工作队，现任盖孜库木乡四级主任科员，盖孜库木村"访惠聚"驻村工作队第一书记、工作队队长，沙雅县人大代表。四年来，她凭着"认认真真学习，踏踏实实工作，堂堂正正做人"的人生信条，时刻以共产党员的标准严格要求自己，2017 年 7 月 1 日被评为盖孜库木乡优秀共产党员，2018 年 7 月 1 日被评为沙雅县优秀共产党员。

新疆情结：既然选择了远方，便只顾风雨兼程

高考那年，周杰曾来到新疆乌鲁木齐旅游，在那里父亲陪着她一起过完了成人礼。这是她记事以来，她在父亲身边度过的第一个生日。从那以后，新疆就给她留下了美好的印象。于她而言，新疆是一座幸运之城，它那比海洋更辽阔的天空让人精神振奋，让迷失的心灵重归平静淡然，也让她渐渐走出了高考失利的阴霾。

在大多数外地人眼里，新疆只有沙漠，殊不知这里也有"塞外江南"。许多人只知道新疆欠发达的一面，却不知道这里拥有着成为中亚地区中心国际化大都市的巨大潜力！许多人没去新疆之前只是对它充满好奇，去过之后却发现惊喜连连。2016 年 6 月，周杰发短信告诉父亲：她要到新疆去工作。父亲毫不犹豫地回答了她："当然可以，在新疆发展其实大有作为，你既然选择了就不要有太多顾虑，好好干吧！"父亲的乐观不断感染着她，也更加坚定了她来新疆工作的步伐。对此，她身边的朋友有的充满质疑，有的投以赞许，有的甚是惊讶，周杰笑而不语，是父亲教会了她以一种从容乐观的心态去面对生活。生活就是这样，你永远也不会知道下一秒会发生什么。

2016 年 7 月 19 日，周杰乘上了由长沙开往乌鲁木齐南站的火车，一路向西北驶去。经过近两天的车程，7 月 21 日她顺利到达乌鲁木齐南站，随后坐车入住新疆组工大厦。为期 10 天的培训就在新疆干部学院完成。2016 年 8 月 2 日抵达阿克苏站，在那里她度过了第 22 个生日，也认识了一群有青春活力、充满梦想的伙伴，每天都过得不一样，很充实。她不仅学习维吾尔语，更重要的是学习人际交往与转变思维。直到 10 月 30 日，她被分配到了沙雅盖孜库木乡。

于多数人而言，周杰的选择是疯狂的，从文理学院毕业的她原本凭借高级教师资

格证在中学担任教师，但她毅然选择了辞职，选择来到新疆工作，这个选择或许是她人生的一个转折点，亦是一个新的起点。

新的起点：路漫漫其修远兮

刚从学校出来的周杰，有太多的东西需要学习，来到新疆她学到不少，也成长了不少。最重要的一点是：学会沉淀，一切归零，保持向上的心态去对待每一件事。在基层最重要的工作就是做好群众工作，每天都会面对新的问题、新的挑战。现在的她已经快速地适应了当前的工作环境，就像生长在塔河两岸的胡杨一样，开始享受现在的生活状态，从来不曾觉得无所事事。

在刚分配到沙雅县盖孜库木乡人民政府工作不到一个月时，周杰曾被安排到沙雅县民政局工作。在民政局工作的两个月里，她主动与维吾尔族阿恰阿卡们交流、认亲，并结识了阿依尼沙汗阿恰，虽然仅仅只是一面之缘，她却主动邀请周杰到她家去做客，从此两人便结下了终生的"亲戚"关系。这段经历让周杰深刻明白了在新疆开展民族团结工作的重要性与必要性，更加领会到"民族团结是各族人民群众的生命线"的重要意义，对她后面开展民族团结工作起到了很大的作用。

她刚到村里工作的时候，发现村"两委"班子比较重视经济发展的"硬实力"，忽视了村级基层基础的"软实力"。周杰根据自身经验，觉得村"两委"是没有意识到自己的"主角"作用，非常有必要加强村"两委"自身建设，建立健全抓基层组织建设责任制。

为了改变这种状况，她首先抓加强村班子队伍，对村里的党员干部队伍提出了"三个带头人"的要求，即致富创业带头人、民族团结带头人、志愿服务带头人，狠抓党员干部的学习，并制定"三位一体"协同工作的5项制度，即工作联席会议制度、结对联合工作制度、共同走访入户制度、维稳联防联动机制、困难群体联帮解困制度，规范党支部工作台账，配合村"两委"认真实施"四议两公开"，推动基层民主管理，推进村级工作规范化、标准化、制度化，对村民普遍关心的重大问题进行公开商议、民主决策，提高群众参政议政的积极性，切实推动基层民主管理落到实处。其次，她坚持村级阵地"硬件""软件"一起抓，使村级阵地充分发挥作用，打造凝心聚力之家，她积极向后盾单位争取经费25000元对村级阵地进行亮化。面对人居环境改造的严峻形势，周杰积极申报项目，2018年村内实施了"美丽乡村"太阳能路灯改造项目，2019年完成了居民点内铺设柏油路项目，2020年正在实施污水处理项目，并引导370余户村民进行厕所改造、新盖屋顶68户、炕改床120户。结合沙雁洲景区实际，周杰鼓励群众发展民宿和特色小山羊养殖业，不仅群众能增收致富，也能带动村里的经济发展。

自2018年驻村以来，周杰按照自治区党委提出的"访惠聚""1＋2＋5"工作要求，与村"两委"班子成员团结协作，狠抓各项重点任务落实，真情实意了解民生、倾听民声、访贫问苦，听真话、摸实情，切实把"八个一""八必问""八必讲"落到实处，每晚收集汇总当天走访情况，建立信息研判台账、群众困难诉求台账，大力开展宣传教育，理出2014—2019年公共项目类投入和个人享受惠民补贴，通过"知党恩、感党恩、跟党走"宣传教育，让农民群众真心实意感恩党、坚定坚决跟党走，为实现总目标奠定坚实群众基础。周杰多次组织村"两委"班子、工作队、党团员代表召开会议，以创建民族团结示范点为契机，营造民族大团结的氛围，积极开展民族团结"细胞工程"创建活动，发动党员代表从自身做起，做民族团结的宣传者、践行者。利用工作队优势及为民办实事好事经费，积极解决群众反映强烈的问题，主动与生活困难党员、群众结对子、交朋友10对，每月主动走访慰问困难群众一次，为本村困难大学生捐赠助学金8000元。

扎根南疆：此心安处是吾乡

作为一名从外地招录到新疆工作的大学生，周杰始终没有忘记自己的初心：扎根边疆，将自己的青春奉献在祖国最需要的地方。她是这样想的，也是这样做的。自参加工作以来，周杰始终严格要求自己，把耐得住寂寞、努力工作作为自己的准则，把作风建设的重点放在严谨、细致、求实、脚踏实地埋头苦干上，做到了干一行、爱一行、钻一行，具有较强的责任感、服务意识和协调潜力。在工作中，她始终保持端正的工作态度，严守工作纪律，树立了不骄不躁、扎实肯干的工作作风，不断增强工作的主动性，以高度的职责感、使命感和工作热情，用心负责地开展工作。同时，她能够以制度、纪律规范自己的一切言行，严格遵守机关各项规章制度，尊重领导，团结同志，谦虚谨慎，主动听取来自各方面的意见，不断改善工作，认真开展批评和自我批评，虚心听取领导和同事的意见，时刻保持着良好的机关工作人员形象，坚持做到了不利于机关形象的事不做，不利于机关形象的话不说，用心维护共产党员的良好形象。

身处紧密联系群众的第一线，周杰承担着上传下达的任务，肩负着促进民族团结、维护社会稳定最艰苦、最繁杂的重担，但是她始终义无反顾，用自己的行动践行扎根边疆、服务群众、促进团结、维护稳定的承诺。

（湖南省大中专学校学生信息咨询与就业指导中心供稿）

广东

GUANGDONG

让双脚沾满泥土

——华南理工大学秦忠山事迹

"一颗优秀的种子，只有深深地埋在土壤里，才能生根发芽；只有勇敢地经历风雨，才能成长成材。"陕西选调生秦忠山在"不忘初心、牢记使命"主题教育研讨会上如是说。

2017年秦忠山毕业于华南理工大学土木工程专业，获得工学博士学位。2018年1月，他作为选调生从广州来到渭南，挂职担任华州区副区长。来华州区工作之前，他已是某房地产集团内部重点培养的青年干部。他放弃了在大城市极具潜力的发展机遇，放弃了超过50万元的年薪，为的是一份责任和担当。"我是个农民的孩子，也是一名共产党员，有机会我还是想为群众做点实事。"入职两年来，他是这么说的，也是这么做的。

初相遇，临危受命显担当

报到的第一天，秦忠山就参加了华州区委正在召开的渭华起义90周年纪念活动筹备工作会。会上，区委书记得知他博士专业为土木工程，并曾在大型地产集团担任项目负责人，有着丰富的工程管理经验，当即委派他负责渭华起义纪念馆及其周边基础设施提升改造项目。

"说实话，刚接到任务的时候，我心里也打怵。因为所学专业的关系，我大致估算了一下工程时限和工程量，这也是个非常难完成的任务。"为保障项目高质量、高效率推进，他将整体项目划分为5个区块、88个细分工段，明确目标，落实责任主体，签订军令状，根据现场实际情况制定节点施工进度横道图，严格要求各施工队按照节点进度倒排工期，日清日结。

其中，紧邻渭华起义纪念馆的南北湖工程，被横隔在红色旅游路两侧。为连接两湖，方便蓄水，原设计采用顶管施工，人工开挖，时间长，费用高。秦忠山会同设计方、施工方和交通管理部门召开现场施工会议，经过数次协商，最终将原管涵顶进方案调整为机械明挖施工，原计划20余天的工期优化为一夜完成，施工费用却只有原方案的20%。

"秦博士的专业化工程管理，让我们真正认识到'知识就是力量'。"林业局局长王颖由衷地感慨道。

历经两个月的工程一线实践，秦忠山对渭华起义熔铸的"坚定信念、听党指挥、不怕牺牲、矢志奋斗"革命精神有了深刻的领悟，对年轻干部肩负的时代担当有了更深的体会。在年轻干部交流座谈会上，他朴实地总结说："工作经验的积累没有捷径可走，只有在实践中总结经验教训，在急难险重中磨炼意志，在摸爬滚打中增长才干，才是年轻干部成长成材的唯一途径。"

听民意，扎根基层为民生

民生是最大的政治，"美丽乡村"建设关乎群众福祉。为切实改变华州区乡村基础设施落后局面，有效改善群众生产生活条件，秦忠山一头扎进基层一线。

秦忠山牵头组建了以乡村规划师、建设单位、施工队伍、镇村两级组织为核心的工作小组。他带领这 5 支力量，深入田间地头实测实量，敲门入户了解群众所急所需，因地制宜，科学规划，先后编制了柿村、韩良村等村落的村庄建设规划。

渔池村二组宅基片区由于长期没有科学的污水排水系统，巷道内污水横流。每逢大雨，宅院都会被积水倒灌，严重影响了正常生产生活。村民担心排水、排污管道铺设会影响自家饮水管道和房屋安全，导致改造工程一直难以开展。为此，秦忠山在村部召开了二组村民协调会，和村民推心置腹谈得失，详细介绍工程技术方案，充分保障群众关切，消除了群众的疑虑，顺利打开了局面。

"乡村建设的难度不在于工程技术层面，而在于如何有效协调群众意见。"经此一事，秦忠山认识到，只有保障群众的切身利益，才能解决好群众的操心事和烦心事。

清水莲菜项目是柿村重要的脱贫产业，为把百亩莲菜池变成老百姓的"致富池"，秦忠山带领村干部，脱掉鞋袜，卷起裤腿，走下荷塘，逐个检查池壁的施工质量和池底的防渗保水效果。虽然满身泥泞，他乐在其中："只要老百姓的产业分红有保证，我们就算浑身泥水也是划算的。"

秦忠山还相继主持了 310 国道景观绿化工程、高塘镇"全国红色旅游经典景区"建设工作等。基层干部作为群众的主心骨，不仅需要耐心细致、体恤民情的品质和情怀，更要有破解矛盾的能力和担当。他深有感触地说："学会倾听群众的家长里短，解决群众的细碎繁杂，要让自己的双脚沾满泥水，才能从心底里获得群众的信任和支持。"

实调研，当好秦岭好卫士

秦岭和合南北、泽被天下，是我国重要的生态安全屏障。为贯彻习近平生态文明思想和总书记关于秦岭生态环境保护重要指示批示精神，秦忠山带领调研组深入秦岭峪道，到采石治理现场实地测量，勘查山体破坏程度；组织附近村民座谈调研，询问植绿护绿实策，撰写完成了《秦岭生态保护和修复》的调研报告。

穿行在峪道深处，秦忠山切身体会到秦岭生态环境保护工作的紧迫性、复杂性和长期性。针对部分遗留采石区，山体破坏严重、治理难度大、修复资金匮乏的严峻困境，秦忠山提出以工程修复为辅、自然恢复为主，生物措施与工程措施相结合等一系列切实可行的修复方案。

华州区结合调研报告，依山顺势，凿整水平沟护坡保水，开挖鱼鳞坑植树播草；因地制宜，带、片、网立体整治，草、灌、乔搭配植绿，修复治理工作取得了显著效果，受到省委秦岭督导组的充分肯定，真正将秦岭生态安全筑牢在实处。

调研过程中，秦忠山了解到山里的老年村民有备寿木的习俗，生态移民入住社区后，因居住空间和生活习惯的改变，寿木的安置便成了老人们的操心事和揪心事。为了解决老人的后顾之忧，他会同镇村两级党委召开协调会，将镇上闲置的储备仓库划拨给村委会，将寿木统一编号后集中安放，并安排专人看护管理，受到村民的交口称赞。

“这是85岁的李文选老人送给我们的”，秦忠山指着一张“有爱翻山海，山海皆可平”的条幅诚恳地说，“维护好群众最关心最直接最现实的利益，才能长久守护秦岭的青山、绿水和蓝天。”

筑堡垒，众志成城抗疫情

新冠疫情暴发后，社区防控成为守护群众生命安全和身体健康的第一道防线。华州街道所辖5个社区162个小区，大多是老旧的“三无”小区，且居住群体以老年人和外来租户为主，防控力量严重不足。

为充实社区防控力量，秦忠山先后组织环保局、行政审批局等暂无疫情防控任务的单位，与华州街道各社区召开“社区与共建单位疫情联防会议”，签订《一对一联防责任书》，由各单位派出骨干力量下沉到社区一线，和社区干部群众共同构筑社区群防群治防线。

“疫情防控本质就是要有效管理人员接触和人员流动，而居家隔离留观就是最原始却最可靠的办法。”为了将居家留观工作落到实处，秦忠山带领社区干部给留观家庭悬挂信息管理牌，安排医护人员定时测量体温，并组织党员干部保障留观家庭的日常生活需求。

坚守在疫情防控第一线，秦忠山深切感受到老百姓的殷切期望和组织赋予的岗位重托。秦忠山带头站岗执勤，严格核对进出人员的身份证和出入证、测量体温、喷洒酒精，并登记详细信息，成了附近有名的“硬核门卫”。

“仅仅保障好留观家庭的日常生活需求是不够的，我们更要关心留观人员的情绪疏导与心理健康，以及留观解除后的生活融入等相关问题。”为疏解留观群众心理负担，秦忠山带领社区干部为留观家庭送去了慰问信，与留观群众微信谈心、电话沟通，

及时安抚群众情绪，满足群众合理诉求，赢得了群众的支持和配合。

“我们小区的疫情防控很扎实，也很细致，看到小秦带头站岗，我们的心就踏实了，”小区退休老干部陈忠喜底气十足，“病毒再强也突不破咱们的‘钢铁人墙’，疫情一定能战胜！”

“青春是用来奋斗的”，在奋斗中攻坚克难，在奋斗中追赶超越。经过两年多的基层历练，秦忠山的群众工作日臻成熟，他处理基层难题和突发事件时既能坚持原则性，也能把握一定的灵活度，始终把维护群众的根本利益作为自己工作的出发点和落脚点。在接下来的工作中，秦忠山和其他选调生将继续扎根基层，磨炼初心、淬炼本领，把他们的青春汗水挥洒在祖国的西部大地。

（广东省高等学校毕业生就业指导中心供稿）

拥抱新生命，在助产士的岗位上发光

——广东食品药品职业学院侯美诗事迹

广东

有一种追求，看似平凡渺小，它却成就着不平凡的业绩；有一种追求，看似朴实无华，它却闪烁着一个人的一生，那就是——坚守平凡的岗位，演绎不平凡的事业！当大家都梦想奔向大城市的时候，侯美诗却毅然放弃城里几家三甲医院的工作机会，选择扎根基层，以排名第一的优异成绩，成为2019年“三支一扶”支医项目的一员，奔赴肇庆市封开县第二人民医院（一所离县城80多公里的基层镇卫生院），到祖国需要的地方，在基层产科做一名助产士兼护士，侯美诗开启了人生理想的新征程。

曾经，侯美诗也和其他同学一样，憧憬毕业后能够进入三甲医院，希望用学到的专业知识和临床技能在大城市闯出属于自己的一片天地；她也未想过自己会有勇气报考“三支一扶”乡村支医计划，去艰苦的基层医疗单位奉献自己的青春。在大学即将毕业的时候，偶然一次机会，她看到了学校关于“三支一扶”招募的宣传——“到农村去，到基层去，到社会需要你的地方去！”学有所成，不就应该到国家最需要的地方去创造价值吗？这不就是实现“以自己的实际行动为基层建设做有意义的事情”的机会吗？在基层工作，虽然薪酬待遇、生活条件比不上大城市，但是祖国的需要和人民群众的期盼是她心中的诗和远方，是她前进和追逐的方向。于是，她坚定决心，报名参加了2019年的“三支一扶”支医项目招募考核。

当得知自己以最高分被录取的时候，她毅然辞去了家人和朋友都觉得不错的工作（佛山市第二人民医院产前区护士），决心投入“三支一扶”支医工作之中。对于她的这个决定，她的父母开始并不理解，他们希望她能够留在城市，可以把握好的机会，拥有好的生活和工作环境。但侯美诗觉得，能够投身于我国基层医疗事业的建设是一件更光荣更有价值的事情，能够以实际行动为国家的基层医疗建设事业奉献青春比留在城市更有意义，能以自己所学的知识为基层人民提供优质的医疗服务更有意义。她的父母虽然为她将来工作的艰辛感到担忧，但他们也知道这就是她的理想，最终同意了她的决定。终于，2019年的夏天，侯美诗踏上了她的支医征途。

2019年7月，侯美诗怀揣着理想和期望来到了肇庆市封开县第二人民医院，这是一个距离市区200多公里、县城80多公里的基层镇卫生院。这里的工作环境简陋、工作任务繁杂、医疗设备落后、专业工作人员缺乏，还是超出了她的预期。当她站在只有两张上下铺铁架床、没有座椅、没有独立卫生间、没有热水、没有空调与风扇、不允许用大功率电器的4人宿舍，想到要在这个没有亲人、朋友陪伴的地方孤身工作两年时，她一时间感到前所未有的迷茫与无助。但是，纵使这里有再多突如其来并且意想不到的状况考验她，她依然坚信自己可以克服这些困难和考验，适应这里的工作与生活，并快速成长。

刚开始的时候，她被安排在产科工作，由于基层医院医疗设备相对落后，这就要求医护人员必须具备熟练的工作技能，这对于刚从实习生转变为临床医护人员的她，无疑是一个巨大的挑战。但是，她并没有退缩。因为她知道作为一名医护人员，就要在岗位上最大限度地实现自己的人生价值，就要做到尽快熟悉业务知识、不断提高专业水平、履好职、做好服务、发挥作用。所以无论在工作时间还是业余时间，她都会虚心请教医院内的前辈，挤出时间认真学习相关的理论知识，坚持“在学中干，在干中学”。虽然在工作上会有不被理解、被批评的时候，但是当新生命经过她手上来到这个世界的时候，她觉得这一切都很值得。特别是产妇和家属们看到小宝宝第一眼时的那种惊喜、幸福感和眼睛中透露出的对她的感激之情时，那一刻，她庆幸自己坚持了曾经的梦想。如今，侯美诗已经是科室里可以独当一面的能手了，受到了领导和同事的广泛认可，她也为自己所做的一切感到欣慰和骄傲。

2019 年 9 月的一天，有一名 31 周因腹痛入院安胎的产妇在安胎治疗三天后深夜腹痛明显加重，检查宫口发现已开两指，情况非常紧急，由于本院儿科的设备无法为早产儿的救治提供保障，医生要求患者立即转市级医院进一步治疗，作为护士的侯美诗立即帮患者打上补液，拿着出诊箱就往救护车方向冲。时间就是生命，司机开着警报器把车开得飞快，侯美诗知道这是一次与时间赛跑的较量。途中山路崎岖，本来就晕车的她感觉身体十分不适，但她知道这时候患者比她更加难受，更加需要她的关照，于是，她一边强忍着强烈的不适，一边不断安抚和鼓励患者，分散患者的注意力，平复她的情绪。渐渐地，患者的心情放松下来，腹痛明显减轻，经过两个多小时的颠簸，她终于安全地把患者送到了市级医院，安全地送入了产房。这个过程虽然很艰辛，但她觉得这一切都很值得。

2020 年，全国吹响了抗击疫情的号角，乡村卫生院面临着严峻的疫情防控形势，广东首例新冠肺炎患者死亡病例就发生在封开县县城，加上医院医疗设备、专业人员缺乏，疫情有可能蔓延，大家都人心惶惶。这对医院一线医护人员来说，更是一种前所未有的考验。医院开始为县城各个值守卡点外派医护人员，同时成立发热门诊专门小组，需要每个科室医护人员自愿报名参加。1 月 23 日，农历腊月二十九，侯美诗原计划回家与家人团聚的，在收到通知之后，作为一名党员，她毫不犹豫、主动请缨，第一时间向科室报名，并被安排负责对发热病人进行分诊、测量体温、流行病学筛查，对于发热或疑似病人做好上报等工作。在空闲时间她还会到社区医院帮病人打针输液，做雾化等治疗性操作。

后来，由于在疫情期间分娩量增加，产科人手紧缺，侯美诗被调回产科坚守岗位，以另一种方式继续她的抗疫工作。孕产妇是疫情防控的重点对象，都有间接或直接接触到新冠肺炎病毒的可能。针对这一特殊情况，在做好科室日常业务工作的同时，她配合科室对每一位孕妇和家属做好必要的防护措施，及时采集核酸检测样本送检，做好生命体征监测、抽血输液等工作，同时安抚患者情绪，做好心理疏导等，以实际行动投身到抗"疫"工作中，协助医院织密疫情防控"防火网"。

"既然选择了远方，便只顾风雨兼程。"带着父母的嘱咐和社会的理想，带着自己的求学初心与医者使命，侯美诗成功劝服了亲朋好友，克服了基层的恶劣条件，克服了自己心中的迷茫，告别家乡来到偏远地区服务基层，有时她也会感到心力交瘁，也想到过要放弃，尤其是看到跟自己一起来的大学毕业生陆陆续续离开的时候。每每遇到这种情况，她都会想到自己是一名共产党员，想到作为一名支医工作者的初心，想到自己能为基层医疗建设奉献青春，她就又有了前进的动力。

至今，经过将近一年的服务时间，侯美诗深刻感受到了基层的磨炼与洗礼给她带来的成长和蜕变。参加"三支一扶"的日子有艰辛，有心酸，有委屈，她深知每一步走来都不易，她非常感恩家人与老师们的支持与鼓励，使她能排除险阻，坚持初心。她将积极分享每一份正能量，带着乐观、自信、勇敢完成这难忘并且有意义的"三支一扶"旅程，以更加坚定的步伐，继续扎根基层，以青春的名义，续写自己的支医故事，继续做好一名平凡而伟大的助产士，每天用爱拥抱新生命。

（广东省高等学校毕业生就业指导中心供稿）

一路向西送年华，人生无悔最青春

——广州铁路职业技术学院宁娟事迹

宁娟，女，汉族，2016 年毕业于广州铁路职业技术学院物流管理专业；在校期间，获国家励志奖学金、广州市经典诵读知识竞赛一等奖；连续两年参加铁路春运志愿服务并获“春运积极分子”称号；专科毕业后通过“专插本”考试考入广东技术师范大学继续本科学习。2018 年本科毕业后，参加团省委“三支一扶”志愿服务，在粤北山区从事扶贫工作，同年 12 月，参加了援疆人才项目，赴新疆喀什工作。在疫情防控期间，宁娟每天负责 30 户村民的健康数据上报和全乡 1284 户建档立卡贫困户信息的更新工作，同时她报考了新疆大学研究生，2020 年 5 月，通过了新疆大学政治与公共管理学院社会工作专业全日制硕士研究生考试。

不断追求上进，孕育人生理想

宁娟是一名性格开朗、喜欢阅读的女生，她出生在一个普通的家庭，父母收入微薄，因此她希望通过自己不懈的努力与拼搏能够使家庭环境变得更好。进入大学后，她学习刻苦努力、奋发图强。2015 年，宁娟获得了国家励志奖学金，她深知励志奖学金是为了资助品学兼优的家庭经济困难的大学生，希望青年学生能够心无旁骛地努力学习，不因经济困难而放弃读书。她没有辜负国家和学校的期望，在学习和生活中，积极进取、乐观向上、勤俭朴素，与同学们相处十分融洽。此外，她还积极参与学校的各项活动，加入读者协会，代表学校参加“广州市经典诵读知识竞赛”取得了一等奖的好成绩；连续两年参加学院组织的铁路春运社会实践与志愿服务，在工作中她认真负责，热情服务，并获得了“春运积极分子”称号。

在大学三年的每一个阶段，宁娟都尽心尽力把每一件事做好。她热爱学习，希望能够通过继续深造提升自己的能力，更好地为国家、为民族贡献自己的力量，毕业后考入广东技术师范大学金融学专业攻读学士学位。2018 年本科毕业后，宁娟选择回到家乡，参加了广东省团委组织的“三支一扶”志愿服务活动，在粤北山区乐昌市白石镇人民政府从事扶贫工作。

俯身基层做贡献，无悔奉献青春

在粤北山区从事扶贫工作期间，宁娟要求自己努力做好每一件小事，基层工作帮助她完成了从学生向社会人的身份转变，也让她从青涩逐渐走向成熟。2018 年寒冬，伴随着“到西部去，到基层去，到祖国和人民最需要的地方去”的时代强音，她积极响应国家号召，参加了“新疆喀什地区引进内地高校优秀毕业生”援疆人才项目，在这个项目中，她被分配到喀什麦盖提县库尔玛乡人民政府，参与了基层扶贫开发工作。两年多里，宁娟作为见证者有幸看见了许多脱贫摘帽的感人事迹，也听见了各族群众对党的由衷感激之情，尤其是在 2019 年 9 月至 11 月麦盖提县脱贫摘帽国家验收工作中，她深刻体会到了扶贫工作的累累硕果：每一户贫困户家都实现了“两不愁三保障，五通七有全覆盖”，生活水平显著提高。作为基层扶贫工作人员，宁娟感到十分欣慰和自豪，无悔自己当初的选择。

广东

远赴边疆守初心，扶贫抗疫担使命

图尔共·阿布力孜和阿娜古·麦麦提是宁娟包联的两户贫困户，每个月宁娟都要去他们两家实地走访两次，了解贫困户的困难，查看各项扶贫项目落实落地的进度。每次走访，她都会和贫困户进行深入交流，宣传党和国家的扶贫惠民政策，积极鼓励贫困户转变思想，帮其树立“劳动光荣、一人就业全家脱贫、扶贫先扶志”的思想，让他们认识到就业是摆脱贫困最快的方式。为此，宁娟帮助贫困户联系县人社局，根据贫困户的自身劳动力条件，为其匹配合适的工作岗位，图尔共·阿布力孜在村小学做保安，妻子阿依夏木古丽·艾合买提在村托幼所做保育员，两人都实现了稳定就业，全家年收入超过 6 万元，人均收入远超当年的脱贫线。阿布力孜之前居住的是沙土房，门前都是土路，卫生条件较差，家中没有床、沙发、衣柜等常用家具，全家人只能在地上铺个毯子，用水需要靠水泵而且经常缺水……如今，他们一家住进了安居房，家具和家电一应俱全，肉禽蛋奶想吃就能买，实现了通水通电通路通网，生活条件和生活方式发生了翻天覆地的改变。

2020 年除夕夜，面对来势汹汹的新冠肺炎疫情，接到紧急通知的宁娟顾不上吃饭，连夜下村逐家逐户测量体温、摸排情况，工作到凌晨两三点。自疫情防控工作开展以来，宁娟每天除了要负责 30 户村民家中的返乡人员防控宣传及信息登记、健康数据上报外，还要负责全乡 1284 户建档立卡贫困户共计 4194 人的信息统计、核实和录入工作，她常常忙得连饭也顾不上吃，往往只能靠一桶泡面来充饥。

紧张忙碌，是她的真实写照；坚守使命，是她的无悔选择。在脱贫攻坚和疫情防控这两场硬仗中，她用自己的满腔热血书写着青年人的使命担当，为扶贫攻坚和抗击疫情奉献了自己的力量。

深耕不辍苦学习，感恩付出得回报

两年的基层扶贫开发工作，让宁娟意识到自己虽然已经积累了一定的工作经验，但还缺乏理论的指导，她希望通过提升学历提高自己的文化层次和理论水平，建立全面系统的社会工作知识体系。2019 年 9 月，宁娟报考了新疆大学研究生，在工作之余抽空复习，她坚持每天 6 点起床，保证充足学习时间，做好工作学习两不误。在不断的努力与坚持下，她终于在 2020 年 5 月通过了新疆大学的研究生考试。

“两年援疆路，一世新疆情”，对于宁娟而言，能够来到喀什，让她感到无比骄傲和自豪。在这里，她不仅感受到了真善美的精神文明在祖国南疆绽放出的独特而耀眼的光芒，也感悟到了感恩和奉献可以让这个世界变得更加美好。

不忘初心，继续前进。宁娟将带着初心和使命，为民族团结、为脱贫攻坚、为人民幸福，奉献自己的青春力量！

（广东省高等学校毕业生就业指导中心供稿）

扎根基层，助民脱贫致富

——暨南大学凯迪尔古丽·图如普事迹

广东

10个月，11个乡，200多份工作报告，月均1800多公里调研路，2300多名建档立卡贫困户……暨南大学公共管理学院与应急管理学院2019届毕业生凯迪尔古丽·图如普（以下简称为古丽）的经历，勾勒出广大西部计划志愿者的一个缩影。

她从广州到乌鲁木齐，然后直奔喀什。经过4天3夜的火车咣当声，大漠和胡杨终于映入眼帘，古丽抵达了工作地点——新疆喀什市扶贫办。后因在原单位的出色表现，她被政府选调，参与国家脱贫普查工作，成为一名普查数据审核员。她常因事务繁忙而放弃节假日休息，工作起来不分白天黑夜，初入职场，“95后”女生古丽快速适应了紧张的工作节奏。

走心贴心暖心：入户调研深得民心

暨南大学行政管理专业的学习经历，无论是公文写作，还是人际沟通，都为古丽现在的工作打下了坚实基础，但刚踏出大学校门的毕业生，在基层扶贫工作中，会遇到不被群众信任的困难。面对困难，古丽总结出了自己的一套工作思路和方法，很快就与群众打成了一片。

入户调研不可避免要涉及家庭成员、经济收入等方面的问题，部分贫困户难免有抵触、遮掩的情绪。生性活泼的古丽总结出自己的一套沟通模式：自家人聊天法。她将自己的身份代入到老百姓的家庭格局，如以对方女儿、侄女、孙女的口吻，在聊家常的日常放松状态，了解老百姓的生活情况，得到了他们的信任和认可。当地老年人在国家政策保护下生活无忧，但孤独感时常缠绕于身。古丽充当孙女的角色，对老年人嘘寒问暖。常有些老奶奶拉着她的手聊天，抱着她老泪纵横。下乡调研时，远远近近的老人都会招手呼唤：“hanim（对干部的尊称）古丽！hanim古丽！”

真真切切办实事：“授人以渔”助民脱贫

古丽的工作渐渐深入民心。加入喀什扶贫办以来，她连续走访了11个乡，挨家挨户与其中两个乡的全部贫困户面对面交流，摸排、调研基层扶贫工作站，收集意见，并集中反馈。开展扶贫工作时，古丽有自己的工作思路和方法，亲切、爱较真、问得细的工作习惯使她很快掌握了情况。

此外，她说扶贫工作不仅要“授人以鱼，更应该授人以渔”，带着这样的工作原则，她不满足于仅充当传递国家优惠政策的桥梁，而希望引导困难群众从思想上脱贫，这使得她真真切切地改变了一些贫困户的生活。

在阿克喀什乡，有户农家因病致贫。男主人刚做完心脏瓣膜手术，女主人有严重的甲亢，他们的女儿患有癫痫，家中无劳动力，全家靠低保为生。由于男主人的父亲曾是乡长，乡里人误以为他们家底厚实。但古丽走访发现，治疗疾病几乎掏空了他们家。古丽撰写了详细的报告，从村到乡，为这家人奔走，申请救助。身边人不理解，纷纷劝她不要插手。她坚持“多帮一个，多一分慰藉”，屡屡碰壁后，她直接向扶贫办的吾拉木江主任反映。经过两个星期的努力核查，这家人的低保被调整至A类，医疗支出的报销比例可达90%。扶贫办还给他们安排了当地卫星工厂的岗位，在身体情况允许的范围内就业。女主人给古丽打电话道谢时哭了许久，古丽哽咽了，心情沉重。

这样开头心酸、结局感动的故事，在古丽身上还有很多很多……

在英吾斯坦乡，有一家的男主人在服刑，得了肝硬化的女主人独自拉扯4个学生娃。孩子们不幸患了乙肝。古丽了解情况后立即报告给上级部门。很快，这家人收到了2万元临时补助，这在当地属于一笔巨款。女主人病情缓和后，被介绍到养牛合作社工作。孩子们认真念书，一家人的日子有了盼头。

就业乃民生之本。扶贫既是授人以鱼，还要授人以渔，让百姓自信地昂起头。据古丽介绍，喀什地区实施贫困家庭“一户一就业”方案，依托一产挖掘就业一批、园区企业就业一批、“卫星工厂”兜底就业一批、有组织转移就业一批、拓展三产服务业就业一批、开发公益性岗位安置一批、自主创业带动一批的“七个一批”方式，加快贫困家庭劳动力转移就业。

有一个30岁出头的失明小伙子让古丽印象深刻。他独自一人居住，曾做过一些安装零件的散工，本属于边缘户，由于多种原因变成了贫困户。古丽初次见他时，他正在种地，动作相当灵活娴熟。入户调查后，古丽发现以他的条件完全符合国家的扶贫政策，可以申请配备护理员照顾。小伙子却说："国家已经对我很好了，我就想找份工作。如果人不干活，会得病的。"人穷志不穷，他的坚韧和勇气令人感佩。古丽相信，凭着这股劲儿，加上扶贫干部们的尽心尽责，脱贫攻坚战一定会胜利。

疫情防控和脱贫攻坚："两手都要硬、两战都要赢"

2020年是脱贫攻坚收官之年，实现脱贫攻坚目标任务，本来就有许多硬骨头要啃，新冠肺炎疫情又增加了难度。一想到疫情可能导致的已经脱贫的贫困户再次返贫的风险，古丽心急如焚，她快速投入抗疫工作中，做好准备，一手抓抗疫战，一手抓扶贫。

在疫情严峻的阶段，当地群众尤其是困难群众的生活受到了很大的影响。古丽说："任何时候，我最牵挂的还是最困难的群众。"古丽把照顾贫困户、孤寡老人放在第一位，工作井然有序。她每日都和同事一起下乡入户，给老百姓安排统一的健康监测、岗位管理、餐饮配送、上下班接送等；她还为孤寡老人测量体温，发放鸡蛋、菜、肉等生活必需品，解决了他们的实际困难，他们经常边落泪边不停地感谢党的好政策，这种感人的画面古丽几乎每天都会遇到。

在全力抗击疫情的同时，停工停产导致因疫返贫的风险在增加，扶贫工作必须一手抓抗疫，一手抓就业，一手抓复工复产。在疫情防控常态化的情况下，必须尽快开展精准的入户调研和对贫困户开展精准的帮扶。疫情初期，交通尚未完全畅通，下乡调研难度加大，古丽排除困难，用自己的"脚力""心力""眼力"和同事们一起对11个乡的2000多户贫困户再次开展精准摸排工作，结合喀什地区制定的30条加快复工复产措施，采取精准扶贫方案，将复工复产和促进贫困户就业结合起来。将收入低的贫困人员调整到工资高的工作岗位；给没有稳定就业的、零散打工的贫困户安排稳定就业，并通过每月、每周督促贫困户就业的方式对困难群众进行帮扶——古丽和同事们一起发挥好了自己的桥梁作用，保障了扶贫成效。

古丽说："特殊时期四五项工作得同时干，工作强度挺大的，没有轮休，也没有'按时下班'这个概念，需要超强的责任心和积极性。"话音刚落，古丽戴好口罩，又和同事们下乡了。

扶贫办吾拉木江主任说"找问题是态度，解决问题是能力"。她们不分白天黑夜共同努力，最大限度降低了疫情的影响，确保了脱贫攻坚圆满收官，做到了疫情防控和脱贫攻坚"两手都要硬、两战都要赢"。在古丽和同事们的共同努力下，困难群众的生活也在发生可喜的变化。当喀什市政府宣布已经消除绝对贫困的那一秒，作为历史见证者的古丽感受到了说不出的畅快和成就感。

敢担当，迎难而上："不能低头，因为皇冠会掉"

《阿甘正传》是古丽空闲时反复看的一部电影，她特别喜欢里面的一句台词："生命就像一盒巧克力，结果往往出人意料。"当选择成为一名西部计划志愿者时，她完全没预料到这份工作会给她带来如此之多意料之外的意义。

喀什市扶贫办距离她的家泽普县只有一个半小时的车程，过去的 4 个多月里，她没回过一次家。知道女儿不分昼夜地忙碌，经常早出晚归，古丽妈妈虽然理解扶贫工作的价值，但还是心疼不已，有时候会说她傻。古丽曾在朋友圈分享过："成功并非聪明人的专利，有时候反而需要你'傻'一点、'笨'一点，才能够成功。"古丽和妈妈说起了儿时梦想，她曾想过赚钱后盖一座福利院，让街上的乞丐有饭吃、有衣穿。等毕业回到家乡后，她发现在国家的政策春风里，街头早已没有乞丐的身影，村里还建起了幸福大院，为留守老人提供爱心帮扶，青年人的力量有新的发挥空间。

基层工作千头万绪，如果晚上 9 点能下班，古丽有时会去逛逛喀什古城，走走停停，看看 2000 多年前西域古城和古丝绸之路的气韵、文化和精神如何绵延至今。

凯迪尔古丽，汉语译为"珍惜"，在塔吉克语里是"皇冠"的意思。古丽说："面对生活，不能低头，因为皇冠会掉。"2020 年 8 月，喀什市将迎来国家脱贫普查。她相信，努力过后一定会有好成绩，也期待普查结束后能办一场联欢会。到时候，她在大学里担任少数民族艺术团团长的底子一定能派上用场。

为了实现脱贫不返贫，帮助民众致富，古丽坚持继续在扶贫办工作，脱贫达标喘口气，致富步伐不停息。她将继续坚定地走下去。

（广东省高等学校毕业生就业指导中心供稿）

青春无悔，扎根基层

——韩山师范学院张政委事迹

不畏艰辛逐梦西藏

西部总是和“条件苦、环境差”的字眼紧密联系，一些人难免对西部望而却步，张政委却不以为然。他常想：如果换个角度看问题，对西部的认识就会更加全面，西部的环境与繁华的都市没有可比性，但却有无限生机的天地任由驰骋。有年轻作资本，何不沧海试水，搏风击浪？“种子”，只要肯努力奋斗，即使在贫瘠的土地上也能生根发芽，也能长成参天大树。

2017 年 6 月，张政委毕业于韩山师范学院，怀揣着对西部的深厚感情，他来到了西藏，成为一名扎根西藏的普通公务员。来到这神奇的雪域高原，来到被誉为“西藏江南”的林芝，当他用心去触摸这片土地时，他庆幸自己当初的选择，这里让他深切感受到了朴素和善良的真谛。生活在世界屋脊的人们从来没有放弃希望，永远是那么乐观豪爽。“特别能吃苦，特别能战斗，特别能忍耐，特别能团结，特别能奉献”的“老西藏精神”指引他成为一名勇担责任、富有梦想的有为青年。2018 年他自愿报名到海拔 4100 米的村居开展驻村工作，这里年平均含氧量不及内地的 65%，紫外线强度是内地的 8 倍，自然环境较为恶劣，风大、水质不好，驻村条件非常艰苦，但是这些丝毫没有阻挡他驻村工作的决心和信心。

没有“时间”的驻村日子

驻村开始，就代表着张政委要与这个村子紧密在一起，与村民同吃同住同劳动，要对村子里的每一户、每一人、每一事负责，关心、关爱群众，尽心尽力为群众服务。

工作时间没点：收到消息，都要第一时间把工作完成，每天统计各种表格、开会、讨论、总结、入户、开具证明、调解矛盾纠纷、修缮房屋、上山宣讲党的政策等，无论什么时间点只要群众有需求，他就即刻奔赴“战场”。印象最深的就是 2018 年国家对精准扶贫工作进行全面验收，因扶贫工作内容多、任务重，很容易给人带来疲惫，但是为了能够迎接国家验收，他再次对全村贫困户的材料进行核对，保证国家政策真正落实到位，办公室的灯直至凌晨才熄灭。

吃饭时间没点：每天忙起来吃饭就有一顿没一顿。入户开展工作时他自带馒头、酥油茶，饿了就吃一口，基本上没有正餐的概念。平时遇到村民家有红白事他都会送去慰问，逢年过节村民们也都会邀请他到家中坐坐，拉拉家常。很多村民看到他自己做饭，就说："书记，你每天在村里转转，就能吃饱了，根本不用做饭，我们都很欢迎你。"听到村民这样说，他很是欣慰，他们质朴的语言和情感，让他更加有动力。

休息时间没点：每天的他不是在入户的路上就是在群众家中，要么就是在村委会，与村"两委"班子商讨近期工作，询问双联户的思想动态。由于道路不通，为村里的牦牛打注耳钉时，他就跟村民一起翻越海拔 4000 多米的山区牧场，这实在不是一件容易的事情。村民就开玩笑说："书记，实在坚持不了就在这里欣赏美景吧。"虽然是句玩笑话，但对于不服输的他来说更是一种动力，别人能做到的他一样可以，于是他们在欢声笑语中开始了前往牧场的比赛。每到汛期，由于地势原因，雨水较多时极易发生泥石流。2018 年 6 月雨季的一个夜晚，他们工作队突然接到群众电话，说是山上水流较大，村道已经被洪水淹没，时不时还有山石滑落。他们立即向上级反映了情况。人民群众的生命安全是第一位的，作为一名共产党员，他冲锋在前，换上雨衣雨鞋装土扛麻袋、往河道搬运碎石、垫护路基，为群众开辟一条生命线。他住在帐篷搭建的值班点，虽然很辛苦，但是能实实在在为群众服务，他内心无比高兴。

不忘初心，不负驻村

2019 年、2020 年期间根据工作安排，张政委分别在两个地方担任第一书记职务，这使得他的责任更大。他的重点工作就是精准扶贫。最初的他信心满满，但是还是有很多的问题向他迎面"走来"，老的工作方法遇上新的问题，往往就只能戛然而止。后来他就向领导、老干部学习取经，慢慢寻找新的解决办法。他发现有些村民对精准扶贫工作理解存在偏差，等靠要的思想还是存在，思想上未脱贫，因此工作中他不但要向建档立卡户把政策讲透，而且还要针对一般户、边缘户等耐心讲解。后来她根据每家每户的实际情况，分析原因、找准路子，工作开展起来便如鱼得水。村里的五保户永珠老人已70高龄，膝下无儿无女，耳朵几乎听不到声音，走路也一瘸一拐，第一次见到他，张政委心里有种说不出的感受。从那一刻开始他就暗下决心要给予这个老人更多的关怀关爱，平常他会抽出时间去老人家里坐坐，帮他收拾一下房间，看看冰箱里的东西是否还够吃，2020年他还为老人争取到一部分资金用于修缮房屋、改善生活环境，他还亲自为他设计了衣柜、橱窗，帮他购买家具等生活用品，尽最大的努力让老人过上更加幸福的生活。现在，老人每次见到他脸上就洋溢着幸福的笑容，而他的内心也无比开心充实。

一次扶贫，一生光荣

随着国家精准扶贫工作的有序推进，道路建设、产业扶贫、整村推进、乡村振兴等，每个项目建设他都带着村民一起干、认真干。他有序推动建设发展，认真制定村发展方案并组织实施，想方设法发展村经济，让群众过上更好更幸福的生活，群众脸上幸福的笑容也越来越多；村组道路、村级活动场所、厕所等基础设施也焕然一新。

“落红不是无情物，化作春泥更护花。”这就是奉献精神，把青春时光奉献在基层，不忘初心，牢记使命。作为驻村第一书记，他真诚回应群众诉求，做老百姓的知心人；真心帮助群众解难事，做老百姓的贴心人；真诚引导群众科学生产，做引领老百姓发展的引路人。这三年多来，张政委的工作得到了组织的肯定和村民的认可，2018年他获得“朗县创先争优强基础惠民生活动先进驻村工作队员”称号，被评为“优秀基层公务员”；2019年他再次获评“优秀基层公务员”。站在新时代新征程的起点上，他不忘初心，时刻牢记为民服务宗旨，让青春扎根基层，将人生写成赞歌。

在西部，张政委找到了属于自己一生的事业，在这里，他感到自己每天都在不断地成长和进步，他已经深深地爱上了这片热土。虽然不能及时孝敬父母，缺少对孩子、家人的陪伴，但家人的理解和支持，使他不断朝着自己的理想前进。他在祖国最需要的地方磨炼意志，增长才干，谱写壮丽的青春，用汗水与生命画出一幅最美的图画。他在艰苦的环境中接受锻炼，砥砺前行，坚持初心，为时代而奋斗，让青春无悔——热爱基层、扎根基层！

（广东省高等学校毕业生就业指导中心供稿）

广西

GUANGXI

挥洒青春的光和热

——广西中医药大学赛恩斯新医药学院晁甲文事迹

广西

晁甲文，男，汉族，中共党员，1990年5月出生，2015年7月毕业于广西中医药大学赛恩斯新医药学院，宁夏中医医院暨中医研究院团委副书记。从2010年至今，晁甲文积极践行“敬佑生命、救死扶伤、甘于奉献、大爱无疆”的职业精神。作为一名医务人员，晁甲文坚持医者仁心、勤勉工作，毕业后扎根大西北，多次受到表彰奖励；作为一名志愿者，他始终活跃在基层志愿服务第一线，先后参加各级各类志愿服务500多场次，累计为患者献血20余次，充分发挥了共产党员的先锋模范作用。晁甲文现为中国红十字会应急救护培训师、中国红十字（宁夏）赈济救援队队员、宁夏造血干细胞捐献志愿者服务队副队长。

一、坚定理想信念，投身防控一线

作为共产党员、年轻的医务工作者，自2015年7月从广西中医药大学赛恩斯新医药学院毕业后，他主动到西部工作，日常医疗工作中，坚持认真做好每一台手术，耐心细致对待每一位患者，在收获职业充实感、成就感的同时，也受到了单位同事的认可和患者的表扬。新冠肺炎疫情发生以来，他主动发挥党员的先锋模范带头作用，认真学习习近平总书记关于新冠肺炎疫情防控的重要指示精神，思想上政治上行动上同以习近平同志为核心的党中央保持高度一致。他积极向医院党委提交请战书，在医院预检分诊处、发热门诊、留观病区等进行疫情防控工作，同时他请战前往湖北参加疫情防控工作。工作上，他勤于思考，努力做到知行合一、理论联系实际，不断提高自身的思想觉悟和政治素养。晁甲文还主动到乡镇卫生院、社区卫生服务中心等基层一线参加疫情防控专业知识指导，开展医务人员防护知识宣教和密接者随访管理等培训，充实基层医疗卫生机构疫情防控知识。作为医院团委副书记，疫情发生后他向广大团员青年发出号召，组织青年突击队，发挥团员青年的后备军和生力军作用，积极投身打赢疫情防控阻击战的工作中，先后抽调 20 名青年团员参与援鄂和援急救医院的队伍中。

二、甘于奉献，热心志愿服务

大学期间，晁甲文就深受“明德自强，和而不同”校训的熏陶，主动参与到学院青年志愿者队伍中，发挥自身优势，积极向学弟、学妹宣传无偿献血和造血干细胞捐献、应急救护培训等相关知识，坚持每年无偿献血，截至 2020 年 1 月，累计为患者献血 20 余次，献血量达 8000 毫升。来到医院后，晁甲文经过多个岗位的历练，先后在骨科、医教部、医患关系部、医务部、团委等部门工作，其中，健康扶贫的管理是晁甲文的主要工作之一。他承担宁夏回族自治区隆德县、同心县、盐池县三个县级中医院和所辖乡镇卫生院中医药的健康扶贫工作。面对宁夏回族自治区南部山区缺医少药的现象，晁甲文多次主动参与医院“千名医师下基层”对口帮扶工作，下扶贫点送医送药，在对口帮扶医院开展义诊、中医药知识宣教活动，每年至少 4 次；同时，他还组织医院 30 余名青年骨干医务工作者驻点开展技术帮扶。他主动带领医院“四季青”志愿者参与医院门诊导医服务、义诊、应急救护培训、传播中医药知识等志愿服务活动，并连续三年组织开展“献血车进医院”主题团日等活动。

截至目前，他开展了各类培训服务 500 多场。2014、2015、2019 年连续参加宁夏回族自治区红十字应急救护技能大赛，取得良好成绩。他还是医院院前急救的培训老师。每年宁夏回族自治区中医医院暨中医研究院接收的实习生和新录用人员，企业、高校邀请的应急救护培训，晁甲文同志都能义无反顾肩负起培训任务，毫无保留地将所学知识传授给大家。

三、传递希望，生命接力

予人玫瑰，手有余香。为动员更多身边人参与到这项爱心善举中，2015 年 11 月，晁甲文加入了自治区人体器官（遗体）捐献委员会志愿者队伍。2016 年 3 月，晁甲文参加了自治区首期人体器官捐献协调员和信息员培训班，同时成为自治区首批人体器官捐献信息员。同年 4 月，他作为代表，参加了中国红十字赈济救援队全国九省骨干队员培训班，成为宁夏红十字（赈济）救援队队员，并在前期的培训当中从营地的选择、帐篷的搭建、物资的发放、安置点的规划、疾病预防和应急保障等方面，显著提升了自我的救灾能力和素质。

2013 年 10 月，经广西造血干细胞捐献者管理中心派遣，广西医科大学第一附属医院委托，晁甲文同志作为广西骨髓库代表前往深圳为广西的患儿取“生命的种子”。当时晁甲文还是一名大三学生，能够见证这光荣的骨髓捐献活动可以说特别幸运。2016 年至今，受宁夏红十字会派遣、医院委托，晁甲文作为捐献者一方的代表，陪同多名捐献者赴西安唐都医院进行造血干细胞捐献工作，并顺利出色完成捐献的各项陪护任务，有效保障了生命的种子及时输入患者体内，成为名副其实的生命接力者，践行医务工作者的仁心仁术。

四、扎根塞上，挥洒青春的光和热

在晁甲文看来，志愿服务和践行“志愿服务”精神，是一份担当、一份重任和一种精神。为动员更多人加入践行发扬“人道、博爱、奉献”的红十字精神队伍中，2014 年 5 月，晁甲文从广西来到宁夏，成为宁夏中医医院暨中医研究院的实习医生。来银川不到 1 周，晁甲文就主动联系中华骨髓库，找寻宁夏骨髓库的信息，很快与宁夏骨髓库的工作人员取得联系，在宁夏红十字会做了一场《造血干细胞捐献知识和志愿服务》专题讲座，得到了自治区红十字会领导的一致肯定。自治区红十字会领导还邀请晁甲文同志作为宁夏骨髓库的志愿者参加全区造血干细胞业务培训班，同时在培训班为全区红十字系统、血液中心的工作人员宣讲造血干细胞捐献知识、采集注意事项。从 2014 年到宁夏，晁甲文就坚持通过微信、微博、QQ 等多种新媒体手段，积极动员更多的爱心人士加入志愿者队伍，推动建立“博爱宁夏　髓缘相汇”的造血干细胞捐献者群、“宁夏红十字志愿者”志愿服务群，并积极在院内开展“说到做到——我与红十字志愿服务的故事”分享会，在全院掀起了学雷锋的热潮。

2016年他受邀参加“感动宁夏”颁奖典礼，并接受宁夏电视台《感动宁夏》栏目组对其志愿服务事迹进行的特别采访；2018年3月他因参与造血干细胞捐献志愿服务，受到宁夏电视台新闻中心《新闻话题》栏目组专题采访，引起了社会各界对血液病患者和造血干细胞捐献的强烈关注。

作为一名共产党员、一名基层团干部，晁甲文用实际行动践行着当代青年的历史责任。在习近平新时代中国特色社会主义思想的指引下，他将在工作中不断创新、积极进取，担当起共产党员和团干部的责任，履行好党员义务，时时处处以一名优秀共产党员的标准严格要求自己，力争使自己在各项工作中取得新的成绩，努力使自己成为共产党员中的优秀先锋。

晁甲文先后被国家卫生计生委、中国红十字总会、解放军原总后勤部卫生部授予无偿献血志愿服务“终生荣誉奖”、“无偿献血志愿服务五星级志愿者”称号、全国无偿献血铜奖，被共青团中央、中国红十字会、中国造血干细胞捐献者管理中心分别授予“全国优秀共青团员”称号、“全国优秀红十字志愿者”称号、造血干细胞志愿服务五星奖。他还获得宁夏回族自治区“向上向善好青年”、宁夏回族自治区优秀共青团员、第四届宁夏回族自治区“优秀志愿者”、宁夏回族自治区直属机关优秀共青团员、宁夏回族自治区直属机关无偿献血优秀志愿者、宁夏回族自治区直属机关“向上向善好青年”、宁夏回族自治区“最美红十字志愿者”、宁夏回族自治区“应急救护培训优秀师资”、自治区卫生计生委优秀志愿者等多项荣誉称号。

（广西壮族自治区高等学校毕业生就业创业指导中心供稿）

扎根偏远基层，践行时代使命

——广西医科大学梁驹事迹

梁驹是广西医科大学 2015 届临床医学专业毕业生，目前在柳州市融水苗族自治县杆洞乡中心卫生院工作，担任副院长。

梁驹来自国家级贫困县——融水苗族自治县的一个小山村，那里交通不便、缺医少药，学好医学、为乡亲们看病是他从小的梦想。高考结束后，他报考了临床医学专业。

5 年的大学学习和 3 年住院医师规范化培训，让他熟练掌握了临床医学、全科医学、社区预防医学、社区康复等知识，积累了临床经验，取得了医师资格证、医师执业证和规培合格证等证书。学校贯穿始终的职业发展教育和就业指导服务，让他了解到基层就业的各项优惠政策、职业发展路径及重要意义，这更坚定了他回乡从医的信念。

全科医生作为群众健康的“守门人”，守护着基层疾病预防和重大防疫的“第一关”。2018 年规培结束后，他主动申请到家乡最偏远的杆洞乡中心卫生院工作。这里村屯散落、交通落后，人员、药品、设备严重不足。工作不久他就遇到一个昏迷病人被法师做法驱邪 2 天，不见好转后才送医的案例。经此他才明白：在少数民族聚集的偏远山区，提高百姓的健康意识，减轻迷信观念比单一临床诊疗更重要。为尽快适应岗位，他自学村落土话，走遍 12 个行政村、76 个自然屯实地问诊，积极推进群众健康体检、家庭医师签约、义诊、随访等工作，为 2.6 万名群众提供普惠医疗服务。记得有一位苗族大娘拉着他的手说“多西哦，达莫哦”，那一刻，他的眼睛湿润了。

新冠肺炎疫情发生后，广西启动一级应急响应，他第一时间协助院长制定防控预案、强化培训、统筹物资储备、全面审查医院感染管理工作漏洞。他始终冲在疫情防控第一线，积极配合政府部门，设卡值守，做好返乡重点人员排查工作。作为第一批进到大苗山桂黔乌英苗寨开展防疫的工作队成员，他深知苗寨的特殊性：居民分属广西、贵州两省管辖，民俗浓郁，如果突然叫停“打同年、吹芦笙、踩堂舞”等聚集性活动，难度可想而知。因此，他一次次深入苗寨中，走访村民 100 余人次，深入浅出地说明疫情防控的重要性，然后反复多次深入一户户村民家中开展防疫知识宣传、手把手指导戴口罩和保持手部卫生等工作。面对聚集性民俗传统活动，他挨家挨户做工作，最终说服群众封存祖传下来且公用的芦笙乐器，暂停了聚集性活动，承诺不举行民俗传统活动，承诺不走亲串寨，乌英屯因此成为杆洞乡第一个为新冠肺炎疫情防控付出实际行动的村屯。为此，新华社就此次行动撰写的《疫情防控进苗寨》文章，得到了《人民日报》等多家主流媒体的报道，其中他的一张工作照更是被广西壮族自治区党委宣传部《隔离病毒,不隔离爱》的疫情宣传海报选用,这是对他的新冠肺炎疫情防控工作的一种肯定。目前,他所在的县没有新冠肺炎患者,复工复产、复学复课也在有序进行。

2020 年 6 月 3 日下午,他作为全国唯一的毕业生代表在全国普通高校毕业生就业创业工作电视电话会议上作了题为《扎根基层　发挥特长　守护基层群众健康》的发言,受到孙春兰副总理特别点名表扬。

在发言中,他说:"说实话,当医生很辛苦,当扎根偏远基层地区的医生更是难上加难。春节至今我一日未休,不敢有一丝懈怠。冒着冰雪封山、塌方的危险,徒步十几公里,到各村屯开展重点人员排查、宣教、登记、诊治、随访,没有漏掉一户一人。这些让我更加深刻地感受到全科医生肩头沉甸甸的责任,对这份职业也更加敬畏和热爱。"

他还不忘呼吁更多的师弟师妹加入基层医疗队伍,他说道:"目前基层全科医生和公共卫生人才短缺还十分严重,很多地方还存在缺岗、缺编、缺人情况。我看到,受疫情影响,大学生就业压力很大,但党和政府很关心,教育部等部门也出台了很多举措,帮助大学生就业,我的一些学弟学妹通过这些举措实现了就业,效果良好。希望国家能在开拓基层岗位方面进一步加大支持力度,开拓更多适合高校毕业生的基层岗位尤其是医疗岗位,吸引毕业生扎根基层、奉献医疗事业。"

他一直为能够守护基层群众健康而自豪,他说:"今年'五四'青年节,习近平总书记高度肯定青年积极响应党的号召,踊跃投身疫情防控人民战争、总体战、阻击战,不畏艰险、冲锋在前、真情奉献。我很自豪,自己是'白衣执甲'战士中的一员,我将用实际行动践行中国青年的时代使命,也希望有更多的毕业生加入这支队伍,到党和人民最需要的地方建功立业,让青春绽放绚丽之花!"

(广西壮族自治区高等学校毕业生就业创业指导中心供稿)

选调基层砺初心，弘扬青春正能量

——广西师范大学吴姗凌事迹

广西

吴姗凌，女，汉族，1995 年 6 月出生，2015 年 10 月加入中国共产党，大学本科学历，2017 年 6 月毕业于广西师范大学外国语学院，2017 年 8 月通过选调生考试并分配到容县县底镇人民政府工作，现任县底镇妇联主席、县底镇组织办负责人、县底镇政府党支部宣传委员、“红色县底”微信公众号主编。从“同学”到“同志”，吴姗凌带着四年的大学团学工作经验扎根基层服务群众，用理想与实干为革命老区县底镇的发展建设添砖加瓦，以实际行动带领青年同志磨砺初心，在社会各级平台传递容县“侨乡文化”，弘扬青春正能量。

一、牢记初心使命，做疫情防控宣传阵地“能量包”

自疫情防控阻击战打响以来，吴姗凌在工作之余就主动勇挑宣传重担，站在意识形态工作前线，围绕疫情防控工作大局，多角度、多层次宣传疫情防控经验做法和典型人物，共撰写全镇疫情防控信息和报道 53 篇，在区、市、县各级主流媒体均有刊发，《守孝道，还是守村道？防疫一线的她做了无悔的选择——容县县底镇竹山村纪检委员刘炎坤同志防控疫情先进事迹》《县底镇泗关村：让新时代“枫桥经验”有了“控疫版”》《竹山村党总支部党员 100％捐款支持疫情防控工作》等报道引起干群的强烈反响，区、市、县各级平台均有采用。吴姗凌负责编辑推送“红色县底”微信公众号疫情防控相关内容 112 则，群众累计点击率达 106475 次，处理紧急舆情 1 则，及时辟谣镇内不实传言，为打赢疫情阻击战营造良好的舆论氛围。

2020年3月7日，吴姗凌的事迹《讲好控疫故事，做宣传阵地“能量包”》被容县县委《侨乡役线·党旗红》栏目选树为党员先进典型事迹，相关报道在容县电视台、“侨乡容县”公众号播出。

二、敢于吃苦奉献，在扎根基层中书写人生华章

立足岗位，扎实做好组织工作。在日常组织工作中，吴姗凌负责党统系统管理、党组织转接、党费收缴等党建常态化工作，同时负责推进各类培训班工作，指导党组织不断强化阵地建设，协助做好软弱涣散村党组织、后进村的整顿工作，按时按质按量完成各项工作任务。如：2019年策划举办各类党组织书记、党务工作者、农村党员培训班，培训干部1000余人；指导全镇党组织“不忘初心、牢记使命”主题党课100%全覆盖；完成20个村党组织星级化评定，古燕村、康塘村2个软弱涣散村党组织的深化整顿提升工作已完成。作为县底镇马安山党支部的党建指导员，她全力支持做好党建工作，2019年她所在的党支部获“玉林市两新组织党建工作示范点”称号，2020年获“2019年度玉林市巾帼脱贫示范基地”称号。

实干担当，坚决打赢脱贫攻坚战。吴姗凌帮扶贫困户5户，为了帮助贫困群众脱贫，她认真贯彻区、市、县关于扶贫开发工作的一系列安排部署，不断强化帮扶意识、拓宽帮扶思路、落实帮扶项目。她常常深入村、户调查研究，对贫困群众进行了认真、细致的调研摸底，和群众打成一片，认真听取村干部和群众的反映及要求，共同分析解决脱贫的方法，研究脱贫对策。在她的帮助下，5户贫困户通过产业扶贫政策不断增收致富，2名贫困生取得了社会爱心人士的资金救助，5户共11人全部在2019年实现脱贫。

凝聚合力，展示巾帼半边天力量。2019 年 10 月，吴姗凌担任县底镇妇联主席后，坚持“党建带妇建，妇建促党建”，用组织激发活力，用关爱凝聚人心，共开展镇级农村妇女“领头雁”专项培训一次，村级妇女、儿童专题培训 48 次，开展“把爱带回家”关爱困境、留守儿童特别行动 11 次，妇女节慰问女医护工作者、基层女干部和困境妇女 12 人，推进解决农村妇女纠纷 3 起、家庭暴力事件 2 起，相关女性正能量新闻在市、县、镇级媒体报道 11 篇，充分展现了巾帼“半边天”力量。

广西

三、传承红色基因，在实践历练中汲取奋进力量

燃烧炽热的心，当好教育基地红色解说员。自 2017 年 10 月起，吴姗凌同志担任容县冠堂红色革命教育基地的义务解说员，主要负责带领参观的党团员、群众瞻仰容县革命烈士纪念碑，解说纪念碑基座的党史故事和革命老区纪念馆内的红色故事，介绍中共临时委员会旧址和招中区农民协会旧址，上好十分钟党课等工作。据统计，她目前共接待前来开展活动的党团组织 350 多批次，约 6000 余人，通过对先进人物、红色党史、党风廉政等内容深度挖掘，使更多人在学习中得到党性的升华、灵魂的洗涤，助力提升党性教育基地建设水平。

首创“红色县底”平台，传承革命老区精神。2017 年 12 月，吴姗凌同志在党建工作中发现，县底镇的红色历史文化内涵丰富，但是没有一个平台去宣传推广老区故事和党员正能量，于是经镇党委同意，县底镇首个党建线上宣传平台“红色县底”微信公众号就此诞生。如今她在平台已编辑发文 227 篇，自行选题、写稿、编辑的数量过半，通过发布党务工作知识、优秀党员事迹、实事新闻等内容，如《盛放在扶贫路上的一朵玫瑰：古例村驻村工作队员胡海燕》《县底镇开展“送学上门”活动，确保主题教育实现全覆盖》等推送，获得了广大党员群众的点赞，取得了一个支部就是一个堡垒，一名党员就是一面旗帜的良好效果。

讲好老区故事，做红色文化的传播大使。为更好地打造镇党建创新项目“冠堂红色革命教育基地”，践行“红色基因＋N”党建品牌，2018 年 10 月，吴姗凌撰写的《老骥伏枥志千里，老区精神永不朽——容县县底镇革命老区纪念馆老人们的故事》获广西壮族自治区成立 60 周年讲好“广西故事”民族团结进步征文优秀奖，该文章在人民网、《广西民族报》等多个平台发表。她把红色基因蕴含的强大精神力量，内化于心、外化于行，不断以个人行动践行着“有志有为，无私无畏”的老区精神，连续两年获“全县统战系统优秀信息员”称号。

四、锤炼品德修为，基层因多色而灿烂

担任反邪金花，发挥党员主观能动性。2018 年 4 月，在容县第八届“三月三”山歌

民间文化艺术节中，吴姗凌担任反邪“侨乡金花”，与区、市、县政法委合作，通过“桂风网”等线上平台进行全网直播，宣传容县旅游、民族团结统一、山歌文化、反对邪教等内容，并对活动现场进行解说，观看活动直播人数达347.2万人，网友频频点赞，取得了良好的宣传效果。在2020年的“三月三”节日中，吴姗凌把往年的线下活动转移到网上，紧扣“战疫情、奔小康、奋进时代”主题，推出5期《县底“云享”山歌，邀你线上嘿撩撩螺》节目，相关内容获得学习强国、中国反邪教网等多个媒体平台转发推送。

宣传推介家乡，传播社会正能量。吴姗凌连续两年在容县沙田柚品牌暨旅游宣传推介会中作宣传推介，对外展示容县旅游形象并作沙田柚推广。此外，她还在容县“青春携手·共创未来”公益活动、容县妇女节钢琴音乐会和30多场镇、村级主题晚会中担任主持人，有力衔接各个节目环节，积极宣传党的十九大精神、“扫黑除恶”、“不忘初心、牢记使命”等内容，以个人的才能努力奉献更多的优秀精神食粮，牢记使命走在前。

选择选调，逐梦基层。吴姗凌同志始终以“放下身段子，活用嘴皮子，勤使笔杆子，掏出心窝子，勇于挑担子”为工作标准，对待基层工作满腔热情，在实践中不断历练、提升，是一位经得起考验的党员干部。

（广西壮族自治区高等学校毕业生就业创业指导中心供稿）

扎根边疆，服务基层

——广西科技大学鹿山学院黄毅事迹

黄毅，男，籍贯重庆巫溪，2019 年 6 月毕业于广西科技大学鹿山学院(今柳州工学院)工学化学工程与工艺专业，2019 年 8 月在新疆喀什地区参加工作，现任伽师县克孜勒博依镇恰瓦拉村党支部副书记兼扶贫专干。他对生活有热情，对基层扶贫工作有想法，有干劲，用自己的激情感染队友和群众。他从青年中来，到青年中去，彰显了新时代基层干部的新能量、新风貌。他励志奉献，扎根基层，服务群众。

有梦想才有追求，有奉献才有初心。正值大学毕业之际，已在内地工作的黄毅同志收到广西科技大学鹿山学院党委的号召，下基层，服务群众，建设边疆。他毅然决然地选择了边疆，选择了服务基层工作。其间，他的父母曾多次反对，可不管怎么劝说，黄毅同志始终坚持自己的梦想，坚定个人的信念。经过一个月，他给父母做通了思想工作，最终父母同意他筑梦西行。

2019 年 5 月，黄毅同志通过喀什地区向内地大学毕业生招录组的面试及体检。2019 年 8 月，根据组织安排，黄毅同志作为第六批内招干部，从此扎根新疆，在喀什乡镇奉献青春。其间，他时刻牢记党中央、国务院和自治区党委、广西科技大学鹿山学院党委及家乡人民的重托，始终做到讲政治讲大局，讲团结讲奉献，攻坚克难，尽职尽责。他作为内招生青年干部，守望初心，砥砺前行。

2019 年 12 月至今，黄毅同志在伽师县克孜勒博依镇恰瓦拉村担任党支部副书记兼扶贫专干，帮助农民脱贫致富，鼓励他们积极工作及自主创业(到目前为止，全村劳动力 587 人，已解决就业 587 人，实现了新疆维吾尔自治区党委书记说的“人人有钱拿,月月有收入"的目标);同时他还跟群众打成一片,团结他们,关心他们,与他们像石榴籽一样紧紧在一起,为加强民族团结、维护社会稳定,全面发挥了党员干部的带头作用。

在日常工作中,他教同事操作电脑,教农民及孩子说普通话,和老百姓一起聊家常,践行做到工作无难处、交流无障碍、说话有乐趣。同时,他一直坚持:自己会的都教给同事们,自己不会的向他人请教学习。他也曾多次提醒和告诫他人,任何情况下,老百姓的利益都是首要的。作为基层工作者的他,始终不忘维护群众利益是自己的义务和责任。

一、强化"两委"班子,因村因人施策

班子建设是脱贫攻坚的坚实基础,黄毅同志在村党支部副书记任职期间,根据村里的具体情况做了六项工作:一是重点从村"两委"班子、驻村帮扶队伍建设抓起,强化村"两委"班子的执行力,提升为民办事能力;二是扎实推进"两学一做"学习教育常态化活动,有力促进"两委"班子转变服务能力;三是努力强化党员队伍建设,发挥党员带头作用,极大地提高了党员的服务意识;四是培训致富带头人,加强"十小工程"的榜样示范及带动作用,鼓励致富带头人带动贫困户就业脱贫,促进贫困户经济发展;五是严格落实驻村帮扶工作队及帮扶人责任规章制度,确保帮扶精准到位。

二、扶贫先扶智,激发内生动力

当前,扶贫工作是头等大事,俗话说"人穷志短、马瘦毛长",扶贫先扶智,到村任职以来,黄毅同志始终坚持群众利益无小事,想问题、办事情、做决策时时刻刻把群众利益放在首位,团结村"两委"一班人,做好一周三结合,宣传惠民政策,做好国语教学。对于贫困户来说,思想上的转变对扶贫是事关重要的。为此,黄毅同志在落实各项脱贫措施的时候十分注重对这类贫困户的心理疏导,采取精神扶贫,使他们重新燃起了对生活的信心。

2020 年恰瓦拉村共实施项目 15 个,其中到户项目 11 个,如:20 户 76.2 亩甜菜种植项目;43 户 89.6 亩蔬菜种植项目;145 户 29000 株蔬菜苗培育项目(辣子苗);145 户特色南瓜种植项目;145 户 725 株葡萄苗购买项目;5 户庭院经济建设补助项目;12 户庭院经济生产巩固提升补助项目;43 户庭院经济用水工程项目;5 户(个)就业设备购置项目;1 人创业致富带头人培训项目;30 人"雨露计划"职业教育补助项目。公共项目 4 个,如:1.4 公里村组道路建设项目;5930 平方米乡村村组巷道建设项目;117 户 854.4 亩伽师瓜标准化种植项目;1383 亩贫困村种子田补助项目。

三、励志扎根，服务边疆

闪亮的日子终究只是瞬间，更多的是负重前行。黄毅同志志愿扎根边疆，服务农村，默默奉献。他没有什么豪言壮语，没有惊天动地的感人事迹，他以勤奋的工作推进了全村经济社会稳步发展，以开阔的思路带领群众逐步走向富裕，以无私情怀给每一名需要关心的群众带来温暖和慰藉。务实、朴实、踏实，是新疆所有内招生的真实写照。“既然选择了远方，便只顾风雨兼程”，站在这一片土地上，黄毅同志更加无悔当初的选择，他将继续为新疆建设、为伽师发展贡献他的青春力量。

（广西壮族自治区高等学校毕业生就业创业指导中心供稿）

基层那些“小事儿”

——广西大学曹泽胜事迹

2019 年 7 月 14 日，我拖着行李箱踏上动车，转乘大巴车，一路向桂西北方向奔去，一路走来，山渐渐变高，路渐渐变陡。我来到了凌云，这里是个四周环山的小县城，最后我被分到了距离县城最近的一个乡镇——泗城镇，开启了我的基层工作生涯。

难过道路关

我是一名从北海来的选调生，从一望无际的大海边来到这除了山还是山的贫困山区，一开始是很不习惯的。还记得第一次跟镇长下队时，车走在那一边是山，一边是几十米高的悬崖的盘山小路上，我紧紧握着车把手，镇长问：“小曹啊，第一次坐车走这种山路，紧张吗？”我说：“紧张。”镇长笑了笑说：“这种路我们开了几十年了，以前比这更陡更难，你习惯就好了。”后来接下来一个星期我都主动要求跟镇长下队，好慢慢去习惯这些山路。有一次跟着单位的哥哥们下队去开展“三清三拆”整治活动，那个寨子是个瑶寨，山顶上的路又窄又陡又绕，搞完活动时已是下午五点，我们开着镇里最破的计生车下山，大家都很累就眯上眼稍作休息。突然，车一阵抖动，一个急转弯后车速越来越快，情况似乎不妙，开车的阿哥说：“兄弟们，刹车失灵了，我们只能让车顺着溜到山底了，如遇紧急情况我们就直接撞山，大家做好心理准备。”还好一路下去没遇到上山的车，我们坐着失灵的“过山车”躲过一劫。下车后，我们四个相互搀扶着，眼里流出感动的泪水。自那以后我有好长一段时间都害怕下队，但我不能胆怯，我终究要下村开展工作的，于是我利用周末时间，自己去走一遍那些更加险峻的山路，其实也没有想象中那么可怕，那一次纯属意外。后来包村时，我独自冒着雨一手撑伞一手开着摩托去距离镇里 20 几公里的村里面送紧急材料。再后来我慢慢习惯了开小车，我也可以自己一人开着小车走在山路上了。这一步，我走过来了，也成长了。

帮扶那些事

工作半个月后，我被安排了五户贫困户，他们住在一个叫盘卡的地方。谈到盘卡，凌云的干部都只会说一句“你加油”。盘卡屯是一个基础设施极度落后、生活条件极其艰苦的地方，这里的许多人思想较为落后，沟通困难。初到盘卡，我被眼前的路震惊了，通往寨子的路还没硬化，来回八个拐弯处，曲折盘旋在山腰上，从山脚到山顶的路有被雨水冲刷过的痕迹，泥泞与石头兼具，极难走。我们走到半山腰时，突然下起了大雨，没带伞的我们被淋成了落汤鸡。路上我们遇到一对年轻夫妇带着四个小孩冒着大雨前行，女的背上背着一个六七个月大的小孩，小孩不哭也不闹，静静趴在母亲的背上，正被雨水淋着。唐副说："小曹，这不就是你的帮扶户吗？"看着那可怜的小孩，我抽出公文包里的卡牌为他们挡雨，艰难前行，直至雨停。一个半小时后我们才到寨子的入口。到了寨子，我又被眼前的一切震惊了。这里的房子都是临崖而建，整个寨子29户人就那么点稀稀疏疏的土地，很难想象他们是怎么生活下来的。一开始我的帮扶联系户对我不是很待见，原因在于我是个刚毕业的大学生，什么都不懂，还有就是因为我是外地来的，与他们沟通不流畅。但在后面的帮扶中，我努力帮他们落实政策，申请劳务奖补和产业奖补，帮他们办理低保等。慢慢地他们放下了芥蒂，把我当自己人了。2019年年底我帮扶的贫困户有4户已经脱贫，有1户至今未脱贫，他家有11口人，生了8个小孩，加上大儿子得了慢性病，生活比较困难，我想尽办法帮他申请护林员的工作，鼓励他们外出务工，以增加家庭收入，维持基本生活。今年年初，因为突如其来的新冠肺炎疫情，我到贫困户家宣传疫情防控相关知识，结果得知，因为疫情，处处封城封村，客车停运，一切似乎静止了，与外界的交流也少了，他家的大儿子上个月领的药也快吃完了。因为是特殊的慢性病，县医院没有足够的药，药店有但是太贵，而且药店买药不能报销，只能去百色医院抓药。看着帮扶联系户的小孩即将断药，我于是记下药名，将药盒拍好照。回到县城，下班后，还没来得及吃饭，我就奔赴凌云的所有医院和药店，先是去医院，后是去药店，先后跑遍了凌云的8家药店，一种药一种药去寻找，对比好价格，并详细记录好，整理出一套最省钱的方案后再去买药，然后爬一个半小时的山把药送去以解燃眉之急，等路通了再去百色抓药。收到药的罗哥，握着我的手一直道谢，然后邀请我在他家吃午饭，那是帮扶以来罗哥第一次对我表示感谢并邀请我留在他家吃午饭……

工作有点杂

在乡镇，总感觉每一个人都是全能的，每一个专业的知识都要会一点。刚上班的第二天，从未接触过摄影的我用了两分钟学习摄像机怎么用就扛着跟镇长下队那合村拍塌方了。之后每一次需要摄像摄影的时候大家都会叫上我，我自然就成了镇里的宣传干事了。除此之外，我还是党政办秘书和平林村的包村干部。每天"白加黑""黑加黑"，手上有做不完的工作。作为镇里唯一的宣传干事，即使再忙，我也会不断学习其他乡镇的先进经验，做好镇里的宣传工作。我先是自己写稿交由领导指正，然后把镇里早已无人管理的微信公众号重新做起来了，并发布了一些益民的消息，加强党务和镇务宣传。其中最为典型的一篇文章是关于2020年医保网络缴费的操作流程指南，转发量达500余次，阅读量达8000余人次。后来通过镇领导的指示，我组建泗城宣传员工作队伍，挖掘泗城素材，不断向凌云电视台、壮志凌云公众号、百色人大网、《右江日报》等媒体供稿约120余篇，不断向外界宣传泗城，使得泗城的宣传工作逐渐向好。

基层工作充满了酸甜苦辣，但关乎群众的每一件事都是大事，所以每做好一件事都会令我很开心。而正是这些给予了我无尽的养分，让我心中梦想的种子能够不停地向上生长，离梦想的那一方天空近一点，更近一点。无悔青春，无悔选调，这条路注定不平坦，但希望就在那里，我只需风雨兼程！

（广西壮族自治区高等学校毕业生就业创业指导中心供稿）

四川

SICHUAN

紧握心中的舵盘，航行在美丽的西北漠海

——西南石油大学汪陈凤事迹

一代人有一代人的初心，一代人有一代人的使命。大学四年，“为祖国加油，为民族争气”的石大精神与“共铸材料魂，同圆中国梦”的学院精神始终相伴，教会了我要做一个有价值、懂感恩、知奋斗的大学生。正因如此，在 2018 年毕业之际，我才有了足够的勇气和坚定的信念选择来到祖国南疆大地，传承老一辈支边青年的衣钵，将个人梦与中国梦紧紧融合。

一、初心源于信仰，也将因信仰而持久

一生中，一定会有一种信念与信仰，让你在成长的过程中充满力量和决心。依然清晰地记着，2018 年 12 月 1 日，我面对党旗庄严宣誓“我志愿加入中国共产党，拥护党的纲领，遵守党的章程，履行党员义务，执行党的决定，严守党的纪律，保守党的秘密，对党忠诚，积极工作，为共产主义奋斗终身，随时准备为党和人民牺牲一切，永不叛党。”那一刻，中国共产党员的身份，给了我一往无前的动力！

“你的志向可真远大，想着在沙漠上建功立业！?”临行前，老父亲充满担忧地“嘲讽”我，像针一样刺痛着我，曾一度让我产生了畏惧。但今日的我很感谢当时的自己守住了“初心”，也感谢临行前大学老师的一句“耐得住寂寞，才守得住云开见月明”，它激励着我毅然踏上了北行的列车，从富饶的天府之国来到了贫瘠且有着几分荒凉的西北漠海。

2018 年 7 月 20 日，我终生铭记的日子，这一天我独自一人望着列车窗外荒芜的

沙漠、零星的草地、散落的牛羊，带着心中的梦想走进了新疆，一个离家 4000 多公里，一个远离全部亲人朋友，一个充满无限未知，一个我从未到过的远方！从成都到乌鲁木齐，从乌鲁木齐到喀什，从喀什到阿克喀什乡，身材弱小的我完成了生命中很多个第一次，第一次在自治区级报告厅汇演、第一次学习维吾尔族语言、第一次学习维吾尔族舞蹈《麦西莱普》、第一次和群众在田间劳作……维吾尔族同胞脸上的笑意，那一句句“亚合西（你好）”“蓝嘿慢特（谢谢）”，让我每一次的付出都充满幸福感，也使我更加坚定了心中的信仰，更努力地坚守初心与梦想。

二、大志立于实践，也将因实践而真实

2018 年 11 月 4 日，我培训结束被分配到喀什市阿克喀什乡——喀什市最远的乡。作为一个刚毕业不久的女生，在前往 40 公里外的途中，我坐在车里，望着窗外寒风肆虐的荒凉，内心充满了彷徨与恐慌，我强忍着眼泪告诉自己“没事，绝对没有那么糟！”说实话，开始的几天，我内心一直在纠结和挣扎，发现沙漠没有三毛书中讲述的那么浪漫，也没有自己预想过的那个样子，我甚至开始有“退缩”的冲动，但我无法找父母诉说，也无法找朋友倾诉，因为这一切都是我怀揣梦想和初心做下的决定。

幸运的是，我之后在《习近平七年知青岁月》中找到了答案：既然来到了远方，就应该选择到最基层的地方去，在离群众最近的地方，才能真实体会一切，做出最真实的决定！因此，我决定坚持到基层去服务和锻炼！于是，“下村”成了我每日的挂念。我正考虑如何找领导提申请时，正好就被组织关怀和体贴地安排在了乡里做人事工作。但这一安排显然使已拿定“下村”主意的我内心倍感焦灼和失望。直到 2019 年 4 月，在深思熟虑之后，我向上级正式提出申请“下村”，并继续兼顾人事工作。身边的人都说我一个女孩子这样是给自己找事儿，但我认为为了实现梦想，所有困难的事我都能做好！

2019 年 4 月 15 日，我如愿“下村”，并被乡党委任命为村支部书记。“同吃、同住、同劳动、同学习”，“跳蚤”“走访”“复垦”“植树”……我从书中见到的、听说的，我都亲眼见到，亲耳听到，亲手触碰到了，这种真实感和踏实感让我即便每天熬夜加班，疲惫不堪，也感到幸福。因为这片土地上的群众真诚的眼神，因为这一次次的微笑、握手，一切相比于家人、朋友所“传说”的状况，显得更祥和安谧。党和国家给予的关怀正让这里成为“瓜果飘香、绿树成荫”的美丽富饶之地。

在南疆基层开展工作最大的挑战就是“语言问题”，一开始我与群众沟通全靠肢体语言加零星的维语。但是，因为有爱，因为有情，语言并没有成为我们之间交流的障碍，夜校上会有人自觉帮我管理纪律；劳动时会有人“夺过”我手中的坎土曼（一种铁制农具）；走访入户时群众总是那么热情地备着馕、茶、水果、干果招待我。一句“老师，您

好！”让我感到自己不仅成了小朋友眼中的支教老师，也成了他们心目中值得信赖的“汪姐姐”；每日群众见面时的微笑和那句“您好，汪书记！”使我和群众成了“阿达西”（朋友），更成了我坚守在此，奉献在此的力量源泉。

三、奉献起于情怀，也将因情怀而深刻

“奋斗是青春最亮丽的底色”，毕业至今我很庆幸自己找到了青春最好的样子：手中握得住笔杆，肩头拎得起坎土曼，心中装得下群众。在今后的岁月中，也会有一群和我一样的人选择扎根在祖国的各个基层，我们都因为一种感恩社会、心怀天下的情怀去到了祖国最需要的地方，用一生中最闪亮的日子书写青春的色彩，用青春最该有的模样描绘祖国河山。在祖国的召唤下，我们找到了一份与自己的价值观相吻合的事业，相信这份对社会情怀、祖国情怀和人民情怀的坚守，将使每一次的付出都蕴含“大我精神”。我们每一位基层奋斗者也将成为担当者，成为做有价值的事的践行者，群众将是我们基层工作的见证者和验收者。

习总书记说：“青年志存高远，就能激发奋进潜力，青春岁月就不会像无舵之舟漂泊不定。”“愿我们用青春的脚步，丈量绿水青山；愿我们站成一块界碑，戍守边疆。”

我是汪陈凤，一位支边青年，在西北边陲——新疆喀什市阿克喀什乡，我将继续发扬母校的优良传统，坚持初心、坚守梦想，紧握心中的舵盘，航行在美丽的西北瀚海！

（四川省普通高等学校学生信息咨询与就业指导服务中心供稿）

让青春之花绽放在祖国最需要的地方

——四川职业技术学院钱宇飞事迹

四川

钱宇飞，男，1995 年 12 月出生，籍贯四川省平昌县，中共党员，2014 年就读于四川职业技术学院，在校期间先后担任系学生会主席、班级班长，连续三年荣获校级奖学金和三好学生、优秀学生干部、优秀共青团干部及优秀大学毕业生等荣誉称号。2017 年 7 月毕业后，他抱着投身基层的志向，参加了平昌县教师公招考试，以优异的成绩通过笔试、面试，最终分配至平昌县龙岗小学工作，成为一名基层教师，并在学校驻地镇党委的组织下进行基层扶贫工作。

一、怀揣梦想，扎根基层

“到基层和人民中去建功立业，让青春之花绽放在祖国最需要的地方”习总书记的殷切期望时常在钱宇飞的心中荡漾回响，也给了他莫大的投身基层的勇气和决心。于是，2018 年 4 月，他毅然报名了当年的招教考试，并通过考试成为一名普通的乡村教师。

也有朋友调侃和质疑：为什么不留在繁华、车水马龙、物质文明高度丰富的大都市，而去清贫的小山村里做只有微薄收入的教师？那里只有广袤的大山、崎岖的小路、单调清贫的生活。他总是一本正经地说：有些事情总要有人去做的，我有这份能力和信念，孩子们也需要这么一个窗口去看看外面的世界，虽然有人不理解，但是我心中明白我的追求、我的青春价值所在。怀着这份赤诚，他辞去了成都轻松优渥的工作，回到了家乡，扎根基层，到了党和人民最需要他的地方，恣意绽放自己的青春，为基层建设浇灌自己的一份心血。

二、勤学苦练，担当奉献

时光荏苒，白驹过隙，钱宇飞来到单位也有两年了，这两年的磨砺让他深切体会到了一名基层教师工作的繁杂、责任的巨大。这两年里为了让自己这个非师范毕业的“门外汉”能快速胜任人民教师这个角色，他从上课的教态抓起，从教学的备、讲、辅、改入手，积极向老教师请教学习，主动邀请同事来听课评课，主动去听其他优秀老师的课，取长补短，去芜存菁，逐渐掌握了一名小学教师应有的基本功。他积极参与学校组织的各项赛课活动，都取得了较好的成绩。班上有同学学习吃力，他就在课后针对性地给予单独辅导；有同学上课心不在焉，他就主动和他谈心谈话，扮演好班级大家长的角色；工作上有老教师经常弄不懂电脑技术方面的问题，他也热心为老教师们排忧解难。

凭着扎实的理论功底和踏实肯干的性子，他很快融入了集体，也被任命为学校信息中心主任，在教学之余负责起了学校教育信息化的全部工作。

三、不忘初心，牢记使命

为了响应党的号召，坚决打赢脱贫攻坚战，早日实现全面脱贫奔小康，作为一名共产党员，作为平昌县龙岗镇白山村扶贫工作队的一员，钱宇飞躬行实践，以身作则，践行我们党对人民的诺言。自 2018 年 4 月起，他牺牲了每周周末回家的时间，坚持每月六次与贫困户同吃同住同劳动，详细了解承包的两户贫困户的身体情况、生活条件、经济来源、医疗社保等信息，仔细记录帮扶户的家庭困难并主动联系驻村工作队一起协商解决。他考虑到自己所帮扶的白山村距离镇上有十多公里路，而且老人家行动也有诸多不便，每次要下村入户之前就主动联系帮扶户是否需要稍带生活物资，是否需要购买生活用品，每逢当场天还会在镇上买一些熟食和蛋奶送到帮扶户家里，他的帮扶户亲切地拉着他的手说："真是比自己的亲孙子还要亲啊！"总之，自担负起脱贫任务以来，他始终践行着"为人民服务"的宗旨，得到了驻村工作队和帮扶户的一致认可。

2020 年初，自疫情防控阻击战打响以来，防控形势日益严峻，钱宇飞每天密切关注着疫情发展，放弃了与家人团圆的机会。2020 年 1 月 30 日，他积极响应县委县政

府的号召，主动到所在的社区党支部报到，投身疫情防控一线执勤。十多天的防控工作里，他早出晚归，不惧风险，无谓严寒，每天为小区门口进出的居民们登记测温，宣传防控知识，把自己铸成一座坚强的堡垒，将病毒隔绝在外，降低人民群众遭受病毒侵袭的风险。他用自己的行动深刻诠释了一名共产党员的责任与担当。

四、只争朝夕，不负韶华

面对这份大山里的工作，钱宇飞说自己也迷茫过，失落过。可是和学生们接触越久他就越发现，原来世界上还有这么美好的一个岗位，可以在孩子们身上看见最淳朴的心灵、最闪亮的眼睛。

诗云："行百里者半九十。"

他认为选择一条路并不难，难的是善始善终、坚持到底，难的是把这个选择当成自己真正所热爱的东西，并为之努力，为之奋斗。

他在工作中用自己的实际行动向那些质疑过他的人发起了最有力的反驳，向全社会证明年青一代正在成为建设祖国的中流砥柱。

习近平总书记曾说：青年兴则国家兴，青年强则国家强。青年一代有理想、有本领、有担当，国家就有前途，民族就有希望。而今我们所处的时代，是最有创造力，最有开拓力的时代，投身基层是实现自己人生价值，顺应社会发展的最好途径。坚定信念，练就本领；明确目标，踏实奋进；勤于探索，立足岗位；顽强拼搏、奋勇担当——小钱老师正在以蓬勃的青春活力，同千千万万个基层干部一起以奋斗的青春谱写新时代华章，奏响新时代最壮丽的旋律。

（四川省普通高等学校学生信息咨询与就业指导服务中心供稿）

以青春的名义，战斗在藏东大地

——四川电影电视学院张小龙事迹

张小龙，男，汉族，共青团员，四川巴中人，1995 年 9 月出生，毕业于四川电影电视学院编导系编导专业。2017 年 10 月，经西藏自治区昌都市第二批人才引进，安排到芒康县委宣传部电影放映站工作，现专业技术达十三级，为中国摄影著作权协会会员、巴中市摄影家协会会员、昌都市摄影家协会会员。

大学时期，张小龙任班级纪检委员，校社团联合会副主席，校园电视台记者、新闻组长、办公室主任、台长秘书，中国（四川）高校传媒联盟理事单位川影新闻中心负责人；获校优秀学生干部、优秀毕业生、优秀新闻工作者、学习三等奖学金、精神文明奖学金、社会实践奖学金、纪念建党 95 周年系列党政知识竞赛一等奖等荣誉。

一、践行新思想，争做新青年

习近平总书记指出，青年兴则国家兴，青年强则国家强。青年一代有理想、有本领、有担当，国家就有前途，民族就有希望。2017 年 10 月，当时正在原武警巴中市消防支队（现巴中市消防救援支队）防火处宣传教育中心担任文职工作的张小龙，偶然看到四川人事考试网发布的昌都市第二批人才引进的消息，便萌生了去西部、去基层的想法，于是就开始做家人的思想工作，通过列举西藏民主改革等历史事件和李狄三等一大批革命先烈们，以及孔繁森等老一辈援藏人的真实事例，经过与家人的数次沟通交流后，家人终于同意了他进藏工作。从初选到面试再到复审一次又一次的考试，张小龙因政治素质高、专业能力强从 400 多名报名者中脱颖而出，最终成为确定引才进昌工作的 100 多人中的一员。得知这个消息后，他既高兴又彷徨。高兴的是，他自己即将到梦寐以求的西藏工作；彷徨的是，赴西藏工作远离父母亲人。“强烈的使命感和责任感”成为他毫不犹豫地选择到西藏昌都工作的理由。他与人社部门签订了人才引进协议，这一签就是八年。朋友们听说签这么久，告诉他昌都很多地方时常停电停水，生活物资有时需要靠人背马驮，极端天气能达到零下四十多度，取暖措施极其有限。尽管如此，也没有动摇他去昌都的决心和信心。从小学到高中再到大学，“做一个对国家和社会有用的人”“努力成为德智体美劳全面发展的社会主义建设者和接班人”不仅是老师们的谆谆教诲，也是他自己心中不灭的理想和追求。

二、缺氧不缺志，攻坚又克难

芒康县，平均海拔 4317 米，县城所在地嘎托镇海拔 3850 米，属高原二类地区，横断山脉由北向南纵贯县境，东与四川省巴塘县、南与云南省德钦县毗邻，总面积 11431 平方公里，人口 10 万，居住有藏族、汉族、纳西族、白族、土家族、苗族等民族，其中藏族占 98%。芒康自然环境恶劣，树木难以成活，空气含氧量低，只有内地的 50%，紫外线强，内地已是夏天时，这里仍处在初春，随时都有可能下大雪。

水声冰下咽，沙路雪中平。1 月的昌都，天连着地，地连着天，白雪茫茫，无边无际，整个大地都变成了玉琢银雕的世界。没有考虑环境的艰苦、路途的遥远，2018 年元旦节刚过，张小龙带着对“藏东明珠”昌都的向往，以及想成就一番事业的决心，怀揣满腔壮志，只身一人踏上了 1500 公里的路程，坐了 6 个小时的汽车，转乘 2 个小时的飞机，奔向 4000 多米的海拔、昼夜温差达 20 度的西藏昌都之路，这一年的春节也成为了他第一个没在家过的春节。在进藏之初，张小龙出现了头疼、发烧、感冒、流鼻血，甚至呼吸困难等高原反应，每天都在痛苦中度过，但是凭借坚毅笃定的正气、坚忍奋进的勇气，缺氧不缺信念、缺氧不缺激情支撑着他一步一个脚印走过来了。

打铁还需自身硬，担当要有真本领。两年来，他认真学习贯彻习近平新时代中国特色社会主义思想、习近平总书记关于治边稳藏的重要论述和党的十九大，十九届三中、四中全会，以及中央第六次西藏工作座谈会精神，增强战略思维、担当意识、奉献精神，以功成不必在我的历史耐心稳扎稳打，以功成必定有我的责任担当拼搏奋进，找准方向苦干实干，抓住重点拼命干，勇于担当主动干，扎根边疆，勤勤恳恳、兢兢业业做好本职工作，为西藏建设发展贡献自己的一份力量，用丰硕的工作成果表达对党的信仰和西藏的热爱。

三、行程万里，初心永记

出自《荀子·修身》的“道虽迩，不行不至；事虽小，不为不成”这句话，是张小龙坚持做人做事最质朴的方法论。昌都市委一届六次全委会站在全市发展新的起点上，提出“七城同创”，即创建全国文明城市、国家卫生城市、“国家全域旅游示范区”城市、国家生态园林城市、国家环保模范城市、全国民族团结进步示范市、全国双拥模范城市，他切实增强“七城同创”的光荣感和使命感，保持持之以恒的创建热情，坚持创建为民惠民利民的思想，大力营造共创共建的氛围，让群众真正成为创建成果的参与者和享有者。因基层工作表现优秀，被借调到昌都市委宣传部文明办综合科工作。作为昌都市精神文明建设战线新人的他，坚决贯彻落实习近平总书记关于精神文明建设的重要论述，仔细研读历年《中国精神文明建设年鉴》，始终认真做好文明城市、文明家庭、文明单位、文明村镇、文明校园、文明餐桌、文明交通、文明礼仪、文明上网、志愿服务等文明创建活动，道德模范、时代楷模、身边好人、文明家庭、感动人物等先进典型评选，新时代文明实践中心、乡村学校少年宫、未成年人校外心理辅导站、志愿服务总站等活动平台建设，以及昌都文明网、“文明昌都”微博微信等网上精神文明阵地建设。

问渠那得清如许？为有源头活水来。初到工作岗位上，第一次下乡就是开展“科技法律卫生爱国爱教”集中服务活动，他听不懂当地农牧民群众说的藏语，他说的普通话当地农牧民群众也听不明白，语言不通便成了他和群众之间沟通交流存在的最大问题，这使他真切感受到了“汉族离不开少数民族，少数民族离不开汉族，少数民族之间也相互离不开”这句话的深刻含义。为消除语言障碍、了解西藏文化历史和融入群众中，《汉语藏语词典》《西藏通史简编》《发现西藏》《西藏史语》《昌都市村情汇编》等书籍就成了他工作之余翻阅得最多的书。他认真学习贯彻习近平总书记关于民族团结的重要论述，高举各民族大团结旗帜，牢固树立国家意识、公民意识、中华民族共同体意识，将心比心、以心换心，了解、尊重、包容、欣赏、学习、帮助各民族群众。他很明白，在藏区工作，首先得学会说简单的藏语。现在的他，已经能用藏语与藏族群众进行日常交流。这不仅解决了他自己与群众语言不通的难题，还进一步拉近了干群之间的距离，有效提高了工作效率。

没有调查，就没有发言权，更没有决策权。高原上稀缺的是氧气，但不缺的是精神。从村庄到牧场，从寒冬到盛夏，从海拔两千多米到五千多米，20 岁刚出头的他放弃了内地都市的繁华，扎根基层，发扬“老西藏精神”“两路精神”，行程万余里，跑遍昌都市 11 个县区，深入 40 余个乡镇（街道）、60 余个村居，就自己负责的工作领域以实地走访、听取汇报、查阅资料、问卷调查等方式开展调查研究，完成专题调研报告 5 个。两年多来，他先后组织开展评选第一届昌都市道德模范 25 人、文明村镇 20 个、文明单位 15 个、文明家庭 6 个。他还负责运营维护昌都文明网网站、“文明昌都”微博微信，参与筹备全市性会议 23 场次、活动 79 场次，撰写简报信息 179 篇，拍摄各类照片 1438 幅。其中，28 条次文字稿件、17 组组图、181 幅单图被市级以上新闻媒体采用。2019 年度，他被昌都市委宣传部评为先进工作者。2020 年 4 月，他积极主动向党组织靠拢，递交了入党申请书。

四、只争朝夕，不负韶华

青春由磨砺而出彩，人生因奋斗而升华。作为新时代的青年，张小龙坚定理想信念，站稳人民立场，练就过硬本领，不畏艰险、冲锋在前、真情奉献，投身社会主义新西藏建设，始终保持艰苦奋斗的前进姿态，展现当代中国青年的担当精神，在实现中华民族伟大复兴中国梦的新长征路上奋勇搏击。他说，在藏言藏，时不我待，要只争朝夕，不负韶华，尽自己所能，多为群众办实事办好事。

5 月的藏东，格桑花开了，开在昌都 11 万平方公里的每一个角落，在太阳的照耀下，恣意烂漫。

（四川省普通高等学校学生信息咨询与就业指导服务中心供稿）

奋斗新时代，青春追梦人到祖国最需要的地方去

——四川农业大学冉思煌事迹

“我是大山的孩子，我出生在农村，我是农大的学子，我学的农学专业，我想到农村去，到最需要我的地方去。”在四川农业大学经济管理学院办公室内，克州赴内地招录考试谈话中，冉思煌毅然向老师谈到自己到疆工作的想法。

冉思煌，四川农业大学农林经济管理专业 2012 级本科毕业生。大学毕业时，班里很多同学都留在成都周边发展。父母得知他的选择后，坚定地鼓励他：“好男儿志在四方，高山里也有平原，以后你将成为新疆的儿子，此去新疆定要奋力工作，为人民服务。”就这样，冉思煌怀揣着青春热血的梦想和期待来到了祖国最西边的帕米尔高原。冉思煌现任新疆克州阿克陶县克孜勒陶乡党委副书记。在 4 年的基层工作中，他从一名大学毕业生成长为一名为民服务的国家干部，从一名职场新手成长为业务骨干，从业务能手成长为党员领导干部，他完美地实现了从学生到领导干部的华丽转变。

知行合一，做被需要的基层人

党校培训期间，冉思煌对于新疆的工作环境有了一个大概的了解，知道了自己作为一名内招干部身上的责任，组织无微不至的关心让他想快点到基层去施展才能，快点到群众身边去做点实事。

学少数民族语言、了解新疆区情、掌握工作方法、充电蓄能，在培训学习期间，他坚持学习不放松，为到基层开展工作做好准备。

培训结束后，他面临单位分配问题。2016 年是克州内招生政策实行的第二年，党组织对于刚招录的干部都很关心，只是动员大家到牧区工作（前期也在广泛征求大家的意见）。试点推行中，大家的积极性都不高，就几个人申请选择附近的乡镇。冉思煌身体好、不怕苦，主动申请到木吉乡工作。

实打实，奋战在脱贫攻坚第一线

脱贫攻坚事关群众的切身利益，2020 年如期完成脱贫攻坚目标任务，如期实现脱贫，带领全部贫困人口一同步入全面小康社会，是习近平总书记对全世界的庄严承诺。

木吉乡海拔 3700 米，是全州最高的地方，“一日四季”是对木吉乡恶劣气候条件的最好描述，全乡经济结构单一，生产方式粗放，主要靠发展畜牧业。2016 年，全乡 4456 人，

其中有建档立卡贫困户 625 户 2463 人，人均年收入 5515 元，牧民生活很困难。

面对脱贫攻坚的严峻形势，作为阿克陶县木吉乡乡党委委员、组织干事，冉思煌主动围绕脱贫攻坚重点工作任务，以党建为抓手，把脱贫攻坚抓实在自己手上。

好人好马上一线，他抓班子带队伍，选优配强扶贫一线干部队伍。“作为基层干部，我们不干谁干，村干部能力素质不够，抱怨没有用，我们一起干一起学，手把手教，边学边干。”面对村干部队伍能力素质跟不上的问题，他积极调整自己的工作方向，开办干部夜校 60 余场次、举办工作观摩会 12 场次、组织干部讲党课 24 人次，学习政策理论、传授工作方法，把干部培训教育作为提升能力的突破口。

越是艰险越向前，抓实党建引领，凝聚党员干部的力量，激发群众的内生动力，经过干部群众一年多的辛苦努力，全乡牧民增收致富的劲头足了，2017 年实现人均年收入 6530 元。

夏目西丁是木吉乡木吉村的一名村干部，具体从事村里的扶贫工作，工作积极性很高，但苦于计算机水平低，导致扶贫工作开展进度缓慢。

作为木吉村扶贫工作的包村领导，冉思煌主动利用到村开展工作的机会，对夏目西丁进行工作指导 30 余次，教他制作表格和使用一些简单的统计函数。在处理群众矛盾的时候，他也不忘把夏目西丁带上，在调节矛盾过程中传授工作方法。

就这样，在冉思煌的帮带下，夏目西丁的工作效率提升了，调节群众矛盾的办法多了，群众也满意了，现在他已经成长为村里的村主任了，工资待遇提高了，工作能力也强了，现在更有干劲了。

“什么事都帮我们，教会我们很多新的办法，小冉领导真真的卡德尔，他是我们的朋友。”这是木吉村村干部对冉思煌的评价。

贫困户玛那克巴依是冉思煌的帮扶对象，家里 2 个孩子均在上学，家中有 10 只羊，妻子没有工作，仅靠他每个月 2000 元的护边员工资维持生计，除去日常的家庭开销,2016 年人均年收入 3600 元左右,日子过得紧巴巴。作为帮扶责任人,冉思煌一有时间就到他家里坐一坐看一看,了解情况。

玛那克巴依脑子很聪明,他看到村里的农民工比较多就在村道边收拾出 2 个彩钢房,做起了旅馆生意,但由于他自己是护边员,需要经常巡边护边,妻子一个人在家照顾孩子也很忙,旅店的经营管理就顾不上了,每个月的收入在 600～1000 元,收入很不稳定。

"开旅店做好服务,这是个很好的致富门路,一定要解决好经营管理问题。"看出问题后,冉思煌主动到玛那克巴依家与他坐在炕上商量解决办法。

管理缺位、服务质量不高、信息不畅,分析完旅店经营存在的问题,找准了病根后,两人商量首先加强宣传,利用微信朋友圈、抖音、QQ 等新媒体加强对小旅店的宣传,在旅店门口的显眼位置张贴旅店联系卡 2 张,在交通要道张贴醒目的旅店信息 12 处,及时更换了 7 套新的床单被褥提升住宿质量。同时,见到游客到乡,冉思煌都会把他们介绍到玛那克巴依的小旅店住宿。

"我的亲戚真厉害,不仅会管理干部还懂经营做生意。"玛那克巴依感慨道。短短 10 天内,小旅店就迎来了 21 名住宿客人,直接收入 2100 元,玛那克巴依还认识了来自乌鲁木齐的摄影朋友,脸上露出了笑容。

据了解,2016 年、2017 年小旅店为玛那克巴依增收 3.5 万元,他还通过扩大畜牧养殖规模增收 8400 元,加上国家的各项惠民补贴,2017 年年人均收入达到 1.5 万元,玛那克巴依家的日子好了,他对生活也有了盼头。

激励奋进,传播正能量

"你好,我是克州市场监督管理局驻巴仁乡库尔干村工作队的,我们下午 4 点在村委会有个发放鸡苗的活动，希望你们能参加一下。”冉思煌正在吃饭时，电话打来了，工作队邀请宣传组到村里参加鸡苗发放仪式。库尔干村工作队协调派出单位，发挥单位后盾作用，为村里的贫困户争取到5000只鸡苗，帮助他们通过发展养殖增收。

“朱玲部长，克州农业技术推广中心驻皮拉勒乡墩都热村工作队种的水晶瓜很好，最近‘新疆访惠聚’编辑部在征集第一书记代言特色农产品的稿件，我们计划下午过去采集素材，向您请示。”“办公室安排好车辆，路上注意安全，加强宣传力度。”办公室里，冉思煌正在找领导请示下村采集信息素材的事。

四川

2018年冉思煌被借调到阿克陶县“访惠聚”办公室工作，在信息宣传组从事信息撰写工作。

冉思煌根据各类新闻宣传媒体的宣传需求，经常下村采集宣传素材，获得第一手资料，并及时有效分享驻村工作中的好经验好做法，展示驻村工作的成效，他还指导了145支“访惠聚”驻村工作队的工作。

“怎么还不下班”“我们先走了”“还没吃饭吧”“我给你带个什么午饭”“晚上我看你办公室的灯还亮着”……工作“白加黑”“5+2”，吃饭时间没有定数，这是一个从事信息写作干部的日常。

“以文辅政，信息宣传工作就是发现大家在工作中的好经验好做法，并展示分享出去，激励鼓舞基层驻村工作者，给后进工作队提供办法、拓宽工作思路。大家做的工作很多，我们做得还不好，没有充分展示出大家的精神状态，我们没有理由懈怠，只有多多地写。”在文字工作中冉思煌找到了自己的价值所在，他不断激励自己前进。

两年多的信息宣传工作中，冉思煌共撰写了信息文稿900余篇，人民网、新华网等国家级媒体采用2篇，《新疆日报》、“新疆访惠聚”等自治区级宣传媒体采用74篇次，自治州和县级采用1500余篇次；推选出优秀典型43个；个人被评为2018年自治州“访惠聚”优秀通讯员，带领宣传组连续2年获得优秀。

当然，信息宣传工作也有乐趣，当阿克陶县的巴仁杏打上“飞的”卖到北京、上海，当墩都热的水晶瓜全疆热销，当乌卡买里村的西梅出现在深圳的餐桌上……工作队的脱贫思路清晰了，农民的腰包鼓了，大家的笑容更灿烂了，这些都给他带来了快乐。

（四川省普通高等学校学生信息咨询与就业指导服务中心供稿）

让青春之花绽放在祖国边疆

——西南民族大学王宇事迹

王宇，女，汉族，1995 年 11 月 18 日出生，西南民族大学公共事业管理专业 2018 届毕业生。毕业时，她义无反顾地报名参加喀什地委组织部面向内地招录高校毕业生选拔并被录取，现就职于喀什地区泽普县古勒巴格乡，担任党政党建办干部。

王宇同学在校期间，曾担任班长一职，工作勤恳扎实，协助辅导员处理班级各项事务。她学习刻苦，主动要求上进，有着良好的学习成绩和较高的学习目标，曾获得院级二等奖学金。在校期间，她曾参加校社联、管理学院公益行知社和创业互助社等社团组织，并利用课余时间，积极参加学校开展的文体活动和社会实践。在校期间，她多次获得“优秀团员”“优秀团干”“优秀学生”“优秀学生干部”“民族团结先进个人”等荣誉称号，也多次参加校级比赛并获得表彰。

毕业前夕，站在人生的十字路口，她在想：一个公共事业管理专业毕业的人应如何最大限度地发挥个人价值呢？是放弃专业知识按薪择业，碌碌无为地过完一生，还是感恩母校的培养，利用四年所学，继续为少数民族事业奋斗？机缘巧合，喀什地委组织部面向内地招录高校毕业生。经过短暂思考并征得家人同意后，她义无反顾地报了名。她的想法很简单——将个人的青春与国家命运、民族发展联系在一起，在历史的长河中做出自己的贡献。

青年人，要有理想。习近平总书记曾说：“要系好人生的第一粒扣子。”王宇说：“对于刚进入社会的我们，如何选择自己的人生道路，就是回答我们是否扣好了人生的第一粒扣子。因此，我选择来到南疆，将自己人生的第一粒扣子与时代结合，与国家相连。每一代青年都有自己的际遇和机缘，我作为新时代的青年人，在这样一个历史大环境下，有责任、有义务，担起国家稳定、民族团结、国家复兴的重任。”

青春是用来奋斗的，不是用来享乐的。南疆工作是国之难事，环境复杂，缺乏基层工作者，但其稳定和长治久安对新疆、对国家都是非常重要的。习总书记也曾说，广大青年既是追梦者，又是圆梦人，追梦需要激情和理想，圆梦需要奋斗和奉献。因此，她愿意将自己的青春奉献给基层事业，希望自己可以在“一带一路”、民族团结、社会稳定和发展的工作中，做出自己的贡献。

看似寻常最奇崛，成如容易却艰辛。青年的人生之路很长，前进途中，有平川也有高山，有缓流也有险滩，有丽日也有风雨，有喜悦也有哀伤。心中有阳光，脚下有力量，为了理想能坚持、不懈怠，才能创造无愧于时代的人生。

4 月报名，5 月面试，7 月出发，经过漫长的考核与等待，7 月 18 日王宇带着对未来工作的期待和一腔热血，踏上了新疆这片热土。在那里，她将奋斗在一线，继续为少数民族群众服务。

11 月 4 日，在经过三个月的培训后，她来到了工作的地方，喀什地区泽普县古勒巴格乡，担任党政党建办干部，具体负责文秘工作、协助办公室组织安排党委各项会议；负责党委会议、党政联席会议、党委扩大会议记录，并根据要求整理印发会议纪要；组织中心理论组学习、政治学习、主题教育学习；承担办公室、全乡工作计划、总结、报告等重要文件的起草工作；审核修订各部门以党委和政府名义起草的文稿，并形成红头文件下发；做好对各部门、村、站所的协调服务等工作。近两年的时间，在乡领导和同事的关心帮助下，她渐渐熟悉本职工作，慢慢适应基层的艰苦环境，也逐渐了解到，这里的教育水平相对偏低，经济发展较为缓慢，农牧民思想保守落后。扶贫先扶智再扶志，她着手要做的就是转变农牧民的思想，了解农牧民的思想状况、生活所需，切实普及提升教育水平的重要性、落实国家政策的惠民性、提高农牧民技能的迫切性，为整个党的建设打下坚实基础。她的主要工作就是根据不同农牧民的生存环境，以思想教育、扶贫资助、技能培训为重点，以入户走访和“四同四送”为抓手，切实加强与群众沟通交流，了解群众困难诉求，解决群众后顾之忧，转变群众落后思想，让群众将主要精力放在生产上。

“上面千条线，下面一根针”可谓是基层干部最形象的比喻，她身兼数职，熬夜加班更是家常便饭。但是这些并没有动摇她在基层工作的决心，从地区到县、乡的领导也给了她无微不至的关怀，县组织部的甘部长经常到乡里慰问内地来的干部，并嘱咐其他领导要多关心他们的工作和生活，这给了王宇莫大的鼓舞。从象牙塔里的学子到南疆普通的基层干部，虽然褪去了学生的光环，但她为自己能够站在为人民服务的第一线而感到自豪。

基层工作没有轰轰烈烈，很多时候，基层工作是一份平凡、一份责任。这些平凡的工作并没有消磨王宇的斗志，相反，这份工作对她来说是全新的挑战，锻炼了她的行政能力和意志品质，帮助她快速地成长为一名合格的基层党政干部。

在接下来的时间里她将继续深入了解基层情况，准确把握当代基层群众生活环境的新变化、新特点，进一步增强基层工作的针对性和实效性。

时至今日，很多人问她最多的问题还是"你为什么要来新疆？"诚然，选择到南疆基层工作，的确面对了各种想象不到的困难，离开了美丽富饶的家乡，来到陌生的地方她更是承受了难以忍受的孤独。但是，能够在基层一线为百姓办实事，为人民谋福祉，她感到十分自豪，因为她觉得这是人类最伟大的事业。

如今她已在基层工作两年了，两年说短不短，她已历经基层政府办公室的各项业务，每一天都在忙碌中度过，有激情也有牢骚，有汗水也有泪水，有付出也有收获。两年前下定决心来到南疆工作的一幕幕，似乎就在昨天，依然令她记忆犹新，两年的工作就像是做了一场梦，只不过在梦中多了对工作的探索、对社会的实践、对情感的留念。在这期间，她思想上也有过动摇，也对优质的物质生活有过强烈的渴望，但最终她还是坚定了理想信念，整理心情，继续投入工作。

马克思说过："如果我们选择了最能为人类幸福而工作的职业，那么，重担就不能把我们压倒，因为这是为大家而做出的牺牲；那时，我们所享受的就不是可怜的，有限的，自私的乐趣，我们的幸福将属于千百万人，我们的事业将悄无声息地存在下去，但是他会永远地发挥作用，而面对我们的骨灰，高尚的人们将洒下热泪。"相信在南疆工作的日子里，王宇一定可以成为不倒的胡杨，扎根沙漠，成为天山融水，灌溉南疆。

（四川省普通高等学校学生信息咨询与就业指导服务中心供稿）

重庆

CHONGQING

奋斗的青春最美

——重庆医药高等专科学校尤敏事迹

尤敏，重庆医药高等专科学校护理学院2013级涉外护理1班学生，现就职于成都医学院第一附属医院重症医学科，是四川省第三批支援湖北医疗队队员。出征去武汉的前夜，尤敏慎重地写下了奔赴武汉支援的请战书，庄严地向党组织递交了入党申请书。

国有难，我必上

“苟利国家生死以，岂因祸福避趋之。”2020年，全球遭受了一场没有硝烟的战争——新冠肺炎疫情。尤敏说，作为一名ICU的护士，她有重症护理工作经验，国家和人民需要的时候，医护工作者就应该毫不犹豫冲在最前线。当工作单位接到医疗支援武汉的任务后，尤敏没有来得及和家人商量，毫不犹豫签下了请战书，主动请缨驰援，并成为四川省第三批支援湖北医疗队队员，在武汉大学人民医院东区一线参加抗击新冠肺炎疫情。

2020年2月2日凌晨，接到出发通知：当天上午十点整队集合去机场飞武汉。尤敏这才想起要给家人报备，于是她立即给父亲打了电话。父亲沉默了，家人也不停打来电话劝阻，尤敏知道家人的不舍与不安，知道他们的担心和恐惧，但这丝毫没有动摇她奔赴武汉的决心。尤敏说，当初在学校接受的教育“救死扶伤、全心全意为人民健康服务”是护士的神圣职责，疫情当前，医护工作者就应该具备勇而无畏的职业精神；作为一名医护人员，自己有责任有义务参与这场战斗。当天下午到达武汉，远远看见各种电子屏上显示着“武汉加油！中国加油！”她不禁流下了眼泪，这就是中国精神，也是每个中国人的责任，她觉得自己选择来一线支援是正确的！

在哪里跌倒，就在哪里站起来

疫情肆虐，为了保护医护人员更高效地救治患者，李兰娟院士、四川省的第一批、第二批院感专家亲自指导、教授医疗队员穿脱防护服，戴口罩等防护要点。所有人必须通过严格的考核合格后才能上岗。此刻尤敏更加深刻地意识到疫情之严重、任务之重大。通过了考核，尤敏和医疗队员去到了驻地医院——武汉大学人民医院东区，接管了两个病区，专门收治新冠肺炎重症患者。由于对新冠肺炎不了解，环境不熟悉，没有标准的工作流程和模式，不透气的防护服，满是雾水的护目镜……种种困难摆在面前，让本来就不轻松的工作更加艰难。

到医院的第三天，尤敏照常穿戴防护用具，但是这批口罩是国外生产的N95，穿戴方式有特殊的要求，她不正确地戴着N95口罩在重症室正常穿梭工作，被监督的感控同事发现了，说有可能被暴露被传染。监督的感控同事和队员都十分焦急，立即把情况报告给医疗队紧急处理。当时尤敏内心十分恐惧，害怕自己暴露感染影响全队工作，害怕给支援武汉添乱。经过对工作路径和接触史进行缜密分析后，感控老师告诉她可以解除警报，她紧张悬吊的心终于落了下来。这次深刻的教训给尤敏上了一堂严肃的课："医学是人类健康事业的保障，关系人的生命，必须要有严谨的态度，容不得半点的马虎。"为了时刻警醒自己，尤敏主动报名承担医疗队感控员一职。按照国家"零感染、打胜仗"的要求，负责全队队员在酒店及医院的感控工作。结合医疗队的实际情况，尤敏积极参加大队指挥部感控组的培训，及时制定切实可行的感控方案，严格做好感控方案的监督和落实。在全体队员的共同努力下，大家在武汉期间无人出现不适，从结束任务到隔离完毕回到家，全队核酸检测阴性，CT无异常。

竭尽全力，从死神手中抢人

到武汉工作的第七天，尤敏亲身经历了生与死的艰难历程。在疫情面前，人的生命太脆弱。在护理一名年轻的新冠肺炎患者时，她目睹了在短短两天内，患者从生活基本能自理到只能半卧，到最后发生了ARDS的全过程。当天，尤敏所在的医疗小组正在这位患者的床边交接工作。尤敏敏锐地发现那名年轻的患者口唇紫绀，监护仪上氧饱和度进行性下降，她立即将患者置于复苏体位进行胸外按压并呼救。在紧急施救的时候，她脑海里一直浮现着患者的笑容，她脆弱的心确实无法承受一个看着书讲着笑话，说康复了要带医务人员去东湖看武汉的樱花，吃地道的热干面的鲜活生命在自己面前渐渐消失。尤敏穿着防护服，戴着护目镜，竭尽全力抢救，按压五个循环后感觉自己也要晕厥过去了。但是，心中想到病人还没抢救成功，想到历历在目的笑脸，她忍受着剧烈的不适，依然咬着牙坚持了20分钟的胸外按压。在队员的高度配合下，患者终于抢救过来了，恢复了生命体征。参与抢救的队员都纷纷累瘫在了椅子上，有的直接席地而坐，有的连脱防护服下班的力气也没有了。虽然累，虽然危险，但一想到经过自己的努力把患者从死亡边缘抢救回来了，又多一个家庭能团圆了，她内心是激动的，认为这一切都是值得的，连臃肿笨拙的身体也变得轻盈了，她又重装出发，继续在病房里穿梭工作。尤敏回忆起当时的情景说，是ICU的临床经验让她敏锐判断出患者的异常，是学校所学的技能让她及时予以正确抢救，是救死扶伤的信仰让她克服了种种困难。那一刻，尤敏满腔自豪自己是一名 ICU 护士，能用学到的专业知识和技能拯救生命。

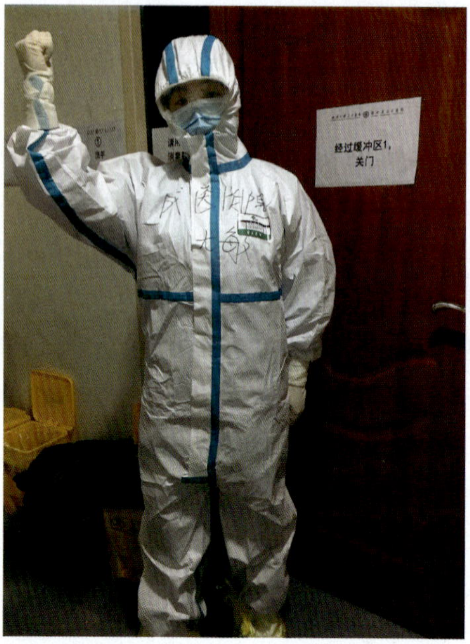

奋斗是青春最亮丽的底色

习总书记说：有信念、有梦想、有奋斗、有奉献的人生，才是有意义的人生。所以无论是治病救人还是抗击疫情，作为一名医护工作者，尤敏一直在行动。她说很庆幸自己能用所学的医学知识去挽救生命，护理患者，践行医学誓言。

结束了历时 59 天的武汉战疫征程，接管的病区完成了国家和人民赋予的使命。4 月 8 日凌晨钟声响起，武汉解封了，那一刻尤敏热泪盈眶：曾经浴血奋战的土地终于恢复了往日的生机！回想当初是什么使她义无反顾报名驰援武汉，她说大概是自己进入大学校园那一刻，抑或是戴上燕尾帽的那一刻，因为她知道“健康所系，性命相托”不仅仅是八个字，而是沉甸甸的责任和担当。尤敏说：“我们 90 后要勇于担当这个时代赋予的历史责任，励志勤学、刻苦磨炼，在激情奋斗中绽放青春光芒、健康成长进步！”

（重庆市大学中专毕业生就业指导服务中心供稿）

党恩记心间，返藏振乡村

——重庆师范大学旺姆事迹

旺姆，女，藏族，中共党员，西藏自治区林芝市人，2018 年 6 月毕业于重庆师范大学经济与管理学院工商管理专业。四年的大学生活并没有让她忘记自己农民女儿的身份，更没有忘记自己是一名共产党员。大学毕业以后，她毅然决然响应党的号召，来到基层，为乡村振兴贡献自己的一份力量，扶贫克难，扎根乡村，目前是西藏地区林芝市察隅县竹瓦根镇桑久村乡村振兴专干，在西藏地区、中国的边境线上，书写了一幅新时代乡村大学生迎难而上反哺家乡的奋斗篇章。

重庆

不忘党恩，学成归藏振乡村

1994 年，旺姆出生在经济较为落后的西藏地区林芝市察隅县竹瓦根镇桑久村，一家人全靠一年一个月的虫草采集期上山挖虫草为生。父母最大的期盼就是她和妹妹能考上大学，走出大山，过上幸福的生活。经过不懈的努力，她和妹妹双双考入大学，基于对家庭情况和就业的考虑，旺姆报考了重庆师范大学经济与管理学院工商管理专业。

西藏的发展和自己的学习机会都离不开党的领导和国家的政策，从小学开始旺姆就收到了来自国家的教育“三包”政策补助。她对党的恩情无以为报，唯有勤奋苦读。在高中时她就向组织提交了入党申请书，品学兼优的她成了一名光荣的中共党员。进入大学后，家庭经济贫困的她得到了来自国家助学金、生源地贷款及学院党委的困难党员慰问。她时刻不忘党和国家对她的资助、学校学院对她的培养。她深知唯有努力学习，将来才能更好地回报社会。在校期间，她爱党爱国，政治素养高，担任党支部宣传委员，积极配合开展支部工作；她勤学善思，刻苦钻研，成绩在藏族生源学生中位居第一，顺利取得了毕业证书和学位证书。

2018 年 6 月毕业后，她靠自己的努力独自在察隅县城内开了一家驾照考试理论科目培训机构，生活过得十分惬意。2019 年 8 月西藏自治区响应国家乡村振兴的号召，在全区范围内招录乡村振兴专干。看到这个消息，她心底的那个建设家乡的火苗又燃烧了起来。经过一晚上的深思熟虑，她不顾父母的反对，第二天一大早就来到县委组织部咨询报名相关程序。基于对桑久村基本情况的了解，为便于开展工作，她报名了竹瓦根镇桑久村乡村振兴专干。在收到录取消息的那天，她感觉阳光比平时任何时候都耀眼。2019 年 9 月，她关掉了自己经营了一年多的培训机构，来到了桑久村驻村，成为基层干部大军中的一员。

入职后，为便于更加及时地帮助村民，为他们解决困难，她一直吃住在村里，独自住在海拔 3000 多米的位于山上的桑久村文化室。站在这片土地上，下乡驻村的她不需要当地村干部帮忙联络，一个人站在乡野大坝，就能和几百户村民对话，宣讲政策，解答疑问。

深入群众，助力脱贫攻坚战

2019 年，正值国家扶贫考核验收关键期，虽然她生活在这个村，但是由于长期在外求学，对村里的情况也不是特别了解。为了尽快掌握桑久村每一家每一户的基本情况，她一到村里就挨家挨户走访，认真倾听每家每户的意愿，看他们有什么困难，想发展什么，希望在哪个方面得到政策扶持。尤其是她会将贫困户的基本信息、致贫原因摸准摸实，一条一条记录清楚，对每家每户的情况都做到心中有数。经过一个多月的走访和调查，她将全村 21 户贫困户，共 83 人的基本信息都全面掌握了。为了彻底帮助村民走出贫困，过上小康生活，在竹瓦根镇政府的大力支持下，她和村干部共同努力，成立了桑久村藏香猪养殖合作社。如今合作社已经顺利投产，共养殖藏香猪 100 余头，预计年底每家每户都能拿到分红，这为全村脱贫摘帽打下了基础。

2020 年 4 月后，全国疫情得到了有效控制，其他工作也在陆续开展，为了防止雨季道路两旁岩石滑落，改善桑久村居住环境，她又跟村干部积极组织村民植树，营造人人参与国土绿化、全民共享绿色成果的良好氛围，在桑久村的路旁和村内共植树 900 余棵。为此，她邀请到林业局的专家前来指导种植技巧，提高树苗成活率，确保种植一片、成活一片、绿化一片。她期待着桑久村未来经济发展的同时，也能拥有良好的生态环境。

疫情防控，冲锋在前勇担当

在新冠肺炎疫情暴发后，正放假在家的她提前结束假期，毫不犹豫第一时间到村委会报道，用她的话讲："国家有难，匹夫有责，作为一名桑久村专干，作为一名党员，我愿意挺身而出、冲锋在前、勇担使命，为抗击疫情出一份力。"旺姆认为西藏医疗条件相对有限，绝对不能让疫情出现在这里，不然很难得到控制。她说疫情虽猛如虎，但她不怕，因为在她看来，只要宣传到位，让村民都懂得做好自我防护，没事少出门，就是安全的，所以她主动承担起宣传这一艰巨任务。她和村干部组织党员在村口值班设防，带头到村口值班，对外来人员、车辆进行登记，劝返聚会人员。2020 年 3 月初，到了学校开学的日子，因为疫情原因，学校无法正常开学，她去学校帮桑久村的学生领书并发到每一位学生的手中，还在文化室利用工作之余，帮忙辅导学生功课。

重庆

伉俪情深，夫妻齐心助基层

2018 年在重庆求学的旺姆与就读于重庆大学的河北帅小伙滑敬彪相遇在美丽的山城重庆，从此开启了一段千里奇缘。他们互相勉励，共同进步，毕业后同样扎根在基层。滑敬彪考上了河北省的选调生，目前在河北省石家庄市灵寿县灵寿镇下乡历练，是灵寿镇东合村的包村干部。因为工作原因，他们一年只能见上一两面，有时工作忙，一天也聊不了几句话，为了鼓励彼此，他们常常晚上对着视频一起加班。河北到西藏 3700 多公里，距离并没有让他们放弃彼此，他们同在基层为共同的理想努力奋斗着。经历了近两年的分离，不顾父母的反对，滑敬彪毅然决定去到旺姆的家乡，和她一起服务建设西藏。

2020 年 1 月，滑敬彪向组织申请了调休假期，只身一人来到西藏探亲。疫情暴发后，滑敬彪无法返回河北，他便和旺姆一起抗战在新冠疫情前线，为村里的孩子发放教科书，在护林值班点进行垃圾清理。3 月 12 日两个年轻人结束了爱情长跑，在西藏领取了结婚证，如今滑敬彪正努力向组织申请调到西藏工作。他们的爱情故事在基层继续生根发芽，他们的青春奋斗史在边疆继续书写。

习近平总书记《在决战决胜脱贫攻坚座谈会上的讲话》中指出，脱贫攻坚工作艰苦卓绝，收官之年又遭遇疫情影响，各项工作任务更重、要求更高。我们要不忘初心、牢记使命，坚定信心、顽强奋斗，夺取脱贫攻坚战全面胜利，坚决完成这项对中华民族、对人类都具有重大意义的伟业！身处乡村振兴基层一线的旺姆牢牢记住了这段话，她也是这么做的。她说为了打赢这场攻坚战，自己一定会对党忠诚、敢于担当、练就本领、恪尽职守，时刻牢记党员身份，不忘党员责任，把群众装在心里，把苦干实干作为常态，始终保持艰苦奋斗的前进姿态，同亿万人民一道，在实现中华民族伟大复兴中国梦的新长征路上奋勇搏击。

（重庆市大学中专毕业生就业指导服务中心供稿）

热血铸就梦想，青春谱写华章

——重庆警察学院刘攀事迹

刘攀，男，土家族，1995 年 7 月 15 日出生，2017 年毕业于重庆警察学院，中共预备党员，本科学历，现为石柱县公安局中益派出所民警，三级警司。从警三年来，刘攀同志一直战斗在基层一线，踏实好学，尽职敬业，严格按照“对党忠诚、服务人民、执法公正、纪律严明”总要求，在平凡的岗位上践行着“人民公安为人民”的根本宗旨，为维护社会稳定、百姓安居乐业做出了突出贡献，赢得了人民群众的广泛赞誉和各级领导的好评。2019 年被评为年度优秀公务员，其所驻守的“官田警务室”被评为重庆市首届“最美基层集体 · 渝警楷模”、石柱县首批“枫桥式警务室”，荣获集体二等功，先后已接待 7 位省部级领导和 60 余批次参观人员考察调研。其工作事迹先后被新华网、人民网、搜狐网、中国网、国际在线网等 30 余家媒体宣传报道，在社会上引起了强烈反响。刘攀跟警务室辅警马晋越被群众亲切地称为“做牛做马组合”，意味着他们平日里服务群众时拿出做牛做马的精神。

不怕吃苦，冲锋在前，创新思路方法守护一方平安

从重庆警察学院毕业后，刘攀放弃了留在主城工作的机会，决定扎根基层，到艰苦的地方磨炼自己，用自己绵薄的力量守护一方平安。2018 年，他去到了中益乡官田警务室工作。初始的官田警务室只是由两间小屋和一间不到六平方米的狭窄休息室组成，休息室里仅摆放着一张上下床，条件艰苦，所有的一切对刘攀都是陌生的。为了尽

快进入角色，一有时间刘攀就带着辅警马晋越深入各村组院落，走访辖区群众，熟悉辖区情况，短短两个月，他们就和当地村组干部和群众打成了一片，凭着细致周到的服务，他们的工作赢得了广泛的赞许和支持。

2019 年，中益乡脱贫攻坚进入了攻城拔寨、啃硬骨头的关键阶段，一系列基础设施项目开始推进。环境变好了，刘攀的干劲也就变得更足了，此时，全力排查化解矛盾纠纷助力脱贫攻坚成了刘攀重中之重的大事。在县局党委的坚强领导下，刘攀以“贵和工作法”和“平安乡村·智惠农家”防控系统为依托，本着“和为贵”“控为要”的目标，运用多元化手段排查化解矛盾纠纷，运用“平安乡村·智惠农家”防控系统防范重大风险隐患，以实际行动践行“新时代枫桥经验”，保障辖区矛盾不上交、平安不出事、服务不缺位。截至目前，刘攀成功化解疑难矛盾纠纷 106 起，口头调解矛盾纠纷 280 余起，办理刑事案件 20 余件、治安案件 40 余件，借助“平安乡村·智惠农家”防控系统破获案件 7 件，排查风险隐患 130 余起，有效维护了辖区社会稳定，他多年如一日扎根基层为民服务，收到了明显的成效。2019 年，官田警务室所在的坪坝村首次实现了“四个零”，即刑事案件零发生、治安案件零发生、亡人安全事故零发生、上访信访事件零发生，辖区群众安全感、满意度、幸福感和获得感大幅度提升。

真诚为民，善小情真，平凡之处彰显爱民情怀

刘攀打小就对人民群众怀有深厚感情。到警务室工作以后，他始终坚持“以人民为中心”的发展思想，倡导“以民为先”的理念，告诫自己“位卑不忘责任重，履职不失公仆心”，还专门在日记本第一页写道“身在公门，正好修德；力行善事，不改本色”，以此提醒自己要时刻不忘初心，牢记使命，把群众的小事当成自己的大事，通过自己的真诚付出，赢得群众的理解和支持，保障社会长治久安。

2019 年 4 月 11 日大雨天，家住在中益乡盐井村沟口组年过八旬的马大娘头痛多日，家里面的药已吃完，便从山上步行下山到路边，想搭便车到邻近的沙子卫生院治疗，在路边等了近两个小时仍未等到客运车。马大娘在路人的帮助下，给远在浙江打工的儿子打了个电话，儿子听到后万分焦急，赶紧拨打社区民警刘攀的电话求助。刘攀驱车赶往现场后，马大娘撑着雨伞坐在公路边，神情焦急，看到民警到来，马大娘如同看到救星一样，还未开口，便情不自禁地流下了泪水。刘攀赶紧上前去将马大娘搀扶到车上，送到卫生院后，刘攀又是帮马大娘排队挂号，又是帮助其办理完住院手续，得知马大娘身体无大碍后，刘攀才放心地离开。“孩子，真的是谢谢你了，今天要不是你的帮助，我这条老命真的还不知道怎么办哟……”临别时，马大娘再次热泪盈眶地说道。

“妈妈，我想你了。”2019 年 7 月 11 日晚，中益乡官田警务室一位留守儿童对着视

频里的妈妈哭着说道。刘攀在日常入户走访中了解到，今天是一位留守儿童的生日，他的愿望就是可以和妈妈视频，然而由于年轻人在外打工，家里留着照看小孩的是老人，不会使用视频通话。为关心辖区留守儿童情感需求，刘攀瞒着孩子跟在外务工的妈妈事先联系好，等到生日那天将小孩领到警务室，通过“亲情通”系统让小男孩与远在外地打工的母亲接通了视频。兴许是许久未见，视频中小男孩母亲默默地擦拭着眼角激动的泪水，露出开心的笑容，小男孩也很开心，隔着屏幕和妈妈共唱生日歌、切蛋糕，整个屋子里面充满了爱与温暖。

“关爱‘三留守’人员是我日常的重点工作之一，特别是留守儿童，稍不注意就容易误入歧途，我为能够为这些孩子做一些力所能及的小事，进而帮助他们从小树立正确的人生观、价值观而感到自豪。”刘攀如实说道。

不忘初心，牢记使命，危难之时尽显责任担当

作为大山深处的一名基层民警，刘攀长期奔走在各村各户，始终牢记作为一名人民警察的职责使命和作为一名共产党员的初心，把入警誓词和入党誓词熟记于心，知行合一，落实到工作生活当中来。对于刘攀而言，保障官田辖区 1049 户 2899 人的安全和幸福就是他的初心和使命。

从警之路，无怨无悔，全力维护社会和谐稳定

“有困难，找‘牛警官’。”这是官田辖区广大老百姓遇到困难时，长挂在嘴边的话，短短的几个字包含了他们对刘攀的信任和依赖，从日常矛盾纠纷调解到各类案件的侦破，从为人民群众服务到处置应急突发事件……哪里有需要，哪里就有刘攀的身影。

自 2020 年新型冠状病毒肺炎阻击战打响以来，刘攀第一时间投入到疫情防控当

中。多日来，刘攀带领驻村辅警在官田各村、各岗昼夜不分地工作，从未休假，加班加点对辖区内涉疫人员逐个上门排查，不留死角，不留隐患，做到底数清，情况明，竭尽全力抓好疫情防控各项工作，尽快打赢这场无硝烟的战争。他说："此次疫情防控工作不容小视，我们要极其认真地对待才能对群众负责，对党委政府负责，对自己负责。"

由于春节期间人员流动较大，返乡人员较多，亲朋好友之间走动频繁。为了更好地防止疫情传播，白天，刘攀积极协同院落长、网格长、村主任等人员走村入户，开展疫情宣传、摸排等相关工作，发放疫情宣传册，张贴政府出台的相关规定，对返乡人员春节期间接触史进行全面登记。同时，他利用"平安乡村·智惠农家"防控系统对涉疫重点人员进行全方位、无死角管控，确保不漏一户一人；晚上，刘攀还要将当日工作情况汇总上报所领导，协助辖区政府解决出现的一些新问题、新情况，探讨如何进一步做严做实辖区疫情防控工作，防止疫情蔓延。"面对这么严重的疫情，你说不担心、不害怕是不可能的，但我是一名人民警察，要时刻保障人民群众的生命财产安全，我更是一名共产党员，要起好先锋模范带头作用，在这么关键的时刻，我必须站出来，豁出去。"刘攀如实说。

因为热爱，所以执着；因为执着，所以奉献。面对罪恶，他从不妥协，用行动守护群众平安；面对群众，他春风化雨，用真心换取真情；热血铸就梦想，青春谱写华章，这就是刘攀，我们身边的模范。

（重庆市大学中专毕业生就业指导服务中心供稿）

当有情怀的老师，照亮世界

——重庆第二师范学院毛清静事迹

重庆

毛清静，女，1997 年出生，中共党员，2019 年毕业于重庆第二师范学院教师教育学院小学教育(全科教师)专业。2019 年“马云乡村师范生人才计划”入选者。毛清静扎根基层的事迹被《重庆日报》以专题形式报道：“重庆第二师范学院毕业的这位‘全科教师’将新鲜的教学方法带到山里。”毛清静曾获得 2018 年重庆市普通高校“三好学生”、2019 年重庆市普通高等教育“优秀大学毕业生”等称号；获国家奖学金 1 次；获一等综合奖学金 7 次；2018 年获“创青春”全国大学生创业大赛国家级银奖；2018 年7 月获第四届“互联网＋”中国创新创业大赛市级金奖；被评为重庆市南岸区国际象棋等级赛优秀裁判员。她结合小学教育全科专业特色，参与丛书编撰 3 套(科学出版社出版)、公开发表省级科研论文 2 篇、主持科研立项重点项目 1 项，参与横向课题研究 3 项、市级科研立项 2 项；获第十五届重庆市基础教育课程改革征文大赛活动三等奖、彭水县 2019 年青少年科技模型大赛辅导二等奖。

实习乡村讲台，坚定教育初心

2018 年 9 月，在读大四的毛清静来到郎溪马头村小学顶岗实习，负责教授孩子们的数学、语文、手工、音乐和体育等课程。这所位于贵州与彭水交界的乡村小学距离彭水县城有 70 多公里，全校只有 99 个学生、4 个年级、6 名年龄偏大的老师，教学楼简陋、教学设备陈旧，孩子们多为留守儿童。作为一名准乡村教师，毛清静丝毫没有因环境恶劣而动摇，反而在乡村讲台上进行了一番大胆的初尝探索。为了上好每一节课，带好每一个学生，她自创了一些教学方法。比如，用卡纸和胶水制作出“拼拼乐”闹钟数字模型，让孩子们学习数字和加减法；用超轻黏土制作成彩色圆盘，让孩子们用橡皮筋对圆进行切分来学习平均分；用木棍和黏土制作立方体模型，让孩子们认识长方体和正方体。没有多媒体设备，她就用自己的笔记本电脑加扩音器带领孩子们欣赏音乐，没有钢琴没有乐器她就教孩子们用身边的桌椅板凳制造节奏；没有超轻黏土没有橡皮泥，她就让孩子们一起用操场花坛边的泥土发挥自己的想象。她让孩子们当小老师，训练他们的表达能力；她充当孩子们的倾听者，释放他们的紧张胆怯，让每个学生都有所收获。

在顶岗实习结束时，毛清静所教一年级的数学平均成绩达到近 90 分，实现了 100％优生率。班上每名学生都给毛清静写了一封信，孩子们用稚嫩的手笔写下了他们对山外世界的向往和对毛老师的喜爱，这更加坚定了毛清静的教师梦想。

扎根乡村一线,勇担教育使命

锦上添花容易,雪中送炭却难。2019年8月,毕业后的毛清静没有羡慕那些可以考研或者到主城工作的同学,而是以全县全科师范生第一名的优异成绩一头扎进了自己定向的彭水县郁山镇中心校任教。

2020年春季学期,眼看疫情复课在即,她突然接到校长通知,由于另一位老师生病请假,学校需要她来帮助承担另一个班的教学任务,她义无反顾地接过了担子,身兼班主任和99个孩子的语文、音乐、手工、书法、道德与法治老师。持续的高强度工作,让原本瘦弱的毛清静身体有些吃不消,她患上了严重的声带炎,咽喉炎,甚至有一次,她无偿加班加点给学生辅导航模比赛,结果因站得太久晕倒了;她也从未请过假,总是边吃药边坚持上课,一直坚持到期末所有工作圆满结束。家人怪她太傻,朋友心疼她太拼,她说:“为了孩子们,只要想一想,我是党员,我对乡村教育做过承诺,再大的困难也能扛过去。”

立足乡村资源,初发教育新啼

郁山镇中心校位于彭水县西南50余公里,特色课程资源缺乏、音体美专业教师紧缺、80%的学生都是留守儿童,隔代抚养,亲情缺失,家长教育意识淡薄等情况都比较突出。但在毛清静看来,困境即是转机,问题就是方向。她曾经顶岗实习的马头村小学在足球比赛中年年都获全县第一名的故事启发了她——一切皆可设计,一切皆有可能!“小而美”的学校也可以蝶变!于是,毛清静将自己入选“为中国为教-未来教育家”和“马云乡村师范生人才计划”后去北京、南京的学习经历及所闻所见整理成课件,带领孩子开阔视野;把传统文化、生命教育、游戏拓展、非暴力沟通、时间管理融入学生教育中,真诚地和他们交流;让孩子们自己设计班徽、班服,一起改编班歌,给孩子们赋能参与班级文化建设;给孩子们空间自己组织互赠礼物活动,带着孩子们为她编织的代表美好祝愿的手绳走进考场;让孩子们感受同伴支持和班级力量。

毛清静还特别重视做好学生德育工作,培养好学生的行为习惯。疫情期间,她悉心指导学生填写《不做小马虎记录表》,坚持每周完成体育锻炼,开展丰富多彩的社会实践活动:制作疫情相关的手抄报、自己动手制作口罩、植树节种植喜欢的植物、给瓶子穿彩衣、写一写我眼中的阳光、比比谁的房间最整洁、为父母做一道美食、为自己的书制作封面……她带着孩子画图表、统计数据的同时,也会谈起这次疫情,让孩子们理解变化的数字,感受祖国的强大、医护人员的辛苦。她带孩子们去体验大自然的阳光,通过朗诵、唱歌、跳舞、做手抄报、录制视频等多种方式去表达,写下春天里的愿景。毛清静始终不断地探索着适合孩子们个性发展的方向和途径,与孩子们一起成长。

“让学生爱上老师,他才会爱上学习。”克服了疫情期间一个又一个困难,毛清静所教的两个班在 2020 年春季学期的期末检测中语文成绩平均分分别为 94.48 和 93.57,两个班及格率、优生率均为 98%。此外,她还指导学生参加 2019 年科技航模比赛并获 2 个县级二等奖、3 个县级三等奖,为乡村的孩子们也插上了科技的翅膀。

抱守乡村情怀,抒写教育真谛

2020 年新冠疫情突如其来,毛清静在她和学生中架起了空中课堂,用别开生面的

"开学第一课"开启了一学期"停课不停学,防疫教学两不误"在线教学的全新探索和辛勤耕耘。每天早上八点,她准时打开手机,上传授课资料,讲授新课,回答学生提问,布置作业,批改作业,伏案备课……每天忙得不亦乐乎。

除了教学,毛清静更在乎孩子们的生命安全和身体健康。她每天都在班级群里不厌其烦地询问、登记、上报学生及其家庭成员的体温健康、旅居接触等情况……直到统计完最后一名学生的健康打卡信息后,她那颗悬着的心才能安然放下。

毛清静说:"要走进学生心里,得先走进学生家里。"整个疫情期间,在带领学生做好个人防护的同时,为了不让一个孩子掉队,毛清静还主动开展了家访辅差,跑遍了每一个孩子的家庭,也顺便帮助指导学生家庭开展防疫防控。通过这样深入扎实的家校沟通工作,她不仅了解了每一个孩子的成长情况,更捕捉到了孩子们的每一个思想动态,孩子们的心和毛老师贴得更近了。她带着孩子们理解父母、认识自己、观察疫情、思考责任、规划人生,很多孩子树立了当科学家、当军人、当医生、当老师、当志愿者的理想,谈到未来,眼眸里更是有了新的光亮。

从大山里走出来的毛清静相信:当有情怀的老师,做有温度的教育,点滴微光可以照亮整个世界!

(重庆市大学中专毕业生就业指导服务中心供稿)

立足基层，践行使命

——西南政法大学余弦事迹

余弦，男，中共党员，重庆万州人，西南政法大学民商法学院 2019 届毕业硕士研究生，西南政法大学第 17 届研究生支教团成员，重庆市优秀学生干部，2019 年度重庆市优秀毕业研究生，现为重庆市云阳县南溪镇纪委委员、纪检专干、人大专干，兼任富家村驻村干部、塔棚村(贫困村)支书助理。作为一名基层选调生，余弦毕业后选择扎根西部、奉献基层，用实际行动践行习总书记提出的“在为人服务中茁壮成长，在艰苦奋斗中砥砺意志品质”，“不惧风雨、勇挑重担，让青春在党和人民最需要的地方绽放绚丽之花”。

一、笃意基层，践行初心

风起于青萍之末，浪成于微澜之间，扎根基层不是余弦一时兴起，而是笃意已久。2015 年的夏天，他作为西南政法大学第 17 届研究生支教团成员，被选派到重庆市巫溪县家尖山中学成为一名初中教师。支教一年，不短不长，在开展教学与公益活动中厚植了他对大山的热爱。转眼到了 2019 年，作为一名重庆市优秀毕业生，他有诸多选择的机会。“虽然哪里都能实现人生的价值，但也许基层更需要我。”秉承这样的理念，他放弃了在城市工作的机会，主动投身基层，发挥青年党员的担当与作为，去到广阔的基层奉献自己、磨砺自己。2019 年 8 月他到重庆市云阳县委组织部报道，自主选岗后来到南溪镇任职。南溪镇下辖5个社区29个行政村，是云阳县面积最大且经济靠前的乡镇，境内以山地为主，地处偏远、交通不便，贫困人口、三峡库区移民人口在全县排名前列。他知道这里便是新的起点，从此头顶烈日，挥洒汗水，穿梭在田间地头，游走于吊山院坝，在扶贫一线上践行他的初心。

二、服务基层，足履实地

（一）沉下心来，迎战脱贫攻坚。2020年是脱贫攻坚的决胜之年，“农村工作不好做，你要有心理准备哟。”这是他成为驻村干部后，村支书第一次见面时给他打下的“预防针”，但他相信重新回到这片土地，就一定能抱守初心，践行使命。到岗后，他被组织任命为村支书助理，兼任富家村驻村干部，从此田间地头，便在他的心头。云阳县是2018年摘帽的贫困县，按照要求，县内所有贫困户2020年8月将接受国家普查，为了打赢这场硬仗，他要求自己对村内贫困户、低保户、五保户，户户有底数；村内产业发展、道路铺设，件件积极参与；村内院坝、梯田耕道，处处都走过；矛盾调处、简化法理，满含热情不怕烦琐。2019年底与2020年5月的自查评估工作中，他带领村内干部、发动帮扶人攻坚克难，帮助2户解决“两不愁”问题、8户解决“三保障”问题，完善扶贫信息45户，持续关注4户监测户与3户边缘户，全力确保全村109户贫困户稳定脱贫，防止返贫现象出现。自查时，有的贫困户提出“我子女没有能力，我也干不动，生活没保障”。他认真分析老人的家庭状况，实地与群众交流，运用“情理法”三步走原则，让其子女继续履行赡养义务，取得了良好效果。再如，有的连片贫困户聚集地，因吃水问题发生矛盾，他与村支书第一时间调处矛盾，争取政策支持采购储水罐，把吃水问题激化解决在萌芽中。如今，他已经成为精准扶贫工作浪潮中的砥砺奋进者，努力当好政策的宣传员、联络员，为全村迎战脱贫攻坚，实现“双零一百”目标打下了坚实的基础。

（二）俯下身来，干好业务工作。他认为基层工作，是与群众同呼吸共命运的，要放低姿态，平等交流，把群众利益放在首位。入职后，他主要从事镇内纪检监察和人大工作，直面群众是家常便饭。“我们这个事，你们能不能解决？”这是他工作后听到最多的问句。作为新人，面对复杂多样的挑战，他从不怯懦，始终以一名合格党员的标准要求自己。为尽快完成角色转变，适应新的环境，他第一时间主动学习，同时恶补如扶贫政策、低保条件、征地拆迁等热点知识，以避免工作抓瞎、一问三不知的尴尬情况发生。基层工作是与人民群众接触的“最后一公里”，是民意汇聚地，当被群众问及“凭什么我不能吃低保？”“我们那边退耕还林补贴为啥子没有到位？”“能不能解决我们那里山坪塘不关水的事？”等问题，即使问题指向不明、群众态度欠佳，他也始终能做到耐心沟通，摆正交谈态度，从杂乱无章的表述中提炼出群众迫切表达的点，努力将问题解决在首问中。执纪问责是日常工作，更是党和人民所赋予的神圣职责，他每月暗访镇村干部作风情况，半年调查一次“三公”经费使用状况，耐心细致办理信访举报案件，做到件件数清、事事明了。工作不仅要用心，更要入脑，针对当地信访问题突出这一现象，他进行了深入的思考，透过现象抓本质，实践并提炼，取得了相应调研成果。他守好“责任田”、站好“服务岗”，用心服务群众、贴近群众，当他们的倾听者、问题解决者，把“围着群众转，带着群众干，解决群众盼”作为工作准则。

（三）放下恐惧，投身疫情防控。疫情把 2020 年的春天变得有些寒冷和漫长，但他却很“暖”。大年三十武汉封城，疫情肆虐，云阳紧挨湖北，大批湖北务工人员春节返回家中，疫情隐患较为严重。“我是基层公务员，更是一名党员！我必须参与到防疫工作中去！”不顾家人的担忧，他大年初一午饭都来不及吃，第一时间返回单位参加防疫工作，不退缩，敢担当。全镇疫情需要排查，他带领村内排查小组和村干部分 3 班，2 天内完成了全村在家户近 1000 余人的排查工作，同时积极发动村组人员，动态搜集返乡人员信息，做到村不漏户，户不漏人。提升群众防疫意识，做好防疫宣传，让村干部行动起来、村民紧张起来是疫情防控的重要一环，为此，他主动承担宣传、录音广播工作，利用午休时间、晚间紧急录制 30 余条广播音频供全镇所有村（社区）播放，实地走访并撰写防疫民生新闻宣传稿 3 篇。疫情防控管住人关键在社区，镇内确诊 3 例病患后，他去到人口密集的社区，协助社区工作者做好检疫排查、服务留观人员、监督交通要道等工作，与闯卡群众“吵架”是每日都会上演的，但他却跟同事自嘲道这是“必修课”。从每一个清晨到日暮、从一户户村民家中到交通卡点，他的身影忙碌而充满力量，黎明到来之前总有阴影笼罩，但总有如他这般的逆行者们为群众点亮“凌晨”的路灯，他坚信冰雪消融后，必是繁春！

三、立足基层，提升自我

知者行之始，行者知之成。他坚持信仰求索基层，田间地头就是学校，群众、同事即为导师，他们帮助他不断提升自我，完善自我。他创新工作思路，为县纪委在舆情搜索和抓取方面提供了新思路、新方法；他加入县委宣传部舆情专题撰写小组，3 篇舆情专报被市内采纳；他关心时事，每月至少撰写 1 篇网评并发表，其中 2 篇被先锋文汇网编辑推荐、1 篇被强国论坛编辑加精并推荐；2020 年 5 月，他被云阳县委组织部评为 2019 年度县级优秀网宣员；参与中央和国家机关工委宣传部（紫光阁）举办的"学用新思想，笔谈千字文"征文活动，获优秀奖。未来仍将继续，他始终认为，纸糊的鲜花怕雨水，镀金的菩萨怕刮擦，只有在基层不断磨砺，求真务实，拉下脸、沉下心、累出汗，才能提升自我，收获"真东西"。

扎根基层，服务基层，他始终以饱满的热情对待工作、面对挑战，认为青年人奋斗的样子就是新时代基层的底色，有政治高度、不断增强"四个意识"、坚决做到"两个维护"，做到思想上不松劲；有强烈责任感、使命感，在脱贫攻坚、监督执纪、疫情防控中赤诚奉献，冲锋陷阵，善作善成；作为新时代青年人、法律人、党员，他在基层愿为"渡人舟"、乐做"嫁衣裳"、甘当"铺路石"。他说："基层到底是什么样的？我在这里了，看看还能做些什么。"

（重庆市大学中专毕业生就业指导服务中心供稿）

贵州

GUIZHOU

发扬雷锋精神，服务极贫乡镇，助力脱贫攻坚

——贵州师范大学单能松事迹

单能松，男，汉族，1991年出生于贵州省威宁县偏远的农村，自幼家境贫寒，在读小学和初中的时候，交通条件比较落后，特别是下雨天，车子进不了村，只能靠步行去上学。2017年7月，单能松在贵州师范学院思想政治教育专业完成他的学业。毕业后，他积极响应团中央“到西部去，到基层去，到祖国最需要的地方去”的时代号召，参加大学生西部计划志愿服务项目，到毕节市威宁县石门乡人民政府工作，成为石门乡财政分局的一员，参加工作后，他主动接下了农村“一事一议”（通组路、串户路、院坝硬化）工作、落实精准帮扶、助力疫情防控。

石门乡总面积140.59平方公里，辖12个村（居），116个自管委，居住着汉、苗、彝、回、布依五个民族，总人口20856人，共5512户，曾是贵州省20个极贫乡镇中贫困程度最深、脱贫难度最大的乡镇。2015年9月以来，在两任省委书记的定点帮扶下，在县委、县政府的坚强领导下，石门乡按照“两年变面貌，三年见成效，五年达目标”的发展目标，全力打好脱贫攻坚战，四年多时间来，经济社会全面发展，乡村面貌焕然一新。

贵州

群众利益无小事,“一事一议”总关情

自到石门乡开展工作以来,单能松同志严格按照乡党委、政府的要求,积极配合领导,充分运用标语、广播、微信、QQ 等载体进行多角度、全方位的宣传工作。同时,他充分利用各种培训会、院坝会等契机现场进行宣传,让农民群众知道开展“一事一议”工作是为村民谋利益的有效途径,并积极主动投入“一事一议”工作中来。单能松同志不但工作兢兢业业,吃苦耐劳,而且善于总结经验,用发展的眼光看问题。如在石门乡工作期间,他总结出了一套高效开展工作的方法:一是排查摸底,让群众有准备。他通过召开村两委、自管委主任、中心户长等群众会议,认真细致地为群众讲解路面硬化的好政策、好方法、好经验,摸清楚每家每户路面、院坝需要硬化的面积及需要投入的劳动力等具体情况;二是落实责任,让群众有行动。他结合每个村(社区)的群众积极性、劳动力投入量等,决定启动该项工作的时间,如果群众积极性不高或预期的劳动力不足,就暂缓启动,进一步加大宣传力度,努力做通思想工作,待一切准备就绪,便定点定人定时落实责任,积极对接供应商,做好砂石料、水泥等的采购工作,确保项目工程能够按时按质按量完成。单能松做事认真负责,事无巨细都亲力亲为。他一方面认真出具每一张收条,做好每一份水泥发放明细表,无论到哪个村(社区)开展工作,他都协助村“两委”明确专人负责发放水泥,认认真真把每一包水泥发到群众路面硬化的地方,特别是同一条路涉及多个村民组时,他会率先召集村民组的村“两委”成员开会,把政策落实到位,然后召集村“两委”及自管委主任、中心户长召开群众会议,宣讲政策,把路面硬化需要的东西(挡板、水)准备好,确保工作完全做到位;三是检查验收,让群众有笑声。在路面硬化的过程中,他总是亲自到现场,加强质量监督与过程管理,特别是路面坡度较大的地方,有部分群众希望把路面硬化得比较粗糙,在凝冻天气的时候可以防滑,然而这样会影响整个自然村寨的美观。每每此时,单能松就发挥他的专业优势,积极做群众的思想工作,通过用钢筋在路面上留凹痕的办法,既解决了群众担心路滑的问题,更兼顾整个自然村寨的美观,最终得到了群众的认可,并在全乡进行广泛推广。

秉承志愿精神,助力脱贫攻坚

近 3 年时间来,单能松同志走遍了乡里 14 个村(社区)、86 个村民组和 116 个自管委,结对帮扶过 38 户贫困户。他始终严格按照“一达标两不愁三保障”的现行脱贫标准,落实好自己的结对帮扶任务;他围绕贫困户和帮扶干部的“13 个说得清”的内容,加大扶贫政策的宣传力度,进一步提高了贫困户的政策知晓率。根据石门乡党委、

政府的安排，单能松同志积极落实“3＋1”短板补齐工作，在结对帮扶过程中，他结对帮扶的石门乡年丰村十组的贫困户朱明兴的转变给他留下了深刻的印象。朱明兴喜欢喝酒、家庭环境卫生差、住房跑风漏雨、家徒四壁，2020 年 2 月份以来，在单能松的结对帮扶之下，朱明兴不但戒掉了喝酒、不爱收拾等坏习惯，还在家里增设了电视、电视柜、衣柜、碗柜、锅架等生活用品。不仅如此，在单能松的帮助和担保下，朱明兴到石门信用社贷款，购买母牛进行养殖，进一步巩固了脱贫成效。朱明兴逢人就说：“单能松是个好干部，如果没有他的帮扶，我就没有今天的好日子！”

坚守志愿初心，助力疫情防控

在即将离开工作 3 年的石门乡时，面对突如其来的新型冠状病毒肺炎疫情，单能松和同事不分昼夜在乡域内各交通卡点值班、对来往车辆进行登记、劝返，给来往人员测量体温。记得某天天气很冷，一位 70 多岁的老奶奶步履蹒跚，给值守在交通卡点的同志们送来了一背篓土豆，老奶奶说天天看见单能松他们吃泡面，家里没有什么可送的，一点土豆代表她的心意。在疫情防控工作中类似这样的感动时有发生，它们都深深地印刻在单能松的脑海里，也更加坚定了他选择成为一名西部计划志愿者的初衷：“趁年轻，一定要到基层去，到最边远的贫困地区去，让自己的青春不再年轻！”

单能松同志工作上任劳任怨，在做好本职工作的同时，还积极帮助办公室的其他同事处理日常事务，他也因此学会了很多本职工作之外的业务知识。当别人问他：“何必那么拼呢？做好本职工作就行了。”他总是笑呵呵地说：“技多不压身，趁年轻，多辛苦点、多学点知识不是坏事！”

耕耘与收获相伴，责任与担当同行，情怀与使命共生。三年的时间里，他发扬“团结奋进，拼搏创新，苦干实干，后发赶超”的新时代贵州精神，用汗水浇灌一方土地，用脚步丈量每一天“一事一议”道路的使命担当，用信念支撑自己在乡村振兴的道路上砥砺前行。

他常说：“弘扬与时俱进的雷锋精神，展示开拓创新的青春风采，不忘初心、不负韶华！始终不忘人民对美好生活的向往就是我的奋斗目标，也是每一个西部志愿者的目标！”

（贵州省普通高等学校毕业生就业工作办公室供稿）

逐梦的青春最美丽

——贵州工程应用技术学院陈林事迹

陈林,男,1992年5月生,中共党员,2016年毕业于贵州工程应用技术学院采矿工程专业,现工作于凤冈县人民政府办公室,从事文秘工作。

大学期间,陈林曾任学生会主席、社团会长等职务,曾获得国家奖学金、国家励志奖学金,被评为贵州省优秀学生干部、贵州省三好学生、优秀大学毕业生。2017年2月考入凤冈县永和镇人民政府,先后在社区办公室、镇党政办从事办公室工作,于2018年3月调入凤冈县人民政府办公室从事文秘工作,曾被评为凤冈县永和战区脱贫攻坚先进个人、凤冈县优秀共青团员、凤冈县国有企业理事会优秀合作之星。

贵州

党的十八大以来,习近平总书记通过考察、座谈、回信等多种方式同广大青年互动交流,以平易近人的话语和对生活的真情实意,激励和启迪着无数青年对青春的思考和奋斗。特别是"幸福都是奋斗出来的""奋斗本身就是一种幸福,只有奋斗的人生才称得上幸福的人生",引起了广大青年干部的共鸣,震撼了心灵、激励了斗志、坚定了目标。

背起战包、穿上战靴,走家串户、收集民意、发展产业、改善人居,这已成为脱贫攻坚路上每一位战士的真实写照,充满激情、习惯忙碌、喜欢挑战的陈林也不例外。2017年,正值脱贫攻坚大决战时期,如何把扶贫路越走越宽、把群众心越访越暖?陈林也许可以给予我们最好的答案。

走访到位,清楚群众最"盼"的事

2017年8月4日,永和镇启动安居工程及人居环境改善工作后,根据安排,他先后被派驻到双山村茅坪作战队、永华社区大林客店作战队、诚兴作战队开展"双居"工程入户调查以及"大走访"工作,共计走访592户群众,其中包括85户建档立卡贫困户(含兜底户)、"六类代表"50人、15户一般低保户,填写表册592份,收集、研判、上报、处理个案600余个。访有所感、访有所思,通过大走访,他全面掌握并深入接触老百姓的真实情况,密切联系干群关系。

陈林认为,感人心者莫先乎情。"大走访"给干部与群众沟通提供了交流的机会,这也是提高群众满意度最好的机会。每到一户,他都是带着真诚和高度责任感去及时收集、梳理百姓遇到的问题和困难,认真倾听,真正做到问题记录好、困难解决好,把群众最"盼"的事情落实好。"当前干群关系比较紧张,少部分群众不满意政府这样或那

样，对干部也有情绪。作为干部，'大走访'活动就不能掺杂任何私人情绪，要耐心讲解政策，一次不行，讲两次；两次不行，讲三次。精诚所至，金石为开，老百姓是讲感情的，只要加强沟通，就会产生情感，就一定能够赢得群众信任，真正形成干群一家亲。"他这样感叹道。

宣传到位，抓住群众最"怨"的事

吃透政策、宣传政策、落实政策，这是每一位扶贫战士的职责。他和组织部派驻干部刘锋认真领会脱贫攻坚相关会议精神，切实研究吃透各级文件精神，充分利用群众会、"六类代表"座谈会、宣传板、条幅、微信、电话等形式，向贫困户宣传产业发展、医疗、教育、就业创业、兜底保障等政策，落实好种养殖扶贫产业项目、人畜饮水工程，让贫困户应享尽享党和国家的优惠政策，帮助其增加脱贫信心，真正实现从"输血"扶贫到"造血"扶贫。他所在的茅坪作战队、大林客店作战队、诚兴作战队，召开群众会 30 余场，参加人数 1500 人次。

为切实抓好、抓实、抓细安居工程及人居环境改善，坚持"政府主导、农户主体、干部帮扶、群众自筹"和"缺什么补什么"的原则，按照镇党委、政府的统一安排部署，他和作战队员一起，爬山、淌水、迎风雨，忍饥、挨饿、斗酷暑。他所在的诚兴作战行动队，贫困面大、贫困程度深，人居环境共需改善 92 户，已动工 72 户，完工 28 户；安居工程共需改造 50 户，已动工 47 户，完工 30 户。

服务到位，解决群众最"焦"的事

他所在的诚兴支部有六个自然小组，192 户 795 人，其中贫困户 32 户 103 人，贫困户、非贫困户家庭人均可支配年收入低于 5000 元各 1 户，易地扶贫搬迁未就业 1 户，住房不保障 3 户。大部分群众的住房都是木质房，由于年代久远且无力维修，导致朽腐的较多，其中部分房屋存在较大安全隐患。"双居"工程启动后，在社区总支书记安红霞的带领下，陈林和县委组织部派驻干部刘锋逐户走访、调查，详细了解基本情况，通过认真摸排，最终决定对居住环境相对恶劣的50栋木质房屋进行改造。不仅如此，他们还落实了产业扶贫项目14户，上报解决人畜饮水2250米。

“老百姓都是很朴实的，只要我们做实事，解决实际问题，他们就会认数，就会说政府好。因此，落实解决问题成为关键。”他和同事这样说道。他所在的区域远离集镇中心7公里处，每次下队都是一早下去，很晚才能回到住处。当老百姓反映问题时，只要是他能够解决的，就为老百姓办好；如果他不能当时解决，就做好解释工作并把问题上报解决。在这个过程中，他和同事成功解决不赡养老年人2起，住房不保障3起，老年人不愿与其子女共同生活5起。老百姓满意了，他也笑了。

作为新时代的新青年，作为一名战斗在一线的战士，他必定会初心不忘，牢记使命，真抓实干，挥洒青春汗水，贡献青春力量，坚信一定能够打赢脱贫攻坚大决战这场硬仗。

作为县政府对外服务的窗口，他始终把理论学习放在首位，了解上情、熟悉业务、弄清政策，切实发挥参谋部的作用；他充分掌握各种办文办会规则，主动承担各种文字材料和会务安排，起草文稿500余篇，安排会务1000余场，有效发挥作战部的作用；他有“别人不管的都管，别人不干的都干”的耐心，重视每一个细小环节，做好各种服务工作，充分发挥后勤部的作用。

习近平总书记说，“青春理想、青春活力、青春奋斗，是中国精神和中国力量的生命力所在。”作为一名基层干部，作为一名新时代的青年人，陈林始终弘扬“爱国、励志、求真、力行”的精神，以鸿鹄之志，用矢志不渝的初心，奋力走向他心中的诗和远方。

（贵州省普通高等学校毕业生就业工作办公室供稿）

感恩于行，向阳而生

——贵州水利水电职业技术学院兰彬事迹

深夜，美丽的校园是那样宁静，偶尔传来几声蟋蟀的叫声。关上实训室的灯和门窗，兰彬看了一眼手机，已是晚上11点整，回想刚刚解决的新问题，他和队友们的疲惫一扫而光。

同样是宁静的夜晚，结束工作关上电脑的兰彬，看着单位窗户外的夜色，不禁回忆起在学校的时光，他觉得那时和现在一样充实而美好。不管是在学校还是在实习单位，兰彬身上的"发条"好像没有松过，在同学和同事的眼中，勤奋和自律是他的标签。

"国家和学校的资助，是我努力上进的动力，更是责任，我不能辜负好政策，不能辜负学校和老师们的关怀、教导。在上大学第一天，我就为自己立下目标，学好一门技术，帮父母还清贷款，帮家庭减轻负担，实现自己的理想，把心中的感恩落实在行动上。"这是兰彬和辅导员交流时说得最多的心里话。

2014年的夏天，兰彬考上了高中，而爷爷在那年摔断了腿，生活不能自理。与此同时，姐姐的高考成绩出来了，上了一本线。这本应是一家人最高兴的时刻，但全家却因为经济窘迫有些为难。幸有国家好政策，姐姐选择读定向生，可以不用交学费，每个学期还有额外的生活补助，为家里减轻了不少负担。三年过去了，兰彬也考上了大学，父母因年迈，外出务工更加困难。靠着助学贷款和国家资助，兰彬顺利走进了贵州水利水电职业技术学院的大门，开启了崭新的学习生活。刚进学校不久，兰彬积极加入学校BIM社团，结合软件实际操作，更能巩固好专业知识。BIM社团是兰彬的又一个新起点，在老师们的指导下，他和队友一起学习、一起交流，使各项综合能力得到提升，日积月累，他也就成长了起来。功夫不负有心人，兰彬和队友多次代表学院参加技能大赛，荣获了很多奖项，所获颇丰。

2018年夏天，社团的学长们要出去实习了，社团负责人的交替工作提上日程，兰彬因踏实肯干、勤勉上进、表现突出，成为BIM社团新任负责人并负责社团的培训工作。社团的培训任务较重，周日到周四每天晚上都需要培训，每天给新成员们培训完，兰彬回到宿舍都基本临近熄灯时间。完成了自己的课程任务，兰彬还要为第二天的培训做好备课，键盘的敲击声和室友们的呼噜声陪伴他度过了一个又一个夜晚。在第七届全国高等院校建筑软件技能认证比赛的准备中，兰彬选择了放弃周末，帮助30多名学弟学妹快速学习，带着他们一起比赛，最终杀出重围，斩获了团队三等奖。其中22人取得广联达土建云计量GTJ2018二级算量证，14人取得广联达土建云计量GTJ2018一级算量证，同时兰彬也获得了GTJ2018二级算量证和"优秀组织者"殊荣。

来到湖南银华工程咨询有限公司兴义分公司实习伊始，兰彬又给自己定下了新目标，他决心在短暂的实习期学到更多的实操技能。为了“打动”师傅倾囊传授，兰彬每天早早地来到办公室，遇到困难先自己想办法，实在无解便虚心请教，除了认真完成本职工作还坚持每天做好办公室的清洁。经过一段时间的努力，师傅看见兰彬诚心向学、踏实肯干，对他进行了事无巨细的指导。每天早上兰彬跟着师傅去现场看工程进度，下午回来自己算量、计价，晚上去背定额和图集以及各种设备、材料的价格。师傅会经常抽问各种材料的价格、定额说明和平法的问题，兰彬的努力得到了师傅的肯定。半年多的时间过去了，兰彬把认真负责的态度带到工作中，学以致用，现在已经可以独立地做一些小项目，安装和土建方面都有涉及，目前已完成的内容包括当地高铁壹号、中央公园等项目的跟踪审计工作。

如今，家里的日子也越来越好了，兰彬更加干劲十足，希望凭借自己的双手，让家人过上更好的生活。兰彬很喜欢向日葵，欣赏其向阳而生、积极乐观的生长状态。沐浴着资助和爱的雨露成长的兰彬，一直怀着一颗感恩的心，他不断蓄积着自己的能量，好在他人需要帮助时伸出温暖的手，尽自己的绵薄之力。“在社会需要我的时候，我义不容辞！”

（贵州省普通高等学校毕业生就业工作办公室供稿）

为人民服务

——贵州民族大学黄洪事迹

黄洪，男，侗族，1997 年 10 月出生，2019 年 7 月毕业于贵州民族大学建筑工程学院工程管理专业，2019 年 9 月参加工作，现就职于贵州省岑巩县思旸镇人民政府，主要从事镇党政办公室日常工作。自参加工作以来，黄洪同志一直以“勤勤恳恳做事，老老实实做人”为工作原则，以全心全意为人民服务为宗旨，立足自我岗位，圆满完成了领导交办的各项工作任务，不断适应从校园生活到职场的过渡，由于工作勤奋，取得了一定的成绩，得到了领导和同事们的一致好评。

一、强化理论学习，不断提高政治理论水平

理论学习是干部的立身之本。2019 年 9 月参加工作至今，黄洪同志始终坚持以理论知识武装头脑，自觉做到勤学多想，努力提高思想政治素养；以参与政务、办好事务、做好服务的工作态度认真学习公文处理、日常事务以及接待服务，把来自上级部门的文件及时传达给各村、各站所，能有条不紊地进行办公室繁杂的工作，按时完成各项工作任务。他对来访的群众大方热情，详细了解来访的目的、咨询的事务，倾听群众的心声，尽自己所能为他们解答疑惑，真正做到与群众“心贴心”交流。更重要的是，他牢固树立了宗旨意识，端正了服务姿态，切实认识了办公室工作对党政机关部门、人民群众的重要程度，进一步加强了对办公室日常工作内容的学习，有力促进了自身政治理论水平的提升。

二、注重求真务实，切实增强自身工作能力

求真务实为广大干部树立正确的世界观、人生观和价值观提供了有效的载体。作为一名刚从学校走出来的大学生，黄洪同志比较注重进一步学习相关理论，但在完成工作以及处理复杂事情的能力方面还很欠缺。在这几个月的时间中，他经过不断向老一辈的同志以及各位同事学习，向各位领导请教，积累了一些工作经验，能够比较从容地处理办公室日常工作中出现的各类问题，在组织管理能力、综合分析能力、协调办事能力和文字言语表达能力等方面，都有了提高，保证了自己在工作岗位上各项工作的正常运行 。在工作过程中，他能认真对待每一份材料、每一份文件、每一项工作，谦虚谨慎，积极跟同事搞好团结配合，不计较个人得失，面对繁杂、难以解决的事务时，能迎

难而上，毫不退却，不断锤炼自己，不断成长，经过短短几个月的时间，已经逐渐成了一名合格的人民公仆，以求真务实的责任与担当为民办实事、办难事、办好事。

三、时刻坚定信念，着力提升责任担当意识

贵州

（一）坚守初心，服务群众

作为一名基层干部，他用谦虚诚恳的态度向同事学习相关工作经验，经常往返于驻村网格与党政办公室之间，在本职工作岗位上践行全心全意为人民服务的宗旨，工作中为群众着想、倾听群众的诉求、做好与群众沟通工作，努力为群众排忧解难。在面对责任和使命时，他没有缩手缩脚、畏首畏尾，敢于负责，勇于担当，在负责中进步，在担当中成长，始终以为群众提供满意的服务为工作的出发点和落脚点，彰显了新时代共青团员的闪亮形象。

（二）牢记宗旨，敢于担当

他作为一名网格员，在驻村工作中，时刻谨记驻村干部的管理制度以及服务宗旨，走村串寨，下组入户，了解村民目前最迫切的需求，把他们所遇到的困难放在最重要的位置。为了摸清网格内每家每户的基本信息，他逐家逐户走访，与他们从陌生到熟悉、从冷淡到热情，并体验到了村民对他的印象一步步改变。通过和村民的零距离接触、谈心交流，他切实感受到了一名网格员的职责就是帮助他们解决所遇到的难题，时刻将责任担当放在心里。虽然在驻村工作中难免会遇到很多的难题，但通过他与村民们一起努力，困难都得到了解决。

（三）尽职尽责，扎实工作

疫情就是命令，防控就是责任。2020 年春节新冠疫情来袭，当接到提前上班的通知后，初二一早他便来到单位报到。在前期的工作中，由于统计表格众多，样式也不固

定，统计起来比较吃力，他几乎夜夜加班至凌晨，切实做到了生活让步工作，假期让步疫情。他每天忙于电话核实来岑人员，认真询问他们当时的身体健康状况，并做好详细登记。在信息核查过程中，时间紧任务重，还有部分群众不理解、不配合，他丝毫没有退却，迎难而上，给群众耐心解释并宣传防疫的重要性，显现出了较高的协调能力及工作水平。

当被问及对本质工作的体验时，他说道："作为一名基层干部、一名共青团员，我有责任有义务冲锋在前，以守土有责、守土担责、守土尽责的使命担当为群众服务、解决难题。"

上班几个月的时间，他逐渐完成了从一名青涩的大学毕业生到为人民服务的基层干部的转变……

（贵州省普通高等学校毕业生就业工作办公室供稿）

闪亮的青春

——贵州中医药大学梁峰事迹

医学是一片神圣的领域，成为一名合格的医者，是梁峰至高无上的追求。转眼间，梁峰已从事儿科临床工作三年，这三年是他人生中具有里程碑意义的三年——尝过酸苦甘辛咸，也经历了怒喜思悲恐，但尽管如此，只要能得到患者的认可，一切都是值得的。

梁峰是贵州中医药大学第一临床医学院 2012 级中医学 2 班的学生，2017 年 7 月毕业后成为德江县中医院的一名儿科医生。他和德江中医院的缘分始于他实习的那一年。当时他在普外科实习，每天跟着带教老师查房、手术、换药、书写病历，他的带教老师有一名因“反复肠梗阻”而经历多次开腹手术的患者，40 余岁，因家庭原因，多数时间是一个人在病房里，平素都是科室的医护人员照料他，作为实习生的他也不例外。他每天早上查房，询问这名患者的恢复情况，查看其伤口愈合程度。因多次开腹，患者的伤口愈合差，包裹伤口的纱布常常被渗湿，不知道每天要换多少次药。平时为了减轻换药过程中的痛苦，他常常跟病人聊家常、谈趣事，病人也会跟他聊起家中的琐事，梁峰总是很耐心地倾听，这样，换药的时间很快就过去了。他在普外科实习的时间结束后，在转入下一个科室的第一天，普外科的老师打电话给他说：“我们 21 床的患者，坚持要求你给换药，其他人不让换，极其不配合，要不你来看看他？”就这么短短的几句话震撼到了他，让他第一次感觉到这份职业的神圣，于是，忙完手边的事情，他再次来到普外科 21 床患者的床边，发现覆盖伤口的纱布全部渗湿了，部分渗液还打湿了床单，他一下愣住了。患者说：“你怎么就走了呢？你是我见过的最好的医生。”梁峰回答道：“我是实习生，还不是医生。”患者脱口而出：“让患者放心、认可的医生就是最好的医生。”每次回忆起这段话，他都会很激动，而这也激励着他做好每个细节，服务好每个患者。由于对工作的认真负责和对患者的悉心照料，他的工作得到了领导、科室同事及患者的认可，2017 年 7 月，他得到了应届毕业生中唯一的一个编制指标。

2017 年至今的三年，他一直从事儿科临床工作。其实当时初来医院时，儿科是他最排斥的科室。但是他知道作为一名医生，必须适应每一个临床岗位。在儿科的三年实践工作中，他深切体会到了作为儿科临床医生应具备的素质和条件。在上级医师的指导下，他逐渐对儿科常见病、多发病的诊断、治疗有了较多的认识；同时，作为住院医师他对从诊断、治疗及出院康复指导方面都有了很好的掌握。经过不断的学习和训练，他已基本掌握了儿科常见病、多发病的基本诊疗方法，且对儿科渐渐有了兴趣，并对将来的职业发展有了初步规划。

在临床工作中，他坚持做到全心全意热情为患者服务，坚持做到急患者之所急、忧

患者之所忧、想患者之所想,始终坚持医者仁心的原则,始终把患者的生命安全放在第一位。对待每一位病人,他都能做到认认真真检查、详详细细解说、兢兢业业施诊。当遇到患者家属不理解时,他会不厌其烦地耐心做好解释工作。不管工作多忙多累,他都坚持每天下班前详细查看每一位病人,掌握病人的病情变化,而不能正常下班和半夜起来抢救病人是常有之事。在工作中,他时刻为病人着想,从检查到治疗,为患者精打细算,如果遇到远道而来的患者,他还会跟相关科室沟通联系,尽量当天能做完检查,明确诊断,给予及时治疗。他明白:作为一名年轻医生,要不断学习,提高医疗技术,因为只有提高了医疗服务质量,才能赢得患者的信任,才能让领导放心。他在平凡的岗位上兢兢业业、任劳任怨、刻苦钻研,得到了患者的赞誉、同事的好评。

他努力加强自身修养,团结老同志,爱护新同志,工作态度明确,从不接受病患吃请,生活俭朴,培养了作为一名医务工作者的高尚情操。

梁峰的努力也得到了回报,他先后被评为2018年院级先进个人、2019年优秀个人。这两个奖项对他而言弥足珍贵,几十人的科室里只有一个医生、一个护士能获此殊荣。他知道这是医院、科室对他的高度认可。他说在以后的工作中他要更细心,全面询问、查体,积极学习先进的临床知识,争取早日成为令病人满意的医师。他还准备进一步提升自己的学历,考取研究生,早日接受执业医生规范化培训。

在平凡的三年里,在繁忙的工作中,梁峰真切体会到时间的宝贵,以及充实自我的重要性。在与同事、与患者的相处中,他更懂得了宽容与理解。今后,他将加倍努力,一如既往地为患者着想,向医院负责,为中医事业发展立新功。

(贵州省普通高等学校毕业生就业工作办公室供稿)

一片冰心：脱贫路上从“女娃”到“女汉子”的蜕变

——贵州民族大学宋冰事迹

宋冰，2017 年 6 月硕士研究生毕业于贵州民族大学。作为选调生，她从 2017 年 11 月开始便吃住在村、工作在村、值班坐班在村、为民全程代办服务在村；2018 年 1 月任职泉发村党支部书记，携手村“两委”和驻村工作队在浓雾迷漫和地棘天荆的泉发村，带领党员群众参与脱贫攻坚战，探索可持续发展之路，衔接乡村振兴战略。

她主要做了以下工作：

一是打胜脱贫攻坚四场硬仗。组织群众实施提灌引水工程，解决全村人饮水问题；实施“一事一议”项目，打通基础设施“最后一公里”；向政府借资，引进企业，亲自试种，带领群众建成 150 亩草乌种植基地、900 亩马铃薯种植基地，发起群众公益，创建易地产业扶贫蔬菜基地 150 亩，探索产业脱贫新道路，使得依附着土地生计，守着“一亩三分地”熬着苦日子的泉发村有了自己的特色产业，实现了新增收和新发展。

二是打响群众思想攻坚战。以“志智双扶”为抓手，以“讲习所、大喇叭”为平台，成立新时代空中讲习所、乡村振兴学院、党的民族政策讲堂、心灵驿站，每天通过“大喇叭”空中讲习宣传党的路线方针政策、村规民约、种养殖技术知识、环境卫生知识、感恩励志故事和播放新闻联播、音频、微课等，开启民智，凝聚民力，提升了群众脱贫内生动力。

三是打赢环境卫生攻坚战。组织成立新时代妇女联合会和“乡村振兴·青春闪光”青年突击队，通过“村委会＋自管委＋十户一体＋农户”四级自治模式，制定环境卫生公约，创新环境卫生 10S 管理制度，开展环境卫生专项整治活动。2018 年 8 月以来，泉发村成功举办全县农村环境卫生专项整治三年行动工作现场推进会，屡次荣获石门乡农村卫生专项整治“三查三评三奖”卫生村荣誉。目前，泉发村成了威宁自治县农村环境卫生专项整治观摩点和示范点，正从创卫推进到创文、创美、创兴。

四是创新社会治理模式。带领群众依托“三级自治”管理模式，创新“三个不准”、“四个四包”、“五个明白”、“六个会议”以及农村环境卫生 10S 管理制度和“三级自治”证明制度，开展扫盲再教育活动和小手牵大手活动，带领妇女解读“自尊、自信、自立、自强”“男女平等”“相夫教子”“勤俭持家”“半边天”等的新内涵，实现新时代妇女自我尊重和扶贫帮困。同时，积极开展民族团结进步创建活动，确定泉发村每月 20 日为民族团结进步宣传日，让党的民族理论和民族政策在泉发村落地生根，从多措并举加快群众思想、精神、心理同步脱贫的步伐。

五是打好疫情防控阻击战。面对突如其来的新冠疫情，带领村“两委”和驻村工作组通过“大喇叭”空中讲习和“三级自治”防控体系，扩面排查、关口前置、联防联控、严防死守，筑牢了最坚实的防线，做到守土确责、守土有责、守土尽责，并带头捐资，帮助群众解决物资困难、返岗就业、恢复生产。

此外，宋冰于2019年作为主人翁参与由共青团中央宣传部监制，芒果TV和湖南经视频道联袂推出的纪念五四运动100周年、新中国成立70周年的“乡村振兴战略”主题系列青春纪实大片《不负青春不负村(拨开迷雾拥抱你)》的拍摄，于2019年5月3日在芒果TV和湖南经视播出。于2020年1月9日，以宋冰为原型改编的威宁自治县脱贫攻坚微电影《一片冰心》上映，向当下的青年人传递着爱国的使命感和正能量，对打赢脱贫攻坚战起到了重要精神引导作用。另外，宋冰与泉发村的扶贫事迹和故事先后被《威宁新闻》、贵州新闻网、多彩贵州网、贵州网、人民网、《乡村干部报》、《贵州日报》、《人民日报(海外版)》、芒果TV、湖南经视、学习强国等多家媒体相继报道。

当下，宋冰牢记“不脱贫不脱单”的军令状，泉发村发生着翻天覆地的变化：聚力打赢疫情防控阻击战和脱贫攻坚歼灭战，也极力推行“吾明白”(即五个明白，一、卫生弄明白：脱贫形象、行为哲学、人生整理术；二、名字写明白：脱盲再教育、志智双扶、人格尊严；三、政策说明白：知晓政策、享受政策、用好政策；四、享受讲明白：感恩心、获得感、满意度；五、收入算明白：经济收入、产业发展、脱贫能力)奋战脱贫攻坚，给力乡村振兴。

(贵州省普通高等学校毕业生就业工作办公室供稿)

把青春诗歌写在世界屋脊

——安顺学院杨云龙事迹

贵州

杨云龙，中共党员，安顺学院经济与管理学院 2018 届公共事业管理专业毕业生。西藏阿里地区改则县先遣乡人民政府一级科员。改则县总面积 13.56 万平方公里，全县 2.6 万余人。先遣乡仅有 2200 余人，距拉萨约 1300 公里，距阿里地区约 550 公里，海拔 4560 米。

磨砺红色初心，做好一名秘书

努力成长为习总书记寄语的“可堪大任”青年，始终是作为中共党员的杨云龙追求的理想。初到高原，得到组织的关心，他被抽调到县委办从事文秘工作。

因为非文秘专业出身，他自觉加班，学知识、补短板、强技能。他上岗两个月，“有个小伙子会写诗”的消息传到宣传部长和县委书记耳中，他因此接受了一项新任务——撰写全国改革先锋、西藏牧区改革的排头兵尼玛顿珠的宣传报道。第一次写重大材料，紧张的他连续加班 13 天才折腾出一份初稿，但却没通过。他转换思路写了 180 行诗歌版宣传报道，第一时间就得到了签发。

在县委办，他跟随县委主要领导走村入户，下乡 59 次，遍访全县六乡一镇 49 个村（居）。脱贫攻坚工作中，他提出在改则县开展“文军扶贫”的工作思路，得到县委主要领导支持，并作署名文章《藏西先锋看改则，“文军”扶贫入诗画》在地县刊物发表。

为更好地锻炼这棵“新苗”，单位负责人选派杨云龙参加 2019 年地委重点工作自查考评，随县委书记益西土登同志赴全地区七县进行为期 17 天的交流学习，行程 3600 多公里，在随行秘书中，他是最年轻的。经过这次学习，他开阔了视野、打开了思路。随后，他被抽调至县委“不忘初心、牢记使命”主题教育办公室，集中精力发挥秘书作用。

工作上，执行、效益、纪律、团结是他做好本职工作的心得。截至目前，他已撰写简报、宣传报道、讲话稿、评论文章、工作方案、汇报材料等 30 万字，积极发挥了一名汉族干部在边疆民族地区的基本职能。2019 年，经办公室同志无记名投票推选，他获得“优秀公务员”荣誉称号。

淬砺红色精神，做好支部党建的先锋者

在全县组织工作会上，他聆听了县委主要领导的讲话，因为感激组织对自己的关

心，对年轻干部的关爱，他拿起手中的笔，默默记下了“羌塘腹地·红色改则”党建系列长诗新目标。

作为一名在校期间发展的中共党员，杨云龙身上还保持着学生时的创新精神，他结合实际，把学习和工作开展得有声有色，获得了支部书记提名，于 2019 年 5 月担任县委办党支部组织委员，专门负责支部的工作。

党建是一个支部发挥阵地作用的红色引擎。

杨云龙把党建工作作为履行“三服务”职责的抓手，一边按时保质保量完成领导交办的工作任务，一边扎实推进支部各项工作。在打造支部活动室、文化墙、红色书屋等各项工作中，他主动把先进经验和办公室特色结合起来，创新开展“百万支部新党建，红色改则新气象”活动，为县直各单位打造精品党支部树立了榜样。

因为深知机关党员干部下乡时间少，接触牧民群众不多，一些汉族干部同藏族群众交流不便，他提出“文军扶贫”要往“党建促脱贫、党建领振兴”上靠，发挥机关党员干部爱好摄影、文艺创作积极性，邀请县编译局同志帮助翻译作品，为牧区干部群众送上精神文化粮食。

截至目前，他已独立创作“羌塘腹地·红色改则”党建系列长诗 613 行，联合县广电党支部原创摄影 7300 余张、制作视频 13 部。

凭借高效、创新、务实、廉政、团结的支部党建，改则县委办党支部在 2019 年度全县党建工作考评中考核结果为优秀；因积极、热情地工作，杨云龙被评选为 2019 年“全县向上向善好青年先进个人”。

砥砺红色文化，做好新边塞诗的抒写者

习总书记指出：文艺创作要描绘我们这个时代的精神图谱，为时代画像、为时代立传、为时代明德。

在参加贵州省委政研室、省住建厅组织的“舍不得乡愁离开胸膛”长诗系列创作活动中，他积累了丰富的长诗创作经验，在改则，他用所学为书写改则、讴歌改则、宣传改则发出了新声音。

《诗歌改则》沐浴于边塞、浸润于藏西。书写新边塞诗，是杨云龙把贵州省文军扶贫经验带到边疆基层，助推脱贫攻坚、民族团结、发展改革稳定生态各项事业长足发展的使命，是他扎根西藏、扎根基层的初心体现。

2020 年以来，他正在创作《藏西先锋·红色阿里系列长诗》，部分节选已在《西藏组工》《天上阿里》《贵州诗人》等刊物发表。

“阿里有书写新边塞诗的红色传统，孔繁森、毕淑敏、高宝军等党员干部、作家都为这片神圣土地创作过精品力作。今年，我的目标是 1000 行，拿出我的一部红色作品。”

关注到基层干部在党建工作方面的干事创业劲头，地委组织部《藏西先锋》编辑部，还专门开辟“党建诗笔”专栏，为广大干部群众创作红色文艺作品提供平台。

2020 年 3 月，杨云龙将自己在新冠肺炎疫情防控工作中的所见所闻、所思所想创作为《春风已经抵达了阿里每一寸山河——谨以此诗致敬阿里地区打赢疫情防控阻击战的全体战士》，获得了全地区征文活动二等奖。

诚砺红色基因，做好新生活的答题者

赴藏工作比援藏工作更需要坚定决心、笃定信仰。临别前，安顺学院经济与管理学院院长赵伶俐教授像母亲一样和杨云龙这个在身边四年的学生谈心，“孩子，下定决心了吗?”“西藏工作，天高地远，保重身体，只要踏实工作，风雨之后总会见彩虹!”

那天，安顺的初夏同往年一样，阴雨连绵，母校的殷殷期盼，成为杨云龙温暖的大后方和阳光进取的原动力。

“想同学们了，要保持联系，安顺学院永远是同学们的家!”安顺学院党委书记、2014 级公管班班级导师罗荣彬书记向参加线上座谈会的师生表明了自己的心里话。在朋友圈，还能看见罗书记转发的关于杨云龙的诗歌的动态。

写诗歌的爱好，让高原生活多了一份色彩。

从校园到社会，一份坚持了 13 年的兴趣爱好，在一个人的学习圈、工作圈、生活圈凝聚成强大的正能量。无论《贵州诗人》、《格桑花开》还是《贵州工业影像》、《阿里旅游》，那些关注基层动态，寻觅健康业余生活的老师们、编辑们都乐于和这个致力于书写新边塞诗的年轻人交朋友。

在祖国西藏，在高寒地区，在那片缺氧不缺精神的先遣连红色圣地，在那片产生两位全国改革先锋的干事创业乐土，一名普通的安顺学院学生正以红色之笔，书写红色初心，践行安道乐学、顺理笃行。

闪亮的日子——青春该有的模样，属于新时代所有的奋斗者、拼搏者、奉献者。

（贵州省普通高等学校毕业生就业工作办公室供稿）

云南

YUNNAN

在平凡岗位上追逐不平凡的梦想

——昆明理工大学和倩如事迹

和倩如，女，白族，中共党员，昆明理工大学2015届毕业生，云南省怒江州泸水市大学生村官、怒江州第十一届政协委员、怒江州第四届青联委员、省级网络人士统战联谊组织成员，现于泸水市火烧坝驻点易地扶贫搬迁安置点任常务副队长。

和倩如曾荣获全国大学生论坛村官"村民贴心人"提名奖，2019年10月荣获云南省"扶贫好村官"称号，2020年1月荣获"云南好人"称号，连续两年荣获"怒江州扶贫好村官"称号。2019年9月荣获"云南好网民"称号，2019年2月受邀参加中国共青团中央和湖南广电《不负青春不负村2》节目录制，2019年5月成为清华大学乡村振兴领头雁精英工作坊学员。她的个人典型事迹被《中国农民日报》、国家民委、中国乡村之声、《乡村干部报》等多家媒体报道。

2015年，刚从大学毕业的和倩如放弃在大城市工作的机会，回到家乡成为一名大学生村官，一位奋战在脱贫攻坚第一线的"扶贫战士"。四年前，她是群众口中那个可有可无的"小姑娘"，现在，她是村民一有事就马上想到要去找的"小和"。一个简简单单的称呼转变，却饱含着她几年倾情投入地工作和默默付出。

"用力投入、用情关怀、用心服务"，从成为村官那天起，和倩如便对自己提出了这样的要求。这五年来，她一直秉持着这样的初心，脚踏实地为群众办事，跋涉在怒江精准扶贫的道路上，追寻着自己的乡村振兴之梦。

用心用情，进村入户"办小事"

作为村官，和倩如熟悉工作是从走村入户开始的。她跟着村主任和第一书记一家家走、一户户访。问大家的困难、问大家的需求，从了解各户村民现状到帮每户解决困难、寻求发展。当地群众大多是傈僳族，用汉语交流比较困难，有时候她还要想办法反复跟农户确认信息。她说："做好信息确认的基础工作是做到精准扶贫的第一步，第一步绝不能错。"

为贫困农户讲解扶贫政策、寻找公益项目，找辍学孩童劝学返学，为缺少技术的农户联系农业种植技术培训，通过网络渠道帮村民销售农产品，为特色种植户吸引客源，耐心给村务人员进行计算机培训，做好扶贫开发工作数据信息采集员，带领大家发展特色产业……她活跃的身影成了村民眼中的一道靓丽风景。她深深地懂得在基层工作，最重要的不是华丽的辞藻和好听的话语，而是解决问题的能力。能打动村民并带领他们一起往前走的，是她在他们遇到困难时为了解决这个困难而努力奔波的样子。

上下求索，创新方式“办成事”

浪坝寨村地处山区，缺乏成规模的产业带动，农户主要以种植水稻、玉米为生，年人均纯收入大都在2000元左右。怎样帮助乡亲们摆脱贫困，过上富足的生活，和倩如绞尽脑汁。

“想，都是问题；干，才有希望！”2017年4月，在老村主任的支持和鼓励下，她引导部分村民自筹资金，结合当地条件试种了6亩羊肚菌和竹荪菌，3个月后，丰收了，但一阵高兴后，问题来了：市场和加工跟不上，新鲜羊肚菌不易保存、不耐运输，又无烘干设备，看着不断烂在地里的宝贝，和倩如心中满是愧疚和委曲。但倔强的她没有退缩，决心用“一张蓝图绘到底”的勇气继续做下去。

这次试种成功引起了镇里的重视。为了提高羊肚菌产值，让更多的贫困群众受益，镇里特意委派和倩如到丽江中源公司专门学习羊肚菌种植技术。学成归来后，和倩如立即将所学到的技术整理成文字，用通俗的语言转教给农户，并组织建档立卡贫困群众到羊肚菌示范种植基地学习种植技术，为村里培养了8名技术员，并牵头组织种植33亩羊肚菌，带动建档立卡贫困户46户。她还示范带头种植10亩竹荪菌，连续3年带动16户建档立卡户参与分红21000元。

她常常看到村民从山上背着山货去集市上卖，碰上运气好的时候早早便收摊了，运气不好的时候到黄昏了也无人问津，还倒贴了路费。她看在眼里，急在心上。为了帮助乡亲们解决问题，为了打破这种僵局，她另辟蹊径：她和驻村工作队开始把目光转向互联网，想通过互联网帮村民销售大山里的货品。

她对全村的互联网接触群体做了一个全面的摸底调查，挨家挨户跑，不停地说服村民，争取得到大家的响应。为了让群众跟着自己干，她拿出微薄的薪水自己出钱买了设备开始投入互联网销售的工作。

她利用网民对怒江人文风光、民俗文化的好奇心尝试"互联网＋乡村旅游"的网络经营模式。她发动大家运用微博、微信、淘宝直播等自媒体宣传浪坝寨村的乡村生态旅游产品和信息。随后，她通过淘宝直播平台向网民直播怒江"刀山火海文化""澡堂会""民间艺人弩弓比赛"等活动，累计超过 30 万名粉丝观看了直播，反响热烈。据统计，通过互联网思维，2018 年 5 月，她先后带动浪坝寨村樱桃游客 5000 多人次，农户户均增收 1000 元，刺激带动消费 50 万余元，带动村民发展社交电商，帮助农户销售农产品达 10 万余元。通过网络直播怒江民族文化活动，累计超过 30 万名粉丝观看直播，对怒江的文化传播起到了促进作用。

为了解决村民们在电商运营方面的各种"疑难杂症"，她开始不断给自己充电学习，投入了大量的时间、精力、金钱在乡村互联网电子商务的课程学习上。仅在网上购买相关课程、参加各类培训，就花费了她们家将近 4 万余元的积蓄。这些钱，本来是妈妈存了给她当嫁妆的钱。学完了以后，她不停地和村民讨论解决问题的办法，不定时地发布电商课程供大家学习研究，同时牵头培训群众电商技能 2000 余人次。现在，她已经能够解决大部分村民在电商运营方面遇到的问题了。

联动多方，倾注公益"办好事"

她和同事们通过互联网不断扩大社会影响力，通过对互联网思维的运用，开始把目光投向公益领域，借助互联网为村里的贫困户捐赠物资，为乡村学校爱心募集价值 10000 余元的设备，帮助贫困户爱心募集了 3000 余件爱心物资，通过水滴筹为因病致贫学生爱心募集医疗费 30000 余元，募集农家书屋图书，共获价值数十万元捐赠。他们还在社会扶贫 App 上为贫困家庭寻资源，几个贫困户家庭累计收到捐款超过 20000 余元……这一切让和倩如看到了公益活动的力量，也让她坚信公益活动也是脱贫攻坚的一个重要抓手。

2020 年疫情防控期间，她协助指导银坡村村民销售滞销蔬菜，截至目前带动52 户蔬菜种植户销售当地蔬菜，并个人捐赠价值 1900 元的商标注册费和 1 部手机，支持银坡村发展电商，继续脚踏实地地践行为民服务的初心与使命。

（云南省大中专毕业生就业服务中心供稿）

驻村扶贫是我的梦想

——云南大学念鹏帆事迹

我叫念鹏帆，是云南大学新闻学院2017级传播学硕士毕业生，现任云南省社会科学院驻丽江市宁蒗县拉伯乡托甸村扶贫工作队队员。

2019年7月13日，我和另外两位同事一起来到丽江市宁蒗县拉伯乡托甸村驻村扶贫，这里距离省城昆明620多公里。来到托甸村的第一天，我们信心满满，怀揣着青春的梦想，誓将一腔热血投入脱贫攻坚的沃土，下了大决心要在这里好好干一场。来的当天我在微信朋友圈写道："十年后，再相遇，再出发。"而这次出行，只不过是为了完成我未竟的梦想。

在前行中寻找梦想

我的童年是在滇东北的一个小山村里度过的，那时的村庄和现在驻村扶贫的地方有太多的相似之处。屋子的两侧都是山，郁郁葱葱的林子是我们最大的乐园，到村组的公路多为泥巴路、毛石路。初中我去镇上读书都要和伙伴们走一个多小时才能到达，即便是到了高中路也没有修好，去县城读书也要走路到邻近的村子转车才能到达。最难挨的时候当属每年冬天，天很冷、路很黑，寒冷的清晨我们几个人裹着厚实的衣帽畏畏缩缩赶去学校参加早操、早读，手指、脚趾经常被冻得通红。这样的经历一遍又一遍地提醒我，任何时候农村都是不容易的，身为农民更加不易。

后来考大学、读研、找工作，我一步一步来到了城市，也在大环境的影响下过起了城市的生活，生活方式、生活习惯、朋友圈子与我曾经待过19年的农村已经渐行渐远。但是作为农村成长起来的学子，无论外面的世界怎么繁华，我始终未忘记自己来自农村。不管是研究生时期的学术调研，还是临近毕业时的工作选择，农村始终是我心心念念、魂牵梦萦的地方。但迫于生活的压力，我只能在城市为稻粱谋。随着时间的推移，恰逢脱贫攻坚决战决胜时期，按照单位和组织的安排，我成为了一名普通的驻村扶贫工作队员。记得临走时，一些领导和同事劝我："小念，那地方艰苦啊，能不去尽量别去。"对我来说，理想的种子已经埋下并生根发芽，有机会去做一件终生难忘的事情是值得的。

在实践中追逐梦想

云南

托甸村位于横断山脉东面，这里群山连绵、溪水潺潺，俨然一副铺开的山水画卷。过去这一年，我和驻村同事多次走遍托甸村的15个村小组，经常穿梭在高山峡谷间，从垭口上的牦牛场到金沙江边的三江口，再到大山深处的两家村，通过“六查六看”、动态管理、自检自查自改等形式，数次遍访205户贫困户，认真了解贫困群众的住房安全、人畜饮水、子女就学、成员健康、产业发展等诸多情况，根据一户一策一方案，查找弱项补齐短板。幸福的家庭都是相似的，不幸的家庭却各有各的不同。下乡进村入户，我们及时分析研判，针对不同贫困户的情况采取不同的解决办法。经过大量认真、细致的工作，过去6年，托甸村已经发生了翻天覆地的变化：贫困发生率由最高时的32.5%降为不到1%，别具特色的木楞房与现代化的砖瓦房交相呼应，进村公路已经硬化成水泥路，人背马驮的时代一去不复返，烤烟、核桃、花椒、沃柑等产业发展态势持续向好，学生娃在书海畅游再也不是梦想，病有所医、老有所养、残有所扶已经成为现实，老百姓的钱袋子一年比一年鼓，托甸村的夜晚在新修太阳能路灯的照耀下显得格外亮眼。

在奋斗中完成梦想

脱贫攻坚战是我国目前的三大攻坚战之一，脱贫攻坚的成败直接关乎我国能否顺利全面进入小康社会。脱贫攻坚胜利的号角已经吹响，梦想的步伐已经开启，责任已经明确，担当更应体现，驻村扶贫工作自然也不能落后。按理说，文科生下来扶贫似乎做不了什么实际的事情，也不能切实为所在的村庄带来多大的改变。马克思也曾说过，“哲学家们只是用不同的方式解释世界，而问题在于改变世界。”可是，我和我的同事并没有因为路途艰险而放弃前行，并没有因为现实复杂而放弃寻找，并没有因为梦想遥远而放弃追求。作为奋战在脱贫攻坚第一线的驻村扶贫工作队员，在单位领导的大力支持和拉伯乡党委政府的正确领导下，我们始终坚定步伐，静下心、沉下身，用脚步丈量大地，用言语鼓励彼此，用行动阐释担当，用成绩迎接检阅。正如托甸村委会主任郭胜强所言，精准扶贫就是为贫困群众搭一把通往富裕生活的阶梯，而驻村扶贫工作队就是一把用得着、能用好的梯子，要用心用情用力去帮助困难群众爬上富裕的房顶。每一个驻村扶贫干部都是一名骄傲而勇敢的战士，甘为人梯既是使命也是责任。我庆幸生活在这样一个伟大的时代，也庆幸能够有机会投入到脱贫攻坚一线。就在前几天，母校老师建议我对即将毕业的学院学生说几句心里话。我想对学弟学妹说的是，基层有广阔的天空任你飞翔，年轻的时候选择基层工作，就是选择了实现梦想的大舞台。愿你和我一样，怀着对基层工作的热爱，怀着服务群众的激情，怀着实现青春理想的信心，将热血和汗水抛洒在基层一线，在实现个人成长和国家发展的过程中书写属于自己的青春华章。

（云南省大中专毕业生就业服务中心供稿）

青春在农村的土地上闪闪发光

——云南民族大学赵春刚事迹

赵春刚，籍贯云南省大理市凤仪镇，中共党员，一名肢体四级残疾人，现就职于云南省宾川县大营镇人民政府，职务为扶贫专干（2018 年 10 月至 2020 年 10 月下派宾川县大营镇萂村任公务员村官）。2015 年 7 月，他毕业于云南民族大学会计学（注册会计师方向）专业。毕业 5 年，他在基层也服务了 5 年，5 年的大学生村官生活，他从大理市洱海保护治理的主战场转战（2015 年至 2018 年在大理市上关镇马甲邑村任大学生村官）到宾川县脱贫攻坚主战场（2019 年至今任宾川县大营镇萂村公务员村官）。两场没有硝烟的战争，把瘦小的他磨炼成了能独当一面的基层工作者。

参与公益，让心与村民贴得更紧

2015 年 9 月，赵春刚被选聘到大理市上关镇马甲邑村任大学生村官。初入职场的他为了能尽快拉近和村组干部、村民的距离，利用学生的寒假，开设了大学生村官公益助梦辅导班，助力当地小学毕业班取得了佳绩。其间，他免费为六年级学生进行数学辅导和思想开导，通过一个月的辅导，学生都有了一定的收获。很多学生懂得了感恩父母，懂得了上学的重要性。在毕业考中，大部分学生数学满分，班级获得市教育局的表彰。他搭建了农村劳动力转移平台，助力村民就业增收。他依托"云岭先锋"综合服务平台、网络求职网站、微信公众号、大理人力资源市场和线下公司 HR 等，为村内有就业意愿的人提供就业服务。让有就业意愿的村民到村民组长处或村委会领取求职登记表，制成马甲邑村人才库。他还不定期在村委会门口的公示栏发布招聘信息，用短信推送招聘信息，解决了村民获取招聘信息滞后和难以识别真假等问题，助力村民就业增收。

勤奋工作，让每一种身份都出彩

赵春刚努力履行好代表职责。2016 年 3 月和 12 月，他先后当选为大理市上关镇第四届党代表、人大代表。为了履行好一名代表的职责，他在平时的工作中就有意收集村民的困难和诉求，会议前期查阅各类工作手册，向老代表们学习书写议案和建议，尽可能地在会议上向上级党委和政府反映基层的声音。

他还努力履行好专职副书记、非公企业联合党支部书记职责。2017 年，他先后被任命为村党总支专职副书记和非公企业联合党支部书记。为了解决农村支部普遍存在的联系难、组织难、活动难问题，他搭建了“互联网＋党建”平台，开展指尖上的宣教工作，形成移动式的学习课堂。他通过综合服务平台，建立了党员短信联系群，不定期通过短信向支部党员发送马甲邑村党建动态信息和国家政策等内容，解决了党员学习条件差，没时间找资料、流动党员难于管理等问题，实现了碎片化学习。他建立了微信群，打破了短信不方便发送图文的限制，在微信群上图文并茂地开展“两学一做”教育活动。他采用的“互联网＋党建”工作方式得到了大理时讯、《大理日报》、《云南日报》、中青网等媒体的宣传报道。他创新工作方式，制定了一系列考核制度，比如实施了党支部书记考核制度，通过党费收缴情况、执行“三会一课”制度情况、值班情况、活动室环境、参加会议情况和其他交办事宜完成情况六大方面对支部书记进行月度考核。通过这些制度的实施，党支部各项工作健康开展，支部书记间形成了比效率、比优秀的良好氛围。他还实施了环境卫生综合整治督查考核制度、村民小组长奖惩制度等一系列制度。他针对不同的人员、不同的身份制定相应的考核制度，并且严格执行各项考核制度。精准考核的落实，极大提高了村组干部的工作效率，提升了工作能力，为各类评优提供了可靠的依据，为基层换届选举发掘人才提供了途径。

经过他的努力，马甲邑村的党建工作多次得到上级的表扬和认可，非公企业联合党支部 2018 年还被评为上关镇先进党支部。2017 年 12 月份，他应邀做客大理人民广播电台——《青春热线》栏目，分享交流基层工作心得，展现青春风采。

环境治理，让洱海水质更加清澈

洱海保护治理工作是大理市的中心工作。上关镇马甲邑村处在弥苴河、永安江和罗时江“三江”并流地带，工作任务繁重。在马甲邑村任职的三年，他参与了开展各类环境专项集中整治 80 余次，制作各类宣传展板 30 块，宣传横幅 85 条，协助完成 536 亩核心区土地的流转工作，完成三库联通引水工程，推进 PPP 项目建设，完成大邑、寺登、湖潭寺三个村的污水管网完善工作。他积极推行村级环卫工作市场化运作，极大提高了保洁人员的工作效率，使马甲邑村人居环境得到了较大提升。他作为马甲邑村寺登自然村“七大行动”的村级包村干部，有时间就走访农户，督促农户新建化粪池、整改不合格化粪池，最终寺登自然村化粪池建设率先在马甲邑村范围内达到建设率100%，合格率100%，工作得到上级领导的认可。

脱贫攻坚，让人民生活更加美好

来到宾川县参与扶贫工作整整一年半左右，他不仅走访了所驻村的182户贫困户，也走访了全镇588户贫困户。他认为扶贫工作不能纸上谈兵，必须深入贫困户家中了解他们的实际困难，才能精准识别，然后精准施策，最后才能达到精准扶贫。2018年至今，他参与了村4轮扶贫对象动态管理，5轮脱贫攻坚项目库动态管理，参与了“夏季攻势”“百日总攻”等专项行动。他认为物质上的贫困只是暂时的，如果不能摆脱思想上的贫困，就很难达到长久的脱贫致富。所以，他在入户工作中注重扶志扶智，以自身身残志坚的经历，不断给农户传输正能量，使其破除“等靠要”思想，激发内生动力，通过政府帮一把，真正靠自己的双手富起来。他挂包帮扶了3户贫困户，每次上门走访入户，他都带上就业岗位表，给家里有劳动力的贫困户介绍就业岗位，对年龄相对大的劳动力，就积极帮助申请村里的保洁工作。如今他挂包的三户贫困户，每家都有1人以上实现了就业，人均纯收入是脱贫标准的2倍以上，收入有保障，实现了高质量脱贫。

战在“疫”线，让肺炎疫情无处可藏

疫情就是命令，防控就是责任。2020 年，面对来势汹汹的疫情，为保障群众生命安全和身体健康，他作为宾川县大营镇萂村村官，提前结束春节假期，大年初三就返回到工作岗位，全面参与疫情防控工作：一是参与包保村入户宣传走访，发放《给全镇农户的一份信》400 余份，发放《大营镇新型冠状病毒感染的肺炎疫情防控提示》420 余份，粘贴公告、标语 25 余条。二是他本人作词创作出白族大本曲《坚决打赢防疫战》，再由白族大本曲非遗传承人弹唱录制成曲，通过“村村响”广播在全镇范围内循环播放，在州、县、镇微信公众号上广泛推送宣传。三是为确保居家隔离人员不出门，避免交叉感染，他和同事按着隔离人员需求清单为他们代购日常物资，第二天包保上门服务时送货到家，确保他们日常居家生活不受影响。四是因疫情影响推迟开学的高三学子，为做到停课不停学，自行网购教辅资料，在家备战高考。而封村使快递进不来、村民出不去，他在入户排查时知晓这个情况后，就充当起了“跑腿哥”，借到镇上上报疫情材料之机，帮忙代取包裹，第二天送学上门，助力高考。五是参加包保自然村疫情防控卡点的执勤，主要负责对无特殊事情而出村的村民进行及时劝返，对有事出村的人员做好信息登记，对外地返村人员进行健康排查、登记其外出行动路线等，确保疫情不在村内扩散。

都说小身体中有大能量，或许就是形容他这样的人吧。基层，很多年轻大学生都不愿去的地方——因为太苦，而他一待就是 5 年，他把最好的青春奉献给了农村，农村也实现了他的价值。

（云南省大中专毕业生就业服务中心供稿）

闪亮的日子，青春的样子

——云南师范大学林聪事迹

初春三月的新疆叶城，冬雪刚刚退去，林聪和他的同事们正往叶城县文化小区给老百姓运送蔬菜。由于疫情影响，小区的人们居家隔离，新疆生产建设兵团第三师叶城二牧场党政办公室的工作人员主动承担起了日常采购等细活。下图中的这个男孩(右)名叫林聪，是云南师范大学旅游与地理科学学院2019届地理信息科学专业毕业生，这是他作为一名大学生西部计划志愿者来到新疆的第九个月。作为一名"90后"，九个月的闪亮青春时光，是一路沉淀、一路选择、一路奋斗的时光，也是青春最美好的样子。

在为人民服务中茁壮成长

林聪的家在云南省昭通市永善县，永善县是一个深度贫困县。从一个偏远的县城考入云南师范大学，一路走来他得到了诸多人的照顾和关心，他也力所能及地去帮助别人。"帮助他人，能收获快乐"的理念在他的心里生根、发芽。在云南师范大学学习期间，他加入了云南师范大学青年志愿者联合会，秉承着"奉献、友爱、互助、进步"的志愿者精神，热心公益，积极参加社会实践活动，先后前往广西百色、云南昭通参加助学支教活动，参与的活动越多，他得到的锻炼也越多。

奋斗的大学时光让他在云南师范大学青联茁壮成长起来，先后担任校青联副主席、校团委助理，多次荣获优秀团干、团学活动积极分子等荣誉。带着在志愿者活动中收获的思考，凭借校园手机维修的大学生创新创业项目"修友"获云南省银奖。

学习之余，他经常利用自己的空闲时间去帮助周围需要帮助的人。2016年暑假，

他利用暑期到广西走访初中刚毕业因家庭贫困不能上学的同学，与“微爱”的志愿者一同开展助学调查，帮助35名同学顺利完成高中学业；他利用晚上的时间到学校周边的固定义教点开展义教工作，在一年的时间里，与小孩子们建立了深厚的友谊。他先后代表学校多次参加南博会、孔子学院大会、旅交会等，充分展现了云南青年志愿者的良好形象和风采，并荣膺“优秀志愿者”称号。

在实践中增长本领

毕业之际，怀着对工作和未来的无限憧憬，他意向签约了昆明一家发展前景良好的企业。但后来他偶然和同学一起参加了一次“大学生志愿服务西部计划”宣讲会，在聆听了云南师范大学2013届大学生西部计划留岗志愿者分享的“新疆西部计划时光”后，他毅然决然地踏上了西行的列车，选择到新疆去，到西部去，到祖国和人民最需要的地方去！

到达新疆后，按照组织的分配，他服务于新疆生产建设兵团第三师叶城二牧场党政办公室，刚到岗位的他在领导和同事的帮助下，快速适应了各项工作。刚到岗位不足一个月，因部门主任和副主任全被借调，在领导的信任和鼓励下，他勇挑重担，承担起了部门日常的协调工作，一干就是三个月。正值“不忘初心　牢记使命”主题教育期间，他加入了主题教育办公室，负责公文的写作、会务布置与安排等，每天协调办公室的工作分配，下连队检查工作开展情况，经常一天只吃一顿饭。由于办公室里男同胞不多，在分配挂钩连队时，他主动请缨，选择了离牧场最远的“叶城二牧场三连”，每周到三连检查工作开展情况，后来他便成了“新来的年轻人中去三连最多的小伙子”，他体会到了工作的不易，但也学会了怎样和当地的老百姓打交道，积累了基层工作经验，明白了什么是奋斗的青春！

在艰苦奋斗中砥砺意志品质

2020年的春节，因为客观原因未能请假回家坚守工作岗位的他，在疫情防控面前，勇挑重担，开展人员摸排、社(小)区巡逻工作，同全国人民一道在打赢疫情阻击战中发挥了自己的光和热。

作为一名西部计划志愿者，他牢记“刚毅坚卓”的校训，第一时间投入牧场疫情防控工作中。起草修改牧场疫情防控相关文件、核对人员信息都是日常工作。他组建了党团志愿服务队，与志愿者服务队的成员们将蔬菜送至每一户家中。有一次，在去职工牙库普家中送菜过程中他发现牙库普把菜订得太多了，于是他便将老人多订的菜回购了，以减轻他们的生活压力。有一次，在给幸福小区送菜过程中，在了解到老人艾斯佧尔家中的油、面存量不足时，他便想办法与相关部门沟通协调，给老人送去了面粉和油。有一次，他在值班，有位职工到单位寻求帮助说其弟弟放羊摔断了腿要转院治疗，需要在他们单位办理相关手续，但因为是周末，工作人员都不在。那位职工焦急得不知道如何办。他帮助职工联系到了相关人员，及时办理好了资料，其弟弟也被及时送至医院得到了有效治疗。这一个又一个的“一次”，锤炼了他担当作为的意志品质，更突显了他作为一名西部计划志愿者的无私奉献的风采！

青春绽放绚丽之花

对于一些人来说，青春，是一个名词，代表着朝气；
对于一些人来说，青春，是一个形容词，代表着活力；
对于一些人来说，青春，是一个动词，代表着奋斗；
……

对于林聪来说，青春，是以上所有的集合。一个青年，将个人的成长融入了时代发展的需要，将小我融入了大我——他用他的实际行动印证了习近平总书记“广大青年用行动证明，新时代的中国青年是好样的，是堪当大任的”的信任和嘱托！2020年初，当他看到习近平总书记到西南联合大学旧址视察的新闻时，他同他的辅导员说：“看到习近平总书记视察母校，我心情很激动。习总书记指出，教育要同国家之命运、民族之前途紧密联系起来，要培养社会主义建设者和接班人，培养有历史感、责任感、志存高远的时代新人，不负韶华，不负时代。这对像我一样的大学生西部计划志愿者来说，是极大的鼓舞。作为一名师大人，刚毅坚卓的校训一直激励着我前进。来到兵团服务，我就是一名兵团人，就应该发扬兵团精神，做好各项工作，让我们的青春因奋斗而精彩，因拼搏而变得更有意义，让青春在党和人民最需要的地方绽放绚丽之花。”

不要去问他何时归。他说：“祖国需要处，皆是我故乡。”这是闪亮的日子，也是青春的样子！

（云南省大中专毕业生就业服务中心供稿）

最美疾控女博士，为爱而战斗

——昆明医科大学王晓雯事迹

王晓雯，女，主管医师，昆明医科大学 2018 届皮肤病与性病学专业博士研究生，获医学博士学位。目前工作于云南省疾病预防控制中心性病艾滋病防治所，从事艾滋病防治工作，主要研究方向为艾滋病防治卫生经济学/卫生管理和政策，主持国家自然科学基金青年基金 1 项，昆明医科大学博士研究生创新基金统筹项目 1 项，云南省应用基础研究青年项目 1 项，参研国家科技重大专项 2 项，云南省应用基础研究面上项目 1 项。以第一作者发表学术论文 10 余篇，SCI/SSCI 收录 5 篇，为云南省高层次卫生健康技术人才医学学科后备人才，2019 年 12 月获批硕士研究生导师资格。在校期间，荣获 2015—2016 学年学业奖学金二等奖，2016—2017 学年学业奖学金二等奖，2017 年云南省政府奖学金，被评为云南省 2018 年普通大中专学校优秀毕业生。2020 年 2 月 19 日至 4 月 1 日，作为国家卫健委选派援鄂队员，云南省第六批医疗队成员赶赴湖北咸宁，参与新冠疫情防控，获中共云南省卫生健康委党组嘉奖。

从本科到博士在公共卫生领域的学习和积累，CDC 的工作经历，在祖国和学校的培养下，我成长为一名疾控女战士。2003 年非典，我是一名准备参加高考的高三毕业生，非典时期的非常高考注定让我终生难忘。2020 年除夕前一天，正在小时候父母总会在那里为我购买一套新衣服的昆明百货大楼，为自己挑选一条手链作为本命年礼物的时候，单位工作群里转发了应对新冠、取消休假的通知，接下来我便投入到紧张的防控工作中。我参加了三名确诊患者的采样，收费站驻点体温监测，一线应急值班，同时，我结合研究方向，查阅了国内外关于突发公共卫生事件应对机制和公共卫生危机管理学术论文 50 余篇，开始对国家到各省的应对方案进行深入学习和研究，撰写《云南省公共卫生危机管理初探》、《美国急性传染病和突发公共卫生事件综合监测及应对机制经验借鉴》和《日本急性传染病和突发公共卫生事件综合监测及应对机制经验借鉴》学术论文。

2020 年 2 月 19 日至 4 月 1 日，作为国家卫健委选派的援鄂防疫队员、云南省第六批医疗队成员，我和队友在湖北咸宁开展了为期 43 天的疫情防控工作。在党中央指挥部新冠肺炎疫情防控人民战争、总体战、阻击战的全面部署和安排下，根据国家卫生健康委关于巡回防控指导和流行病学调查的安排，在咸宁市疫情防控指挥部的统一领导下，实施“一人一县”工作模式，我被分配到崇阳县开展工作，崇阳县是咸宁市“南三县”之一，辖8镇4乡，居湘、鄂、赣三省交界，为武汉商圈的重要组成部分。在本次新冠疫情中，崇阳县共报告确诊病例67例，死亡2例，分别位居咸宁市第5位和第4位，共发生聚集性疫情8起，一代病例为武汉输入或与武汉确诊病例具有流行病学

关联，2月20日的风险评估显示为高风险地区。我于2月21日开始驻点防控工作，整合到县疫情防控指挥部，将每天的工作分为两个单元进行：上午依次对8镇4乡进行关于社区防控的实地调查和指导。社区防控作为防控工作的基础和重点，必须做到查缺补漏，筑牢防控屏障，我到现场进行面对面指导和反馈。随着防控工作的推进，加入了对重点场所和特殊场所，包括监管机构、精神病院、复工企业、养老机构、福利院和超市的现场防控指导。下午，我对每天的现场工作进行及时总结，与指挥部进行反馈和沟通。同时，作为云南省援鄂医疗队的25名博士之一，我坚持习近平总书记在疫情防控中指出的“向科学要答案，要方法”，精准的防控策略同样依靠科学之道，我查阅了国内外发表的关于新冠疫情的科研论文及包括WHO、中国CDC、China CDC Weekly及各级政府官网发布的各地防控策略文件和报道，进行梳理和总结，实地访谈指挥部各块工作负责人，查阅文件，掌握崇阳县防控策略，崇阳县为“紧收”防控，我以其中的“四零一高”发热病人管理策略为代表，进行策略实施过程中的领导、服务提供模式、筹资、人力和信息管理等维度分析，与崇阳县疾控中心的同事一起完成学术论文，并及时投稿发表，以期提供参考和借鉴。同时，我还对崇阳县风险等级高的因素进行挖掘，思考针对策略；对发生的聚集性疫情进行梳理和分析，指导县疾控中心的同事完成病例谱系图绘制。在崇阳县疫情防控会商会议中，向县委县政府作了题为《崇阳县新冠疫情防控策略实施情况与效果评估》的报告，得到县委县政府“报告专业性强和指导性强”的一致好评，推进防控，彰显专业力量。当看到崇阳县风险等级一步一步进入低风险到清零，我希望这是自己小小一份力量汇入后的开花结果。随后的工作，与咸宁市

疾控工作进行整合，进行了一轮6县市区的巡回督导。3月22日，在云南援咸医疗队凯旋后，疾控队开始了坚持问题导向、需求导向为原则的一周疾控大培训，采用1+2+3+N的方式进行，我和队友在6县区开展该项工作，入社区、超市、重点场所进行面对面、手把手指导，在崇阳县和赤壁市的疾控大培训中，我和县市疾控的同事一起研究了大培训实施的相关方案，进行现场协调，同时发挥艾滋病防控的专业背景，云南省艾滋病防控的示范区优势，与各县市区疾控艾滋病防治人员进行交流和探讨，为当地留下了一支不走的防疫队。

我们团队的努力获得了咸宁市委市政府的高度肯定，我们荣获了"荣誉市民"的称号，并与当地同仁和群众结下了深厚的战友情和亲情。我的工作事迹在中共云南省委机关报《云南日报》和《春城晚报》以"云南疾控队最美女博士王晓雯：我喜欢美，我为看见美而来战斗"为题进行报道，并在学习强国抗"疫"先锋专栏以"云南省疾控中心王晓雯——我喜欢美，我为咸宁的美而战"为题进行报道。因工作得到咸宁市赤壁市疾控中心的肯定，我受聘为赤壁疾控中心特聘专家，与其继续保持共建关系，加强双方业务交流、合作与提升。

在2020年冬春之际，承载着家乡云南省4000多万人民的嘱托，我成为参加武汉保卫战、湖北保卫战的42000多名医护人员之一，这将是我人生的重要经历。同时，作为一名疾控工作者，面对疫情防控的新形势和新情况，云南省边境防控的压力也是我经过大考后的新的起点，必须始终保持清醒头脑，不断完善自我，毫不松懈地融入疾病防控工作中，随时准备投入到新的防控战斗中。我喜欢美，疾控的工作和努力，是为了看见更多的美。

（云南省大中专毕业生就业服务中心供稿）

陕西

SHANXI

立足岗位，助力脱贫；服务群众，完美蜕变

——西北工业大学朱文玉事迹

朱文玉，男，24岁，山东潍坊人，西北工业大学高分子材料与工程专业2018届陕西省选调生，现任西安市周至县青化镇镇长助理、二庙村党支部副书记。

千头万绪村务事，脱贫攻坚第一事。驻村工作以来的500多个日日夜夜，他以年轻人的热忱和闯劲，一心扑在脱贫工作上。由乡亲们眼中的学生娃变成了为民解忧的村干部；由一头雾水的小年轻变成了主抓党建的主心骨；由群众认为的碎娃娃变成了培训会上侃侃而谈的农技师。从驻村扶贫“零基础”到熟悉村里一草一木，了解脱贫群众家庭生活、农业发展技术、脱贫致富手段等，这是时间带来的“量”的转变，更是经历带来的“质”的转变。

一、主动融入，遍访百家助扶贫

二庙村位于周至县城西方向17公里处，共有1039户4530人，是一个合并村。刚一到村，他就迅速进入角色，积极开展村情民意走访，克服语言等困难，走村串户与农民交谈，不到半年，他就走遍了全村每一个角落。除了直接走访农户外，他还利用晚上的时间，到村民家中召开“板凳会”，倾听群众呼声，宣传省、市县的各项扶贫政策。会后，他又及时整理群众反映的问题，分析原因，提出对策及建议，在村委会中集中讨论。通过他的积极反映、跑项目，筹措资金，二庙村2019年稳定脱贫退出48户153人。他为剩余的2户智力障碍贫困户专门制定措施，落实兜底保障，使其人均年收入也达到了8000元以上。他争取上级部门资金支持和群众自筹共计97万元，为村内安装太阳能路灯65盏，修建文化广场2个。2019年2月，因为工作出色、群众认可，经镇村两级党组织研究，他当选为村党支部副书记。

二、创新思路，科技增收促脱贫

通过县委组织部等部门壮大集体经济的资金支持，村上成立了全镇首个“农资服务中心”。为保证农资的质量过关，他与村“两委”干部到多个工厂考察、咨询、商洽，最终创设了“村党支部＋生产厂商＋技术服务＋农户”的直销模式，除去了中间商销售环节并保障了产品的质量。为保证群众少花钱、多受益，他同镇上田峰花粉厂等多家企

业签订销售协议，如市场上猕猴桃花粉为每克 22 元，而卖给本村农户的仅为每克 16 元，并且保证为高质量花粉。同时，在他的提议下，农资中心全部销售生物菌肥，实现了"零化学肥料"，这使得农户得了实惠又保障了果品的质量。为推动村上电商产业发展，增进农户多渠道增收，他向农户推介善融商务、京东、淘宝、抖音小店等多个电商平台并多次组织电商培训，给有条件的农户培训直播带货及热门技巧。在 2019 年猕猴桃大减产、滞销的市场环境下，他帮助二庙村同北京新发地悠乐果集团签订销售协议，帮助果农销售猕猴桃，确保全村猕猴桃的优质优价和农户高收入，二庙村去年人均年收入达到了 15000 元。

三、主动作为，立足岗位解难题

在工作中，他协助村支书进一步完善村级各项制度建设，先后制定党课讲义 10 余篇，利用网络资源，多次将最新文件精神、政策解读等编制成册子，及时传达给大家，并教会了村上任小刚、周海艳等两名委员如何查询资料、写文案报告等。他组织村"两委"干部去党建示范村学习，积极准备申报资料，全力负责创建工作，2019 年二庙村被评为周至县美丽党建红旗村。作为新时代大学生村官，他把基层党建工作的实际和先进的科学文化技术结合起来，充分发挥了自己的专业特长优势，为村民排忧解难，推动农村发展。

四、敢于担当，冲锋在前战疫情

在2020年的疫情防控工作中，他一刻也没有停歇，他和干部群众战斗在一起，封锁全镇各村道路，入村入户排查，组织环境消杀，并主动请缨参与疑似病患的隔离工作。这是一项危险任务，每次去县人民医院感染科时，都有同事问他怕不怕，“大家都怕这疫情，我哪有不怕的，更何况是去近距离和病患接触。可这是咱的工作，作为年轻干部，更应该冲在前面。”他笑着说。兼任二庙村党支部副书记的他，除了镇上的工作，还肩负着二庙村疫情防控工作。作为党支部副书记，他和村“两委”干部对全村1038户4530人进行了细致的摸排走访，从宣讲政策，到留观户发放口罩，到张贴警示牌……他的战“疫”不分白天黑夜，不放过每一个细节。他用行动展示着年轻干部的使命和担当，用实干赢得了干部群众对他们这些年轻选调生的肯定和认可。

（陕西省教育厅学生处供稿）

脱贫一线践初心，为民服务担使命

——陕西师范大学文旭升事迹

文旭升，男，27岁，甘肃定西人，中共党员，陕西师范大学2018届硕士研究生，陕西省2018年选调生，佛坪县委组织部干部，现任佛坪县长角坝镇教场坝村党支部副书记。

陕西

岁月不居，时节如流。从“学校人”变成了“社会人”，从课堂大学生转变为田间“小学生”，从异乡客变成“村里娃”。这个20多岁的年轻人，扎根佛坪秦岭小山村，用昂扬的奋斗精神、澎湃的工作激情、肯学肯干不服输的劲头，在脱贫一线和为民服务中践行初心使命。

守初心，筑牢理想信念之魂

“正能量十足”是文旭升最大的特点。繁忙的脱贫工作之余，他保持坚持读书的好习惯，反复研读马列经典篇目，认真学习习近平新时代中国特色社会主义思想，始终坚持用最新理论、最新观念严格要求自己，在村党员中起到了模范带动作用。作为村党支部副书记，文旭升牵头开展软弱涣散基层党组织整顿工作，按要求高质量开展“不忘初心、牢记使命”主题教育，通过创新主题党日＋活动载体，组织全体党员到红军旧址“重温入党誓词”，创新开展“听红歌·感党恩·话发展”活动，切实提升党员参与度，坚定党员理想信念。在他的努力下，村党支部先后获市级“村级党组织标准化建设示范村”和县级“三治”融合示范村等荣誉。

理想信念的坚定犹如扣好了人生的第一颗扣子，让他懂得爱农村、爱农业、爱农民。树高千尺不忘根，水流万里总思源。他说：“作为农民的孩子，在全面建成小康社会的关键时刻，让亿万穷苦百姓如期脱贫，都能过上美好生活，是新时代年轻人义不容辞的责任，也是一个有志青年应有的使命担当。我要把党和国家的方针政策用一个个实实在在的行动传递到农村去、到老百姓身边去，解民忧、与民乐。”句蕴千言，一诺无悔！文旭升用行动践行着自己的为民誓言，在脱贫攻坚、基层党建、农村社会治理等工作中实现着自己的人生价值。

担使命，永葆脱贫攻坚之志

“敬民、爱民、亲民，这应该是年轻人最应该具备的品质。”一年多来，他坚持沉下去，吃在村里，住在村里，可以说他把驻村当故乡，把人民当亲人。他跑遍了村里74户建档立卡户，帮助解决实际问题10余件，帮助80多岁的独居老婆婆收拾屋子，打扫卫生。去年，他帮扶的帮扶户唐小明的父亲摔跤骨折，导致不能下床，生活也无法自理。他了解到情况，第一时间到镇卫生院联系医生，到家里看病，并自掏腰包为其买药，可以说是用情用心真心帮扶。2020年新冠肺炎疫情发生后，唐小明主动为村疫情防控捐赠100元，同样用真情回馈了大家的帮助。

一年多来，通过抓党建促脱贫，教场坝村的集体经济持续发展壮大，这其中也离不开文旭升的功劳。从撰写项目申报书，到赴市申报项目答辩，经过多方努力，为村集体经济合作社申报的160万亩山茱萸规范种植基地顺利建成。他到汉中市财政局为村答辩评审，获批"美丽乡村"建设项目资金200万元。2020年，他参与策划申报的蔬菜大棚项目顺利获批资金300余万元。他主动参与的道路拓宽项目建设，获批资金400余万元。同时，他积极与母校联系，为长角坝镇中心小学贫困孩子捐献了300余册书和价值5万元的文体用品，为教场坝村打造"三明白、三感恩、三加强"志智双扶模式，得到了省级脱贫攻坚成效考核组专家的认可。

一年多来，通过与班子成员一起努力，教场坝村实现户户通水泥路，群众出行难的问题彻底解决。2019年，集体经济合作社分红10余万元，村民的年人均纯收入达到1.2万元左右，群众的获得感和幸福感显著增强。

他说，我们生逢其时，正处于人生最美好的青春季节。青春是人生最铿锵的篇章，青春是敢想敢做的豪情，青春是旭日东升的力量，青春的我们意气风发，青春的我们敢为人先，青春的我们斗志昂扬。青春是用来奋斗的，总书记也讲过："幸福都是奋斗出来的，奋斗本身就是一种幸福。"

积极、乐观、向上的文旭升，正用自己多姿多彩的人生书写扎根秦巴山区、立足脱贫一线、助推乡村振兴的华丽篇章。

（陕西省教育厅学生处供稿）

守初心、扎基层，用青春激情浇灌民族团结的石榴花

——西安理工大学杨萌事迹

陕西

我是杨萌，山西运城人，西安理工大学 2017 届经济与管理学院金融学专业本科毕业生。2017 年 7 月，被招录为新疆南疆地区基层公务员，两年多来，我以守初心、担使命为宗旨，以服务群众为己任；不惧艰难险阻、勤勉工作，注重民族团结，兢兢业业奋战在基层一线。

一、坚定信念，选择入疆奉献之路

回想刚刚迈进大学校园的时候，我对公益活动很有兴趣，就加入了西安理工大学经济与管理学院互助社这个集体，大家一起策划活动，一起跑现场，一起做了很多有意义的事。除了定期看望自闭症儿童，我还参加了植树、保护动物宣讲、关爱残疾人等活动，暖心的点点滴滴慢慢积累了三年，回忆起来一件件都历历在目。予人玫瑰，手有余香，这三年的奉献与付出，让我收获了爱的回报，自闭症儿童的一个微笑、残障人士的一句掏心的感谢、听众在保护动物公益活动中的签名支持等等，都在慢慢塑造我，塑造了我志愿用一生来奉献的品格。

经历丰富了，思考也渐渐成熟起来，兴趣和热情转化为志向，帮助更多、更有需要的人，是我行动的方向。大三的时候，辅导员告诉我，学校有援疆工作的机会。虽然那个时候我对援疆工作没什么概念，但这个小插曲却在我心里埋下了一颗将会发芽的种子。一转眼，大四的求职季就来了，我找到了辅导员老师咨询援疆招录，在学院和就业中心老师的解释下，带着些许的坚定和懵懂，填了一张报名表。之后很长一段时间都没有消息，我一度怀疑是不是自己在报名阶段便被刷掉了。这样的忐忑心情才让我明白，我内心，原来是这么期待这样的机会。

直到第二年四月份，已经接近校招的尾声，我终于收到了通知，我知道，自己的机会来了！在面试阶段，面试官一遍遍地问："你确定你要去遥远的边疆？""你确定吗？那边 98％的人口都是维吾尔族，饮食各方面都会不一样。""你确定吗？那边从三月份开始到九月份都会刮沙尘暴，天空都是黑的。"……"是的，我确定！"正是这份坚定与执着，给了我前往西部边疆奉献青春的机会。做出入疆的决定后，我兴奋地告诉家人，对担忧的母亲说："我不怕吃苦，再差的环境我也会适应。"在层层的政审、谈话、体检等环节中，我坚定信念，直言抱负，最终如愿以偿接到了一份光荣的入疆通知书。

二、身体力行，认真做好本职工作

入疆后，我被分配到乡里工作，根据组织与单位领导的安排，先后负责了综治工作与扶贫工作。对于安排的各项工作我本着学习的态度，一步一个脚印努力使自己尽快进入工作角色。接触综治工作伊始，我也曾一头雾水，不知从哪里下手，但我并没有一点放弃的念头，而是选择了接受挑战、迎难而上、虚心向前辈请教，我坚信只要多学、多问、多练，就一定会有收获。作为综治办干部期间，我认真踏实，对于领导安排的工作积极主动去完成，从一个刚毕业的大学生到一个能熟练完成各项工作的基层干部，我慢慢变了，变成了自己喜欢的样子。作为扶贫干部期间，我时时严格要求自己，在工作中端正态度，积极主动，无论是接听一个电话、传达一个指示，还是上报一张报表、汇报一项工作，都力求做到准确无误，较好地完成了各项本职工作。

我记得刚去扶贫办不久，上级安排了一个任务：修改国扶办信息系统中的逻辑错误项，第二天要提取大数据。书记将这个工作安排给了我，可是我刚接触国扶办系统，操作还不太熟练，以至于修改了一下午还没有完成，自己又不敢跟书记说不能完成，便一个人晚上去办公室悄悄加班。后来到了晚上十二点还没改完，便着急起来，一个人边哭边改，内心有一个很强烈的声音告诉自己不能做“逃兵”，最终在凌晨两点多终于将所有错误项修改完成。后来许多次，我都感谢自己在那晚没有选择放弃，而是坚持，因为这样的困难在入疆工作中真的太多了，放弃第一次便会有第二次、第三次、每一次。我深知扶贫工作事关全面建成小康社会的大局，自己所在的乡又是深度贫困县中的贫困乡，工作繁杂，数据报表多、要求急，我就加班加点、不分昼夜，全身心投入工作之中，在学中干、干中学，对于扶贫工作现在已然是轻车熟路。

三、无私舍小顾大，付出无怨无悔

“虽有家，但家在千里不能顾”，我的家乡在山西，而工作的地方在新疆，家乡距单位有三千多公里的路程，还有两个多小时的时差。2020 年春节，我原本打算跟男朋友回家订婚的，可新冠肺炎疫情暴发，我于是选择了留下。我利用自己积累的基层工作经验投身到疫情防控阻击战中，坚定地告诉家人“以后的日子还多着呢，但现在，疫情就是命令，防控就是责任，这些才是眼下丝毫不得耽搁的大事。”亲人经常抱怨说我工作那么忙，吃饭和休息时间也跟老家不在一个点上，也不知道什么时候能联系上。我无言以对，心中虽有苦有痛有泪水，可更装着入疆时的誓言和使命，坚守着我的责任和使命，我说：“好女儿志在四方！”

陕西

四、维护民族团结，营造和谐社会氛围

“各族干部团结是干好工作的保障，各族群众团结是社会稳定的基础，全乡各族干部群众大团结，必然会社会稳定和发展。”这是我常常和别人讲的话。为了能够尽快融入当地群众，我主动跟办公室里的民族干部学习维吾尔语，主动与包联的群众促膝长谈，以自己的真诚换来了群众的热情。

2017 年 11 月的“民族团结周”，恰逢我的生日，远离家乡亲人，我便决定以此为契机，将单位分的包联户当成自己的亲戚，过了一个别样的生日。亲戚家中有六个孩子，为了让他们一起开心地度过难忘的生日，我买了许多小孩子喜欢吃的零食和精美的蛋糕，后来家中的女主人激动地跟同行的翻译干部说“她是真的把我们当亲戚呢。”入疆两年多，我比初来时更能理解“民族团结是各族人民的生命线”，凡是历史上的盛世，无不是在各民族团结、社会稳定、人民安居乐业的局面下形成和发展起来的。我也常常将大学时做公益活动的一些心得用在民族团结工作中，将自己的衣物捐给包联户的小孩，还动员家里人把一些闲置的衣物寄给我，我再分给经济比较困难的家庭。我因此还收到了包联户送的一盆小花。礼轻情意重，对我来说这是极为珍贵的，因为这同样是爱的馈赠。

每每谈起来疆的初衷，我都会想起那句话：“人最宝贵的是生命，生命对于每个人只有一次，人的一生应当这样度过：当他回首往事时，不会因为碌碌无为、虚度年华而悔恨，也不会因为为人卑劣、生活庸俗而愧疚。”这便是对生命价值的诠释。自入疆工作以来，我严谨求实，勤奋刻苦，兢兢业业，以饱满的工作热情、扎实的工作作风、优异的工作成绩，圆满完成了各项工作。全心全意为人民服务的观念、耐心细致的工作作风，持之以恒的奉献精神，都得到了广大干部群众的一致好评。

青春心向党，入疆筑团结。我将以更大的勇气、更高昂的斗志、更饱满的状态守初心、扎基层，用青春与激情浇灌民族团结的石榴花。

（陕西省教育厅学生处供稿）

西迁筑梦，“旭”述“芳”华

——陕西科技大学段旭芳事迹

段旭芳，女，山西晋中人，中共党员，系陕西科技大学设计与艺术学院设计学专业2020届硕士研究生。于2016年入选陕西科技大学第十九届研究生支教团，并于2017年9月至2018年7月在陕西省延川县城关小学完成一年的支教服务工作。在一年的服务期中，她踏实认真，热心奉献，在做好本职工作的同时积极参与团县委组织的各项志愿服务工作，获得了家长、学校同事及当地团县委领导的认可。

立足本职，教书育人

于延川县城关小学支教期间，段旭芳担任学校一年级八班的班主任、中队辅导员及语文老师。每天早上6:50学校校门一开，她便走进教室组织学生进行早读，哪怕那会儿教室里只有个别几个学生；每天中午用十来分钟吃完饭，她便又来到教室里辅导没完成作业的学生完成作业；下午4:30放学后由于班级里有个别学生父母不能按时接学生回家，她便在教室里辅导学生完成家庭作业，直到学生都被家长接走才离开学校。由于自身教学经验相对不足，她每上一堂课前都要在网上观看三节以上的名师示范课视频，并积极与同办公室内的老教师交流探讨授课思路。她的认真在城关小学也“小有名气”，在学期表彰会上，她的听课笔记、业务笔记、教案、班务笔记、教育论文都被评为优秀。

结对帮扶，暖心筑梦

为贯彻落实精准扶贫，延川县城关小学实行教师与建档立卡学生一对一帮扶制度，在这里段旭芳帮扶的学生是他们班一位姓乔的同学。开学大概三周的时候，她第一次走进乔同学的家，那是一个坐落在延川县东峰山半山腰的院子，上上下下大概住了有七八户人家，一间不足教室大的平房便是乔同学一家四口的住所。光从学校走到乔同学家她已经觉得上气不接下气了，但是孩子告诉她每天上学一点儿也不累，他都习惯了。听了这句话她内心的触动很大，扶贫先扶志，扶贫必扶智，她希望尽自己所能成为孩子追梦路上的小太阳。从那天之后，她每个周末都约乔同学来学校或者到孩子家里帮孩子温习一周的功课，并给他讲一些他很感兴趣的科学知识；为了帮助乔同学克服胆小的毛病，她在课堂上经常提问乔同学并鼓励他、表扬他，同时任命他为班里的体育委员，乔同学在她的鼓励下越来越自信，并立志要当一名科学家。直到现在两年过去了，她还常常接到乔同学的电话，向她汇报自己获得的好成绩。

热心公益，志愿青春

在课余时间，段旭芳与她支教团的其他小伙伴还积极组织、参加各种志愿活动。她们在延川县中心广场牵手延川县人民群众，解读十九大报告精神，将党的十九大精神传递给人民群众。她们在学校里给教师培训 ppt、word、excel 等办公软件的使用，教会学校教师更简洁高效地利用办公软件核算成绩。她们在学校成立科技社团，为孩子们教授简单的科学知识，激发孩子们的学习兴趣。她们对接广东罗曼智能科技股份有限公司、陕西银雁金融外包服务有限公司等企业为当地学生带来书本、篮球、书包、衣服等生活学习用品。她们在延川县南关小学设立陕西科技大学研究生支教团助学金，并将第一笔助学金与研究生支教团成员亲笔书写的鼓励信发放给南关小学的 50 名学生。她认为青年一代应该接力扶贫勇担当，扎根基层筑梦想，用小我的力量为社会做一些力所能及的贡献。

一年的支教服务结束后，她的表现受到了同事、学校领导和延川县团县委领导的肯定，被评为延川县城关小学优秀支教老师及 2017—2018 年度延川县西部计划优秀志愿者。

当初因为“用一年不长的时间，做一件终生难忘的事”这句口号，她听从内心的召唤，毅然决然地加入了研究生支教团，即使身边“浪费了一年时间”之类的质疑声一直没有断过，她也从不后悔当初的选择。这一年的支教服务生活，让她体会到了为人师表的责任，也收获了无私奉献的喜悦；结识了热情大方的同事，也拥有了由 56 名小可爱组成的“粉丝团”；明白了相聚的美好，也学会了与自己独处；更与一起支教的同学结下了深厚的友谊。这份经历将伴随她，使她永葆初心，走向一个又一个未知的挑战。

（陕西省教育厅学生处供稿）

扎根基层沃土，让信念之帆在基层高扬

——西安培华学院杨家杰事迹

杨家杰，男，中共党员，江苏丰县人，2013—2017 年就读于西安培华学院，时任班级团支部书记。在校期间，多次参加校内活动并获奖，连续两年被院系评为优秀团干部，2015 年 5 月加入中国共产党。2017 年，经江苏省委组织部选拔参加考试，毕业后正式成为一名大学生村官，现任丰县顺河镇白庙村党支部副书记、兼顺河镇团委副书记。

怀揣理想，积极向上，扎根基层

丰县位处苏、鲁、豫、皖四省交汇处，自古就有"无风三尺沙、黄土埋庄稼"的自然环境。作为地道的丰县人，杨家杰对家乡厚土有着独有的偏爱，毕业后他放弃了自己一直坚持了 4 年的摄影梦想，毅然选择回到家乡发展基层事业。由于他从小在农村长大，适应基层环境自然也快。他对家乡抱有干好事业的理想与抱负。但是，如何发挥作用干出事业让群众认可？如何从大人眼里的村中娃成长为群众心中一名合格的青年干部？他明白一名刚毕业的大学生要融入基层工作，仅仅靠一腔热血、一纸文凭还远远不够，只有用实际行动干出成绩，闯出一番事业才是硬道理，只有带领家乡父老走出贫困，才能得到他们发自内心的认可。

初出茅庐，踏实做事，心系群众，驻村工作亮点纷呈

陕西

他发展特色农业，做脱贫致富先锋。在任职期间，他坚持走访调研，找准农村发展遇到的突出问题、瓶颈问题，与百姓促膝长谈，将平日里群众语录以及群众反映出的问题记录在册，认真分析研判原因并进行梳理汇总。群众事情无小事，只有将群众问题当成自己的事情，才能做一名称职的农户贴心人。为了提高村民的收入，经村委会研究决定成立村委会专业种植合作社，流转土地 700 亩，种植出口毛豆和菠菜，发展订单式农业经济，当年为百姓分红 300 余万元。在扶贫路上总会遇到各种群众问题，他都会耐心倾听、尽力解决。在面对生活质量较差的村民，如：建档立卡户、低保户、五保户等低收入群体时，他会帮助其分析家庭致贫原因，并想方设法帮其寻求脱贫办法。为了增加低收入群体的收入，他曾多次为村民向地方企业申请特殊就业岗位，并邀请农林畜牧专家免费对村民进行知识宣讲、技能培训，为村民创造再就业机会，不少村民通过再培训获得了一份新的就业岗位，家庭多了一份收入来源。

他发挥党员作用，做社区建设先锋。将社会发展中的新兴观点带到村中尽管不是难事，但是要想让村民短时间内接受还需要时间。现阶段因青壮年外出打工，村中以老人居多，一套宅子包含几代人的情怀，所以因社区建设要开展拆迁工作是困难的，村民一时难以接受也是可以理解的。作为一名党员及青年干部代表，看到乡村振兴政策助推家乡发展的机遇近在眼前，他开始发起动员工作。为了让广大村民了解、认识基层的发展机遇，把握发展机会，他与村支书商议在村党群服务中心不定期开办村民大讲堂，为村民讲解国家政策以及农村发展方向。村民被他讲解的知识所打动，纷纷主动找到他表明心迹，更有甚者帮助他宣传劝导更多的村民用发展的眼光看待拆迁问题。在大家的共同努力下，新型社区建设如火如荼，如今白庙村新型社区 3 期工程即将竣工，已经住进新楼房的村民无不感慨：为了村子发展，小杨为我们做了很多工作。

看到瓦房变楼房，他们赞不绝口。

助力教育，勇于担当，善作善成

助力基层教育，做扶智领航先锋。每逢高考，都会有一大批学习成绩好但家庭条件差的孩子因升学而犯愁，由于经济等多方面的原因，不得已选择调整到学费较低的学校或改学专业，甚至放弃上学机会选择外出打工。他主动联系校方了解情况，上门找到家长及孩子进行劝说、教育，利用各级政策向上级部门申请资金帮扶，2018 年获得团县委扶贫助学资金 5.7 万元，帮助 17 名学子成功入学；2019 年获得团县委扶贫助学资金及社会资金共 6.3 万元，帮助 23 名学子走进大学校园。面对家长及孩子的道谢，他说：我只是做了该做的。

党员先锋，让信念之帆在基层高扬

由于工作表现突出、政治素质过硬，他被调到纪委巡视组参加巡视工作，接受锻炼。其间他经历了市委提级巡察、县级常规巡察，均能保质保量完成任务。作为一名大学生村官，他不忘初心，牢记时代赋予的使命与职责，以实际行动践行扎根基层，赢得了家乡父老和群众认可，赢得了领导的信任与同事的支持。时光荏苒，转眼已是杨家杰扎根基层的第三个年头，面临 2020 年脱贫攻坚的大考，他将砥砺奋进，肩负着群众的希望继续前行。

（陕西省教育厅学生处供稿）

甘肃

GANSU

青春闪耀光华，爱心铸就未来

——武威职业学院梁青梅事迹

有一种生活，你没有经历过，就不知道其中的艰辛；有一种艰辛，你没有体会过，就不知道其中的快乐；有一种快乐，你没有拥有过，就不知道其中的美好。而这种生活我院学生梁青梅却不止一次地体验过，那就是志愿者支教与做公益。

篇章一 “爱在吕途”播撒阳光

2017 年 7 月 15 日，梁青梅和来自全国各地的 15 名大学生前往山西省吕梁市文水县西城乡东石侯村国家电网爱心希望小学进行义务支教。在短短 25 天的时间里，他们按支教策划书进行了“特色课程”、“创意比赛 ”和“支教调研”三项活动。针对贫困边远山区的孩子对于艺术知识和科技创新理念的缺乏，开设特色课程，其中《三字经》、《弟子规》、趣味历史与演讲、未解之谜、天文地理漫谈为必修课，重在开阔孩子视野，培养综合素质。武术、趣味科学、音乐、体育、美术为选修课，重在锻炼孩子们的创新创造思维。他们还开展了趣味运动会、“滴水之恩，何以为报”书信朗诵比赛、“描绘未来，放飞梦想”绘画演讲比赛等丰富多彩的创意比赛活动。

“支教中，队员们对学生进行了家访，发现其中最突出的问题就是留守儿童问题。我想不仅是在文水，其他地区支教的志愿者们也都会遇到这个问题，我们能做的只是暂时的帮助，希望有更多的人能够关注他们，帮助他们。”

诚如青梅所言：“二十几天的努力改变不了当地的教育现状，但我相信，几十个年轻有朝气的大学生带着阳光、带着希望、带着外面世界的精彩一定会给他们留下深刻的印象。”

“支教结束的那天，孩子们都泣不成声，带着充满渴望的眼神说着‘老师能不能多留一会儿，老师，等会儿走……老师，我拿了奖状是不是你就回来了？说好了还来继续给我们教画画……，当车子驶出学校，大声说着‘老师再见’，泪水模糊了眼眶，校长的话犹在耳畔：‘你们只是做了该做的事，学校就是再艰苦也要办，一个孩子也不能放弃。’我知道，我们能力有限，只是希望短短的时间里，能够让他们感受到这个世界未知的美好。离别前，孩子们写了很多小卡片，当我一字一句地读卡片上的话语时，内心满满都是心疼……无论今后怎样，孩子的内心世界一定得到了一点点冲击和改变，这就够了！”

篇章二 “逐梦云滇”，再续温暖

对于支教，梁青梅一直在坚持不懈地努力。2019 年寒假，她自费购买了 1 月 18 日兰州至丽江的飞机票，心怀赤诚之心，参加“2019 守望者冬令营——逐梦云滇”活动，并担任队长，带领来自 13 个省份的 15 名志愿者，前往云南省丽江市宁蒗彝族自治县西布河乡老江河小学进行寒假冬令营活动。由于路途遥远，车子又陷进泥浆，山路十八弯……所有队员互相支持，经过长达 8 小时的山路，终于抵达学校。

在前期的调研中她发现，当地的学生基本上属于彝族。有一个 8 岁的孩子又黑又瘦，又矮又小，很胆怯地蜷缩在角落，后来他们去家访才了解到，孩子的父母在外地打工，常年不在家，爷爷奶奶患病，只能勉强生活自理。组织经过详细讨论后，为他们申请了中华少年儿童慈善救助基金组织“童愿计划”一对一帮扶。

开课前夕，她和队员到山下快递点去拿捐赠物资。去山下的快递点走路要 4 个小时，山路很陡，修的路还没通，她们就从田埂、陡坡上直接跳下去走，尘土在他们脸上、头发里直接变成了泥。他们拿着 40 多斤重的物资爬坡，走在路上，能看到悬崖边翻下去的车。她说只有经历过这些，才能更明白生活的意义和价值。在这么艰苦的条件下，他们都能生活得如此知足，我们还有什么理由去抱怨？生活依旧很美好。

在支教结束前的最后两天停水停电了，天空中飘着雨夹雪，队员们从教室外捡来树枝生起一堆火，围在一堆小小的篝火旁取暖，煮了清水挂面。第二天他们认认真真上完所有的课程，收拾好行囊，跟孩子们道别。在云南一座海拔 3500 米的深山里，一群来自天南海北的人温暖着严寒深山中的小天使们。这是世间最珍贵的感情。

带着内心的热忱，朝着心之所向，梁青梅继续往前走。相信世界不会亏欠每一个努力的人，也记得每个人的梦想，她想用自己的行动去温暖孩子们，给他们开启一扇通往绚丽多彩世界的窗。

篇章三　公益路上做有心人

2017 年，梁青梅在陇西县幼儿园任职，12 月的某一天，县教体局呼吁全县教职工收看中央 12 台播放的马河镇联合小学的学生在寒冷的冬天缺衣少穿的视频，园长马上号召全园教职工给贫困山区的孩子捐献衣物，梁青梅便自告奋勇承担整理与发放任务。后来，她得知陇西县有"随手公益"这样一个组织，立刻想办法联系，并于 2018 年 2 月 18 日正式加入陇西随手公益组织。

2018 年 4 月 14 日，梁青梅和随手公益的同仁一起前往陇西县宏伟乡贾家岻村进行物资发放，有衣服、被子、枕头等用品。随手公益的志愿者把社会各界的爱心、关怀带给了最需要帮助的人！

2018 年 6 月 30 日梁青梅随志愿者来到文峰镇东梁村，顶着炎炎烈日为村里 100 余户群众送上 8000 多件衣服、200 多双鞋。

2018 年 12 月 16 日，一个寒风凛冽的日子，他们前往陇西县通安镇冯河村张家湾社送温暖，有几个孩子长了冻疮，皮肤肿胀溃烂，裂着口子的手深深扎疼了随手公益每个志愿者的心。这让梁青梅不禁想到：这个世界上最贵的东西，莫过于一份善意，无论在哪里，永远不要吝啬你的善意与爱心，因为他们需要的，只是一点点。

2019 年 8 月 23 日，梁青梅随志愿者来到陇西县永吉乡今农小学，为他们送去崭新的学习用品，这不仅仅是一件件物资的帮助，更是所有爱心人士的满满关怀，在爱心传递的道路上，他们无怨无悔地付出着。

2019 年冬天，新冠肺炎疫情向全国迅速蔓延，肆虐的病毒在盛大的春节向全国人民下了"战书"，一场疫情防控阻击战打响。陇西县的定点医院物资持续告急。在通告发布的第一时间，梁青梅就协同公益负责人联系各大厂家。短短几天时间，大家共同努力，筹集善款，购买了口罩、防护服、消毒液、食品等物资。梁青梅用实际行动提供力所能及的帮助，为陇西县第一人民医院的一线人员送上了贴心的防疫物资。

在甘肃，在陇西，有这么一群人，这为数不多的一群人里有我院学生梁青梅，他们在做随手公益。然而，随手公益并不随手，他们一起用心点燃希望，把大爱传递，让爱的温暖在随手公益的行动中照亮世界的每个角落。

篇章四　践行使命，致"警"青春

青春因梦想而美丽，因奋斗而无悔。警察与青春相融，必将绽放夺目光彩。2019 年 12 月初，梁青梅通过参加定西市公安局招录文职考试，成为一名光荣的警察，她始终牢记习总书记说过的话："人的一生只有一次青春。现在，青春是用来奋斗的；将来，青春是用来回忆的……只有进行了激情奋斗的青春，只有进行了顽强拼搏的青春，只有为人民作出了奉献的青春，才会留下充实、温暖、持久、无悔的青春回忆。”青年时代，选择吃苦也就选择了收获，选择奉献也就选择了高尚。青年时期一定要多经历一点摔打、挫折、考验，这有利于走好一生的路。梁青梅说她将用青春年华奉献公安事业，用少年无华的奉献、英勇顽强的斗志践行入警誓言，谱写定西公安的不朽“警色”。相信她在这条路上将越走越坚定，越走越从容！

（甘肃省教育厅学生工作处供稿）

正值青春，不负韶华

——甘肃交通职业技术学院李亚亚事迹

李亚亚，男，1996 年 3 月生，甘肃白银人，中共党员，2016 年考入甘肃交通职业技术学院交通测绘系无人机应用技术专业学习。在校期间，曾担任班级学习委员，多次荣获国家奖学金，被评为甘肃省优秀三好学生、校级优秀学生干部、优秀团干部。2018 年 7 月，到上海华测导航技术股份有限公司无人机技术支持部实习，担任技术支持工程师，主要负责全国项目的售前、售后设备安装、调试、演示及培训等各种技术支持工作，组织和实施面向客户的产品演示技术交流会，协助销售人员和客户进行各个层面的技术交流和解答，配合销售撰写技术方案。参与部门各项技术管理流程的制定，跟踪和学习最新的技术动态，及时了解新技术、新业务和新设备。协助解决客户遇到的各类技术要求及疑难问题，及时把现场信息反馈给研发部门。

经过辛勤的努力，2019 年 7 月我顺利转为正式员工。就职一年时间里，由于工作原因我走过了 24 个省份，105 个城市，其间也两次去国外做技术培训。我不断锻炼自身的社会活动能力，在社会大课堂里，经风雨、见世面、验知识，养潜力、练意志，使自身能力得到快速提升，智慧得到开发启迪。

在参与的各类重大项目中，我的个人能力和全局观有了一定的提升。首先是在产品学习上，学习了各种无人机机型的使用，参加了各种产品演示和培训，在这个过程中

我学到了很多产品使用的技巧以及航测方面的知识，同时还学习了后期处理软件的使用。在处理各种工作的时候，我遇到过很多问题，在处理这些问题时也提升了自己的沟通协调能力。我在基层的实践中锻炼自己，在履行工作中增强服务意识，在磨炼中增长知识阅历，提升个人的综合素质。

在工作中，我与公司一起经历了许许多多的大事。2019 年 4 月，我参加了阿联酋迪拜航测项目培训工作，第一次给外国友人培训，从上海出发，在北京转机，历经 12 小时到达迪拜，再转乘 4 小时大巴到达阿联酋乌姆盖万项目驻地，该地区为亚热带沙漠地带，高温多湿，气候环境不好。

我给他们进行了室内培训，讲解航测知识（包括控制点的布设、摄影测量基本原理）并对飞机以及数据处理软件进行介绍，让他们对这些航测知识有所了解之后，我再对他们进行飞行外业培训，主要是无人机的组装、航线的规划、手动飞行操作、设备和电池的保养、飞行检查及飞行过程中的注意事项。刚开始他们觉得这个不容易上手操作，练习了两天之后觉得还是挺容易的，基本能独立操作（包括从外业数据的采集到内业数据的处理）。经过一周的培训，他们对我们非常满意。其实，刚开始培训时我略有些生涩和紧张，但一会儿就收放自如了，这都源于事前我不懈的努力。为了能够讲好，培训好，我下了许多功夫，将专业知识熟记于心并能灵活应用。我的想法是培训好每一位学员，让他们快速掌握技术、快速熟练操作、快速上手飞行。

2019 年 10 月，我参加了南美洲厄瓜多尔米拉多铜矿倾斜项目培训工作。这是截至目前我人生中最漫长的一次旅途。我独自一人从上海浦东机场出发，途径欧洲中转，穿越大西洋，历经 24 小时抵达南美洲的厄瓜多尔，再从基多飞行一个半小时，落地昆卡，转乘 5 个小时的大巴，到达项目驻地。整个测区多为山区路段，山势陡峭，地形复杂，高低起伏较大，降雨量多，24 小时内降水量可超过 60 毫米，山体滑坡、落石、塌方、地震等地质灾害经常发生，沿途路面经常遭到破坏，导致现有道路中断，这为本次测量工作带来了很多不便。

我对他们进行了培训讲解，先让他们对倾斜摄影有一个整体的认识，然后带他们去外业进行飞行训练。由于缓存不了地图，我就通过飞机遥控控制无人机沿四周确认测区范围，其他工作人员协助对地面站进行监控，并将飞机信息实时反馈给飞手。确定整个测区范围过程中遇到边坡时，既要确保人身安全又要确保仪器安全，加上山区蚊虫叮咬严重，气温高，天气变化多端，飞行很艰难。

为了加快项目进度和客户练习进展，确保能顺利完成施工前期的 1∶500 矿山地形图测量工作，解决测区山势陡峭、环境恶劣、人工作业效率低、人工测量危险系数高等难题，我利用华测 P550 多旋翼倾斜系统，成功完成矿山测绘数据采集，并快速生成相应成果数据。客户也快速上手操作，掌握了航测倾斜摄影系统的使用，完成了每月施工测量土方量的计算。

2020 年 5 月，我参加了西藏自治区那曲市巴青县房地一体项目培训工作，去西藏曾是我遥不可及的梦想，我主动自愿来到西藏那曲市巴青县(平均海拔超过 4500 米以上)给客户培训倾斜摄影房地一体化项目。当时我从青海西宁出发，先到拉萨，然后坐客户的车到巴青县，由于巴青这边没有高速，只能走国道，全长 600 多公里，历经 12 个小时到了巴青县。巴青县高寒缺氧，空气稀薄，太阳辐射强，日照时间长，温差相对较大，天气变化多端，整个巴青县都是客户的项目区域，包括 10 个乡镇、一个巴青县城。我在困难重重的环境下，艰难飞行。尽管当时事务十分繁杂，但经过大家的共同努力，最终还是取得了圆满的成功。我的努力和付出也得到了客户的肯定。

在培训验收的过程中，不管是炎炎烈日下被汗水湿透衣衫，还是刺骨寒风中伫立在高山之巅，抑或是情况紧急千里奔袭，穿越了祖国的大江南北，我觉得每一分付出都是有意义的。因为当时心中只有一个想法，那就是让我们的枭鹰尽情地翱翔于祖国广阔的蓝天，让恒能的旗帜站稳所到的每一块阵地。我也深切地懂得“天将降大任于斯人也，必先苦其心志，劳其筋骨”这句话的道理。温室的花朵不可能得到真正的成长，没有艰苦的历练怎会有切实的进步？环境的磨炼与辛勤的奔波也确实没有白费，我在每天忙碌的工作中得到了越来越多的成长。看到自己日益精进的技术水平以及客户们认真赞许的目光，我心里都是满满的骄傲。公司的团队和品牌能得到客户的认可，我的努力和付出能得到客户的肯定，这是我工作中最大的目标与收获。

在平时没有出差作业的任务时，我也没有停下学习的脚步。我不断提高自己的专业技术水平，开阔自己的视野，丰富自己的知识，提升自己的沟通协调能力，时刻准备应对随时可能出现的挑战。因为我坚信，没有完美的个人只有完美的团队。只有我们大家共同进步发展，才能让我们走得更远，有更好的未来。

正值青春，不负韶华！

(甘肃省教育厅学生工作处供稿)

青春无悔，不负韶华

——兰州交通大学吴娟事迹

吴娟，中共党员，兰州交通大学2016级英语专业研究生，现任职于山西省襄垣县下良镇人民政府。

青春是绚烂的词汇，是多彩人生最美好的一段。智者教导我们要珍视它、善待它，母校也告诫我人生短暂，应当青春无悔。所以，我在每一个选择的当口都很慎重，希望未来的路是遵从了自己的内心，将来能活出想要的样子。

2019年的毕业季，我没有选择走"学霸"的路，继续去更高学府深造，也没有像大多数同学那样走"稳妥"的路，留在大城市一展所长，而是坚决要求到农村去，选择到一个最接地气的新世界。

让我毅然决定回到农村的决心是2019年5月到临夏支教的经历。临夏是一个重点扶贫县，当村干部领着我进入支教的校园，看见有孩子衣衫褴褛，连男孩、女孩都分不出来的时候……我拿出给他们带的礼物，他们满眼期待的时候……我在课堂上讲到汉堡，他们连听都没听过的时候……我五味杂陈、心如刀绞，他们都是可爱的孩子、聪明的孩子，是祖国的未来，是党的事业的接班人，却由于生在贫困的农村，而失去了众多机会。这对农村纯真的孩子不公平，对我们的事业也是重大的损失。作为党员，我深感有责任用母校教给我的知识、才干和情感为振兴乡村贡献力量。

2019年6月，我只身一人来到了襄垣县下良镇，经过短暂休整，正式踏上了乡村振兴的征程。下良镇是襄垣的人口大镇、经济重镇，上级所有的工作，一到下良，任务量都是成倍地增长。"上面千把锤，下面一根钉"，加之全镇缺少年轻力量，人手匮乏，入职伊始，我便身兼数职。我承担的具体工作以"条"分类，主要有清洁取暖、脱贫攻坚、临时交办的其他事项。另外,我还负责对所包村各项工作上传下达、督促推进,以及对所在片区的综合协助服务。

很快,工作的压力接踵而至。这一年,我遇上了县里加快推进清洁取暖工程,全镇15个村的"硬任务",要求在2个月内全部完成;这一年,我赶上了全县加紧开展脱贫攻坚行动,"两不愁三保障"补短板促提升,"十二个清零"任务排查整改,都要求在1个月内全部完善到位;也在这一年,"不忘初心、牢记使命"主题教育高标准开展,档案资料、应知应会等片上任务、包村任务陡然增多……容不得半点喘息,而这些都需要我去落到实处。

依稀记得,接到清洁取暖任务时是酷热到让人发晕的7月,时间紧、任务重、难度大,注定是一场大仗、硬仗、苦仗。初入岗位,面对如此繁重的项目,我简直一头雾水。为了能尽快理出头绪,我主动开始了没日没夜的下村摸排。7月是一个让人每天只想待在空调房里的季节,而现实却是我每天没日没夜地下乡。然而,语言的障碍,使得初入农村的我每天的工作进展缓慢,无数繁复的沟通让人应接不暇,每晚回去,还要汇报当日的工作情况,可以说身心乏力。整整一个月,身体的劳累、语言的障碍,让我第一次真正体会到了身心俱疲的滋味。熬到了8月,工程开始正式实施,遇到的困难更大,那段时间,每天我都要跟着工队到偏远的山沟查看工期,而这一年也成了我人生第一次国庆假期仍在工作的一年。期间下大雨,我为了推进煤改电的工作,在山路上不断地绕,因为路滑而被困在山上。我依旧是一个人扛下了所有的苦与泪。

临近寒冬,全镇天然气未能通气点火,煤改电未能通电入户,生物质锅炉的燃料未能发放到位,这时的我为了尽快将工作落实到位,每天就像陀螺一样转个不停,其中最大的挑战是发放生物质燃料。燃料的用户都在偏远村落,远离干道,大货车无法直接到村,只能将燃料发放到村口,等候村民来,我分配合适后让大家自行拉回,很多时候一待就是一整天。有一次在透骨及髓的寒风中等待,手机接通传来大学室友的问候:"你冷吗?"我故作坚强地回答:"不知道,我已经冻傻了……"电话挂掉后,我默默地流着眼泪,依然咬牙坚持到了天黑。还有一次,在一天的工作结束要回去时,手机在打了最后一通电话后也被冻得关机,我只能徒步走了近一个小时才回去,看到单位同事都已吃过晚饭,委屈不禁涌上心头,我趴在被窝里狠流眼泪。

"衙斋卧听萧萧竹,疑是民间疾苦声。"郑板桥在诗中体现了身在官衙心系百姓的情怀,似乎只有身在其中,才能有这种体会。就这样寒来暑往,经过无数次穿梭于田间地头,奔走在乡间小路,走访在田家农舍,终于,实施改造的取暖户数在规定的时间内迅猛增长,目标改造户全部温暖过冬。当老百姓拧开天然气灶,蓝色的火焰映照着他们的满脸笑容时,那一刻我觉得所有的辛酸都异常值得。

2020年是脱贫攻坚决战决胜之年,下良镇作为全县贫困户最多的乡镇,坚决打赢脱贫攻坚战是全镇上下必须完成的"死任务"。扶贫工作千头万绪,千丝万缕。

第一关是基础数据。数据信息的准确性直接影响到帮扶成效,影响到扶贫工作的精准度。为了将每一户贫困户的信息核对准确,我对数据进行了反复比对,对全镇的扶贫手册进行了一轮又一轮的修改与核实，本着对群众负责，对脱贫事业负责的态度，我要求自己坚决做到事经我手无差错。前前后后，全镇 29 个涉贫村共有 19 个村 176 户经我核对，并准确归档。在基础数据订正这一环，我适应了高强度、连续加班到深夜、到凌晨的工作节奏。

第二关是“两不愁三保障”。为确保政策落实到位，我多次配合县住建局、水利局、医保局、教科局对贫困户进行逐户鉴定，并紧盯问题整改，走遍了下良的每一寸土地，做到了遍访每一个贫困户，确保政策落实到每一个贫困户。2019 年的深秋，为保障偏远村落的贫困户在清洁取暖的大背景下能温暖过冬，我帮助他们调拨、安装了生物质锅炉，并为其提供了免费燃料，为了抢时间，我连续两个月不休息、不回家。

第三关是发展扶贫产业。通过各种形式遍访以来，我才真正知道原来还有那么多人背井离乡，辛苦一年收入却平平。我真正认识到发展扶贫产业的重要性和紧迫感。恰逢县政府出台了种植尖椒、米槐等产业脱贫政策，但贫困户因惧怕承担风险，积极性并不高。我萌发一个大胆的想法，自己作为农村工作者，要带头亲自干、做示范！我充分利用自身的知识储备、身边相关的技术资源，积极争取领导大力支持，以点带面，筑牢贫困群众的增收基石。决定之初，身边不少人劝我：“你一个小姑娘，在这人生地不熟的他乡，还是和贫困户合作，怎么能干成产业？安分点好不好？”可我知道，自己来农村的初心就是要以己之力带动农民致富，改变农村落后的面貌。我认为，这就是我人生的价值和工作的意义。

定了就干，说了就办。在发展扶贫产业上，我投入了更多的精力和勇气。根据《襄垣县尖椒和米槐产业扶贫项目实施方案》的文件精神，在得到领导的坚定支持后，我和几个志同道合的农村工作者经过具体实地摸底和分析，选定了尖椒种植项目。

我每天早晨五点就要起床到示范田亲自种植，八点半赶回办公室开始一天忙碌的工作，下午下班后继续到基地直到天黑才作罢。目前 100 亩尖椒已经全部种植到位。在我们的带动下，各类帮扶力量主动送水，主动来帮忙，尖椒长势非常好，预计能带动 25 户贫困户每户增收至少 3000 元，扶贫产业胜利在望。

我到农村的日子很短，经历却很“长”；工作干得很苦，成果却很“甜”。回首，我也哭过、笑过、迷茫过，但却从未动摇过。很累很累的时候、遇到困难想哭的时候，我总不自觉想起母校和恩师教给我的东西，就觉得充满了力量，并坚定地走下去。我晒黑了，更成熟了。我告诉自己，无论有多难，都要干成个样子，无论到什么时候，初心都不能变。我青春的模样，就是奋斗的模样、奉献的模样。

我真切地感到，到农村以来，“扎根基层，奉献青春”已经被赋予了最真实的内涵。接下来，我将在贫困户对美好生活向往的激励下更加奋发图强。因为，最好的等待是来日可期！

（甘肃省教育厅学生工作处供稿）

奋斗的青春最精彩

——兰州理工大学马海仁事迹

2020 年如期而至，可是，这一年注定是不平凡的一年。新年伊始，本该是全家团聚、阖家欢乐的日子，但是就在此时，灾难悄无声息来临，新冠疫情暴发。一方有难，八方支援，祖国的安危牵动着我们每一个人的心，当祖国发出号召的时候，我没有考虑自己的安危，义无反顾投身到疫情防控工作中。

我是兰州理工大学经济管理学院一名大四的学生。本来，这一年是我找工作的重要一年，可是，突如其来的疫情让一切都按下了暂停键。在此我跟大家分享一下，我在抗疫中的就业、创业故事。

新冠疫情彻底打乱了我们的生活节奏。作为毕业生，我提前规划了自己的未来，准备回学校之后，签约心仪的企业。我是个闲不住的人，假期放假我带着简历到我们当地的卫健委面试，被录取成为实习生，准备实习两个月。虽然我不是医学专业，但是我特别想学习医学方面的知识，学习两个月就差不多开学了。为了提前适应毕业后工作的强度以及状态，白天我在卫生局上班，晚上我在临潭县桃李教育任课，其间我自己创办了临潭县沁园小饭桌（校外托护培训机构），可是，天不遂人愿，因为疫情，一切都被耽搁了。我回不了学校，而且全国人民都在自我隔离。疫情迅速蔓延，我们县社区缺人，由于暂时没办法回学校，而且因为已经对基本医学知识有了一定的积累，很荣幸，我被调派到临潭县城关镇社区卫生服务中心，参与疫情防控一线工作。

从大年三十开始，疫情越来越严重，我们社区的工作人员只有我一人是男性，其他的全部是女大夫，自然而然，我就承担起了重任。从那时开始，每天晚上执勤，到重点场所消毒，对重点地区人员管理检测，都是我们负责。到了 2 月，离我们很近的地方也开始出现病例了，第一例、第二例、第三例……，而且都是人传人。此时我们的工作压力也越来越大，我记忆最深的是我们每天工作到很晚，好几次晚上我收到紧急通知，三更半夜就去卡点接送重点地区来的人到医院进行隔离以及核酸检测，等回到家天都快亮了。这是那段时间的常态，好几次我都感觉到了从没有过的恐惧，因为病毒实在是太厉害了，这种状态一直持续到疫情缓和。复工复产开始后，对湖北人员及临夏人员的检测，又成了我们的任务，一直到回校前，我都在做这项工作。2020 年 5 月 16 日我要回学校，单位的同事们都来送我，因为在一起的日子，是我们最难忘的，我们一起并肩作战，一起抗击疫情……

大四刚开始的时候，当疫情没有发生的时候，我的目标是签约自己心仪的企业。在家里无法回学校的时候，线上招聘的公司很多，但是那会儿我没有顾上，因为真的很累很累，根本无暇顾及。回到学校后，校招已经接近尾声，而且很少有心仪的单位，而此时的我也已经不打算签约企业了，我觉得就业不仅仅是为了赚钱、为了生活这么简单，这是我人生的第一次重大规划，是我人生的十字路口，此时最重要的是对自己有一个明确的要求、明确的定位，而不是人云亦云。经历这次疫情使我对自己以及未来有了不一样的定义、不一样的规划。参加疫情防控工作，是对我一生都有重大意义的一件事，也使我明确了自己以后该走的方向。

由于在此次疫情中表现突出，我被甘肃省委评为“甘肃省优秀抗疫青年志愿者个人”，获得“兰州理工大学优秀抗疫青年志愿者”称号。同时，我还接受了《中国教育报》甘肃教育社的专访并发报，学院也破例将我列为新一期党员重点发展对象。我的高中母校兰州新舟中学将我评选为“新舟优秀校友”。由于在抗击疫情中的表现，我县卫生局让我留下来，而且毕业优先录用。作为当代新青年，这是我的荣誉，更是我的荣幸，我将会再接再厉，在未来的日子里，服务于家乡，服务于祖国，服务于人民，严格要求自己，使自己从一个团员向共产党员迈进。

（甘肃省教育厅学生工作处供稿）

扎根澜沧江源，践行初心与使命

——西北师范大学扎西旺索事迹

扎西旺索，男，28岁，2011级马克思主义学院思想政治教育专业学生，先后担任过学生会体育部部长兼组织部部长、学生会副主席。在校级田径运动会，带领学院连续三年获得运动会全校第一名，他个人先后获得“西北师范大学先进个人”“西北师范大学模范学生干部奖”“西北师大学习进步奖”“西北师大文体优胜奖”等奖项。2015年7月毕业至今扎根祖国西部基层，在平凡的岗位上，挥洒自己的汗水与泪水，演绎不平凡的青春。

扎西旺索家中共有七个孩子，他排行老三。哥哥姐姐都没有上过学，现在各自成家立业了；两个弟弟都已大学毕业，但没有找到稳定的工作；一个妹妹大学毕业后，发生车祸去世；另一个妹妹初中毕业后选择出嫁。他平时勤俭节约，自强不息，从来不说苦不喊累，默默地承担起家里的一切，一家人的生活就靠他的基本工资收入和每年采挖冬虫夏草来维持，在父母眼里，他最懂事、最能照顾家人。

2015年7月，他作为一名大学生村官被选派到青海省杂多县昂赛乡年都村担任村主任助理。五年来，他怀着强烈的责任感和使命感，提高自己的政治站位，扛起责任、严谨求实，勤奋刻苦，兢兢业业，努力完成各项工作任务。他作为一名组工干部，在工作岗位上坚持做到始终如一，始终保持锐意进取、敢为人先的精神状态，努力把“不忘初心、牢记使命”主题教育、抗雪救灾和疫情防控中激发出的工作热情和奋斗精神，转化为自己推动落实各项工作任务的强大动力，赢得了领导和同事们的认可。他曾获得“杂多县优秀青年奖”、杂多县“感恩奉献、与爱同行”主题演讲比赛三等奖、杂多县“抗雪救灾先进个人”、杂多县首届廉政文化艺术节之“扬廉为荣、纵贪为耻”诗词征文比赛二等奖等荣誉。

只争朝夕，不负韶华

2015年7月，他作为一名大学生村官被选派到青海省杂多县昂赛乡年都村担任村主任助理，但因杂多县委组织部工作人员较少，工作任务繁重，组织部主要领导决定，将他留在县委组织部里从事一些基础性统计和档案整理工作。他自己很清楚，自己的计算机应用能力不强，对组织工作业务一点都不熟悉，一切都要从零开始。他积极向本部门的老同志学习业务知识，吸取老组工干部的精神，业余时间加强学习政治理论和业务知识，不到三个月的时间，就掌握了如何整理干部人事档案以及如何界定“三龄二历一身份”等信息。同时，他积极参与事业单位考试，于 2016 年 1 月，正式考入了杂多县阿多乡经济社会发展服务中心，考入后杂多县委组织部决定将他借调到组织部，让他继续从事组织工作。他只争朝夕、不负韶华，认真负责落实部领导交办的各项工作，先后参与村、乡、县三级的换届选举工作，参与研究制定各项工作方案，前后完成了 8 篇以上的调研报告，撰写了工作总结和领导的发言稿累计达 26 篇左右；参与人事调整共 9 批次整，共计 225 人（其中提拔正科 30 名，副科级 116 名，平职调整 79 名）。2019 年组织部门主要领导让他负责全县公务员职务与职级套转和晋升工作，他先后完成职级套转 135 名，职级晋升 200 名。四年来，根据组织部主要领导的安排，他先后参与了全县乡、科级领导干部、优秀青年干部、村“两委”主要负责人轮训，共选派 265 人次参加了省内外培训，进一步加强干部教育培训的针对性和实效性，使干部教育培训真正成为提升干部素质能力的内在需求和不竭动力，他也赢得了全县领导干部和同事们的认可。

甘肃

敞开大门“迎谏”，伏下身子“求谏”

扎西旺索在异地求学时，一位校长这样评价他：“他，是牧民的儿女，肩负着父辈的厚望；他，是新时代的学子，沐浴着党的光辉。挫折中，他从不言弃，困难前，他永不服输。坚定的信念和不屈的毅力是他一路高歌的秘诀。”如今，他依然坚持初心，不负时光，继续为基层服务、为自己的家乡服务，他以坚定的信念和不屈的毅力为行动的方向和前进的指南。

2019 年年初，杂多县遭遇特重度冰雪灾害，这是近 60 年来罕见的持续强降雪和低温天气。据统计，牲畜死亡达 9371 头（只匹），直接经济损失约 4000 余万元。发生雪灾后，他立即返岗，投入到了持久力恒的抗雪救灾过程中。他按照县委、县政府“抗灾、救灾、防灾”的思想和“保人、保畜、保通”的原则，冲锋在前、日夜奋战，积极与县委宣传部工作人员一起宣传报道相关典型事迹。同时，他积极做好上级组织部安排的工作，与群众患难与共、共克时艰。他第一时间全力开展抗雪救灾典型事迹报道工作，让全县 7 万民众万众一心，众志成城，向奋战在抗雪救灾一线的人员学习，汇聚起战胜雪灾的磅礴力量。他用实际行动谱写了一曲可歌可泣、英勇顽强的抗雪救灾赞歌，催生了“自强不息、顽强拼搏、乐观向上、感恩奋进、无畏艰险、众志成城”的杂多抗雪救灾精神。

2020 年 1 月 24 日除夕夜 8:00，他接到县委、县政府的通知，立即动身，参与了防控疫情工作，并第一个提交了疫情防控请战书。他知道自己不仅是一名共产党员，更是澜沧杂多的儿女，在困难面前永不退让，冲锋在前。

疫情防控期间，他每天早出晚归，积极做好疫情防控指挥部办公室的各项工作和组织部的部门疫情防控工作，并每天在工作群里认真做好2523人（干部和财政供养人员）的动态管控工作。

4月28日，县委研究决定，将他提任为事业副科级领导干部，这对于他来说既是一件好事，又是一种认可，但他说："我努力工作，不是为了提拔，也不是为了什么，这是我不想忘记自己的初心，我的故乡需要更加努力奋斗的人，扛起新时代发展和前进的责任。"

争做"笔杆子"，争当"活动家"

他不忘初心、牢记使命，始终坚持自己文学爱好的初心，践行自己的写诗之旅，经常组织当地文学爱好者集中学习交流，举办相关活动。2016年年初，他开始发起"约梦书会"，邀请本地知名人士讲座，前后共举办了12次。他自己也经常阅读各类书籍，并把所学的知识应用到社会实践中。他采用取长补短的学习战略，到基层实际中去"摸活鱼"，到基层群众中去"拜师"，不断完善自己的不足之处。他的文学作品先后发表在《西北师大报刊》《长治日报》《甘南文学》《格桑花》《大学时代》《先锋》《广角》《杂曲》上，也成功入选了《青海，我的家园》一书。

2020年4月17日，青海省杂多县作家协会成立大会暨会员大会上，他当选为杂多县作家协会主席，这对于他来说，是一位文学爱好者始终如一地坚持自己的文学创作的成果，更是整个澜沧江源上的干部群众和广大文学创造者对他的肯定和认可。他说："我现在不仅是一名文学爱好者，更是一名组工干部，我从牧民群众中走来，我也到牧民群众中去挖掘精神良药。"

在我们看来，他无论是工作中还是生活中都力求率先垂范，发挥了一名共产党员应有的先锋模范作用。在与文学爱好者和群众相处时，他总是以"与人为善"的心态对待每一个人。他积极主动、不计得失、用自身的言行感召周围的所有文学爱好者和群众，让"党员"这一光荣称号在自己身上闪耀发光。他在澜沧江源上践行着自己的初心与使命。

（甘肃省教育厅学生工作处供稿）

青海

QINGHAI

这是青春该有的模样

——青海大学吉毛加事迹

吉毛加，女，1990 年 9 月 8 日出生在一个普通的农村家庭。7 岁，本该是享受天真烂漫的年龄，但无情的病魔夺走了她父亲的生命，幸运的是在母亲无微不至的照顾下，她性格开朗，乐于助人。

2008 年，她没有辜负母亲的期望，考入青海大学藏医学院，藏文基础不怎么好的她，起早贪黑温习功课，一刻不松懈地努力着。她知道这是种责任，也是青春该有的模样。

她喜欢参加各种活动，在班里她是班委，在学校里她担任学生会主席，她认为青春不应该留遗憾，要做无悔青春的事情。五年大学生活转眼即逝，她说："学校里的一切是那么的美好，我们迷茫时，有老师帮我们带路；我们伤心时，有一群朋友为我们擦去眼泪；我们委屈时，有家长为我们鼓舞；当我们取得小胜时，身边的所有人为我们喝彩。大学就是我们青春时代的温室，这里光线充足，阳光明媚，热了有人给你开窗户，冷了有人给你盖毯子。"正因为人生有了这样的一段生活，我们毕业后才发现，自己已经失去了人生中最宝贵的那段时光，留下的除了怀念还是怀念。

2013 年 10 月吉毛加踏入了人生的职业生涯，当时的她可以选择在都市工作，但是想到年迈的母亲无人照顾，她选择了回家。之后她成了贵德藏医院的一名普通外治科医生。当她参加工作时贵德藏医院还没有完全开张，但她有一群年纪相仿、志同道合的同事，她们不计报酬，只愿医院早日顺利开张，她们从点点滴滴做起，搬凳子、办公桌，收拾医院的床铺，不怕累、不怕脏，她说年轻人吃点苦怕什么，该有的都会有的。她的这股热情影响着身边的人，在同事和领导的肯定下，2014 年她被聘为外治科主任，次年被评为"2014—2015 年度优秀职工"。

在医院工作时，她始终"以病人为中心"，念患者之所念，忧患者之所忧，想患者之所想，始终坚持医者父母心的原则，始终把患者的生命安全放在第一位。对待每一位病人，她都能做到认认真真检查、详详细细解说、兢兢业业施诊。

2016 年 5 月她突然做了一个决定——辞职，她说她想到外面的世界看看，她说家乡人民总是在关心她，她觉得她拥有的一切来得太轻而易举，她说她想去体验一下不一样的生活，她选择了人生地不熟的四川，也许这也是青春该有的样子——愿意为梦想鞠躬尽瘁。最后，她在家人的支持下于 2016 年 8 月考入四川甘孜卫校附属医院。

陌生的环境，身边人的一口四川话让她不知所云，再加上遇到了一位相当严厉的师傅，那真是磨难重重。但她没有放弃，她认为自己选择的路“跪着也要走完”。一年的试用期考核合格后她如愿成了一名儿科住院医师。这里的夜班不知道要起来多少次，抢救病人那是常有之事。在日常工作中，她时刻为病人着想，从检查到治疗，都为患者精打细算，如果遇到远道而来的患者，她还会跟相关科室沟通联系，尽量当天做完检查明确诊断，给予及时治疗。

2017 年 9 月，在医院的安排下她前往成都市第五人民医院进修儿科专业半年，在这个三级甲等医院她学会了儿科的现代化诊疗技术及先进理念。

进修结束后，她结合本院实际积极开展儿科工作，并兼职完成医务科日常工作，于 2018 年 7 月完成了青海大学成人教育临床医学的本科课程，并获得临床医学学士学位。2018 年 7 月，她获得“甘孜卫校附属医院 2017—2018 年度医德医风先进个人”称号，于 2018 年 8 月被聘为医院医务科副主任兼继教办主任及质控办主任，于 2019 年 5 月 9 日取得“中医专业住院医师规范化培训合格证书”，于 2020 年 2 月因工作需要担任甘孜卫校附属医院“新冠办负责人”，完成了新冠疫情的各项防控工作及安排。

在这次疫情阻击战中，甘孜州为全国疫情重灾区，吉毛加同志第一时间上交“请战书”，上面写着：“不计报酬，无论生死”。她作为一个异乡人并没有退缩不前，而是选择在这场没有硝烟的战争中勇往直前，自疫情发生以来，甘孜卫校附属医院共收治留观患者 18 人，咽拭子送检 18 人次，解除医学观察 18 人，院内会诊 13 次。春节期间她没有家人陪伴，大年三十她奔波在医院只为改造隔离病房，收治留观患者，她每天都值班，随叫随到。她在微信朋友圈发了一句很简单的话，她说；“新冠让我成长。”看似简单，却意味深长。

她说：年轻的我们需要认真度过每一天，看似普通的每一天只要我们努力了，有一天它就会成为“闪亮的日子”。

（青海省学生事务服务中心供稿）

干好基层的工作，站好青春的岗

——青海民族大学马燕事迹

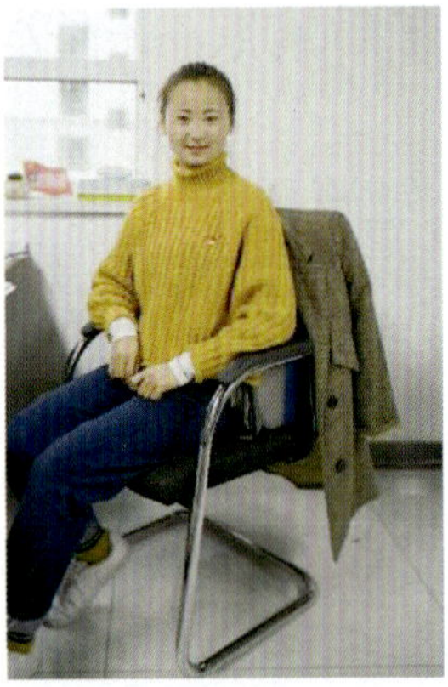

我叫马燕，2016 年，我从青海民族大学土地资源管理专业毕业，同年被选录为青海省选调生，成为青海省西宁市朝阳街道办事处党政办公室的一员。

我也是一名中共党员，深知作为一名基层工作者的责任和使命，全心全意投身到每一件小事中，服务好辖区每一位居民，站好青春旅程的每一班岗。

象牙塔外的第一步：迷茫

入选青海省选调生是一件值得高兴和骄傲的事。但刚走出象牙塔舒适区的我步入工作之初也迷茫过、犹豫过，每天有加不完的班，接不完的电话，统计不完的报表。“这样的工作真的是我追求的吗?”我不止一次这样问自己。然而每次我内心的回答差不多都是一样的：推荐选调生时，团支部书记打电话问我愿不愿意到基层服务，不论环境多么艰苦，都不能打退堂鼓，如果做不到，就把机会留给别人。我当时的回答是那么毅然决然：“不管什么情况我都愿意。”正因为这句发自内心的承诺，我打消了想要放弃的念头。

我整理好思绪，怀着热情继续投身工作。功夫不负有心人，2016 年年底，我顺利完成了手头的一项工作：全国党员信息系统统计工作。一项工作也许微不足道，但这份做好每件小事的细心，坚持负责履职的坚韧，把“奋斗”这句口号化成了一串坚实的脚印，使我逐渐在基层服务的路上越走越远。

青春岁月的第一班岗：坚韧

2017 年对于我来说每天都是魔鬼般的开始。上半年，由于负责纪委工作的同事休产假，我接手纪委工作。对于这块工作我一无所知，只能一边干着纪委工作，一边整理 2016 年全年档案，一边负责收发文件系统的管理，每天手忙脚乱。

但我不能败给繁杂的工作，我请教老同志，寻求领导的帮助，不断总结工作经验，优化自己的工作方式。在领导、同事的指导和帮助下，我合理安排时间，白天做纪委、收发文件系统管理等其他工作，下班后整理档案。那段忙碌的时间里，我没有一分钟闲暇，同龄人的休闲时间对我来说都是奢侈。披星戴月两个多月后，终于，功夫不负有心人，办事处获得了全区 2016 年度档案归档工作优秀单位。那一刻，我的心被付出后的回报填满了。2017 年，负责宣传工作的同事被借调到上级部门，我又临时接手了宣传工作。2017 年是西宁市创城工作的决胜年，我面临突如其来的重压并没有退却，在领导、同事们的帮助下，我在资料整理管理方面不仅没拖后腿，还指导辖区 5 个村、5 个社区高质量完成了资料整理完善工作。

时至今日聊起来，我还是深有感触：我为创建文明城市贡献了自己的力量，不管这份力量是轻是重，我觉着自己竭尽全力了。

2017 年实习年，我被派到省外去学习，事后我听说这个待遇是史无前例的。同年年底，我被评为办事处“优秀工作人员”。青春色彩就这样逐渐展现在基层工作岗位上。

平凡岗位的第一桶金：自豪

2018 年，是我在街道工作的第二年，两年的真扎实干，两年丰富的工作经验，使我对基层工作游刃有余了。在街道党工委申报党建项目时，我根据上年度宣传工作的经验，总结提出的“红立方”志愿服务队党建项目，被街道党工委采纳实行。

2018 年 10 月，因办事处搬办公楼，我作为协调搬家的主要工作人员之一，积极参与联系装修公司、电信公司、搬家公司，不但与同事们一起顺利完成单位搬家工作，还为所辖秀水二巷取名“朝曦 · 秀水里”，被街道党工委采纳，最终高质量完成领导交办的任务。该党建项目现为全市党建项目观摩点，高质量的工作成果引得宁夏、云南等地的观摩团前来参观学习。2018 年年底，我被评为城北区“优秀公务员”。这一年，我在自己平凡的岗位上收获了满满的骄傲和自豪，基层砥砺、青春无悔的自豪。

心怀感恩，砥砺前行

三年以来，我最感谢的是领导和同事们，一群抱有同样的理想信念的人们，一群愿意无悔付出、扎根基层的人，一群愿意无私奉献为人民服务的人。我们在一起工作时满是激情，身体疲惫不可避免，但心是愉悦的，是满足的。

工作期间，我不断向同事学习，不断提高自己的履职能力，我对领导安排的工作、对办公室分配的工作，从来都不说“不”字。

我以百分之百的热情对待经手的每一件工作，体谅身边的每一个同事。既然选择了这份工作，就要站好这班岗，因为群众都看着，不能给单位丢脸，不能给政府丢脸。这个三年在不知不觉中过去了，我还要坚持来时的初心，备战下一个三年，站好每一班岗。

（青海省学生事务服务中心供稿）

不忘初心，不负初心

——青海民族大学马正才事迹

马正才，男，回族，1995 年 10 月出生于青海省海东市民和县，中共党员，2019 年 7 月毕业于青海民族大学物理与电子信息工程学院材料物理专业。

2019 年，马正才报名参加了选调生考试，决定到基层去、到家乡去。他铭记着“进德修业，自强不息”的校训，怀揣着“建设美丽家乡”的初心，踏上了秀丽富饶的民和大地，从此与“大美古鄯”结下深深的情缘。自 2019 年 8 月至今就业于青海省民和县古鄯镇人民政府精准扶贫工作站，任扶贫干事。

马正才自幼生长在三江的源头，青海，受河湟之水的哺育，读“先天下之忧而忧，后天下之乐而乐”的诗书。在大学期间，他全力投身学习，思想积极，学习勤奋，积极向党组织靠拢，并加入了中国共产党，静心服务同学，潜心培养才干。青海的一山一水、一沙一石，承载了他对故乡的热爱。马正才自 2019 年任民和县古鄯镇扶贫干事以来，在平凡的岗位上挥洒着青春的汗水，诠释着青春的内涵。尽管入职不到一年，但马正才已成为乡里乡亲眼中的热心小伙，领导眼中吃苦耐劳的螺丝钉。那个刚刚走出象牙塔的平凡少年正努力发光点亮自己的青春！

在小事中显初心，在基层中展本领

从一名刚走出校园的学生到一名合格的基层干事，身份和思维的转变对他来说是一项挑战。2019 年 9 月，马正才被派到古鄯镇柴沟村进行驻村工作，初入村的马正才面对的是各种各样的家长里短、群众琐事，这与他原本想象的充满安逸的田园基层工作反差颇大，繁多的群众琐事使他心理有一丝失望和落差，觉得自己空有一身本领却无处施展。沉心静气是马正才的大学四年里当班干部时养成的好心态，他没有气馁，继续保持工作激情和努力。

在工作一段时间后，在领导的言传身教和与同事的朝夕相处之下，他逐步发现了自己的不足，深刻明白了“一屋不扫何以扫天下”的道理，学会重新做回小学生，在驻村的工作岗位上从头开始，从一点一滴做起。慢慢地，在解决基层群众小事的过程中他建立了自信，收获了快乐，几个月驻村扶贫的日子变成了他青春时光里的闪亮日子。他曾挑灯夜战为完成扶贫任务昼夜工作；他曾走巷入户为了解贫困户生产生活情况废寝忘食；他曾苦口婆心为化解村民矛盾费尽周折。马正才说：“如果说我是一根平凡的小草，那么驻村的日子就是我在农村吸收的养分，它让我丰盈起来，充满活力，它让我在这片土地上更加葱郁，更有价值。”

在孤寂中沉寂自我，在学习中寻求真知

白日的喧嚣过后便是夜深人静后的孤寂，而对马正才来说“学习”是摆脱孤寂、沉淀自我的最好方式。正如习近平总书记在青年代表座谈会上的讲话：“梦想从学习开始，事业靠本领成就。广大青年要自觉加强学习，不断增强本领。”马正才为了不使自己在知识和本领上落伍，每天都会在“学习强国”中学习党的理论，在主流媒体上了解社会发展焦点，向同事们请教解决基层群众问题的方式方法。通过每一次的学习和请教，他收获不同的知识，努力积累基层工作经验，为他更好地开展驻村扶贫工作打下了坚实基础。

舍弃小我追寻大我，践行为民服务宗旨

“先天下之忧而忧，后天下之乐而乐”是一种情怀，更是一种担当。尕布龙等先辈用自己一生的时间抒写了为人民服务的宗旨，为了人民的自由生活献出了自己的一生。而马正才深知我们自由地生活在这片土地上，享受着这舒适与美好，就应该怀着一颗感恩之心，把我们的热情与知识挥洒在这片土地上，为了基层人民的利益和福祉发挥自己的才干。

他舍弃小我，从人民的角度和利益出发，在生活中帮助群众解决难题，在服务群众的过程中不断超越自我，甘做一颗平凡坚韧的螺丝钉稳稳地坚守在自己的岗位上，将青春挥洒在黄河之畔的古鄯。

（青海省学生事务服务中心供稿）

藏族姑娘的基层工作日记

——青海民族大学扎西求永事迹

扎西求永，女，藏族，中共党员，1995年9月出生，青海省玉树藏族自治州玉树市巴塘乡上巴塘村拉吾尕社人，毕业于青海民族大学民族学与社会学学院15级藏汉双语社会工作班。

宝剑锋从磨砺出，梅花香自苦寒来

2010年玉树地震，突如其来的灾难让我永远失去了母亲和弟弟，家中只剩下在地震中受了重伤残疾的父亲和正在上大专的妹妹，经济全靠政府补贴和亲戚救济。

虽然家境贫寒，但父亲从未放弃对我们两个姊妹的教育。从小父亲就教导我们花钱容易赚钱难的道理，告诉我们生活上要勤俭朴素，不能乱花一分钱，不许与人攀比。我清楚地知道每年的学费和生活费对家里来说是不小的负担，平时要求自己努力学习，课余时间勤工俭学，寒暑假参加社会实践，希望通过这样的方式减少家里的负担，增加自己的社会经验。大学毕业后，原本计划考研的我考虑到家庭条件困难及父亲身体的原因，最终选择了就业，好为家里分忧解难，也希望可以通过自己的努力开启人生的新篇章。

在母校及学院的大力推荐和自己的努力下，我有幸考取了选调生，在基层开始了新的人生征程。我知道，青年人到基层去，不仅是为了改变自身的命运，也是肩负起青年人应有的社会担当。自参加工作以来，我一直谨记母校及学院对我的谆谆教诲，对自己高标准、严要求，认真学习，用心思考，在平凡的岗位上，勤奋刻苦，始终如一，尽我所能做好每一件工作。

以理论为基，以理想信念为旗

我主动加强对政治理论知识的学习，包括继续深入领会马列主义、毛泽东思想、"三个代表"重要思想和科学发展观，十九大会议精神及习总书记的重要讲话，积极参加各类实践活动，切实提高自身思想认识，同时注重加强对外界时政的了解，通过学习，提高自我政治敏锐性和鉴别力，坚定立场，坚定信念，在大是大非问题面前，能够始终保持清醒的头脑。加强理论学习仍将是我今后工作和生活中的一项重要任务。

以岗位为业，以本职工作为任

自从进入单位工作以来，我从一名秘书做起，扎实工作，确保各类文件、通知及时下达，在领导和同事们的关心下，通过努力我的业务水平不断提高。同时还在单位主题教育观摩会上担任了展板讲解员，得到了领导及同事的普遍认可；对于前来咨询相关业务的群众我都能热情相待，耐心倾听来访人的诉求，及时做好记录，为开展下一步的工作做好铺垫。

此外，我能够认真参加单位安排的各种学习培训及各类活动。基层的工作是平凡艰苦的，但也是精彩有意义的，可以磨炼我，使我不断得到提升。

一颗进取心，积极发挥党员先进模范作用

虽然我只是一名普通的基层干部，但我时刻牢记“我是一名党员”的责任。一个党员就是一面旗帜，工作人员就是机关的窗口，因此要具备扎实肯干的工作作风，以饱满的工作热情、使命感和职责感对待繁杂的工作，树立全心全意为基层服务的宗旨，让党员的先锋模范作用反映到本职工作中，落实到岗位上。

入党几年来，我一直以身边的老党员、先进分子为榜样，学习他们吃苦在前、享受在后的精神，同时也努力以身作则，用实际行动彰显一名共产党员的先进模范作用。

一颗平凡心，肩负起青年社会责任和担当

基层工作虽琐碎，但都是关乎人民群众的大事。作为一名基层工作人员，把小事干实，实事干好就是成功。要想获得群众认可，就要扎根基层，从小事做起，从点滴做起，只有这样才能服务好人民。我在基层每天面对工作都是从小事抓起，从实事干起，努力做一个高尚的人、一个纯粹的人、一个有道德的人、一个有益于人民的人。基层事情不仅多，而且还比较烦琐。群众需求有大有小，开各种证明、求医看病、政策咨询、邻里纠纷这些看起来“鸡毛蒜皮”的小事，实际上是事关群众切身利益的大事。群众看工作人员在基层是否真心为民办事，往往就看身边这些小事、实事办得如何。我作为基层工作人员常走村串社，到困难户家中坐坐，让他们感受到政府的关心；我帮助困难老党员，让他们感受到党组织的关怀；我常到畜牧合作社，让他们感受到上级的支持；我常听群众的倾诉和抱怨，让他们感受到干部的真情。因为我认为作为基层工作人员，要乐于做小事、干实事，更要掌握干好小事、办成实事的方式方法。

树好信念的旗,走好青春的路

善禁者,先禁其身而后人。作为年轻干部,要以身作则、率先垂范,要坚持与时代同步伐、以人民为中心、以精品奉献群众、用明德引领风尚。在知识经济飞速发展的现代社会,作为年轻干部的我,要树立终身学习的观念,在基层不断提升专业素养和业务水平,始终奉行习总书记“我将无我,不负人民”的情怀与担当,在这平凡的岗位上实现自己的人生目标,展现生命的意义和价值。

(青海省学生事务服务中心供稿)

用心用情服务群众亦是一种幸福

——青海师范大学闹日东主事迹

闹日东主，男，藏族，果洛州玛沁县拉加镇人。2018 年 6 月毕业于青海师范大学民族师范学院藏文系，同年 4 月参加了全省公务员招录考试，并考上了公务员，现在果洛州玛多县发展和改革局工作。

玛多县地处青海省南部，是果洛藏族自治州下辖六县之一，位于果洛州西北部三江源核心地带，是青海国家地质公园之一。玛多在藏语中意为“黄河源头”，是黄河上游第一个县城。玛多也是青海省海拔最高的县城，海拔为 4280 米，号称“天上玛多，千湖之县”。

2018 年 11 月 15 日我到玛多县发展和改革局工作。刚到玛多县时，因海拔太高，我经常失眠，亲身体会到了“高原最稀缺的是氧气，最宝贵的是精神”，也感受到了常年工作在高海拔地区工作者们的那份艰辛。

我在单位里主要负责经商工信、盐务、供销社、粮食、物价等工作，另外还担任着扎陵湖乡异地搬迁村“果洛州河源新村”的驻村第一支部书记。

情系群众，排忧解难

2019 年 5 月 12 日凌晨 3 时，我接到电话，了解到花石峡镇吉迈村发生了一起棕熊袭击牧民定居点的事件。凌晨 4 点我准时起床，洗漱完后，简单吃了点早餐，我们一行七人就驾驶着两辆越野车向事发点出发了。吉迈村距玛多县城 150 多公里，按理说只有 2 个小时的车程，可车辆行驶到 90 公里后就没有公路了，这时我们工作组的一位负责同志说：“现在还有 60 多公里的路程，我们只能把车开进草滩里行驶，因为这里全是沼泽地，到了下午冻层消融了就别想出去。所以两位司机要小心驾驶，但还是要赶时间，趁天还没亮大家抓紧休息。”大家听了这席话心情有点沉重。5 月的玛多草原寒气逼人，大家都裹紧了外套，车内一时鸦雀无声。两辆车颠簸着缓缓前行，我们根本无法入睡。

到了中午 11 时 20 分，足足行驶了 7 个多小时，我们还没到达事发地。车辆在泥泞的草皮上行驶打滑得很厉害，在离事发地约 10 公里处我们远远看见两头棕熊正在觅食，这也是我平生第一次在野外看见棕熊。不久我们的两辆车同时陷入了泥坑中无法行驶，我们用千斤顶顶一点，捡碎石子在车轮下面垫一下，就这样费了九牛二虎之力终于将两辆车从泥坑中拖了出来。

所剩的10公里都是沼泽地，车辆不敢前行，我和几名公安干警提心吊胆地只好徒步去事发地调查取证，做损坏物资的评估工作。受损的牧民早就等在家门口，房屋的门窗及藏式家具被棕熊砸了个稀烂，面粉和食用油撒了一地，整个屋内被棕熊翻了个底朝天。

详细了解情况，并记录在案后，我们安慰了牧户离开了。往返20多公里的路程我俩走了5个多小时，也算完成了此次工作任务，这时已夕阳西下。

返回的路还是那么难行，刚行驶不到十几公里两辆车再次陷入泥潭中，陷车的方圆一公里内找不到一块石头，我们想尽了办法始终没能把车辆从泥潭中拖出来。最后我们只能用警车的卫星电话向县政府求助，救援队赶到时已是晚上10点钟，到凌晨3点时终于把车辆从泥坑中拖了出来，早上7点我们才回到了县城。经过这次的经历，我开始特别敬重奋斗在基层一线的党员领导干部，也更担心生产生活在草原深处的牧民们。

发展新型产业，培育新的经济增长点

2019年6月，玛多县发展和改革局组织了玛多县藏阁传统文化发展中心、黄河源旅游发展有限公司、旭利高原农牧业产业科技示范园等单位，精心筛选高原酥油、藏式点心、牦牛酸奶、方便糌粑、玛多藏羊肉、风干牛肉以及陨石衍生工艺品、水晶牛头碑、民族服饰等40多类产品，我带队参加了在西宁召开的第二十届“青洽会”，通过现场推介、对接洽谈等形式促进企业间的合作交流，以全方位、多视角向外界展示了玛多县经济、文化、旅游等产业强劲的发展态势，让更多人了解玛多、认识玛多，努力通过青洽会平台，树立玛多对外开放的新形象，进一步扩大玛多对外宣传的覆盖面和影响力，成功签约招商引资项目3项，签约资金22200万元。

签约项目涵盖基础设施、生态旅游、能源供应保障、物业管理等多个领域，有含畜产品加工、商贸物流、市政建设等玛多县综合管理开发项目、占地面积60多亩的玛多县能源储备保障等项目，这些项目的落地对玛多县域经济发展、地域品牌提升具有深远里程碑式的意义。

精准施策，发展后续产业

选派驻村“第一书记”到贫困村驻村帮扶，是打好打赢脱贫攻坚战，确保2020年如期完成脱贫攻坚任务的重要举措。在组织部门的极力推荐下，2020年3月初我被派到玛多县扎陵湖乡果洛州河源新村任驻村“第一书记”。玛多县扎陵湖乡河源新村是国家实施三江源生态保护工程以来果洛首批整体搬迁的移民新村，搬迁后的新村位于果洛州大武镇黄河北路，占地面积 188.45 亩。全村共有村民 317 户 799 人，其中建档立卡户有 112 户 299 人。全村设有村党支部、村委会、团支部、妇代会、人民调解委员会、综治小组、治保小组等村级组织。村民的主要收入来源于草原生态奖补、困难补助、燃料补助、农村低保等政策性资金补助及少量的后续产业发展资金。

我上任后，组织联点和包队工作人员组成入户宣讲工作组，走访牧户、贫困户、牧民党员、“三老”人员。我通过与群众座谈、谈心谈话等多种方式，了解群众心声；组织召开村民大会，用藏汉双语宣讲了中央、省委 1 号文件精神，并结合当前脱贫攻坚、生态环保、扫黑除恶、寺院法治宣传等重点工作；讲解强农惠农富农政策，同时听取了群众的意见，进一步了解掌握了牧民群众的思想动态。

玛多县于 2019 年脱贫，现河源新村存在的主要问题是村集体经济发展落后，村民“等靠要”思想严重，在下一步工作中我将把如何发展村集体和转变群众“等靠要”思想，作为工作的关键点和突破口。要开展好以上工作，首先，基层党组织必须坚强，党员本领必须过硬；其次，要发挥好党组织的战斗堡垒作用和党员的先锋模范作用，同乡亲们一道，再接再厉、苦干实干，结合自身实际，发挥自身优势，努力建设富裕、文明的美丽乡村，让乡亲们搬得出，稳得住，生活过得越来越红火，这也是我作为村第一支部书记的职责和奋斗目标。

（青海省学生事务服务中心供稿）

宁夏

NINGXIA

扎根基层守初心，为民服务践使命

——宁夏建设职业技术学院摆俊兰事迹

宁夏

摆俊兰，女，22岁，中共党员，2019年毕业于宁夏建设职业技术学院环境工程系园林工程技术专业。在校期间，她先后担任班级班长、学生会干事、院志愿者协会会长及院文学社编辑部部长，曾多次荣获国家奖学金及区级优秀学生干部、校级优秀学生干部、校级优秀毕业生等称号。2019年7月，她参加宁夏回族自治区"三支一扶"的统一招录考试，报考自己家乡隆德县的支农项目，目前在固原市隆德县张程乡人民政府工作，成为一名脱贫攻坚一线的支农人员。她与家乡人民一同在打赢脱贫攻坚战的道路上，践行自己作为一名共产党员的初心和使命，用实际行动体现母校人诚信、守时、无私无畏的优良品德。

一、从校园到机关，坚持学习，全力做好办公室工作

从"象牙塔"到基层特别是在办公室工作，摆俊兰深知自己在大学学习的知识远远不够，每天晚上她都会抽出一定的时间抓紧学习有关理论知识，学习办公室文件处理等业务知识，不断提升自己处理工作中各项事务的本领。她每天要处理很多文件，同时还要做好会议特别是党委会议的筹备等工作，因为党委会上要研究部署的工作多，因此她在每次开党委会之前都及时向领导询问、理清会议流程，做好会议材料收集，确保每次党委会记录翔实，保障党委会议的效率和质量。办公室是乡党委政府直接面对群众的窗口，摆俊兰在接待群众过程中始终热心如一，对群众询问的事项逐一耐心解答。2020年5月杨袁村郭某因自家田地多次到乡政府上访，他每次来都会到办公室，摆俊兰每次都会先给他递上一杯水并问好。最终郭某的事情得到妥善解决，为此他专程跑到办公室向摆俊兰致谢，说她是真正了解群众、关心群众的好干部。

二、从毕业到就业，坚持锻炼本领，全力做好平安建设工作

按照乡上的工作人员分工安排，摆俊兰还兼任乡综治干事。为更好地开展综治工作，她总是靠前工作，主动出击，加大宣传力度，准确报送数据，为领导决策提供保障。她多次深入田间地头组织开展各项宣传工作，共开展扫黑除恶知识宣传活动50余次，让群众知晓政策、法律法规以及上访程序。赵北孝村一位村民在上访时，由于不知道上访程序想要上访又不知道找谁，就在政府大院里大声喧哗，摆俊兰同志主动为他讲

解上访程序，询问他要反映的事情，并做好记录。随即她联系乡上负责的同志，及时解决了村民反映的事情。这位村民的事情从他大吵大闹到顺利解决，离不开摆俊兰同志的热心服务。摆俊兰总是说做信访工作讲感情就是尊重群众意愿，对人民群众倾心关切，站在群众立场维护群众利益；大多数信访的群众都是弱势群体，反映的问题处理难度都很大，就更需要带着深厚的感情去面对信访群众，千方百计帮助他们解决实际困难，采取群众乐于接受或能够理解的方法及时化解矛盾。

三、从学生到职工，真情帮扶，全力做好脱贫攻坚工作

按照乡党委政府结对帮扶的统一安排，摆俊兰负责联系帮扶张程乡两个村 8 户建档立卡贫困户。摆俊兰总是在深入思考如何让这些贫困户能脱贫、脱真贫、真脱贫。她向领导学习、向同事学习、向其他帮扶责任人学习，立足张程乡发展实际，她梳理出两条思路，切实从产业上、思想上让贫困户脱贫。一是加大产业帮扶。对于这 8 户贫困户她坚持草畜产业发展为主，帮助 8 户贫困户种植青储玉米近 100 亩，补栏肉牛 14 头，让 8 户贫困户家家都有产业，人均年收入超过 4500 元。二是加大宣传教育。她充分利用自己在学校学到的知识，加大政策宣传，在平时进户期间向贫困户宣传身边勤劳致富先进典型案例、强调“我脱贫，我光荣”、激发脱贫致富的内生动力，让贫困户既“富口袋”又“富脑袋”。2019 年她帮扶的 8 户贫困户全部实现脱贫。她的帮扶户常说的一句话就是：“小摆这个女娃娃就是认真，对我们也特别有耐心，每次都问我们最近的生活变化，帮我们解决我们解决不了的事情，还为我们讲最新的政策，我们特别感谢小摆这个娃娃。”

摆俊兰毕业后，扎根基层，她始终谨记宁夏建设职业技术学院“尚德、敬业、强技、健行”的校训，扎实做好本职工作，始终践行脚踏实地、追求卓越，为全乡脱贫攻坚贡献自己的力量，在基层一线彰显新时代大学生、青年党员甘于奉献、为民服务的风采。

（宁夏大中专毕业生就业指导服务中心供稿）

奋斗有我，为梦发声

——宁夏工商职业技术学院金音豪事迹

宁夏

三年前我从学校毕业后，参加了“三支一扶”志愿者工作，经过最初的审核、考试、培训后，我以这样一种方式踏入了社会，踏入了服务基层、服务人民的崭新旅程。我怀着服务于基层，将汗水挥洒在基层的信念，开始了我的扶贫工作。同时，作为一名青年“三支一扶”工作人员，我是光荣的；能积极响应党和国家的号召，投身于国家现代化建设中，我是荣幸的。我心中关于梦想的种子便在基层这块肥沃的土壤里生根、发芽……

2017年，我怀着满腔热忱来到我的服务单位——平罗县委政策研究室，这里的领导和同事对我都很热情，集体的荣誉感和责任感使我更加坚定当初的信仰，扎根基层，服务基层，就像当初习主席那样，在七年的知青岁月中，磨炼自己，充实自己，洒下理想的种子，发挥好自己的优势，为基层贡献自己的一份力量。

一、奋斗有我，为梦发声——做平凡岗位上的“筑梦人”

相比于灯火璀璨、熙熙攘攘的城市，很多人在认知里，往往把基层和农村画等号，甚至把基层定义为落后或者贫困地区。在一些人的眼中，基层的色彩往往是单调甚至是多年一成不变的。曾经我也有这样的认识，认为基层就代表农村单调乏味的生活，但是当真正来到基层，真正投入到基层工作中，我才发现，原来基层并不是想象的那个样子。虽然基层工作纷繁复杂，环境艰苦，但是只要我们常怀为民之心，勇于担当、敢于创新、敢于实践，任何复杂的工作和局面都会妥善解决。当下四个全面建设、五位一体发展等国家大政方针在基层逐步深入扩展，相应的服务型政府建设、政府职能转变、新农村建设、精准扶贫等举措不断落地。改革红利对基层的辐射效应也越来越大，基层正逐步迈入新常态，人们能够直观感受到无论是基层政府，还是基层面貌、风土人情、群众生活等方方面面都有序向好向善发展，这其中蕴含的无限精彩催人奋进，让真正参与到其中的每个人都与有荣焉。

二、奋斗有我，为梦发声——做基层服务的"守梦人"

经过两年的历练，我个人最大的转变莫过于思想认识上的转变——思想认识上不能再把自己当作一名普通群众，而是把自己当作一名服务人员，并向其所应具有的职业操守、道德规范、行为准则靠拢；区分可为与不可为，用高标准来严格要求自己；同时也要不断警醒自己——不能因为自己所处的岗位，就认为自己高群众一等，滋生官僚特权思想。具体来说，就是要讲政治、守规矩、做表率，要牢固树立政治意识、核心意识、大局意识、看齐意识，要做到如习总书记对青年人所寄语的那样：要以国家富强、人民幸福为己任，胸怀理想、志存高远，投身中国特色社会主义伟大实践，并为之终生奋斗；心中有阳光，脚下有力量，为了理想能坚持、不懈怠，才能创造无愧于时代的人生。

思想认识的提高和转变，对我自身来说，就如同打开了人生中的新篇章，对我工作能力的提升起到了重要的作用。就比如在刚到政研室的时候，一开始我也出现过踌躇迷茫，甚至出现过畏难情绪，对办公室的收文、发文以及文件的转办流程和规范了解甚微，有时收到上级部门等的重要文件、通知时不知所措，不知如何下手，这个时候我明白，我要学习，要弄通、弄懂。此后，我便向室里的老前辈们学习，认真钻研，不到三个月时间，我便理清了办公室的日常工作。同时，政研室工作涵盖的范围广，日常工作繁复庞杂，又面临人手紧缺、每人身兼多职的局面，这对初入社会的我更是一种挑战。幸运的是，在政研室领导、同事的帮助和引导下，我慢慢转变思想，改进工作方式方法，寻找其中的规律，很快就拿下了手头的工作。

三、奋斗有我，为梦发声——做未来路上的"追梦人"

回顾这两年的服务经历，在不同的岗位上我都得到了一定的历练，在思想观念和业务能力方面都得到了一定的提升，也取得了一定的成绩，受到了领导、同事的认可和充分的信任。两年的服务经历也丰富了我的人生，锻炼了我的意志，增长了我的阅历，对我以后的成长和工作将带来很大的帮助。不管将来我从事何种工作，我都将以踏实的作风继续做好各项工作，以无私的奉献谱写绚烂的人生。基层锻炼不仅仅是我职业的起点，更是我成长路上的探照灯。基层条件虽然艰苦，但是却蕴含着巨大的学问，需要每一代青年躬下身、弯下腰，一心一意服务群众，坚持从群众中来，到群众中去的工作方法。"少年壮志潮头立，青春击掌要打拼。"青春是坚定的意志、饱满的热情、充实的行动，既然把青春安放在基层，就要把汗水挥洒在乡间田野。今天我们比历史上任何时期都要更接近、更有信心、更有能力实现中华民族伟大复兴的重要目标，但是，前进的道路不会是一片坦途，越是接近伟大复兴的目标，越要付出更为艰苦，更为艰巨的努力。我们应该清醒认识到，自己既生逢其时，也重任在肩，既是追梦人，也是圆梦人，追梦需要激情和理想，圆梦需要奋斗和奉献，有责任、有担当、有奋斗、有奉献的人生才是精彩的人生。广大青年人，应携起手来。以青春之我、奋斗之我，为民族复兴铺路架桥，在为人民利益的不懈奋斗中书写绚丽华章。

（宁夏大中专毕业生就业指导服务中心供稿）

青春无悔，志愿有我

——银川能源学院脱继龙事迹

脱继龙，男，汉族，中共党员，我校 2019 届毕业生，毕业后参与“大学生志愿服务西部计划”，服务于共青团银川市委员会青年发展部。在校期间曾担任土木建筑学院第十三届学生会主席，校微光义工志愿者服务队队长，现任宁夏微光义工志愿者服务总队副队长、秘书长。在校期间获得“文明大学生”“优秀学生干部”“校级百名校园榜样人物”“诚信感恩励志标兵”等荣誉称号，曾被中国扶贫基金会授予“优秀个人服务奖”，被自治区、银川市授予“优秀志愿者”荣誉称号，2020 年 5 月荣获第十一届银川市青年五四奖章。

青春无悔，志愿有我。“志愿服务”这个概念在脱继龙很小的时候，就已经在他的心里萌芽了。2015 年来到银川能源学院后，在一次偶然的机会下他经过一个村子，看到有一群孩子衣衫褴褛、身体瘦小，在土堆旁玩耍。这些孩子，有的是留守儿童，有的是外来务工家庭子女。看到这些孩子们，脱继龙内心深处的公益小种子开始生根发芽了，想去做点什么事情来帮助他们。回到学校的他和几个同学说了想法，第二天，他和小伙伴们就来到村子里，走家串户进行调研，最终确定了 20 余户家庭的子女为他们的支教帮扶对象。也正是从那一刻开始，脱继龙开始了自己的公益路，并一直坚持到现在。一路上，十几个人的队伍扩大到近百人，服务对象越来越多，他便与小伙伴们一起筹建了银川能源学院微光义工志愿者服务队。

大学四年时间里，他每周组织志愿者开展“大手拉小手　微爱伴你走”支教活动和“走进永宁敬老院”关爱老人活动，在永宁县中心敬老院里，脱继龙和谢叔还成了“忘年交”。每隔一周，他都会和小伙伴们精心准备一些小节目，到敬老院看望老人。年过六甸的残疾老人谢叔在一次大病中失去了一条胳膊，谢叔特别喜欢唱歌，经常也会参与到志愿者的节目中，和大家一起互动。闲暇时光，谢叔也会打电话和他聊一聊敬老院里的故事，关心他的学习和生活。

宁夏

为了呼吁更多青年大学生关注公益，参与公益，脱继龙还连续三年在校举办“我的公益路，我讲大家听”公益演讲比赛。他曾响应中国扶贫基金会发起的“善行 100——爱心包裹”公益项目，发动身边同学、老师和社会爱心人士筹集资金 4100 元，为宁夏海原山区和其他省份贫困家庭的孩子圆梦。2016—2018 年的 3 个暑假，他坚持作为志愿者为银川市公安局民警管护子女，每天早上从那些辛勤工作的民警手里接到他们的子女，带他们吃早点，辅导功课，照顾他们吃午饭等，一直到下午再交给民警。

“到西部去，到基层去，到祖国最需要的地方去。”每年，当他看到西部计划来校宣传时，就在心里许下誓言，要去基层服务，去祖国最需要的地方贡献力量！2019 年毕业后，他果断加入大学生西部计划志愿者队伍，继续为公益发光发热，他依托微光义工志愿者服务总队，组织招募 200 余名社会监督员志愿者，每周末在各大商圈、步行街、公园、景区等地开展市容美化、文明劝导、秩序维护、环境保护、植绿护绿、支教助学、健康义诊等志愿服务活动；协助服务单位开展银川市“关爱困境儿童　圆梦微心愿”活动，发动人们认领微心愿，为 993 户贫困家庭的孩子圆梦；协助服务单位开展“银川市第八届青年创新创业大赛”，来自智能制造、新能源、节能与环保、现代农业、体育旅游等诸多领域的 84 个项目参赛；负责联系在银高校、志愿服务团队等组织招募志愿者，为第四届中国—阿拉伯国家博览会、2019“丝绸之路”宁夏·银川国际马拉松赛、第十一届中国国际商标品牌节、第十八届环青海湖国际公路自行车赛、2019“一带一路”国际葡萄酒大赛、2019 全球（银川）智慧城市峰会、2019 宁夏回族自治区万人“同升一面旗，同唱一首歌”等大型赛会提供志愿服务，协助工作人员进行会务咨询、展览展示、交通劝导、景区（点）咨询导览、嘉宾陪同、翻译、会务、礼仪等志愿服务，保障赛事顺利开展。

2020 年新冠肺炎疫情暴发后，他积极响应党组织号召，放弃春节假期，主动请缨，带头到社区防控一线，配合社区共同抗击疫情。在卡口值守时，他认真开展进出人员登记、体温测量、核实居民信息、发放临时出入证、宣传引导等工作；协助社区入户摸排时，逐户排查登记，做到“不漏一户、不漏一人”，累计服务 60 余次，服务时长 300 余小时；广泛发动青年志愿者和志愿服务组织科学、有序参与疫情防控工作，面向全市发布《银川市青年志愿者开展疫情防控志愿服务工作有关要求》；依托青年文明号集体、青年志愿服务队，在电力、医疗等行业以及青年社会组织中组建“青年突击队”240 支，并发布志愿者招募令，先后组织招募 2736 名志愿者，涉及专业医护、社区服务、心理疏导和法律援助等方面，每天在近 340 余个社区（村）轮班开展工作；作为微光义工志愿者服务总队副队长，他还组织发动微光义工志愿者在全区 22 个县（市）区组建微光防疫志愿小分队，协助当地开展服务，参与志愿者达 6550 余人次，志愿服务时长累计达 3.5 万小时。他开展“为奉献者奉献”关爱一线医护人员家庭帮扶志愿服务，带领志愿者逐一对 174 户医务人员家庭搜集需求，为其子女提供线上学业辅导等服务累计 40 余天，还动员社会力量，筹集社会爱心物资，在学雷锋日当天向他们送去关爱和慰问，切实解决医务人员的后顾之忧，让他们全心投入战“疫”。

如今，在志愿服务这条路上已经 5 年，他坚信用真心去关爱和帮助他人，最终微小的光芒也可以汇集成一股强大的社会暖流，温暖每一个人！作为一名西部计划志愿者，他也将继续发挥服务基层的作用，带领更多人参与志愿服务，参与基层建设，为社会贡献自己的青春力量。

（宁夏大中专毕业生就业指导服务中心供稿）

甘作默默无闻的螺丝钉

——宁夏职业技术学院王芳娣事迹

选择了归根，也就选择了责任；选择了扶贫，也就选择了承担；选择了扎根基层，也就选择了艰难；选择了为人民服务，也就选择了信仰。乡村道路上留下的是她孤独的脚印，脱贫攻坚战中留下的是她义无反顾的背影。王芳娣甘为一颗默默无闻的螺丝钉，用两年来无怨无悔的付出与百姓一起“成长”。

一、播撒信仰种子，践行人生价值

毕业后，她抱着投身服务基层的志向，报名参加了隆德县林业局事业单位就业实习，成了一名实习生。经过一年的基层志愿服务，她立志继续在基层工作，为家乡贡献力量，工作期间，她本着为人民服务，为群众办实事、办好事的工作目标，主动要求分配到事情最多、最忙的科室，一方面想积累工作经验，另一方面也想多一些历练，以便更好地为基层服务。她说她之所以选择乡镇一级基层单位工作，是想在更贴近老百姓的地方工作，服务家乡父老。她知道艰苦地区更缺人才，更需要像她这样的大学生去工作。在具体工作中，她坚持全心全意为人民服务的宗旨，时刻严格要求自己。

二、倾注一腔热血，回报人民期待

为响应党的号召，助力家乡坚决打赢脱贫攻坚战，早日做到脱真贫、真脱贫，为进一步了解村民的实际生活情况，从 2018 年 11 月开始，王芳娣同学坚持每天吃住在村，深入全村每户人家做摸底调查，每到一户，便详细了解村民家庭成员情况、经济来源、医疗保险等信息，然后逐一记录，认真核查，准确计算全年人均纯收入等数据，确保上报信息准确无误，力争做到底数清、情况明。闲暇之余，她就主动帮助一些困难户打扫卫生、洗衣服、做饭等，还协助镇班子成员完成扶贫、易地搬迁、新农村建设等工作，时刻践行着“一枝一叶总关情，一点一滴见初心”的誓言和“为人民服务”的宗旨，始终把村民的利益摆在首位，坚持权为民所用、情为民所系、利为民所谋。总之，站在党的立场上，她做好了驻村工作队队员应做的事情，并努力做到了问心无愧，她的出色表现，赢得了镇村干部的一致称赞，受到了当地帮扶村村民的一致赞誉。

三、点滴显露真情，激情书写青春

1. 隆德的美丽城市建设写点

在隆德县爱国卫生运动委员会的指导下，根据上级下发的文件通知，通过指导学习，她在和领导共同商讨后，制定了一系列的规章制度，成立了相关组织机构，将责任落实到各科室、各负责人，做到无生物垃圾堆积、无痰迹、无“四害”，要求既整洁又卫生，做到全员参与，共同完成这项任务；同时，还全面组织开展环境卫生整治工作，在综合环境卫生整治和基础设施建设方面取得了明显成效。

深入宣传，营造良好的创卫氛围。领导层面召开动员大会，让全员积极参与；她负责散发宣传资料、悬挂横幅、张贴标语、播放宣传语、制作宣传栏、问卷调查等多项工作，且取得了良好的效果。最后，她将所有相关资料分类整理装订成册，存放到对应标签的文件盒内，再分类放到文件柜等待验收。

经过她和同事们的共同努力，达到了上级领导的严格要求并通过查验，获得了上级领导的认可和赞誉，顺利完成了创城任务。用一句话总结她的工作，那就是“功成不必有她，但成功必定有她”。

由于时间紧、任务重，她几乎每天都工作到夜间两三点，积极配合隆德县爱国卫生运动委员会的工作，切实帮助他们解决疑难问题，最终在全县各成员单位的共同努力下，成功为创建国家卫生县城贡献了自己的一份力量。

2. 植绿护绿能力强

为了践行党的“绿水青山就是金山银山”的发展理念，经过单位统一招标，她和同事们不惧辛苦，在乡村进行苗木招收和检疫，层层严格把关，并认真填写记录，招收了一批又一批质检合格的苗木。她对工作严谨负责，是单位职工眼中的“全能小帮手”。栽植苗木时，她顶着烈日，作为技术指导和督察，进行现场查看，及时指出问题，并且亲自示范，尽到一个林业人应尽的职责。回到单位后，她认真整理收集的绿化资料，并进行梳理归档，将工作干得有板有眼，从不拖泥带水。

验收绿化成果时，她严格把关，确保绿量，落实责任，注重质量。验收过程中，她及时询问每个工程的负责人，确保栽植数量与苗木成活率，认真记录数据，做好统计工作，做到不漏一株苗、不漏一个工程人，带领每个人植绿护绿，吹响绿化美化家园、建设美丽家乡的号角。

3. 厕所革命功不可没

2019年隆德县为了响应国家号召，推进农村“厕所革命”，进行乡村整改。王芳娣在“厕所革命”过程中，面对时间紧、任务重、难度大等多重考验，始终把初心记在心底，把使命担在肩上，以强烈的责任意识和担当精神，不分昼夜全力攻坚，成就了隆德县改厕“加速度”。在“厕所革命”进行初期，她强化宣传，营造氛围，挨家挨户讲政策、做动员，扎扎实实入户，认认真真统计，把摸排统计工作落到实处，确保统计数字的准确，进而为后续工作开展提供了有效参考，保障了改厕工作扎实有序开展。在验收厕所的过程中，她跟着单位领导早出晚归，坚持每户必到的原则，进行逐户检查、逐户验收，在针对验收中出现的无门无帘、化粪池内外渗漏、粪污未分流等现象，列出问题清单，提出明确的整改措施，要求各村书记、改厕工作小组层层把关，逐户排查整改到位，确保改厕工作取得实效，使群众生活得到真正的便利。

宁夏

四、心系群众安危，责任重于泰山

2020年的春节不是一个普通的春节，武汉的疫情牵动着全国人民的心，生命重于泰山，疫情就是命令，防控就是责任。在这场没有硝烟的战争中，那些可爱又可敬的医护人员和科学家们以及坚守在自己的工作岗位上的默默无闻的防疫人员，为了守护人民健康，义无反顾，留下了最美的逆行身影。

王芳娣是隆德县自然资源局工作人员，疫情期间她被安排在小区门口值班，顶着刺骨的寒风和鹅毛大雪，始终坚守在一线，当小区居民和领导送来防护物资和慰问时，她说：“多一份坚守，就多几份平安，只要能保障小区1600多名居民生命安全和身体健康，我们的坚守就是值得的。”年纪轻轻的她，疫情发生后，毫不犹豫地加入了战“疫”队伍，带头冲锋，和同事们一道奋战在疫情防控一线。从1月30日开始，她总是每天早上6:30第一个到达查验点，一直忙到晚上10:30，连续两个月每天坚守十六个小时，严格出入人员体温监测，认真进行登记查验。与此同时，她还积极宣传各项防控措施和防护知识，引导居民不信谣、不传谣，做好科学防护。王芳娣始终认为，只有严格落实责任才能做好疫情防控。她和同事们用执着坚守换取群众的生命健康。在村上，她带领全家捐款500元，送到疫情防护点，为值班人员补充防护物资；在单位，她个人捐款200元，她说：“一方有难，八方支援，只要大家众志成城，就一定能胜利。”

以上事迹，仅仅是王芳娣同学日常工作中的几个小小缩影。她虽然是一名普普通通的事业单位实习生，但在平凡的工作岗位上，对于老百姓来说，她做出了不平凡的事情。她坚信:广大青年身逢其时,而又重任在肩,成绩只属于过去,未来要走的路还有很长很长。她将以更加饱满的热情投入到日后的基层工作中,迎接一次又一次的磨炼与考验,让老百姓带着问题来,带着微笑回去,做人民满意的公仆。没有最好,只有更好!闪亮的日子,青春就应该这样过。

(宁夏大中专毕业生就业指导服务中心供稿)

挥洒青春汗水，助力脱贫摘帽

——宁夏大学新华学院张成明事迹

张成明，男，29岁，中共党员，2016年毕业于宁夏大学新华学院电气工程及其自动化专业。曾是中国大唐集团有限公司宁夏分公司新能源事业部太阳山风电场的一名职工。2017年12月被派驻西吉县震湖乡毛坪村任扶贫驻村第一书记兼工作队队长。

在扎根毛坪村奋战的两年多，张成明克服了学习关、劳动关、语言关，推进毛坪村提前1年实现了脱贫出列三级验收，为2020年西吉全县脱贫摘帽做出了重要贡献，为宁夏与全国同步建成小康社会奉献了青春与汗水。2017年毛坪村人均可支配收入2670元，村党支部形同虚设，常年"稳居"零星级党支部与软弱涣散村党组织行列。2019年，毛坪村人均可支配收入增长到5823元，村党支部摘掉了多年"软弱涣散党组织"的帽子，跨步成为"三星级村党支部"，被列为西吉县"基层党组织观摩示范点"，更是全县有名的"发展后劲村""党建观摩村"。张成明被评为中国大唐集团有限公司宁夏分公司2018年度"先进工作者"、西吉县2019年度"优秀第一书记"、2020年自治区"向上向善好青年"。

摸清"家底"，鞋底沾满两脚泥

行走在黄土高原上这个偏僻的小山村里，面对纵横交错的深沟荒壑、陈旧残破的农家危房、农户家干瘪的玉米棒子、形同虚设的村党支部和文盲村支书、村主任、村监会主任、妇联主任，张成明莫名心慌。如何帮扶？如何精准？自此，"精准帮扶"四个字日夜萦绕在张成明脑海中。

为了尽快熟悉村情，摸清"家底"，就必须先走进村民心中。张成明带着扶贫工作队开启"5＋2""白加黑"模式，每天走村入户，和村民聊家长里短，帮农户除草种田，与村民谈心交友，与老党员、村"两委"成员、群众代表、致富能手、贫困户交流座谈，倾听村民心声，了解村民需求，寻求脱贫途径，研究发展思路，积累工作经验，用脚丈量着毛坪村的每一寸土地，用心关注着每一家农户的大事小情，历时近一个月完成了71户贫困户调研，对每一户贫困家庭的情况了如指掌。按照标准化管理模式，他们将贫困户资料、照片汇编成册，精准高效地完成了建档立卡规范化管理工作，找准了帮扶方向。

取信于民，党建引领树旗帜

在工作中，由于村民对扶贫干部、村干部不信任，导致干部说话没人听，工作没人跟，交流很不顺畅。马成明多次和村民谈心谈话，多家走访，村民普遍反映，村干部办事不公，不为百姓谋发展，村民对村“两委”意见大。

结合对软弱涣散的基层党组织的整顿治理工作，驻村工作队召开村委会内部会议，化解领导班子的内部矛盾，解决村干部内心的“小疙瘩”，免去了原来的村支书、村会计、村妇联主任的职务，在广泛征求各级意见的基础上，选配了以党员为主的新的村支书、妇联主任和村副主任，规范化管理毛坪村业务，亮出党员“名片”，努力打造能干事、干实事、实干事的领导班子，在“两委”会树起一面鲜红的旗帜。

为了更好地发挥村党支部的战斗堡垒作用，张成明狠抓党建，结合“不忘初心、牢记使命”主题教育，积极开展第一书记讲党课活动，开办新时代农民讲习所，组织党员学习党的路线方针政策、党规党纪、习近平新时代中国特色社会主义思想、习近平总书记关于脱贫攻坚的重要指示精神，督促开展“三会一课”，提高党员党性认识，团结带领党员干部发挥先锋模范作用，主动履职担当，积极作为，争做脱贫攻坚“领头羊”，带领村民奋发图强，争创脱贫攻坚标兵示范户。

党建工作的加强，无疑是对村干部思想上的“造血”扶贫，不仅统一了“两委”班子的思想，提高了觉悟，更提升了村干部自身素质和服务能力。新的村“两委”班子坚强有力、务实清廉，村级组织服务群众能力大幅提升。2019 年，村党支部坚持政治标准，从致富带头人、热心公益事业、思想先进的青年农民中发展入党积极分子 2 名，为毛坪村可持续发展奠定了坚实基础。

精准扶贫，“输血”更要“造血”

工作初期，张成明总是想方设法为村民送点物品，出力出钱，帮助贫困户摆脱困难，积极争取为村里修路、通水、盖房、拉动力电、建设高标准农田。然而，这种“输血”式帮扶，不能从根本上解决贫困群众的生活情状、改变贫穷面貌。古人云：“授人以鱼，三餐之需；授人以渔，终生之用。”精准扶贫要真正落到实处，形成长效机制，造福一方，仅靠“输血”是不够的，更重要的是要“造血”扶贫，激发贫困户内生动力，强化帮扶“造血”功能，唤醒村民自力更生理念。

张成明转变了“帮扶就要帮钱帮物”的传统理念，将帮扶重心由物质帮扶转向产业帮扶、技术帮扶、教育帮扶。

张成明带领扶贫干部和村“两委”班子，积极协调金融部门贷款支持和帮扶单位支持，因地制宜发展种草养牛项目，发动全村百姓积极参与进养牛示范村项目中，通过牛棚改造大幅度改善百姓养殖环境，配套建设青储饲料池，联系保险公司为种植养殖户购买保险，带领养殖户观摩学习，邀请养殖专业户开展技术培训。不到一年时间，毛坪村养牛示范村高标准建设完成，草畜产业发展初见规模。全村 74 户养殖户符合养牛示范村所规定的每户 5 头牛、3 头基础母牛、配套 30 立方米青储饲料池的标准，2019 年帮扶单位补贴全村新建牛棚 74 座、建立 30 立方米以上青储饲料池 74 座，牛存栏数量由 2018 年的 182 头增长到 565 头，实现存栏量翻两倍还多。

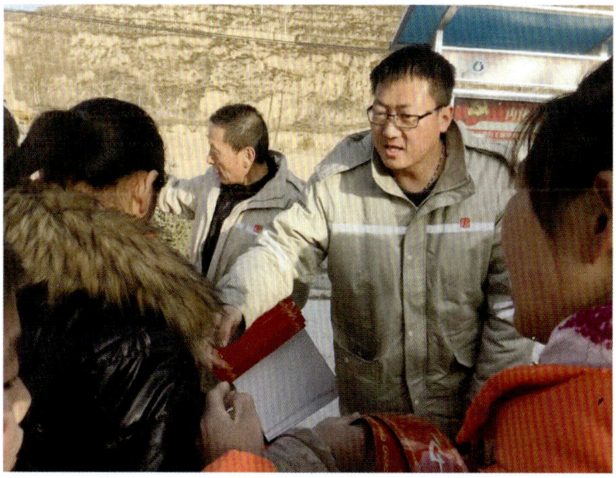

尝到了养牛“甜头”的建档户喜忠祥说：“我去年一头牛都没养，今年得知养牛这个政策后我也参与进来，年初买了 5 头牛，今年又下了两个牛犊，加上肉价又涨了，我的牛又值钱了。你看大唐公司给我们盖的牛棚多漂亮，我的牛多壮实，明年我想多贷些款，多养些牛，早日脱贫致富。”

拔除“穷”根，从娃娃抓起

根深蒂固的落后观念，尤其是文化思想观念的落后，严重制约着毛坪村经济文化发展。大部分村民思想观念落后、受教育程度低，从而造成对现实生活听天由命、安于现状、情绪低落、依赖性强。

扶贫工作组树立扶贫工作从娃娃抓起的理念，为毛坪小学的孩子们量身定做校服，捐赠图书、文具、体育用品，为毛坪小学捐赠电脑、打印机、取暖炉，改造危旧线路。结合“庆六一”“颂七一”，以“走进来”“请出去”的方式开展大唐启明星课堂活动，为孩子们科普用电常识、触电急救方法，包专车将孩子们接到银川市，让孩子们走出山村，住星级宾馆，吃肯德基、自助餐，走进中山公园动物园，走进宁夏科技馆，感受大城市的生活，激发孩子们用知识改变命运的积极性和主动性，从根上扶智扶志，为毛坪村脱贫致富激发内生活力。在全村摸排专业对口的大学毕业生，招聘建档户应届大学生入职大唐集团宁夏分公司，以解决就业精准扶贫，以就业帮扶鼓舞群众重视教育，阻断贫困代际传递。

习总书记说：“青年正处在人生道路的开端，前进途中不可能一马平川，总有高山急流或风雨雷电，带着一份‘自找苦吃’的心态砥砺前行，苦也就不那么苦，甜起来却格外甜。”

对于张成明来说，27 岁担任第一书记，是西吉县年纪最小的第一书记，他付出了很多，也收获了很多。正如张成明所说：“每一代人有每一代人的使命与担当。投身毛坪村，做一名扶贫干部，我无愧于这激情燃烧的青春岁月。为了坚决打赢脱贫攻坚战，我甘愿用最好的青春照亮脱贫攻坚路。”

（宁夏大中专毕业生就业指导服务中心供稿）

新疆

XINJIANG

青春该有的模样

——新疆农业大学张爱武事迹

张爱武，男，1994 年 8 月出生，籍贯甘肃省古浪县，中共党员，2015 年考入新疆农业大学动物医学专业，在校期间先后担任班长、学习部副部长，曾多次获得国家励志奖学金，被评为优秀学生干部、全国铁道优秀青年志愿者等，2015 年以来多次参加、组织公益活动并创办了民间公益组织“行之行知”，2016 年 1 月担任全国第十三届冬季运动会志愿者，2017 年春运和 2018 年春运期间担任乌鲁木齐铁路局的春运志愿者并获得“优秀志愿者”荣誉称号。2019 年 6 月毕业后，他抱着投身基层的志向以及对新疆这片土地的热爱，参加了 2019 年自治区选调生招录，以优异的成绩通过笔试、面谈、培训，并在培训结束时获得了 2019 年自治区选调生培训班“优秀学员”荣誉称号，最终分配至巴音郭楞蒙古自治州且末县奥依亚依拉克镇人民政府工作，成为一名基层公务员。

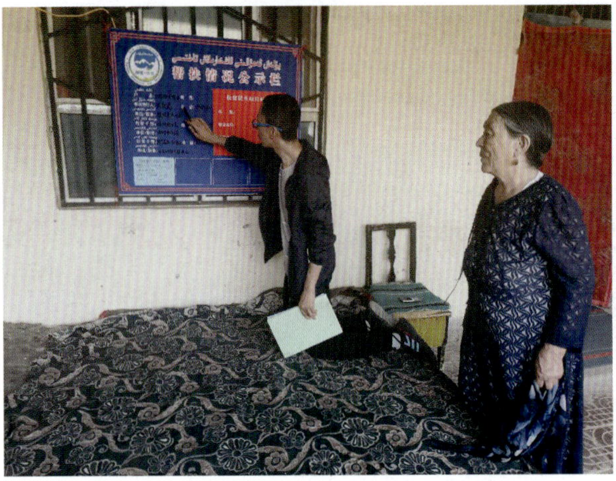

一、结缘新疆，选择新疆

有人说甘肃到新疆很远，但在我看来只不过是一张大学录取通知书和一张车票的距离。话说结缘新疆还是我上小学五年级的时候。当时学校来了一位支教老师，闲暇时老师经常给我们介绍新疆的美食、新疆的美景、新疆的风土人情等，当时我只是向往去一次新疆，去感受一下这片热土上的风情。高考成绩下来后，当我告诉父母和朋友我想去新疆读书时，遭到了他们的极力反对。虽然父母和朋友百般劝说，但我还是选择报考了新疆农业大学。大学四年时光犹如白驹过隙，在大学老师的言传身教和谆谆教诲下，毕业时，我选择了留在新疆、留在这片热土上，真正去践行“屯垦戍边”精神。

二、扎根新疆基层，不负光荣使命

新疆

2019 年 8 月初到基层任职的我，刚好赶上“不忘初心、牢记使命”主题教育活动，这让我彻底领会了什么是“守初心、担使命”，作为青年一代就要有担当，时刻牢记我们党来自人民、根植人民，永远不能脱离群众、轻视群众、漠视群众的疾苦。2020 年是脱贫攻坚决战之年，我主动申请去扶贫一线，参与到这场没有硝烟的战争中。我所在的乡镇是以畜牧业为主导产业的，我利用自己所学专业知识，通过以周一升国旗、入户走访、农牧民夜校等为载体，为全镇牧民宣传动物疫病的防治以及人畜共患疾病的预防，保障牧民群众的牲畜安全。

为了让牧民群众早日过上小康生活，我把每一项工作都做细做实，挨家挨户做工作、解难题。通过实地走访调查，详细了解贫困户的基本情况以及在生活生产上存在的困难等，摸清家底，确保每个贫困户的数据准确可靠，为国家的检查做好准备。脱贫攻坚已经进入决战期，为了让牧民群众熟知各类惠民政策以及可享受的各类扶贫项，我加大宣传力度，利用入户走访时发放宣传资料，让牧民群众及时、全面、正确地了解各类政策，营造一种良好的氛围。

我结合实际，探索致富的发展路子，鼓励羊少的牧民以托管形式把羊托给别人放养，解放劳动力，依靠和若铁路的开工建设积极鼓励牧民群众外出务工，增加收入。对于因学致贫的家庭，及时通过教育资助、办理助学贷款、发放助学补贴等方式减轻负担，对于无劳动能力的鳏寡孤独、老弱病残等贫困户通过兜底帮扶、社会帮扶等，保障他们的基本生活。

在基层工作，一定要心细，首先一定要了解牧民群众需要什么，只有这样我们才能

做好工作。在扶贫工作中，我是直接与牧民群众接触的，能收集到第一手信息。我经常关注他们的生活，发现问题所在。基层工作人员就是群众和政府之间联系的纽带，要想做好基层工作，基层人员就要具有奉献精神和使命感，需要花费更多时间去和牧民群众打成一片。

三、包联干部亚克西，民族团结亚克西

我有三个包联户，其中杰力力·艾散家有 280 只羊，春季防疫还没有来得及做，他急得团团转。我在入户时得知此消息后，立即联系我的大学老师把这个情况讲了一下，在老师的指导下，我联系乡镇畜牧兽医站的工作人员，及时帮助他家的羊群做了春季防疫工作，一边打疫苗一边给他们宣传党的各项惠民政策，以及民族团结的重要意义。

民族团结是各族人民的共同心声，各族人民要像石榴籽一样紧紧抱在一起，要像爱护自己的眼睛一样爱护民族团结，互帮互助，一起建设美好的家园。包联户杰力力·艾散很感动地说："共产党亚克西，包联干部亚克西，民族团结亚克西。"在脱贫工作的路上，离不开每一位基层工作人员的辛勤努力，奋斗在一线的同行和同事们把真心和真情倾注于基层工作，有效落实了各项脱贫任务。

"天行健，君子以自强不息。"接下来的工作不会减轻，只会加重，我们要时刻谨记自己的职责和使命，在党的坚强领导下打赢这场攻坚战，不辜负党的信任，不让牧民失望。

作为一名党员干部，应该始终以高度的责任感、使命感、荣誉感对待自己的工作，不断提升自己为人民服务的质量，更要强化责任意识，在脱贫一线尽心尽力完成每一项工作。扎根基层，就要有基层人的模样，我会为建设美好的新疆贡献自己的光和热。

（新疆维吾尔自治区教育厅学生工作处供稿）

今日不挥洒，等待何时

——新疆农业大学依司马事迹

我叫依司马，出生在新疆阿勒泰布尔津县，2018 届新疆维吾尔自治区选调生，现在是青河县阿尕什敖包乡人民政府干部。

“这次去，如果干得好，或许将来能干一番大事业，要是干得不好也不打紧，只要能给老百姓做些实实在在的事，也算对得起自己的良心。”

大学毕业后，我选择成为一名选调生，决定到基层去，到需要我的地方去。我清楚地记得 2018 年 11 月 12 日我离开家乡，来到了青河县阿尕什敖包乡，以一名基层干部的形象，开始了我的工作。

毛主席说过，“雄关漫道真如铁，而今迈步从头越”。从踏上工作岗位的第一天起，我就决定放下“选调生”这块招牌，调整好自己的心态，端正态度，准确定位，不管之前有过什么样的经历，来到新的工作岗位上一切都还得从头开始、从零起步。鲁迅说过，“俯首甘为孺子牛”，我自然是还没达到这样的高度、这样的心境，但俯下身子干工作、踏踏实实地做好每一件事成了我的目标。我牢记自己当初的选择和作为选调生的誓言、责任、使命，严格要求自己，努力做到让群众满意，让自己无愧无悔。

来到这里后，我很快融入其中，能够用哈萨克语和大家愉快交流。我还在库伦托别村有了自己的亲戚，亲戚家有 6 口人，算上我就 7 口了，分别是我的大哥努尔波力、嫂子、两个孩子以及父母亲，每当我回到家中我的“新父亲”都会亲切地说一声：“儿子下班回来啦！”一句简短的话语让我感受到了家的温暖，使我初来这里的陌生感消失殆尽。就这样，我成了这个家庭中的一员，成了乡里的一分子。

相互学习，才能共同进步；只有距离近了、感情深了才能紧紧地连在一起，无话不谈，一起生活、工作……才能让感情生根发芽。

尽管在新岗位工作的时间还不长，但我依然感受到了阿尕什敖包乡干部与群众别样的热情。可能很多人认为在基层工作很苦、很累，也觉得会没有乐趣可言，我不愿意与人去争辩，但我认为基层工作是充实的、趣味横生的，是可以锻造年轻人毅力、培养年轻人艰苦奋斗精神的大摇篮，不管你从事什么工作，在哪里工作，工作在什么样的环境下，扎扎实实、一步一个脚印是你无法逾越的坎，这正印证了那句流传千古的佳句"不积跬步无以至千里，不积小流无以成江河"。

在基层工作，面对的大多是群众，为基层群众办事不能纸上谈兵，只有真正和大家打成一片，才能做到以心交心、以心换心，也才能做到我懂你，你知我，才能实现鱼水情。

站在新的经度和纬度的交汇点上，我会以此为新的起点，勤奋学习，努力工作，扎根基层，不断地将自己的理想信念与时代的要求，同人民群众的需要紧密联系，同祖国共奋进、同时代共发展。

最后，我想对青春说："今日不挥洒，等待何时？"

（新疆维吾尔自治区教育厅学生工作处供稿）

海南

HAINAN

奋斗的青春最闪亮

——海南师范大学丁亚斌事迹

丁亚斌，男，中共党员，2019 年毕业于海南师范大学法学院法学专业，2019 年通过海南省“聚四方之才”选调生考试，现就职于海南省乐东县委组织部。大学期间获“全国优秀团员”“全国优秀社团人”“海南省优秀团员”等荣誉和称号 50 余项次，连续三年获“国家励志奖学金”，2018 年参加“海南建省办经济特区 30 周年庆祝大会”。

珠崖毕竟占春先

海南岛，有着绚丽独特的美，郁郁葱葱、姹紫嫣红的景致里蕴含着无限的情怀和触手可及的梦想。

2019 年 6 月，我与日趋美好的母校海南师范大学挥手，和相处了 4 年的师友作别，为大学生涯画上了圆满的句号。然而，在人生的分岔口，我做出了一个影响我一生的抉择——留下来，在海南建功立业。诚如习近平总书记所说“事业因人才而兴，人才因事业而聚”。今天的海南岛，适逢百年不遇的发展机遇，正是最需要人才的时候，也是广大青年最能实现人生梦想的时候。我报名了海南省“聚四方之才”选调生考试，经过不懈努力，加入了公务员行列，开始了又一段逐梦之旅。

绝知此事要躬行

东坡先生有言：“不识庐山真面目，只缘身在此山中。”世间之事，只有身临其境才能感悟个中滋味，升学如此，就业亦如此。缘分使然，我被分到一个陌生而又倍感亲近的地方——乐东县委组织部。组织部的工作是忙碌充实的，也是容易促进人成长的。在脱贫攻坚、主题教育、疫情防控等一系列日常或专项工作中，我始终保持谦虚谨慎、勤奋好学、求新求进的品质，努力做好每一项工作，我的生活也变得越来越有意义。犹记扶贫检查的那段日子，我每天一大早就直奔贫困村，又是检查一户一档材料和重点项目台账，又是随机走访慰问贫困户，了解各项扶贫政策落实情况，每天做完所有工作都已是皓月当空，但一想到我们正在做的是一项解决困扰中华民族几千年的绝对贫困问题的伟大事业，自豪感与使命感又让我活力满满，继续努力奋斗。

长江后浪推前浪

“沉舟侧畔千帆过，病树前头万木春。”其实，事物都是在不断发展变化的，只要用心，总是会有所获益的。现在，母校发展蒸蒸日上，硬件设施不断完善，教学质量稳步提升，相信在这个“琼岛名校，教师摇篮”里的每一位学子必将会大有作为，必将会长江后浪推前浪，一浪更比一浪强。作为过来人，我也有一些想法要和大家分享：第一，做好人生规划，明确方向目标。凡事预则立，不预则废。没有方向的前行终将走进死胡同。明确自己的兴趣爱好和价值追求，好好规划自己的未来蓝图并为之不懈努力才能到达成功的彼岸。第二，做好学习规划，全面发展进步。学习是人一生中极重要的一件事，学生时代的学习是构筑人生大厦的基础。做好学习规划，一方面要提升专业技能，把专业知识吃透吃通，能继续深造的就继续深造；另一方面要提升综合素质，唯有能说能写能科研攻关，才能在竞争日益激烈的社会大潮中立于不败之地。第三，做好职业规划，创造无悔青春。不论是升学，还是就业，抑或是创业，一定要根据自己的实际情况综合考量，选择最适合自己的职业道路。如果可以，尽可能到基层去，到人民群众中去，把最美的年华献给伟大祖国，在最广阔无垠的土地上开出花来。

有志之人立长志，无知之人常立志。总之，正确的选择是成功的一半，不断的努力是胜利的根基。希望各位果敢坚毅，踏浪前行！

（海南省人力资源开发局供稿）

逆　行

——海南医学院杜春萍事迹

我叫杜春萍，2010 年毕业于海南医学院护理系，现为屯昌县人民医院感染科的一名普通护士。在接到支援湖北抗击疫情的通知后，我马上与同行的同事们投入到一场援鄂人员的培训中。为了更好地做好抗疫救援工作，出发前我毫不犹豫地把多年的飘飘长发剪成了短发！与家人道别后，2020 年 2 月 15 日，带着坚定完成任务的信心及爱我中华的赤子之心，我们前往武汉，在全民抗击新冠肺炎疫情的战争中，我们选择了逆风飞翔。

进方舱前，因为经过了前期在留观点接受的(海南)反复培训及院感防护知识学习，我非常利索地按程序穿戴好所有防护装备。这些防护装备是一次性的，脱下一次就不能重复使用了，为了节省资源，整个工作下来，大家都是不吃饭、不喝水、不上厕所。

2020 年 2 月 24 日早上 7:15，我的队友王翠说她有点恶心、呼吸困难、头晕，我赶紧向组长汇报，组长让她把隔离衣脱了出去休息一下。好在我的战友没事，她还是坚持到了下班(八点钟下班)。九点多时，我也感觉快坚持不住了，眼睛特别胀，被硌得很疼，耳朵和脸颊也是，但我还是坚持到了下班。一层一层地脱掉防护，虽然鼻子、耳朵和头被防护装备压得都很疼，但是我们为圆满地完成了工作而感到高兴和自豪。

我一直把“每天、每人、每事；尽心、尽力、尽责”作为人生的追求。在方舱中，我把真诚融入每一次值班中。第一次值班我就听交班的组长说，上一班交班下来有 4 个指脉氧是坏的，工作太耗时，我立马对指脉氧进行检查，结果发现有的放错了电池，有 3 个按错了工作界面，然后我就录了指脉氧使用指南视频并发到微信大群里，号召不会用指脉氧的人一定要学习规范操作。像编辑制作交班表(提高交班质量)、对讲机的使用、血糖仪的使用，我也会在值班时教一下经验不足的工作人员。我还在微信群里建议大家把名字及所属医院的联系电话都备注出来，值班的人要接龙，这样不同的队友就可以以最快的方式集结值班人员。

在做好本职工作的同时，我还经常与舱内的患者互动，并给他们做心理辅导，但更多的是健康宣教(我说话声音很洪亮，一开口半个舱的人都能听到)。一分耕耘，一分收获，有一次上凌晨 2:00 点的夜班，组长接班后，我发现中药不够第二天早上发放给患者的量，第二天发中药发现还真的少了，从药房领也来不及，我跟王翠说，我们分头去借,借回来就发,这样就能快一点完成工作,然后才能把车推去领早餐。后来,来了好多患者(志愿者)帮忙领早餐,我们瞬间感动万分。

有一次值班,我们接到一个神秘的“任务”——患者家属想有人陪着他家人过个热闹的生日。方舱中接收到我们给的暗号的“邻居”们纷纷送上祝福,阿姨高兴地叫上热心“邻居”帮忙拍照,录视频,我们默契地给阿姨唱了生日歌,送上祝福。轮到我的时候,我说:“祝福阿姨早日康复,生日快乐!您放心,只要配合治疗,下一个出院的就是您啦。”阿姨瞬间开心地笑了。人是群居动物,除了基本的生活需求还有精神需求,这次的疫情,这次的方舱模式,对医生、对病人、对医患之间,都是陌生的、未知的。这次的生日 Party 像一次情感的破冰之旅,拉近了大家之间的距离,使人与人之间的隔阂正在融化。

我努力把繁忙的工作谱写成生活中彩色的篇章,先后收到了 3 封感谢信。住院的叔叔阿姨们都记住了我的名字,这让我很欣慰。做一名有责任感、有成就感的护士,将是我永远追求的梦想。穿上这身白衣,就要为爱前行,让他们因我的照顾而减少痛苦,因我的健康指导而有所收获,因我的安慰而树立信心。我找到了自己的价值,体会到了平凡中的伟大,我将为护理事业的发展及广大患者的身心健康做出自己应有的贡献。

(海南省人力资源开发局供稿)

让阳光照进每一个角落

——海南政法职业学院何锦坤事迹

何锦坤毕业于海南政法职业学院，2016届法律事务（基层法律服务方向）专业，现任洋浦经济开发区干冲司法所司法助理员。

司法所肩负着人民调解、社区矫正、基层法律服务和法律援助、普法、依法治理、刑释人员安置帮教、司法所建设及协助基层政府处理矛盾纠纷等工作任务。上午7点30分，干冲司法所司法助理员何锦坤早早地打开办公室大门，开始打扫卫生，整理办公室，为新一天忙碌的工作做起了准备。

8点整，何锦坤开始一天的工作。他首先对前一天的工作进行梳理总结，并对当天的工作内容进行安排规划，接着打开电脑，登录海南省社区矫正管理系统，查看每一位社区服刑人员的定位情况，这是一项他每日必做的工作。

在面对回归社会解教人员时，何锦坤始终坚持真情工作法则，与刑释解教人员交朋友、常联系、定期回访、定期谈心，和他们讲解相关法律法规，防止他们再犯罪。他一直随身带着刑释解教人员回访记录等相关资料，及时掌握刑释解教人员的思想动态，并与他们进行心与心的交流，真诚相待，实心帮助。

8点30分，5名社区矫正对象陆续到司法所报到，并汇报近期的思想动态。何锦坤便逐个对他们进行谈话谈心并记录在案、整理成册，就这样不知不觉已经到了中午。“每天对社矫人员的谈心谈话和记录都是重点工作，尤其是两会期间，我每天都要与各居委会联系，时刻关注矛盾纠纷问题，并下居委会了解掌握重点社矫人员的动态和思想。”他说。

中午12点，简单吃完午饭，何锦坤立刻对一起交通事故赔偿纠纷案件进行调解。“这场交通事故的主要责任人是你，你得赔偿我的损失。”“你不就是想趁机多要一些钱吗？还好意思在这里强词夺理。”在洋浦经济开发区干冲区儒兰居委会里，李某某与陈某某因为交通事故产生的补偿问题发生了纠纷，于是两人到干冲司法所找到了工作人员何锦坤，请求他帮忙解决双方的矛盾。耐心听完双方的意见和建议后，何锦坤从法理、人情、家庭等多方面入手，并来回给双方做思想工作，消除双方的怨气。经过2个多小时的调解，最终调解成功，双方签订了调解协议书。事后当事人为表谢意，拿出了1千元递给何锦坤，但被他严厉地拒绝了，他说：“不用感谢我，这是我应该做的。”

虽然调解员和法官一样，要在处理纠纷时运用法律知识，进行责任划分。但和法庭上“法、理、情”的顺序相反，人民调解工作经常要按照“情、理、法”的顺序进行，“一定要感同身受地站在对方的立场，不能快刀斩乱麻，如果调解员操之过急，在刚开始就搬出法律法规，那么很有可能就会激化双方的矛盾。”1 年多的基层司法所工作时间虽然不长，但是附近已经有不少人认识了这位热心肠的“和事佬”。何锦坤时刻严格要求自己，从不以权谋私，不乱用职权，在涉及法律问题时他从来都是不偏不倚，以法律服务工作者准则和维护公平正义的神圣使命要求自己。谈到这里，他又聊起了一段往事。

2018 年 7 月，南便居委会李某某的孩子突发疾病，送到干冲医院治疗，但因送医不及时导致孩子死亡。事件发生后，死者的家属情绪非常激动，30 多人打着横幅，抱着遗像，并在医院门口设灵堂，摆花圈，要求院方给出一个满意的答复。由于医院地处较为繁华的地段，围观群众迅速将医院门口和街道围得水泄不通，致使医院工作几乎处于停滞状态。接到电话的何锦坤，马上联系村调委会其他人员，在赶往现场的路上研究解决方案。通过细致耐心地做思想工作，死者的家属同意安葬死者，并不再闹事，但前提条件是要求院方一次性赔偿 40 万元。为了更好地解决矛盾纠纷，何锦坤来回奔波在医院和死者家属两头，积极做着家属的思想工作，讲明事故发生的原因不是院方的责任。最终当事人同意他的调解方案，由院方一次性给予 3 万元的慰问金，一起可能激化的群体性事件在何锦坤的努力下终于得到了平息。

下午 3 点 30 分，何锦坤到区内距离司法所最远的公堂下居委会对矛盾纠纷、涉黑涉恶情况进行排查，同时向四名重点管控的社区服刑人员进行走访，了解他们的工作、思想、社交等情况。“小李，你妈妈每天在菜市场卖菜很辛苦，你要经常过去帮妈妈的忙，多为她做一些事情，不要让她太操劳了。而你自己也要努力改造，好好表现。”何锦坤走进刚满 20 周岁的社区服刑人员李某某家中，与他进行谈心谈话，并鼓励他积极改造，争取在回归社会后做一个对社会和家庭都有用的人。

走访结束后，时间已是下午 4 点 30 分，何锦坤又与同事们马不停蹄地赶到管辖社区进行法律宣传活动。“大姐，拿份公共法律服务宣传资料看看，我们要学会懂法、守法、用法……”。“有的问题，今天没遇到或许明天就遇到，希望以后多举办这样的活动，我们多学点法律知识才能更好地维护自身的合法权益。”这位大姐表示，回去之后，她将向村民群众宣传法律知识，把今天学到的法律知识和相关法律求助技巧传达给大家。

何锦坤深切地体会到：一些群众不学法、不懂法导致法律意识淡薄是造成民间矛盾纠纷的根源，而最得力的措施就是通过深入持久地开展法治宣传教育，普及法律知识，让人民群众知法、学法、懂法、守法，用法律武器保护自己的合法权益。

为了使法律知识家喻户晓、人人皆知，2018 年，何锦坤解答群众法律咨询 30 多人次，为群众提供法律服务 20 多件，发动法制宣传 6 场，发放宣传资料 800 余份、宣传书 50 余本，制作宣传标语 12 条，受教育人数达 1000 余人，创造了良好的全民学法氛围。

法律宣传活动结束后，已是下午 6 点 15 分。据统计，何锦坤当天共走访了 3 个社区，与 5 个社矫人员谈心谈话共三个多小时，做了 4 份走访笔录，询问时间累计 3 个小时。目前，他经手的社矫人员达 40 个，调解案件有 7 件。为了搞好法律服务工作，他经常下村入户，活跃在大街小巷，深入到群众中间，不断与辖区群众拉家常、交朋友，密切感情，逐渐成了干冲区家喻户晓的人物。群众遇到法律难题都知道去找他，很多难题与矛盾纠纷在他面前都会迎刃而解，他树立了基层法律工作者的职业形象，并获得了良好的社会评价。

当被问起为何要从事基层法律服务工作时，这个年轻的小伙子露出了腼腆的笑容，“我觉得能为群众提供法律服务、调解矛盾纠纷、帮助社矫人员回归社会，是很幸福的事。”何锦坤就是这样用自己的实际行动，让阳光照进每一个角落，做一名有“温度”的司法人。

（海南省人力资源开发局供稿）

投身一线，乐守天涯

——海南热带海洋学院王浩事迹

海南

王浩，女，中共党员，第二十六届"海南青年五四奖章"获得者。2018 年 8 月成为海南省大学生志愿服务西部计划志愿者(服务三沙)。在三沙这个特殊而又光荣的平台上，她严守党纪政纪，做好本职工作，不断提高政治站位，始终把政治纪律和政治规矩摆在前面，为基层岛礁建设、群团工作开展贡献了自己的青春力量，领导、同事和岛礁群众给予了她积极的评价。其服务事迹先后被《中国青年报》以"在三沙志愿服务的 95 后内蒙姑娘王浩：青春在蔚蓝海面上闪光"为题进行报道，还被以"我的战'疫'小故事：坚守在三沙永兴岛的 55 天"为题进行报道。

2018 年毕业后，王浩将喜欢变成热爱，将兴趣变成事业，成为海南省大学生志愿服务西部计划志愿者(服务三沙)，在高温、高湿、高盐、高辐射的三沙，她坚持深入岛礁基层一线，走在人民群众中间，倾听渔民群众心声，了解渔民群众诉求，在抗击"山竹"台风、新冠肺炎疫情等工作中勇当先锋，积极作为，用实际行动展现出青年人的生力军和突击队作用。

一、不忘初心，牢记使命，用力所能及承担青年使命

在岛礁工委管委会，除了日常工作外，王浩还深入 0.01 平方公里大小的岛礁协助渔民开展党建工作，并引导渔民党员使用学习强国平台，形成比学赶超的良好氛围；进行岛礁讲解宣传、搬运岛礁物资补给、参加防台风应急服务、对服务单位社区群众开展党的理论宣传和普法等；带医疗卫生队乘坐冲锋舟每周对渔民社区进行巡诊工作；参与岛礁海漂垃圾清理、岛礁林木养护、海龟保护救助、岛礁植树造林等志愿服务活动。

王浩组织策划了三沙市第一次慰问留守儿童活动，同琼海妇联联合举办六一儿童节演出等活动，参与策划三沙市第一届全市青年歌手大赛，与共青团清华大学委员会及共青团海南大学委员会座谈交流；同时作为青年代表参加中国共产主义青年团三沙市第一次代表大会，作为三沙市代表参加"祝福祖国——海南庆祝中华人民共和国成

立70周年文艺晚会”，并作为志愿者代表参加三沙市“祖宗海上红旗飘扬——三沙市庆祝中华人民共和国成立70周年晚会”、“不负韶华，我们都是追梦人”2020年三沙市春节联欢晚会。

二、爱国爱岛，乐守天涯，以身体力行传承志愿精神

她时刻提醒自己要不忘初心、牢记使命，爱国守岛、乐守天涯，以身体力行传承志愿精神。在抗击台风“山竹”时，她跟随负责人，迎着2.6米高的海浪出海转移渔民，凌晨2点加固冲锋舟，录制视频提供一线报道，汇报防风情况，随时与各社区联系，确保人民群众生命、财产安全。

她连续两年春节主动申请驻岛值班，面对新冠疫情，她果断取消休假计划，即使已经三年没有回家。她加入了三沙市西沙片区疫情防控领导小组综合组。她坚守岛礁一线，驻岛60余天，不分双休日和工作日，连续高强度工作，每天对西沙片区小岛700百余人进行核对，及时登记备案人员情况，保证每天对领导小组会议上的数据进行实时更新，并协助处理其他紧急任务，做到只要有需要24小时随时在岗。她在疫情防控期间挖掘西部计划志愿者中的一线疫情防控典型，记录防控点滴，并通过海南共青团、志愿海南等平台进行宣传报道，传递正能量。她积极转发团省委号召，动员三沙市青年为湖北荆州爱心捐款，累计捐款15052元。她组织策划“呵护儿童，与爱同行”志愿服务活动，在自身开展疫情防控工作的同时为一线疫情防控工作人员分担工作压力，为他们的小孩送去关爱和温暖。

三、坚定理想、牢记使命，争做美丽三沙的推广者

王浩先后在三沙市“勇当先锋，做好表率”主题演讲比赛中荣获一等奖，在海南省

“vsv”志愿服务视频大赛中荣获优秀奖，并接受三沙卫视“勇当先锋，做好表率”活动的专题采访。她在三沙服务的事迹先后被三沙新闻、志愿海南、《中国青年报》、西部志愿汇、海南共青团、中国青年志愿者、志愿汇等媒体、平台报道。

王浩表示愿同前辈们一样，做矢志前行的逐梦人，做坚定勇毅的信仰者，做只争朝夕的实干家，永葆赤子之心，在平凡的岗位上书写青春芳华，扎根岛礁，逐梦三沙，用坚守奉献书写蔚蓝情怀。叩问初心，知所从来，牢记使命，明所将往，志愿服务，她一直在路上。

（海南省人力资源开发局供稿）

初心不忘，激情不减，做好新时代的“搬砖人”

——海南大学徐辉事迹

徐辉，男，中共党员，1992 年 7 月 14 日出生，2019 年毕业于海南大学应用科技学院财务管理（企业理财方向）专业。

为响应国家的号召，实现自己的理想，我投笔从戎，参军入伍。穿上军装的那一刻，我充分认识到了什么叫责任与担当 ，爱国拥党的热情更加高涨，并一心向党组织靠拢。我积极表现，努力学习杀敌本领，想着有朝一日能够走上战场，实现自己的远大抱负。我不怕苦不怕累，充分发扬我们旅的“一不怕苦，二不怕死”和“争荣誉，争第一，争头功”的“三争精神”。武装越野对于我来说，一点儿都不可怕。我主动拿起战友的枪，拉着战友跑向终点。由于表现出色，我两次被评为“优秀义务兵”，获得嘉奖两次。面对荣誉，我从未有半点骄傲，依然坚持脚踏实地做好自己的本职工作。

我依然记得在执行一次抗洪抢险的任务当中，有一家爷孙三口被困在洪水中，当时爷孙三人仅靠即将被洪水冲倒的危墙来获得一丝的喘息机会。情况十分危急，部队领导说会游泳的党员先上，我毫不犹豫地大声说：“我会。”可是，领导看了我一眼，问我是不是党员。我回答说不是，领导说，党员优先。我只好做点其他的工作，营救的任务落在了党员的身上。2017 年 6 月 24 日，这个日子是令我最难忘的日子，因为我光荣加入了中国共产党，虽然离开了部队，不能够冲锋陷阵，但是，我可以在同学中、在社会上发挥重要的模范先锋作用。由于在学校表现出色，2018 年 7 月 1 日我获得海南大学“优秀共产党员”荣誉称号。

我是农民的儿子，要服务于人民。2019 年 10 月，作为海南“聚四方之才”的一名选调生，我有幸来到海南白沙县牙叉镇。自工作以来，我始终抱着学习的态度，认真请教，踏实工作，履行岗位职责，在镇党政办公室主要负责镇宣传稿件撰写，入职以来共撰写镇宣传稿 38 篇，被白沙新闻在线采纳 7 篇。我还负责党建组织工作，如党员信息管理、文件方案起草、学习强国、远程教育、干部在线学习等平台的管理工作。

作为帮扶责任人，我在牙叉镇南仲村帮扶 6 户贫困户 22 人巩固提升脱贫成效，深入贫困户家中，给他们讲解国家的方针政策，帮助他们享受住房、教育、医疗等方面的政策，引导和鼓励有劳动能力的贫困户外出务工，加入产业合作社，并每年为外出务工人员申请务工奖励。贫困户符造福、符春女患有慢性病，我为他们办理了慢性病证。对贫困户的帮扶使我得到了他们的认可和称赞。

作为乡镇疫情防控首接任务网格员，我负责接收 18 个村（社区、居）发热病人名单，并通过《新冠肺炎健康服务管理系统》分配给村级网格员，由他们录入就诊人员信息，领取就诊人员健康服务任务，做好 14 天的健康管理服务工作，截至目前共服务 14531 人次。按照省、县疫情防控指挥部的要求，我每日做好重点地区人员排查工作，对排查出的重点地区返琼人员均按照疫情防控指挥部的要求做好日常管理工作和生活暖心服务，每日对他们进行体温测量并做好登记。

我将不忘初心，激情不减，热情不退，继续弘扬部队的“三争精神”，做好新时代的搬砖人；切实理解每一位贫困人员的物质和精神需求，在扶贫的道路上养成“功成不必在我，功成必定有我”的无私精神，去谱写白沙脱贫攻坚战的新篇章。“海纳百川，大道致远”，作为海大学子，我将以更饱满的热情投入到海南的建设当中，以新气象、新担当、新作为建设美丽牙叉，用学到的本领努力为打赢脱贫攻坚战，加快实现海南自由贸易港建设目标作出自己的贡献！

（海南省人力资源开发局供稿）